十八世紀
ロシアの「探検」と
変容する空間認識

キリーロフの
オレンブルク遠征と
ヤーロフ事件

豊川浩一
Toyokawa Koichi

明治大学人文科学研究所叢書

山川出版社

十八世紀ロシアの「探検」と変容する空間認識　目次

結論

図 一 覧

凡例

暦：本文中の暦はとくに断らない限り、すべて当時ロシアで使用されていた旧露暦（ユリウス暦）である。現在の西暦（グレゴリウス暦）に直すには、十八世紀においては十一日、十九世紀においては十二日を加えるとよい。

単位：一ヴェルスタ＝一・〇六六八キロメートル
一サージェン＝二・一三四メートル
一デシャチーナ＝一・〇九二ヘクタール（＝二チェトヴェルチ）
一チェトヴェリーク＝二六・二四リットル
一チェトヴェルチ＝〇・五四六ヘクタール（面積の単位）
約二一〇リットル（穀物の単位）
一プード＝一六・三八キログラム
一ルーブリ＝一〇〇カペイカ

括弧：本文中の（　）および引用文中の〔　〕は著者による補足である。引用文中の（　）は史料の編者による補足である。

文献と註の表記：ロシア語文献の表記については、最近のロシアの慣例に倣い、著者名をイタリック体に、書名・論文名をブロック体にした。また雑誌名は//、所収書名は/のあとに記した。

また、註に関して、文書館の未刊行文書については、次のような原則で表記した。①著者が文書館で初めて発見したり、先行研究で利用されていない文書を利用したりした場合、文書館と文書番号のみを記している。②著者が先行研究にすでに利用されている文書を文書館で閲覧した場合は、文書館と文書番号を記したあとに先行研究の当該箇所を記した。③先行研究に引用されている文書を転引用した場合は、そのことを丸括弧で記した。

十八世紀ロシアの「探検」と変容する空間認識

——キリーロフのオレンブルク遠征とヤーロフ事件

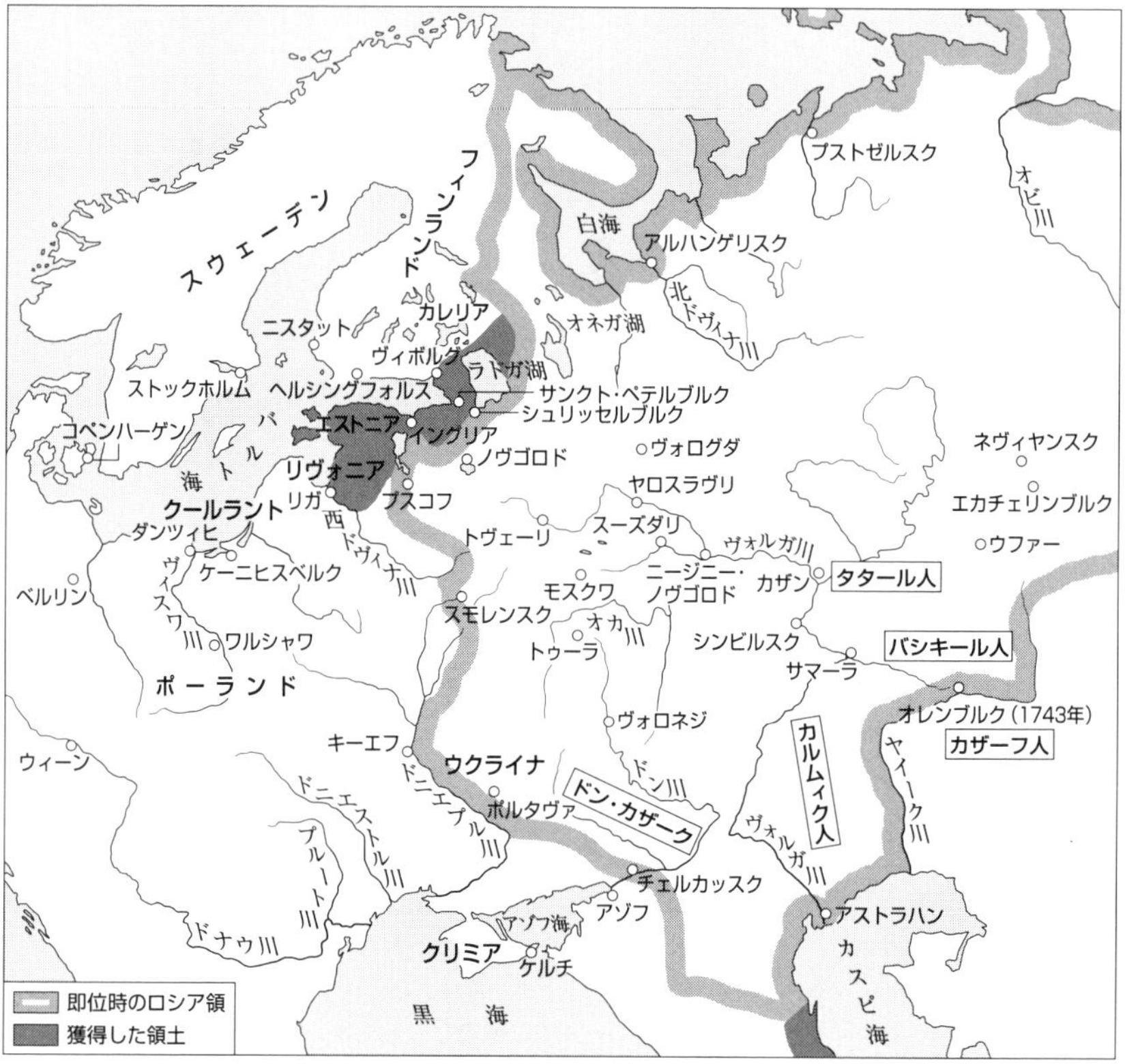

図1　ピョートル時代のロシアとその周辺

〔出典〕 田中陽児・倉持俊一・和田春樹編『世界歴史大系　ロシア史２』山川出版社, 1994年, 23頁。

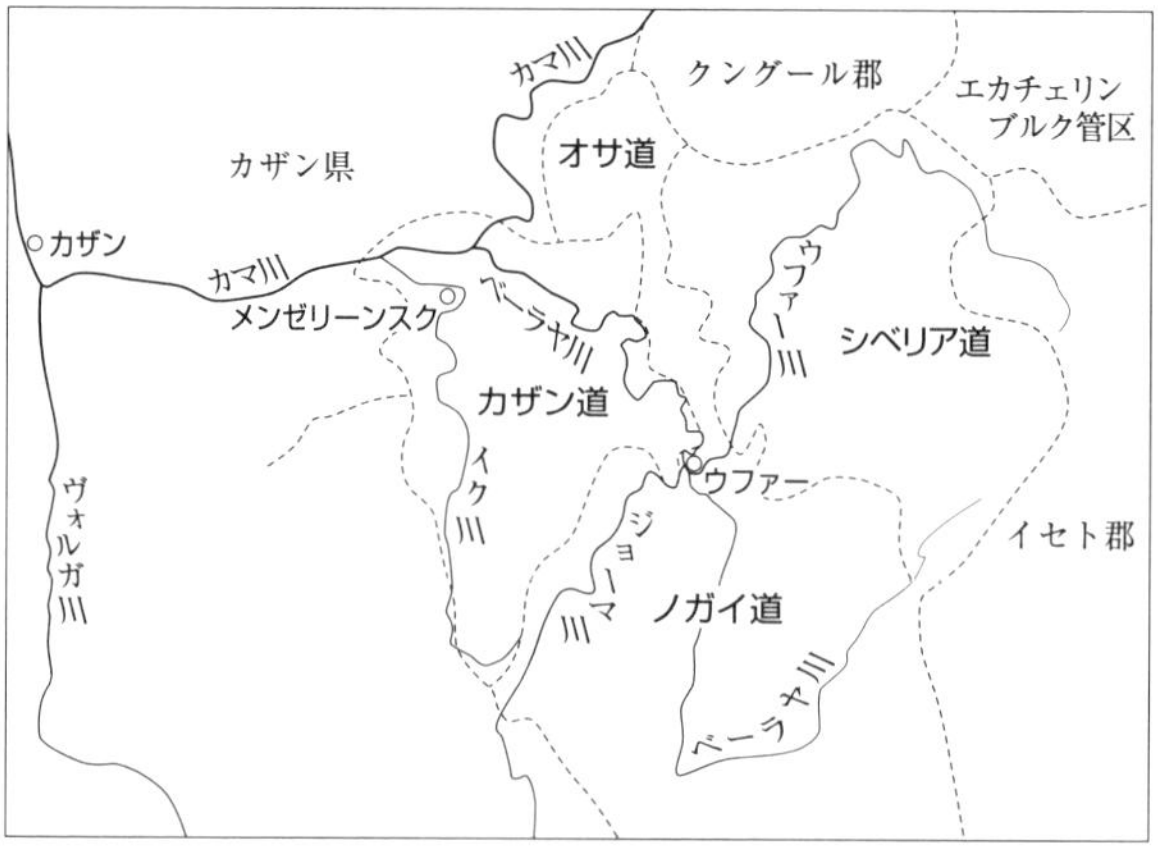

図２　1755年当時のバシキーリア(ウファー郡―点線部分)における行政区分――「道」

〔出典〕 *Янгузин Р.* Хозяйство и социалъная структура башкирского народа в XVIII–XIX вв. Уфа, 1998. С. 23; 豊川浩一『ロシア帝国民族統合史の研究――植民政策とバシキール人』北海道大学出版会, 2006年, 66頁。

序論

1 「啓蒙の世紀」におけるロシアとヨーロッパ

「新しい時代」としての近世ロシア

帝政時代の歴史家ヴァシーリー・クリュチェーフスキー（В. О. Ключевский 一八四一―一九一一）は、十七世紀初頭からアレクサンドル二世（在位一八五五―八一）治世の前半まで（すなわちロマノフ朝成立の一六一三年からクリミア戦争終結の一八五五年まで）をロシア史の「新しい時代」（новая история）と規定した。この時期、ロマノフ朝という新王朝、国家領域の拡大、士族＝貴族層（дворянство）という新統治階層を頂点とする社会制度、農業だけではなく工業という国民経済の新しい外貌（склад）、以上が現象として現れたとする。(1) これがいわば近世ロシアであり、「新しい時代」という用語はその後のロシアの歴史学界で定着し、現在も使われるようになっている。(2)

もちろん狭い意味での近代ロシアの出発点を、ピョートル一世（大帝、在位一六八二―一七二五）からエカチェリーナ二世（在位一七六二―九六）までの、否、パーヴェル一世（在位一七九六―一八〇一）およびアレクサンドル一世（在位一八〇一―二五）までの時代に置くことに多くの歴史家には異論がないであろう。しかしより仔細に検討すると、ピョートル改革による国制の大きな変化にもかかわらず、われわれはこの十八世紀ロシアがそれ以前の制度や文化を間違いなく継承していることに気がつく。また絶対的な権力を持つ君主の出現、およびその後の宮廷革命や「貴族帝国」の実現といったロシア独自の歴史的道程にもかかわらず、この時代のロシアはヨーロッパ諸国との共時性を有していることにも頷くことができる。総じて十八世紀ロシアは同時期のヨーロッパの国々と関係を密にしはじめた時代であったといえる。[3]

この共時性に着目する時、国際的にはヨーロッパは北方戦争・スペイン継承戦争・オーストリア継承戦争・七年戦争といった戦争に明け暮れ、しかもヨーロッパの戦争は植民地でその争奪戦を引き起こし、国内では食糧暴動など民衆の叛乱が多発していた。またこの時代は、ヨーロッパ地域全体にとって、国際情勢だけではなく、全般的な社会環境が変化した時代でもある。その顕著な例として人口の増大が指摘されている。それは出生率の向上のためというよりは死亡率の低下によるもので、それはすなわち生活水準の向上を窺わせているのである。これがさまざまな分野に作用することになった。[4]

「啓蒙の世紀」におけるロシア

共時性に関して述べると、「人間が自分の未成年状態から抜け出る」啓蒙主義[5]という一大潮流がヨーロッパを席巻していた事実にも目を向けなければならない。ロシアも啓蒙主義の影響を受けていたというのは当然である。その意味ではヴォルテール(一六九四―一七七八)たち啓蒙思想家と書簡のやり取りをしたエカチェリーナ二世とその時代がとりわけ注目されるが、十八世紀ロシア全体がその影響を強く受けていたと考えるほうがより自然であろう。

十七世紀の科学革命によって準備されたいわゆる「啓蒙の世紀」とはどのような時代であったのか。この分野において古典的名著を著したアメリカ合衆国の研究者ピーター・ゲイ(P. Gay)の次の言葉はその時代の一般的な雰囲気をよく表している。「啓蒙の世紀において、教育あるヨーロッパ人は新しい生命観に目覚めた。彼らは、自分たちが自然とおのれ自身とを支配しているというのびのびとした気分を味わった。疫病、飢饉、危険にみちた生活と早死、破滅的な戦争と不安定な平和——すなわち人間存在という永遠の足踏み状態——の容赦のない繰り返しが、批判的知性の適用によってやっとくずれはじめるかに見えた。それまでほとんど普遍的だった変化への恐れが、沈滞への恐れに取って代わられつつあった」(6)。

ゲイはこの十八世紀の経験を、古代から中世までを「神経の衰弱」としたギルバート・マレー(G. Murray)の考えに対置して、「神経の回復」と名づけたが(7)、近年の歴史家ロイ・ポーター(R. Porter)も同様の趣旨のことを述べている(8)。なおその本の訳者見市雅俊はこの時代を端的に次のように要約をする。「巨視的にみれば、ヨーロッパにとって十八世紀とは、宗教改革・戦争によって四分五裂した十六—十七世紀前半と、フランス革命を起点にして近代国民国家が陣容を整え、工業化がアップテンポで進行するようになる時代の狭間におかれた「中休みの時代」であった。それまでの「伝統」とこれからの「近代」のそれぞれの圧迫感ないし緊迫感から相対的に自由でありえた時代ということである。(中略)西欧先進地域において「住民」は、封建的な「臣下」でもなく、しかし近代的な「国民」でもない「人民《ピープル》」という状態にあった」(9)。

これに対して、近藤和彦は「啓蒙は一面では、十六世紀の人文主義、十七世紀の科学革命および数学的合理主義を継承したヨーロッパの知である。しかし他面でこれは、イスラーム、アジアなど非ヨーロッパ世界との関係が本格化し、地球上の異文化との接触が構造化したのにともなって変貌した知であった」という(10)。

ロシアもそのような状況と無縁だったとは思われないが(11)、イギリスのロシア近世史家ジャネット・ハートレイ(Janet M. Hartley)が「一六五〇年から一八二五年まで時代は、不安と変化によって特徴づけられる」一つながりの時代として指摘している点は傾聴に値する(12)。つまり、すでに述べたように、十八世紀がその前後の時代に劣らず戦争に明け暮れる時代であり、しかも戦火はヨーロッパに留まらず、植民地を巻き込んだこと、国内的にもさまざまな暴動や不満が生じていたことも忘れてはならないのである。まさに現代ドイツの歴史家ヨハネス・ブルクハルト(Johannes Burkhardt)の言葉を借りると、ヨーロッパの近世は「平和なき時代」だったのかもしれない(13)。

ロシアについて論ずる際、ヨーロッパ対非ヨーロッパという図式的ながらも避けて通ることのできない議論が存在する。モンテスキュー(一六八九—一七五五)によるあまりに有名な次の発言がその発端の一つである。曰く、「アジアでは……戦士的で勇敢かつ活動的な民族が、柔弱で、怠惰で、臆病な民族と直接隣り合うという結果になるのである。それゆえ、一方は被征服民族と、他方は征服民族とにならざるをえない。ヨーロッパでは、反対に、諸国民は強者対強者として対立する。相隣接する諸国民はほとんど同じ勇気をもっている。これが、アジアの弱さとヨーロッパの強さの、またヨーロッパの自由とアジアの隷従の大きな理由である。(中略)アジアにおいては自由が増大するようなことは決して生ぜず、これに対し、ヨーロッパでは、状況によって自由が増大したり減少したりするのは、まさにこの事情によるのである(14)」、と断言する。そこには素朴に二項対立で物事を考える牧歌的な啓蒙主義時代の特徴が見え、しかもこの図式がのちのヨーロッパでは一般化していくことになる。これは当時のロシアがヨーロッパとはみなされていなかったという事情とも関連するが(15)、この「ロシアとヨーロッパ」問題の検討は別の機会に譲るとしても、ロシアに関して言えば、上記の発言の影響を無視することができないのも事実である(16)。

確かに十八世紀のヨーロッパは「伝統」から「近代」への移行期であった。しかしそれは単なる移行ではなく、さまざまな要素の入り混じったそれである。古さと新しさなど二項対立的要素を明確に分けて論ずるのがここでの趣旨ではない。また「新しさ」とは当面は十八世紀以前の「古い」ロシアに対するそれではあるが、十九世紀と必ずしも直結するものでもなく、上で述べた理由によりその差異を強調するつもりもない。考慮すべきは、実際の啓蒙活動、現実の政治や社会の状況、そして空間的・時間的・社会的な偏差(およびその認識)である(17)。ロシアがその偏差に気づくのがまさに十八世紀であった。こうしたことはロシアに特有な現象というよりは全ヨーロッパ的なそれであったと考えるべきであろう。

2　十八世紀ロシアの国家・社会・空間

国家の問題：支配領域の拡大とその認識の変化、および新たな行政システムの構築

十八世紀ロシアの国家・社会と啓蒙思想の関係をどのように理解すべきなのかという問題についてはさまざまな議論がある。たとえば二〇〇八年刊行の『東欧史年報』は「エカチェリーナ大帝、そして帝国」という特集を組んだ。マックス・オケンフッス（M. J. Okenfuss）は、「エカチェリーナ大帝と帝国」と題したその巻頭論文で、「ロシア帝国の変化したエスニックな構成を理解すべく、また新たに実現すべく変化した立法と行政を完成させるために、その領域を指導しながら、エカチェリーナ二世はモンテスキューを読み、またその領域の僻遠の地方にまで旅をした」[18]、と女帝の治世を総括する。それは西欧による東欧の「発見」をテーマにしたラリー・ヴォルフ（L. Wolff）の研究を想起させるが[19]、けだし「ロシア人」自身によるロシアの「発見」といったところである。

十八世紀ロシアの抱える諸問題を国家（王権、行政、ツァーリ・イメージなどを枠組みとして考える）と文化を含めた社会（その構造や民衆の動きなどを念頭に置く）とに分けて考えることによってわれわれの課題にある程度の方向性を与えることができるかもしれない。

たとえば王権（ツァーリ権力）について、アメリカ合衆国の歴史家マイケル・リュウキン（M. Rywkin）は、十六世紀に地方の併合・獲得に伴って創設されたカザン宮廷官署・シベリア官署・小ロシア官署といった官庁がピョートル以降廃止されていく様子を考察した論文で次のように結論づけている。「ピョートル大帝の時代まで、王権の至上性（the primacy of the Crown）は帝国のそれ（that of the empire）に勝っていた。また征服された諸国家は同じツァーリの下にある「諸王国」

("kingdoms")だとみなされた。ロシア(人の)帝国Russkaia imperiia(Russian empire)に対する全ロシア(人の)帝国Rossiiskaia imperiia(all-Russian empire)という概念の出現と共に、以前の「王国」は地方というレヴェルにまでその価値を落とし、またその特別な行政組織は国家の残りの諸組織と同列の存在となった。この傾向は、ピョートルの死後、いくらか抑制・緩和されはしたが、エカチェリーナ女帝によって再び活発となった。新たに獲得された領域における地方自治の減少という傾向は、おのおの新たな十九世紀における地域の征服によって繰り返された。しかしこのことは地方レヴェルに関してのみのことである。なぜならサンクト・ペテルブルクに基礎を置く中央「植民(地)」官庁(central "colonial" office)はもはや再び設立されることはなかったからである」[20]。つまりモスクワ大公国の時代には大公の権威とならんで、イヴァン四世(雷帝、在位一五三三—八四)によって征服・併合されたノヴゴロド、プスコフ、スモレンスク、ポロツク、カザン・ハン国およびシビル・ハン国の公やハンの末裔たちには大公と同じ程度の地位が認められていた[21]。それに対して、ピョートル一世以降、それぞれの地域は帝国の一部とみなされ、公やハンの地位は皇帝権のはるか下に位置づけられた。その際、重要な点は、それまでのロシア(人の)帝国(Russkaia imperiia / Russian empire)という考え方に代わって、全ロシア(人の)帝国(Rossiiskaia imperiia / all-Russian empire)という考え方が出現したことである。ここに至り、いわば「複合国家」(あるいは「礫岩国家」[22])的要素の僅かな残滓さえも完全に除去されたと考えることができるかもしれない。

近世史家マーク・ラエフ(M. Raeff)は、ロシアの国制史の「教科書」を著したニコライ・エローシキン(Н. П. Ерошкин)の指摘を念頭に置いていると思われるが[23]、紀律国家を目指したピョートル一世時代に関して、それ以前の国制との関連について端的に述べている。とくに一七二〇年二月二十八日の一般条例(Генеральный регламент или устав)の意味について、この全五十六章から成る法令は、「行政を、モスクワ大公国時代の官署やほかの機関のように、地理的基準や歴史的基準で編成するのではなく、機能的な基準に対応させて編成しようとした」として注目される。この一般条例が実施した新しいシステムの目的は「ピョートル以前のモスクワ大公国の政治的生活が依拠していた私的な絆や交際上の関係を弱め、ついで除去することにあった。しかしながら実際には、ロシアの行政的生活から、交際上の関係や権威の擬人化された性格がはたす重要な役割を除去することは、不可能であった」[25]。さらにラエフは次のように続ける。「法人が欠如し、政治情勢も流動的で、政府の制度化が不十分であったために専制君主（あるいは、彼自身の代理や彼の名において行動する寵臣）のみが、氏族、派閥、寵臣、行政部局の間で起こる紛争や意見の対立を調停したり、解決したりできるのである。その意味で、モスクワ大公国時代のスタイルと帝国時代の実際の間に連続性があったと言えよう」。それとは反対に宗教的性格については完全に変化したと述べるのである[26]。

十八世紀ロシアの国制の根幹を担ったのは貴族である。そうした状況を生み出した背景には、ピョートルによって導入された「官等表」（Табель о рангах）（一七二二年）による貴族の国家勤務および彼らの海外留学や新たな教育機関での教育、そしてそれ以前の「勤務人」（служилые люди）として規定され、いくつもの階層に分かれていた貴族の統合が図られたことがあげられる。しかしこのようにして生まれた新時代の軍人や官僚という新しい貴族層の形成にもかかわらず、帝政の統治構造が皇帝とエリート貴族との関係性によって作られるとの見方がある[27]。実際、貴族間で姻戚関係を結ぶこと、人脈を築きツァーリと寵臣関係——いわばパトロネジ関係——を構築すること、以上のことは前時代のままであった。そうしたことが貴族のツァーリ依存の度合いを強めていた[28]。これに変化が見られるようになったのがエカチェリーナ二世の時代である[29]。

また民衆のツァーリに対して抱くイメージについても変化が見られた。ツァーリは「ロシアの政治的、社会的、イデオロギー的システムの要」であり、専制君主の個人的な権威がはたす重要な役割をも担っていた。十七世紀、君主は慈愛に満ちた父としてのイメージを持っていた。十八世紀、ヨーロッパ風の文化を採り入れ、「世俗化」によって自己のイメージを変化させた皇帝や女帝への民衆の「相対的な近づきやすさ」には変わりはなかった。しかし十九世紀に入って、「私化」による軍事パレードなどのような儀式の挙行は民衆と君主の間の接触を妨げることになったのである[30]。

十八世紀政治史を専門とするアメリカ合衆国のジョン・P・ルドン（J. P. Ledonne）は、社会構造、行政改革、国土の膨張を概観した上で、それまでのアウトサイダー的な立場から「欧州諸国民のコンサート〔すなわち協調〕」へ参入した十八世紀ロシアの特徴を端的に次のように述べている。それは「一七二一年と一八一五年の勝利によって刺激され、ロシアの社会・政治秩序の勝利に要約された、若々しさと自信である。しかし、これが次の世紀に影響を残したかどうかは疑わしい。なぜなら、ロシアは、その国土、天然資源、国力にもかかわらず、西欧の海洋大国の成長しつつある国力と影響力に支配された世界におけるマージナルな現象にとどまっているということが、誰の目にも明らかになっていたからである」[31]、という。おそらくこれは当時のヨーロッパの人々のみならず、ロシア人も抱く考えであったであろう。

とはいえN・V・リャザノフスキー（N. V. Ryazanovsky）による概説書のプロローグに引用されているM・カルポヴィチ（M. Karpovich）の一文は、西欧人一般の抱く伝統的なロシアの「後進性」概念に修正を加える文章として注目されねばならない。彼は次のように述べる。「十八世紀終わりおよび十九世紀初めのロシアの経済について論じた同時代の西ヨーロッパの著述家たちのなかには、誰一人としてロシアを経済的に遅れた国であると言っている者はいない、というのは重要である。事実、十八世紀中を通じて、ロシアの工業、少なくともいくつかの部門では、他の大陸の諸国すべてだけでなく、同様にイギリスをも凌駕していたのである。このことはとくに金属工業部門についてそうであった。十八世紀中葉において、ロシアは鉄と銅の両方の部門では世界最大の生産国であった。そして銅の場合においては、一七七〇年代になってやっと、鉄については十八世紀のまさに末になってやっと、イギリスの生産がロシアのそれに並んだのである」[32]、と。以上のことを裏づけるかのように、ソ連時代に刊行された概説も、十八世紀第二・四半期の末までにロシアは工業生産の質と量に関して世界のいわば先進国になったと述べている[33]。

社会の問題：貴族と民衆、および社会の輪郭形成

社会に目を向けるとどうであろうか。近年刊行された論文集『ピョートル時代およびその後のロシアにおける統治エリートと貴族（一六八二―一七五〇年）』の筆者たちは、新たに出現した統治エリートのアイデンティティ形成過程をも考察対象としている。[34] ソ連時代の著名な文化史家であったユーリー・ロートマン（Ю. М. Лотман）には十八世紀ロシアに関する「日常行動様式の詩学」という論考がある。ピョートル大帝とその後継者によって推進された文化の西欧化が、ロシアの貴族たちに日常的な問題状況を作り出していた。「ピョートル大帝時代以降、ロシアの貴族はみずからの国で外国人のようになった」が、貴族はうわべだけの生活をしていると庶民はみなしたというのである。[35] 貴族と民衆の乖離はそのまま残されるものとなった。この点は現代ロシアの十八世紀史家アレクサンドル・カーメンスキー（А. Б. Каменский）の指摘するところでもある。[36] また知識人社会が制度的に編成される過程をロシアの出版文化という側面から考察したアメリカ合衆国の文化史家ゲーリー・マーカー（G. Marker）の研究は、民衆の文化上の孤立という面も明らかにしている。[37]

しかしロシア文化史家の坂内徳明は、宮廷文化と民衆文化の間にある深淵な壁を強調するラエフの考えを批判して、両者の間に「ある秩序の構造的な同質性を見出すことができる」と考えている。彼によると、「両者の間に生じた「衝突」「連携」と「相互浸透」、あるいは双方に通底する基層的な部分を視野に収め、それを認識しなければロシア文化は構想しえない」[38]、という。この見方は十分に説得力があろう。

ちなみに著者のロシアの伝統的な民間習俗に関する研究によると、[39] 十八世紀のロシア国家は「啓蒙」の名のもとに民衆の習慣や観念に規制を加えようとするいわゆる「社会的紀律化」の方向性を明確に打ち出していた。[40]

フランスの政治学者で歴史家でもあるエレーヌ・カレール＝ダンコース（H. C. D'Encausse）は近著で近代性を熱望したピョートル大帝の目指したロシアの国家と社会の関係について次のように述べている。「君主という人格に対する国家

の優位性を確認すると共に、同時に、君主たるものは国家に仕える僕《しもべ》の最高位者であるとした。（中略）彼の考えでは、国家とは、単に力の道具ではなく、ロシアと社会を変革する特権的な役割を演じるものであり、人々の運命を改善する責務を負ったこの大事業にロシア社会が関与することを彼は望んだ。公共財産と私有財産は、彼の考えのなかでは、どちらも重要だった。ピョートル大帝は、歴代のロシア君主の中で初めて、社会を彼の行動のパートナーと見なして呼びかけ、全体の利益と個人の利益とは緊密に結び付いており、そのいずれも諸改革の成功にかかっていると説明した(41)」。君主が社会を新たに認識する様子を示している点で重要な指摘である。

　さらにダンコースは、エカチェリーナ女帝時代について大著を著したイギリスの歴史家イザベル・デ・マダリアーガ(I. de Madariaga)の研究(42)を念頭に置いて、次のように十八世紀ロシアの社会と文化を要領よく概観する。「この時期にこそ新しい社会の輪郭が形作られ、インテリゲンツィアなるものが陽の目を見たのであり、私有財産と自由主義なるものの概念がエリートたちの意識のなかに芽生えたことを認めることができるのである。文化的生活への女帝の情熱が公教育ならびに私立学校での教育や文学、出版、年鑑（当時は雑誌を指す）、『思索クラブ』を奨励した。当時、フリーメーソンの組織もロシアに根を下ろして啓蒙思想を広げたほか、その他各種の心霊団体も出現した。すべてが通信手段の発展と、新しい思想の広がりに貢献したが、こうしたことがロシアの後進性の認識をますます加速させた。近代教育に熱意を燃やしていたエカテリーナ《ママ》二世は、因習から脱した教育制度の発展を助長しようとした。大学の創設を奨励し、科学アカデミーを改革した。公衆衛生も彼女の最も懸念したことの一つで、病院を新設し、医薬の分野でロシアが自立できるように製薬産業を発展させようとした。最後に、経済の面では、エカテリーナ二世は、ピョートル大帝よりも私営企業や交易の自由化に賛成だった(43)」。

　以上から、十八世紀ロシアはヨーロッパ的な国家体制や社会の形成、すなわち言い換えればヨーロッパとの協調関係樹立を目指したことは疑いないところである。しかし実際のところ、いまだヨーロッパのなかではマージナルな存在に留まっており、ピョートル一世が国家勤務を担わせた貴族は民衆からは自分たちと同じロシア人とは見られなかった。とはいえこの新しい皇帝は社会を自分のパートナーとみなしたのである。啓蒙思想の枠内で新しい教育文化および慈善という概念も生まれた。[44] とくにエカチェリーナ二世時代、新たな社会層としてのインテリゲンツィアの誕生を見るが、彼らこそがロシア社会の後進性を深く認識することになる。それゆえ彼らの出現とその役割が次の十九世紀への重要な懸橋となるのである。[45] そうした十八世紀の胎動は、国家が中心となって経済活動を行う重商主義思想とも密接に結びついていたという点も指摘されなければならない。

空間認識

国家や社会の近代化という視点で十八世紀全体を俯瞰する方法と並んで、当時の人々が同時代をどのように見ていたのかという点にも目を向けてみる必要があろう。というのも、この時代に、十七世紀の科学革命というヨーロッパ共通の成果が現れたのはもちろんであるが、植民地拡大に乗り出したヨーロッパ各国の重商主義政策の展開などによる社会の変化があったからである。その顕著な例として同時代人の空間認識の変化について考えてみることは新たな視点と深い洞察を与えてくれるという意味でも重要である。

弓削尚子によると、ヨーロッパで盛んに行われた「啓蒙の世紀」の探検旅行には共通した特徴があるという。一つには、前述の科学革命とも関連するが、政府や科学アカデミーなどの学術機関が企画する学術旅行であった。布教や経済の目的を表に出さず、学術的な国家プロジェクトが企画された。いま一つは、こうした探検家たちが旅の蒐集物や記録を広く世間に知らしめたことである。探検家たちの経験知を公開する場がこの時代には十分用意されていたという。[46] 確かにヨーロッパ各地にキャビネットやクンスト・カマーという名称で蒐集物の陳列室が作られた(類似物としてペテルブルクのクンストカーメラを想起されたい)。

とはいえ当時の経験知を示す最良の例は地図の作製である。後述する元老院秘書官長にして地理学者でもあったイヴァン・キリーロヴィチ・キリーロフ(И. К. Кирилов　一六九五―一七三七)はロシア各地を調査して多くの地図を残した。(47)ロシア人による地図作製の経緯については、日本でも秋月俊幸の研究・翻訳を含めた重要な仕事がある。(48)

坂内徳明は十八世紀を「探検と調査の世紀」ないしは「旅の世紀」と規定する。坂内によると、中世ロシアにおける空間移動が、聖地巡礼に見られる宗教的契機、(49)または通商を目的とした商業的契機によって行われたとするならば、(50)十八世紀以降のそれはまさしくピョートルの「西欧行き」(一六九七―九八年)に象徴されるとおり、「見物」や「研修」を目的としていた。その意味で文化の「観察」のための移動であった。さらにそれは単にピョートルという個人の趣向の問題ではなく、時代全体の個性として「空間」への好奇心のありかたと空間認識の変容を示すものであった。そうして到来した「探検と調査の世紀」はまさにピョートルという最高権力者自身の手で準備された。(51)それはこの皇帝が構想し、その死後に創設された科学アカデミーが行う探検(学術遠征)となって具体化されるのである。

さらに坂内は次のように言う。こうした動きのなかから先のイヴァン・キリーロフといった地理学者が生まれ、同時に、「探検と調査」は「田舎」、「地方」さらには「辺境」というそれまでの空間認識の枠内には入っていなかった「異端な」空間を生み出すこととなった。かくしてラジーシチェフ(一七四九―一八〇二)が生まれ、「セーヴェル地方」が認識され、さらにはキリーロフの後継者としてのタティーシチェフが誕生することになる、(52)と。

なお高田和夫は、十九世紀のロシア公衆についてではあるが、この空間認識の変化を風景画と国家認識という魅力的な観点から論じている。(53)また最近の研究傾向としてツーリズムの歴史のなかに先の旅を位置づけるという方法も生まれている。(54)のちに述べる著者による「呪術」という民衆の伝統的民間習俗の問題に迫った研究は(第九章)、外的世界との関連における空間認識というアプローチからではないものの、内的世界における空間認識によるロシアの「発見」ないしは新たな創造に繋がるものであろう。

以上の点と関連して、当時のロシアにとってあまりよく知られていなかった世界との積極的な交流を求める志向性も指摘しなければならない。たとえば日本についてはすでにピョートルの時代から漂流民を通して知ってはいたが、『ロシア帝国法大全』(第九巻)一七三六年の項には、日本人コジマ・シュートリツとデミヤン・ポモールツォフを利用して日本語教授をさせること、それは将来の両国間の交易を考えてのことであるとの記述が現れている。[55] ここに出てくる二名の日本人とは薩摩の漂流民ソウザとゴンザのことである。[56] 一七三六年に科学アカデミーに日本語学校が設立された時、とくに十一歳で漂着したゴンザは十七歳で教師となった。この少年が言語学者アンドレイ・ボグダーノフと協力して世界最初の露日辞典『新スラヴ・日本語辞典』(一七三六年九月二十九日―三八年十月二十七日)を編纂している。[57] 二八〇年前の薩摩弁で書かれたこの辞書には、すでに「自由」という語まで使われており、また哲学には「学者すること」という訳語があてられていた。いずれにせよ当時のロシアは広く世界の東西に眼を向けていたのであるが、それを重商主義的経済観が支えていた点も見逃すことはできないのである。

ピョートル時代以降の十八世紀には、漂流してロシアの片隅に辿りつく日本人が頻繁に出現してきたことから、ロシア政府も日本について情報を得、さらには日本との交易を考えるようになっていた。その背景には上記のような空間認識の変化およびそれを支え体現することになる探検が重要な役割を担ったと考えられる。このように、十八世紀という時代は確かに調査・研究して知識を蓄える時代であったが、ロシア自身に対する認識を深める時代でもあった。その意味では、十八世紀ロシアは「探検と調査の世紀」ないしは「旅の世紀」を超えてロシアを「発見」し、さらにそれを内実化する時代に入ったとも言える。

以上のことをも念頭に置いた本書では、啓蒙時代のロシア社会がどのように自らを認識していったのかを国家事業としての探検(学術遠征)、とりわけキリーロフの指導したオレンブルク遠征を中心に考察しようとするものである。この遠征によってロシアは新たに獲得した領域を自己のものとして認識した上で、そのための政策を展開することになる。

なお注意しなければならないのは、このオレンブルク遠征が単なる探検という枠に留まらず、当時の中央政界も関与するほど近世ロシア帝国の形成にとっての試金石となる大きな出来事であり、その後のロシア史はこの遠征隊の行ったさまざまな事業をどのように引き継ぐのかという課題を担うことになったという点である。

3　研究史と研究視角、史料と史料批判、本書の構成

研究史および研究上の問題点

本書で具体的かつ中心的に扱うことになるイヴァン・キリーロフのオレンブルク遠征、およびそれに反対するバシキール人蜂起については十八世紀以来の研究がある。キリーロフの後継者として遠征隊長官に就いたB・H・タティーシチェフは、その『ロシア史』および『ロシア辞典』のなかで十八世紀のバシキール史について述べている[58]。しかし最も重要な研究はП・И・ルィチコーフの『オレンブルク史』である[59]。そこではオレンブルク遠征隊編制の前提およびその初期の活動が詳しく描かれている。ルィチコーフ自身がこの遠征隊およびのちに形成されるオレンブルク県行政に直接携わっていたことがそうさせたのである。

十九世紀に入ると、歴史家C・M・ソロヴィヨーフが『太古からのロシア史』で、バシキール人蜂起について触れている個所は少ないものの[60]、オレンブルク遠征について、アンナ女帝の官房〈現在のロシア国立古法文書館〈Российский государственный архив древних актов—РГАДА と略記〉所蔵のフォンド二四八番「元老院」〉という一連の文書史料を利用している。H・A・フィルーソフの『一七六二年までの新ロシアにおけるカザン・ハン国以前の異族人住民とカマ川以東の植民』[61]には、『ロシア帝国法大全』のような刊行史料以外、多くはないが新史料も含まれており、十八世紀バシキーリアにおけるロシア政府による行政の変化について深い分析がなされている。とくに十七世紀のバシキール人蜂起と十八世紀の

それとは異なることが明らかにされている。B・H・ヴィテフスキーの『ネプリューエフ、および一七五八年までの構成におけるオレンブルク地方』では多くの未刊行史料が利用されている。(62) ただし行政および社会的分野の点で以前の研究の補説になっているのも否めない。

十九世紀末から二十世紀初頭は地方史家と学術協会の活動が盛んとなる時期であった。この点でP・Γ・イグナーチエフの『キリーロフ、オレンブルク地方の創設者』および『タティーシチェフ、オレンブルク地方の第二の長官』を忘れてはならない。(63) 同じく彼によって編纂された『ウファー県の記憶されるべき事件年代記』(64) もわれわれの興味を引くものである。

革命前の研究の総仕上げはA・И・ドブロスムィスロフによる『一七三五年、一七三六年および一七三七年のバシキール人蜂起』(65) である。彼はオレンブルク古文書委員会に勤務し、後述する重要な史料集を編纂した人物である。その仕事はオレンブルク遠征隊についての膨大な地方のアルヒーフ史料に基づいてなされたもので、事件を詳細に叙述している。しかしルィチコーフの『オレンブルク史』と同様、とくに史料の共通性という点ではっきりしているが、バシキール人蜂起の解明における不十分さ、つまりウラル以東のバシキーリアにおける動きについて説明がなされていないという問題点を抱えている。とはいえ運動の原因として、バシキール人の不満が新たにやってきた住民による彼らの土地への居住および政府官僚の権力濫用という問題にある点をドブロスムィスロフが指摘しているのは的を射ているだけに重要である。B・フィロネンコの『バシキール人』は史料的には新しいものが少ない。(66)

ソ連時代、この分野に関する研究は多くはないが存在する。何よりも重要なのは階級概念と闘争史観の導入であり、研究は新たな段階に入ったといえる。一九二〇—三〇年代、M・ニキーチンの「バシキーリアの植民の基本的局面」(67)、A・Φ・リャザーノフの『オレンブルク地方』(68)、C・ビクブラートフの「バシキール人蜂起とタタール人」が刊行された。(69) ただし、これらはいわゆる時代的な要請によって書かれたものであるだけに読む時には注意が必要であろう。最も厳密で間違いが少ない研究はＡ・Π・チュローシニコフの「バシキーリアにおける封建的諸関係と十八世紀のバシキール人諸蜂起」である。(70)チュローシニコフはバシキーリアにおける多民族で構成される住民の階級的構造に十分な注意を払っている。とはいえその構造分析から導かれる結論には疑問が残る。たとえば、同論文の著者はチェプチャーリとボブィーリ住民のバシキール人領主層への従属状況を指摘したのち、この地方に新たにやってきたすべての住民にもそうした関係が普及しているとして、この従属性を過大に評価している点である。

ソ連時代初期、最も注目すべきなのがＭ・Ｋ・リュバーフスキーの研究である。彼はモスクワ帝国大学学長を務めたのち、一九三〇年に「アカデミー事件」に関連して逮捕され、「ブルジョア史家」のレッテルを貼られてウファーに流された。彼はバシキール史をロシア史研究の重要なアクターにまで引き上げた歴史家である。しかし流刑地での研究は刊行されることなく、いまだ古文書館の保管棚に眠ったままであるが、多くのバシキール人歴史家は彼の遺稿を利用しながら研究しているのも事実である。(71)

リュバーフスキーは、「ロシアの権力およびその権力と共にやってきた住民との絶え間のない闘争」としてバシキール人の歴史を考えようとした。それが最もよく表れているのが、一九三〇年代初めに書かれた「十七、十八世紀のバシキール人諸蜂起概観」(72)である。彼はバシキール人の蜂起をロシア史上前例のない未曾有の歴史的現象としながら検討し、次のように断定する。「ロシアに服従したのち、民族集団のなかでどの集団もバシキール人ほど自らの過去、および占有している土地や用益地に対する昔からの権利を守り抜くためにかくも多くの努力を払い、血を流した民族は一つとしてなかった。およそ互角とはいえない闘いのなかで、バシキール人はより多くの、数的、物質的、そして疑いもなく精神的な損失を被ったが、あらゆる状況の下で、バシキール人はエトノスとしての結集の強さを示しつつ、民族として人口の多くを吸収することさえできたのである。それゆえ、あらゆる理由と原因をもつこの闘いが、バシキール人の民族史の重要なものであるのは当然のことであった」(73)。かくしてリュバーフスキーは当該のモノグラフの主要な課題を、「しかるべき順序で十七世紀と十八世紀に発展し、最終的にはカントン制度、軍事＝入植者制度の導入へと至るバシキール人のドラマの主要な舞台を配置することである」という明確な見通しを立てたのである。(74)

本研究テーマと関連のあるバシキール人蜂起についての研究、すなわち「十七、十八世紀のバシキール人諸蜂起概観」の第六章は、「オレンブルクとバシキーリア周辺における要塞線の建設、および十八世紀三〇年代ならびに四〇年代初頭のバシキール人蜂起」と題されている。一七三五―三六年、オレンブルク遠征隊の動きとそれに対する反対もあって叛乱は大きくなり、カザン道とシベリア道に拡大した。ただ長老たちの間には意思の統一は見られず、叛乱に参加する者、逆に政府側につく者などさまざまであった。この頃、バシキーリアの住民構成にも変化が見られた。タタール人、ミシャーリ人、マリ人など、新たにバシキーリアにやってきて「受け入れられた人々」によって住民構成は複雑になり、そのことも運動を複雑にした。一七三九年、カザーフのハンたちが政府側につくことによって運動は鎮圧される。そのなかで、一七三六年二月十一日付布告はバシキーリア行政に大きな変革をもたらした。長老は終身ではなく、一年のみの選挙によるものとされた。種族・氏族を基に形成されていた以前の郷(волость)は新たに形成された領域で置き換えられるものとされた。しかしこの新領域は一七九八年のカントン行政システムの導入後に終了し、バシキーリアは行政的にロシアの一部となる。かくして行政長官が支配するウファー郡となる、というのである。

続いて注目すべきなのが一九五〇年に著されたＨ・Ｂ・ウスチュゴーフの研究である。これは一七三七―三九年のバシキール人蜂起に焦点を当てたものであるが、そこでは蜂起の明確な特徴づけがなされていない。ウスチュゴーフはこの運動の「反動的」な要素の存在を指摘しつつも全体的に「進歩的」なものだとした。しかしのちにウスチュゴーフはその視点を再検討して、十七世紀と十八世紀前半に発生したすべてのバシキール人蜂起を「反動的」な運動とみなした。(75)ウスチュゴーフによると、十八世紀三〇年代の蜂起は三段階から成り、第一段階の一七三五―三六年の蜂起はノガイ道ユルマティン郷の長老であるキリミャーク・ヌルシェフに率いられたもの、第二段階は一七三七―三九年の大衆蜂起の時代、第三段階の一七四〇年の蜂起はユルマティン郷のミンディグール・ユラーエフ、綽名をカラサカルというバシキール人によって率いられたものであるとした。[75] 以上の見解は『バシキール自治共和国史概観』(第一巻第一部)中の文章に反映し、そこでは新たに発見された膨大な史料の検討の上に立ちつつ、十七―十八世紀バシキーリアにおける社会運動についての科学的な時代区分と慎重な研究がなされている。[77]

また草稿ながら一九五八年に書かれたA・H・ウスマーノフの「モノグラフ『十八世紀三〇年代のバシキーリアにおけるツァリーズムの植民政策』のプラン」も貴重である。これは研究書執筆にあたりその計画を記したものである。当時までの研究の整理をしているだけではなく、史料についてもその性格づけが丁寧になされており有益である。[78] なお計画された専門書は結局上梓されることはなかった。

一九六〇年前後から史料に基づく重要な論文が次々と現れた。H・Φ・デミードヴァの中央・地方の行政とバシキール社会との関係、[79] C・H・ニグマトゥーリンによる革命以前の研究に対する批判、[80] И・Γ・アクマーノフによる諸蜂起に対する積極的な評価とオレンブルク遠征隊の初期の活動についてである。[81] これ以降、バシキール人自身による研究が盛んになるのである。

ソ連崩壊後、地域や郷土の歴史の掘り起こしという新たな視点がロシアの歴史学界につけ加えられた。遠征隊についての研究もそうした観点からなされるようになった。サマーラ国立大学のЮ・H・スミルノーフの研究はそうした流れに棹さしたものであると同時に、ヴォルガ流域地方のロシアへの併合という新たな見方をも提供している。[82] またごく最近になって、アンナ女帝(在位一七三〇―四〇)時代を精力的に研究している現代ロシアの歴史家H・H・ペトルヒンツェフが『アンナ・イオアンノヴナ(一七三〇―一七四〇)の内政』という大著を著した。そこでは元になる学位論文から刊行までに時間がかかったためか、最近の研究状況についての言及は少ないものの、従来あまり論じられることのなかったさまざまな科学アカデミーの探検とキリーロフおよびその「草案」との関連性、さらにはキリーロフをめぐるパトロネジ関係を指摘し、アルヒーフ史料を駆使しながら、「一七三〇年代前半の「バシキール政策」:「キリーロフ計画」と一七三五―四〇年のバシキール人蜂起の前提」および「バシキール人自治の制限:一七三五―四〇年のバシキール人蜂起」という二章を割いて詳しく論じているのが特徴である。[83]

バシキール人蜂起については、とりわけバシコルトスタンの研究者が積極的に取り組むようになった。前記アクマーノフの研究を嚆矢としてР・Г・ブカノヴァ[84]とС・У・タイマーソフの研究がそれに続いた。また若い世代もそれを継承している。Э・Ю・シリャーエフ、И・Н・バイナザーロフ、М・М・ズリカルナーエフ、И・Н・ビックローフ、そして最新の研究としてИ・Ф・アマンターエフのものが現れた。[86]最近刊行されたシリーズ『バシキール人の歴史』の第三巻で、「オレンブルク遠征の組織に関する元老院秘書官長イ・カ・キリーロフの草案」および「オレンブルク遠征の組織と十八世紀三〇年代の施策」の二つの節を執筆しているのはズリカルナーエフである。[87]これらは、若干のミスはあるが、上で述べた研究状況に立脚しながら、アルヒーフ史料の調査・研究による新たな発見を加えて丁寧な叙述を心がけているのが特徴である。

以上の歴史学的研究とは別に、一九五〇年前後からキリーロフの地理学者という側面に焦点を当てた研究も出現した。[88]とくに地理学者Н・Г・ノヴリャンスカヤの手になる『イ・カ・キリーロフと彼の全ロシア帝国地図』および『イヴァン・キリーロフ(十八世紀の地理学者)』と題する二冊の研究書が重要である。それらはキリーロフの科学アカデミーでの活動、元老院での仕事、そしてオレンブルク遠征での指導的な役割、等に焦点を当てながらも、主にキリーロフの地理学者としての活動の様子を詳しく教えてくれる。[89]

ロシア以外の研究にも目を向けなければならない。フランスに亡命したロシア人歴史家В・ノリドとフランス人歴史家R・ポルタルの古典的研究は、バシキール人の歴史の特異性を西側に逸早く紹介した。[90]またアメリカ合衆国の歴史家A・S・ドンリーの仕事は刊行史料のみに依拠せざるを得ないという冷戦時代の西側研究者の誰もが持つ限界はあるものの、欧米の研究者のなかでは先んじてロシア国家によるバシキーリアの併合と征服の問題に注目した研究であり、近年バシコルトスタンでロシア語訳も刊行された[91]。そうした外国人による研究を翻訳する動きは、過去のロシア人の研究を復刊する動きと並んで[92]、バシコルトスタンの研究者たちが諸外国の研究動向を知る上で役立つだけではなく、彼らがどのような歴史研究を目指しているのか、その模索の様子を示しているという点で注目すべきである。

翻って日本では、キリーロフについては三上正利の紹介記事が最初のものであろう[93]。続いて阿部重雄の研究が重要である。阿部はアンナ女帝時代の複雑で不安定なロシア政界を生き抜いたタティーシチェフの官僚および学者としての活動をパトロネジ関係に注目しながら描いている。対照的な人物としてオレンブルク遠征隊長官としての彼の前任者キリーロフの性格と行動についても詳しく叙述されているのである[94]。

また本書の著者による同テーマに触れている二つの研究書は、以上の研究動向——ただし二十世紀末まで——を念頭に置いて書かれたものである。第一の研究書では、プガチョーフ叛乱期のオレンブルク・カザークの動向に焦点を当てつつ、オレンブルク遠征隊の活動に言及している。第二のそれは、ほぼ三世紀に及ぶバシキール人とロシア国家との関係の変化、とくに併合と征服過程の解明に重点を置きながら遠征隊の活動について述べている。しかしいずれもオレンブルク遠征隊とその活動については、二つの研究書の重要な部分を占めてはいるものの、概略的で焦点が当てられているわけではない[95]。なお最近の著者の研究が本書の基本構想を示している点は指摘しておかねばならない[96]。

研究視角——問題提起と分析のための視座

以上で述べた先行研究の状況から浮かび上がる問題は以下の二点である。第一に、現代のロシア史学とバシコルトスタン史学の乖離的ともいえる研究状況そのものである。一般的にモスクワを中心とした研究は地方の研究を見ておらず、また地方の研究はロシア史全体における当該地方の歴史の位置づけが欠如しているという現代歴史学の抱える問題を有しているが、そのことはロシア史学とバシコルトスタン史学との関係についてもあてはまる。オレンブルク遠征の意味づけについても両史学の問題意識のずれが見られるのである。両者を融合させながら研究を進展させることが必要であろう。

第二に、バシキーリアを含むロシア帝国南東地方への膨張がどのようになされ、またそのことがロシア人の空間認識やアイデンティティの形成の上でいかなる働きをなしたのかという問題である。これは前記の点とも関連するが、より具体的に地方の問題をロシア国家全体のなかで考える姿勢が重要となる。十八世紀ロシア史を見通しながら、そのことは近世ロシア帝国の行政の展開とどのような相互作用があったのかという問題でもある。

以上の点について、従来の研究では等閑視されてきた。つまり、第一点目の繰り返しにもなるが、ロシア国家全体の研究および地方そのものについての研究はあるものの、その両者を融合させて近世ロシア史研究のなかで明確に位置づけはされてこなかったのである。そのための事例研究として、十八世紀から始まる科学アカデミーの探検という国家事業のなかにキリーロフのオレンブルク遠征を位置づけながら、社会に対して近世ロシア帝国がいかなる方向性を示していくのかを明らかにしようとするものである。以上の解明がまさに本書の中心的課題となる。こうしたことは一七三〇年代という否定的に捉えられてきたアンナ女帝時代に対する新たな見方を提供することになるのかもしれない[97]。

本書の課題を考えるにための座標軸を示しておこう。たとえば、ロシア帝国(科学アカデミー)の主導する探検(学術調査)を通してみたロシア国内の中央と地方の関係は、法令、政府の政策、実際の遠征の推移、地方住民の対応という実態的な研究を進める上で当然一つの基本的な軸になるものである。しかも探検の持つ意味の変化——十八世紀のそれと十九世紀のそれとでは大きく異なる——についても念頭に入れなければならない。

またロシアを取り巻くさまざまな国際情勢をも視野に入れて考えてみることになろう。何よりも十八世紀ロシアはヨーロッパやアジアの影響を直接間接いずれの形であれ被るようになった時代である。それゆえ、この時代の主潮たる啓蒙主義、自然法的合理思想、重商主義、およびそれらから引き出される野蛮と文明、後進と進歩、伝統と近代、アジアとヨーロッパ、などという問題群をも視野に入れて状況を考えなければならない。

それらに加えて、現在の歴史学を取り巻くさまざまな議論がわれわれのテーマを考える上で参考になる。たとえば、世界システム論、帝国論、複合国家(「礫岩国家」)論、トランス・ボーダー論、社会的結合論、パトロネジ論、社会的紀律化、さらには文化的な相互浸透性を念頭に入れた「異種混淆性(ハイブリディティ)」[98]という概念である。ただしこうした議論が空間認識とアイデンティティの形成とその変化というわれわれのテーマを取り巻いているとしても、それらを前面に出すことによって、一七三〇年代のロシア地方社会の個別具体的な歴史事象の織りなす全体像が損なわれないようにするのは言うまでもない。それゆえ上記の種々の論点を念頭に置きながら、より実体的な状況が中心に論じられていくことになるであろう。

史料および史料批判

史料、とくに刊行史料では、『ロシア帝国法大全』(第九巻)[99]および『帝室ロシア歴史協会集成』に収められている「アンナ・イオアンノヴナ女帝の大臣カビネット文書」[100]が重要である。前者は、アンナ女帝時代の国家の指針となる法令・布告・訓令等を含んでいるもので、キリーロフへの命令など政府がこの地方をどのように認識し支配しようとしているかを知ることができる基本的な史料である。後者は、元老院で討議され、また元老院に報告された史料が収められており、キリーロフの具体的活動を跡づけるためには欠かすことができない史料である。これはC・M・ソロヴィヨーフがその著作で利用した「アンナ女帝の官房」文書と同じものであろう。キリーロフが元老院秘書官長であった時代から、その後オレンブルク遠征隊長官となって活躍する時代に元老院に送った報告書等の史料が収められている。なかにはИ・Ю・トゥルベツコーイ公やИ・Г・ゴローフキン伯たちと並んで、署名者の末尾に元老院秘書官長キリーロフが署名している議事録なども含まれており、キリーロフの高級官僚としての活動を知るよい手掛かりを与えてくれる。加えて、『ロシアの談話』誌に収められているキリーロフのЭ・И・ビローン宛の手紙[101]も貴重である。遠征先から送付した手紙であるが、キリーロフがいかなることを考えて自分の庇護者とみなしていたビローンに手紙を送っていたのかをよく示している。またこれは両者のパトロネジ関係を如実に示す史料ともなっている点で貴重である。こうした関係こそが当時のロシアの政治のありかたを考える重要な軸の一つとなるのである。

以上の史料はいわば政府や遠征隊側の視点によるものであり、地方からの視点に立つものではないことに留意する必要がある。そこで以下の史料がその点を補完してくれるであろう。

何よりも基本的で重要なのはА・Н・ドブロスムィスロフによって蒐集・編集された史料集である。そこに収められている史料には、当時の法令と並んで、キリーロフの「草案」、その遠征隊の活動、バシキール人の動きなどが詳細に記されている[102]。

一九三〇年代から刊行されてきた『バシキール自治共和国史史料』も基本的で重要な史料集である[103]。そのなかには、キリーロフ「草案」に先立つ先駆的な提案がいくつも含まれている。とくにВ・Н・タティーシチェフ、ユフネフ、そしてА・П・ヴォルィーンスキーの提案である。

近年、そのシリーズで刊行される予定であった遠征隊の活動を具体的に示す浩瀚な史料集第六巻がН・Ф・デミードヴァの編集によって『バシコルトスタン史史料：オレンブルク遠征と十八世紀三〇年代のバシキール人諸蜂起』と題されて出版された[104]。これは、ドブロスムィスロフ編の史料集と共に、当該テーマについて研究する上で必要不可欠な史料集である。それと同時に、この史料集の刊行にあたっては複雑な経緯があった点にも目を向けなければならない。同史料集は地方住民の遠征隊に対するプロテストに関する内容を多く含んでおり、それはすなわち帝政時代からソ連時代にかけて歴史学界の公式テーゼであるロシア国家への地方併合の肯定的見解（いわゆる「スターリン・テーゼ」）に対する批判とみなされた。以上のような政治的理由から、さらには第二次世界大戦前後の経済的理由もあって、史料集はすでに一九四〇―五〇年代には刊行の準備が整っていたものの、出版が許されなかったのである[105]。

キリーロフの地理学者としての活動については、彼と科学アカデミー総裁その他の人々との往復書簡が残されており、遠征期間中の地質調査や地図作製の状況などがわかる[106]。

未刊行史料についてである。第一に、オレンブルク遠征隊(委員会)、一七三五―四〇年のバシキール人蜂起に関する史料は、すでに述べたモスクワのロシア国立古法文書館所蔵のフォンド二四八番「元老院」の各部局所管文書に集中している[107]。オレンブルク県関連文書、バシキール問題[108]、シベリア官署[109]、大臣カビネット関係文書[110]、工場委員会関連文書、塩事務所、その他に所蔵されている膨大な史料群である。これらには先述の『帝室ロシア歴史協会集成』所収の「アンナ・イオアンノヴナ女帝の大臣カビネット文書」の原史料も含まれている。またキリーロフ関係の文書だけではなく、当時のオレンブルク地方において発生したあらゆる問題について報告がなされている。

第二に、国立ロシア軍事歴史史料館(Российский государственный военно-исторический архив―РГВИА と略記)所蔵のフォンド三四九番は、一七三八年に複製されたカマ川以東(横断)防衛線の最初期の地図である[111]。これはオレンブルク遠征期の地理的状況を知る上でも重要である。

第三に、オレンブルクにあるオレンブルク州国立文書館(Государственный архив Оренбургской области―ГАОО と略記)所蔵のフォンド「オレンブルク遠征」(Ф. 1. Оренбургская экспедиция. Оп. 1)は、分量と多様さの点では古法文書館所蔵の史料には遠く及ばないものの、キリーロフのオレンブルク遠征についてユニークな史料が収められている。とくにキリーロフのオレンブルク地域の開発と中央アジアへの進出に関する計画、都市オレンブルクへの「特権」付与(一七三四年六月七日付)がそうである。またオレンブルクと新たな要塞建設に対して反対するバシキール人蜂起の鎮圧、カルムィク人の公妃アンナ・タイシャおよびキリスト教の洗礼を受けたカルムィク人のためのトク川沿岸における要塞建設、以上に関する元老院布告などもそうである[112]。

第四に、モスクワにあるロシア国立図書館学術研究手稿部（Научно-исследовательский отдел рукописей Российской государственной библиотеки—НИОР РГБ と略記）に保管されている「パーニン家文書」には、キリーロフの「草案」の写し[113]、およびオレンブルク遠征によって引き起こされるバシキール人蜂起についての史料がある[114]。

第五に、ウファーにあるロシア科学アカデミー・ウファー学術センター学術古文書部（Научный архив Уфимского научного центра Российской академической наук—НА УНЦ РАН と略記）所蔵の史料は、一七二〇年代のウファー地方行政に関する貴重なものである[115]。

本書を理解するための補足

なお、ここで史料の性格を明確にする上でも、史料が集中した元老院について述べておこう。これは周知のように、ピョートル一世のトルコ遠征中の一七一一年、臨時機関として創設され、それがのちに常設化して貴族会議に代わる最高行政執行機関となった。しかしアンナ女帝時代には、一七三〇年の「政変」を経てその意義を失い、機能の上で甚だ制限された組織となった。というのもすべての国家の重要な政治経済的問題は「女帝陛下の大臣カビネット」で決定されるようになったからである。一七三〇年に最高枢密院（Верховный Тайный совет）の廃止[116]に伴い、翌三一年に組織された大臣カビネットは、立法および国家機関の監視という分野において広範囲な権力を有するに至った。注目すべきは、このカビネット創設者の三名の大臣А・И・オステルマーン伯（А. И. Остерман）、Г・И・ゴローフキン伯（Г. И. Головкин）、А・М・チェルカッスキー公（А. М. Черкасский　原史料では Черкасов）の署名が女帝の署名と同等な力を有したという点である[117]。カビネットとの関係で、元老院は実務執行機関以上の性格を有することはなくなった。加えて、参議会と並んで元老院はカビネットに毎月その活動報告を提出しなければならなかったのである。

しかし他方では、元老院はいまだ地方行政に対して、以前通り実際的な影響力を持っていた。確かに大臣カビネットと直接的な関係を持つ機関および個人も存在したが、多くは元老院との関係を保持しつつ、元老院の側も重要な問題については大臣カビネットに報告書を提出して検討を仰いだのである。

資料（史料）はこうした機関の上下関係とは逆の流れに沿って集まることになる。周知のように、元老院は資料（史料）を上級機関へ送る通過機関であると同時に、その写しを作成したのである。かくして最上級機関へ提出する資料（史料）のすべてが元老院に保管されることになった。国家による決定およびその施行の原則についての問題を考察するための可能性を、こうした史料が与えてくれるのである[118]。

遠征隊長官は、のちに組織されることになるバシキール問題委員会の長ともども元老院に報告する義務を負っていた。オレンブルク地方の問題については、ペテルブルクの元老院以外に、「統治せる元老院モスクワ事務所」（Московская контора правительствующего Сената）も興味を示していた。同事務所にもペテルブルクに送られたものと同じ報告が送付された[119]。ただし著者が利用し得た史料は以上のうちの僅かな部分でしかないのは言うまでもない。

いま一つ、チュルク系ムスリムのバシキール人を基幹住民とするバシキーリアの行政区画についても付言しておくべきであろう。十八世紀のウファー郡（Уфимский уезд）およびカザン郡（Казанский уезд）における行政上の下位区分は道（дорога）である。とくにウファー郡は四道に分けられていた。カザン道、ノガイ道、オサ道およびシベリア道である。「道」（дорога）はロシア国家がこの地方を併合する以前から使われていた行政区分であるが、おそらくはモンゴル支配時代の遺制であろう。さらにこれはバシキール人の種族共同体・種族連合である郷（волость）に細分されていたが、ロシア政府はそうした既存の行政区分を利用したのである。ピョートル一世の地方行政改革はこれを新しい行政区分に改編することで、行政を機能的に遂行しようと試みたものであった。しかしロシア政府はこの地域に対する独自の領域的支配を成し遂げることはできず、それが完成するのはエカチェリーナ二世時代のカントン行政制度の導入を待たねばならなかった[120]。そのため史料のなかでは「道」・「郷」に加えて新しい行政区分である「郡」が混在するのである。なお、このバシキーリアを囲むように、南には大・中・小三つのオルダに分かれているチュルク系ムスリムのカザーフ人、北西には同じくチュルク系ムスリムのタタール人、西にはジュンガリアから移住した仏教徒のカルムィク人など多くの民族が居住していた。

本書の構成

本書は次のような構成をとる。まず十八世紀ロシアの諸地方はどのように「発見」され、獲得され、そして認識されていったのかという点を、科学アカデミーの主導した探検の様子を中心に考えて見る（第一章）。次いでオレンブルク遠征隊が形成される以前の、いまだ完全にはロシア国家には服したとは言いがたい十八世紀初めの現実の南ウラルの地方行政・区分について検討する（第二章）。さらにはこの地域に対する認識はどのようなものであったのか、行政官たちのさまざまな提案を見ることによってそれを確認する（第三章）。以上を基にした国家の実際の動きの一つとして、帝国南東地方に形成された新たな要塞線の建設状況を見る（第四章）。また先の提案の完成形であるキリーロフの「草案」をより詳細に検討した上で（第五章）、この提案を基にして行われたオレンブルク遠征の実態、および地方の反応を考える（第六・七・八章）。オレンブルク遠征隊の活動はキリーロフの死後にも継承されるのだが、本書が検討している探検としての性格を有するのはキリーロフの活動までであったと考えられる。同時代の出来事として、いま一つの「探検」によって「発見」されたともいえる地方の民間習俗に対する国家の規制と社会の反応を考察する。一見オレンブルク遠征とは無関係のようである民間習俗を巡る両者の動きは、ロシア地方社会の実態調査（すなわち「探検」）そのものであった（第九章）。以上を通して近世ロシアの中央と地方の関係の形成過程、それに対する地方社会の動向を具体的に分析することによって、ロシア人のアイデンティティ形成の実態に迫るのが本書の課題となる。

（1） *Ключевский В.О.* Сочинения. Т. III. Курс русской истории. Часть. 3. М., 1957. С. 5–10（八重樫喬任訳『ロシア史講話三』恒文社、一九八三年、九―一四頁）. また土肥恒之『ロシア社会史の世界』日本エディタースクール出版部、二〇一〇年、一―一八頁も参照。

（2） たとえば次を参照のこと。*Куркин И.В.* История России. XVIII век. М.: ДРОФА, 2010.

（3） 十八世紀ロシアにおける十七世紀からの継承性、およびヨーロッパとの同時代性に注目したものとして次を参照のこと。*Лимонов Ю.А.* Россия в западноевропейских сочинениях XVIII в. / Россия в XVIII в. Глазами иностранцев. Л., 1989. С. 3-16. 鳥山成人『ロシア・東欧の国家と社会』恒文社、一九八五年、所収の諸論文。また田中陽兒・倉持俊一・和田春樹編『世界歴史大系　ロシア史　第二巻　十八―十九世紀』山川出版社、一九九四年、所収の鳥山論文。マーク・ラエフによるピョートル改革を挟んだロシアの十七世紀と十八世紀の差異の強調については次を参照されたい。Raeff, M. "Seventeenth-Century Europe in Eighteenth-Century Russia?" *Slavic Review* 41 (1982), pp. 611-619. このラエフの論文に対して、差異ではなく制度的・文化的な側面の連続性を見ようとする同誌掲載のキーナンやマダリアーガたち対論者たちの議論も参考になる。

（4） 柴田三千雄『フランス史10講』岩波書店（岩波新書）、二〇〇六年、一〇一頁。

（5） カント（篠田英雄訳）『啓蒙とは何か』岩波書店（岩波文庫）、二〇一四年、七頁。

（6） ピーター・ゲイ（中川久定・鷲見洋一ほか訳）『自由の科学――ヨーロッパ啓蒙思想の社会史』1、ミネルヴァ書房、一九八二年、二頁（この翻訳一・二巻は原著 Gay, Peter. *The Enlightenment: An Interpretation*. 2 vols. New York: Vintage, 1966–69 第二巻の翻訳である）。もちろん十八世紀における考え方の大転換については、二十世紀前半のフランスの思想家ポール・アザール（一八七八―一九四四）による、キリスト教信仰から反キリスト教信仰への移行というはなはだ図式的ではあるが興味深い記述をも念頭に入れなくてはならない（ポール・アザール、野沢協訳『ヨーロッパ精神の危機』法政大学出版局、一九七三年を参照。原著は一九三五年に刊行）。

（7） ゲイ前掲書、四頁。

（8） ロイ・ポーター（見市雅俊訳）『啓蒙主義』岩波書店、二〇〇四年（なお原著は Porter, Roy. *The Enlightenment*. Hampshaire: Palgrave Macmillan, 2001 である）。

（9） 同上「訳者解説」、一一四頁。

（10） 近藤和彦「近世ヨーロッパ」『岩波講座　世界歴史一六（主権国家と啓蒙：一六―一八世紀）』岩波書店、一九九九年、六九頁。

(11) そのような認識に基づいて編まれた研究シリーズとして次のようなものがある。Век Просвещения: Les Siècle des Lumières. T. I–IV. M., 2006–2012; Всемирная история. Мир в XVIII в. / Под ред. С.Я. Карп. Т. 4. M., 2013.

(12) Hartley, Janet M. *A Social History of the Russian Empire 1650–1825.* London and New York: Longman, 1999, p. 7.

(13) ヨハネス・ブルクハルト(鈴木直志訳)「平和なき近世――ヨーロッパの恒常的戦争状態に関する一試論(上)(下)」『桐蔭法学』第八巻第二号・第一三巻第一号、二〇〇二・二〇〇六年。

(14) モンテスキュー(野田・稲本・上原・田中・三辺・横田訳)『法の精神』(中)岩波書店(岩波文庫)、一九八九年、一〇八―一〇九頁(原著は一七四八年刊行)。また同じく『ペルシア人への手紙』も参照されたい。モンテスキューは、周知のように、ヨーロッパとアジアを自由と隷属、君主制国家と専制国家という対立項で考えている。

(15) 十九世紀の問題ではあるが、日本で同様の問題を扱った嚆矢として次のものがある。鳥山成人『ロシアとヨーロッパ――スラヴ主義と汎スラヴ主義』白日書院、一九四九年。

(16) 著者はロシアがヨーロッパか否かという議論は生産的ではないと考えているが、ロシアとヨーロッパの関係をどう見るかについては、すでに鳥山成人がアメリカの歴史家L・J・オリヴァの研究を紹介しながら、ピョートルのリーダーシップの問題をロシア国内の過去からの継承性およびヨーロッパとの同時代性と並んで、複数のヨーロッパの存在という認識を提示することによってその糸口を与えている(鳥山『ロシア・東欧の国家と社会』第七章「ピョートル伝とピョートル改革」二〇七―二二二頁)。また土肥恒之「ロシア帝国とヨーロッパ」『岩波講座　世界歴史一六(主権国家と啓蒙：一六―一八世紀)』およびロシアのアジア性に注目するデイヴィド・シンメルペンニンク＝ファン＝デル＝オイエ(Schimmelpenninch van der Oye, David. *Russian Orientalism.* New Haven & London: Yale University Press, 2010. 浜由樹子訳『ロシアのオリエンタリズム』成文社、二〇一三年)も参照。

(17) 北原敦ほか編『ヨーロッパ近代史再考』ミネルヴァ書房、一九八三年、第一章を参照。

(18) Okenfuss, M. J. "Catherine the Great and Empire." *Jahrbücher für Geschichte Osteuropas*, Bd. 56, 2008, H. 3, S. 321. 最近、エカチェリーナ二世によるロシアの国内旅行に関する本が刊行された。*Бессарабова Н.В.* Путешествие Екатерины Великой по России. От Ярославля до Крыма. M.: Из-во Эксмо, 2014. また註(30)に挙げるウォートマンの権力と儀礼の関係を扱った研究を意識して書かれた次の論文も参照されたい。*Трепавлов В.В.* Царские путешествия по этническим регионам России // Вопросы истории. 2015. No. 2.

(19) Wolff, Larry. *Inventing Eastern Europe. The Map of Civilization on the Mind of the Enlightenment.* Stanford, California: Stanford University Press, 1994.

(20) Rywkin, M. "Russian Central Colonial Administration: From the Prikaz of Kazan to the XIX Century. A Survey." In M. Rywkin ed. *Russian Colonial Expansion to 1917.* London and New York, 1988, p. 20.

(21) 十七世紀中葉のモスクワ国家は本文中にあげた地域を特別の地域(外国)とみなし、その行政にも十分な注意を払っていたことが窺われる(コトシーヒン、松木栄三編訳『ピョートル前夜のロシア——亡命外交官コトシーヒンの手記』彩流社、二〇〇三年、第八章)。またカザン宮廷官署、シベリア官署、小ロシア官署の機能については、同第七章第六・七・二九節を参照されたい。

(22) 「複合国家」あるいは「礫岩国家」の基本的概念については以下を参照。Koenigsberger, H.G. "Monarchies and Parliaments in Early Modern Europe: Dominium Politicum et Regale." *Theory and Society,* vol. 5, No. 2 (Mar., 1978), pp. 191–217; Elliott, J.H. "A Europe of Composite Monarchies." *Past & Present* 137 (Nov., 1992), pp. 48–71; Gustafsson, H. "A Europe of Conglomerate State: A Perspective on State Formation in Early Modern Europe." *Scandinavian Journal of History,* vol. 23, nos. 3–4, 1998, pp. 189–213. 古谷大輔・近藤和彦編『礫岩のようなヨーロッパ』山川出版社、二〇一六年。

(23) *Ерошкин Н.П.* История государственных учреждений дореволюционной России. М., 1983. С. 73 (なお初版は一九六七年に、また階級闘争等に関する記述を省いた最新版は二〇〇八年に刊行).

(24) Полное собрание законов Российской империи. Первое собрание (Далее: ПСЗ). СПб., 1830. Т. VI. No. 3534. С. 141–160. この法令の重要性は、本書で後述する(第二章)地方行政改革については言うに及ばず、行政上のあらゆる側面にわたっている点である。

(25) マルク・ラエフ(石井規衛訳)『ロシア史を読む』名古屋大学出版会、二〇〇一年、四五—四六頁(なおフランス語版原著は一九八二年に刊行)。

(26) 同上、四七—四八頁。ただし宗教的性格が変化したという指摘については検討の余地があり、著者は別稿を用意している。

(27) ピョートル期およびその後の統治エリート層および貴族の役割について、次の論文集はさまざまな角度から新しい見方を教えてくれる。Правящие элиты и дворянство России во время и после петровских реформ (1682–1750) / отв. сост. Н.Н. Петрухинцев, Л. Эррен. М.: РОССПЭН, 2013.

(28) Meehan-Waters, Brenda. *Autocracy & Aristocracy: The Russian Service Elite of 1730.* New Jersey, 1982, pp. 71-95. なお国制に関わる問題について、シンシア・ウィタカーは、十八世紀、帝位継承に際して帝位継承法の欠如を補うものとして、皇帝による指名、王朝の正当性(血統)、適正、人民(政治エリートないしは支配層の最上の人々)による「選挙」があったという(Whittaker, C.H. *Russian Monarchy: Eighteenth-Century Rulers and Writers in Political Dialogue.* DeKalb, Illinois: Northern Illinois University Press, 2003, pp. 69-78)。また十八世紀ロシアの国制上の問題を、一九九九年度「ロシア史研究会大会」でのウィタカー報告を要約し批判をしながら論ずる加藤史朗の論考も参照(加藤史朗「十八世紀ロシアの専制政治をめぐる若干の考察――シンシア・ウィタカー氏の報告に寄せて」『ロシア史研究』六六号、二〇〇〇年)。なお十八世紀ロシアの軍事についてはさしあたり、拙稿「「植民国家」ロシアの軍隊におけるカザークの位置――十八世紀のオレンブルク・カザーク創設を中心に」『歴史学研究』八八一、二〇一一年、を参照されたい。

(29) アメリカ合衆国の歴史家デイヴィド・ランセルの研究から、エカチェリーナ二世と重臣ニキータ・パーニン(Н. И. Панин 一七一八―八三)との関係にその典型をみることができる。事実、必ずしも成功はしなかったものの、パーニンが君主との寵臣関係に立脚しない新官僚層の創出を目指した点は、ロシアにおける近代官僚制国家建設を考える上で注目すべきであろう(Ransell, D. *The Politics of Catherinian Russia: The Panin Party.* Yale University Press, 1975)。

(30) ラエフ前掲訳書、一九五―一九七頁。民衆のツァーリ観については、ロシアでは一九六七年に刊行されて以来基本的研究とされ、その後増補された *Чистов К.В.* Русская народная утопия. СПб., 2003、およびその研究に連なる *Лукин П.В.* Народные представления о государственной власти в России XVII века. М.: Наука, 2000 のような重要な研究がある。欧米でもいまでは古典となった Cherniavsky, M. *Tsar and People. Studies in Russian Myths.* New Haven and London: Yale University Press, 1961 以来の研究がある。また王権と儀礼の関係についてはウォートマンの次の研究が基本となる。Wortman, Richard S. *Scenarios of Power. Myth and Ceremony in Russian Monarchy.* Vol. 1. Princeton, N.J.: Princeton University Press, 1995, pp. 42-109、およびそれを紹介した、田中良英「十八世紀初頭ロシアにおける「王権」と儀礼――R・S・ワートマンとE・A・ジッツァーの近著を手がかりに」『西洋史論叢』二七号、二〇〇五年も参照のこと。

(31) ジョン・P・ルドン(松里公孝訳)「十八世紀のロシア(一七〇〇―一八二五)」『講座スラブの世界　スラブの歴史』弘文堂、一九九五年、九一頁。

(32) Ryazanovsky, N.V. *A History of Russia.* Oxford University Press, 1969, 2nd ed. p. 306.

(33) Очерки истории СССР. Период феодализма. Россия во второй четверти XVIII в. М., 1957. С. 7.

(34) 註(27)であげた著書がそれである。

(35) Lotman, Juri M. "The Poetics of Everyday Behaviour in Russian Eighteenth-Century Culture." In Lotman and Boris A. Uspenskii. *The Semiotics of Russian Culture*. Ann Arbor, 1984, pp. 231-56. また次も参照されたい。Y・M・ロートマン(桑野隆・望月哲男・渡辺雅司訳)『ロシア貴族』筑摩書房、一九九七年(原著は *Лотман Ю.М.* Беседы о русской культуре: быт и традиции русского дворянства 〈XVIII-начало XIX века〉. СПб., 1994)。なお文化史そのものについては次の研究が参考になる。Burke, Peter. *What is Cultural History?* Cambridge: Polity Press, 2004(長谷川貴彦訳『文化史とは何か』法政大学出版会、二〇〇八年)。

(36) *Каменский А.* Российская империя в XVIII веке: традиция и модернизация. М., 1999. С. 301-306. また、次の英訳も参照。Kamenskii, A. B. *The Russian Empire in the Eighteenth Century*, translated and edited by D. Griffiths, New York & London: M. E. Sharpe, 1997, pp. 281-286.

(37) ゲーリー・マーカー(白倉克文訳)『ロシア出版文化——十八世紀の印刷業と知識人』成文社、二〇一四年(原著は Marker, Gary. *Publishing, Printing and the Origins of the Intellectual Life in Russia, 1700-1800*. Princeton, 1985である)。

(38) 坂内徳明「女帝と道化の時代——ロシア民衆文化におけるイタリア人音楽家のメタモルフォーゼ」『人文・自然研究』(一橋大学大学研究開発センター)第五号、二〇一一年、六頁。

(39) 拙稿「近世ロシアの民間習俗をめぐる国家・教会・社会——シンビルスクの「呪術師(魔法使い)」ヤーロフの事件とその背景」『駿台史学』第一四七号、二〇一三年、一二七—一六七頁(本書、第九章に加筆修正して収録)。

(40) 「社会的紀律化」概念についてはゲルハルト・エストライヒの研究を参照のこと。G・エストライヒ(平城照介・坂口修平訳)「ヨーロッパ絶対主義の構造に関する諸概念」、F・ハルトゥング、R・フィアハウス他(成瀬治編訳)『伝統社会と近代国家』岩波書店、一九八二年、所収、二三三—二五八頁。およびゲルハルト・エストライヒ(坂口修平・千葉徳夫・山内進編訳)『近代国家の覚醒——新ストア主義・身分制・ポリツァイ』創文社、一九九三年(とくに千葉徳夫の要領を得た解題は重要である)。またこの概念をロシア史に援用して議論を展開する註(3)にあげたラエフの論文以外に、彼の次の研究も参照のこと。Raeff, M. *The Well-Ordered Police State: Social and Insititutional Change through Law in the Germanies and Russia, 1600-1800*. New Haven & London: Yale University Press, 1983.

(41) エレーヌ・カレール＝ダンコース(谷口侑訳)『未完のロシア　十世紀から今日まで』藤原書店、二〇〇八年(なお、原著は二〇〇〇年に刊行)、一四一頁。

(42) Madariaga, Isabel de. *Russia in the Age of Catherine the Great.* New Haven & London: Yale University Press, 1981.

(43) ダンコース前掲書、一六四頁。ダンコースの発言を考える上で参考になるのは次の諸研究である。最近多く刊行されているフリーメーソンについては、次の復刊された革命前の基礎的研究が重要である。*Вернадский Г.* Русское масонство в царствование Екатерины II. M., 2014. 医療問題については、一七七〇―七一年に発生したペスト、およびその後のモスクワの蜂起と医療に光を当てた次の研究を参照のこと。Alexander, J. T. *Bubonic Plague in Early Modern Russia. Public Health and Urban Disaster.* Baltimore and London: The Jons Hopkins University Press, 1980.

(44) 教育、とくに女子教育については、橋本伸也『エカテリーナの夢　ソフィアの夢――帝政期ロシア女子教育の社会史』ミネルヴァ書房、二〇〇四年が有益である。帝政末期の福祉や慈善についてではあるが次も参照されたい。高橋一彦「福祉のロシア――帝政末期の「ブラゴトヴォリーチェリノスチ」」『研究年報』（神戸市外国語大学外国語研究所）四四号、二〇〇七年。同「ロシア――フィランスロピーの「発見」」『大原社会問題研究所雑誌』六六号、二〇一〇年。

(45) インテリゲンツィアの発生については次を参照されたい。Raeff, M. *Origins of the Russian Intelligentsia: The Eighteenth-Century Nobility.* New York: Harcourt, Brace & World, 1966; Berlin, I. *Russian Thinkers.* ed. Hardy, H. & Kelly, A. New York: Penguin Books, 1979, pp. 114–135.

(46) 弓削尚子『啓蒙の世紀と文明観』（世界史リブレット88）山川出版社、二〇〇四年、三五―三六頁。本文の文章は以下の著者の論文を基にしている。拙稿「ロシア帝国における植民問題の研究――ウラル地方を中心に」『明治大学人文科学研究所紀要』第六七冊、二〇一〇年、一二六頁以下。および同「啓蒙の世紀におけるロシアの『発見』」中近世ロシア研究会編『中近世ロシア研究論文集』二〇一四年、一〇二―一一七頁。

(47) 地理学者И・K・キリーロフの仕事として次のものがある。「全ロシア国家の繁栄状況を、ピョートル大帝はどのようにして始め、もたらし、そして残したのか」（一七二七年）。これは彼の死後百年経った一八三一年モスクワで歴史家M・П・ポゴージンにより刊行され、その第二版が『全ロシア国家の繁栄状況』（*Кирилов И.К.* Цветущее состояние всероссийского государства. M., 1977）である。同書は一七一九年と二四年に行われたアンケートを含むロシア最初の地理学的記述である。またのちに述べる（第一章第1節）フランス人天文学者デ・リールとの共同製作による『全ロシア帝国地図』（Атлас Всероссийской империи）（サンクト・ペテルブルク、一七三四年。これは全体地図一枚と一四枚の地方地図を含むロシア最初の地図である。一九五九年に復刊）以外にも、「ロシア地図および諸地方地図の修正についてのメモ」（一七三五年）などがある（本書第八章第2節を参照）（*Александровская О.А.* Становление географической науки в России в

XVIII веке. М.: Наука, 1989. С. 210)。

(48) S・ズナメンスキー(秋月俊幸訳)『ロシア人の日本発見――北太平洋における航海と地図の歴史』北海道大学図書刊行会、一九七九年。秋月俊幸『日本北辺の探検と地図の歴史』北海道大学図書刊行会、一九九九年、等を参照されたい。

(49) 巡礼については以下を参照。田辺三千広「イグナーチーのコンスタンティノープルへの旅」宮崎揚弘編『ヨーロッパ世界と旅』法政大学出版局、一九九七年、所収。松木栄三「ロシア人の東方聖地「巡礼」――中世の旅行記から」歴史学研究会編『巡礼と民衆信仰』青木書店、一九九九年、所収。および栗生沢猛夫『『ロシア原初年代記』を読む――キエフ・ルーシとヨーロッパ、あるいは「ロシアとヨーロッパ」についての覚書』成文社、二〇一五年、八六五―八九二頁。

(50) たとえば次を参照されたい。中沢敦夫「『アファナーシイ・ニキーチンの三海渡航記』翻訳と注釈」(一・二・三)『人文科学研究』(新潟大学)第一〇三・一〇五・一〇八輯、二〇〇〇・二〇〇一・二〇〇二年。

(51) 坂内徳明「ロシアにおける民俗学の誕生」『一橋論叢』一〇八(三)、一九九二年、四三五―四三六頁。同「アレクサンドル・ラジーシチェフ『ペテルブルクからモスクワへの旅』の時代」『一橋大学研究年報　人文科学研究』三八号、二〇〇一年。

(52) 同「ロシアにおける民俗学の誕生」、四三六―四三七頁。

(53) 高田和夫『ロシア帝国論――十九世紀ロシアの国家・民族・歴史』平凡社、二〇一二年、三五一―三七二頁。ロシアの歴史家たちによる、十八世紀から十九世紀ロシアの表象文化研究などを基にした、ロシアに包摂された地域に対する認識過程の研究も参考となる(Образы регионов в общественном сознании и культуре России 〈XVII–XIX вв.〉/ отв. ред. В.В. Трепавлов. Тура: Грифи и К., 2011)。なおロシア文学者の望月哲男は、ロシアの「空間」そのものへの関心からそれについてのさまざまな見方を提示し(「ロシアの空間イメージによせて」松里公孝編・北海道大学スラブ研究センター監修『講座　スラブ・ユーラシア学　第三巻　ユーラシア――帝国の大陸』講談社、二〇〇八年)、美術史を専門とする福間加容は、「ロシア的風景」の発見という観点から「空間」を論じている(「ロシア的風景の発見――風景画のトポス」宇山智彦編・北海道大学スラブ研究センター監修『講座　スラブ・ユーラシア学　第二巻　地域認識――多民族空間の構造と表象』講談社、二〇〇八年)。また鳥山祐介は、多様な文化史的コンテキストのなかで「ピクチャレスク」(picturesque)概念を手掛かりに十九世紀前半のロシア文学の概観を試みる(「十九世紀前半のロシア文学とピクチャレスク概念」『十九世紀ロシア文学という現在』北海道大学スラブ研究センター二十一世紀ＣＯＥ研究報告集、二〇〇五年)。

また、同「エカテリーナ期——ナポレオン戦争期のロシア詩の中のロシア」『文化空間としてのヴォルガ』北海道大学スラブ研究センター、二〇一二年も参照のこと。以上はいずれも「空間認識」を考える上で参考となる。

(54) *Иванов А.А.* История Российского туризма. М., 2014. とくに、同書第一章のピョートル時代、第二章の十八世紀中葉の時代の説明を参照。

(55) ПСЗ. Т. IX. No. 6956. С. 812.

(56) さしあたりロシア人子弟に日本語を教えるべくこの二名を使うようにというM・Г・ゴローフキン伯による元老院宛提案、およびそれが実現されていく様子については、著者が発見した次の史料に詳しい。РГАДА. Ф. 248. Оп. 4. Кн. 164. Л. 1108–1122об. また拙稿「日本とロシアの一七三六年——ソウザとゴンザに関する元老院史料が語るもの」『SLAVISTIKA』XXXI、二〇一六年も参照されたい。

(57) ゴンザ原編、村山七郎編『新スラヴ・日本語辞典』ナウカ、一九八五年。

(58) *Татищев В.Н.* История российская. ТТ. 7. М.; Л., 1962–1968. 本文の研究史は註(72)の拙稿と重複する箇所がある。

(59) *Рычков П.И.* История Оренбургская (1730–1750). Оренбург, 1886(初版は一七五九年に刊行). 最近、新版が刊行された。*Он же.* История Оренбургская по учреждении Оренбургской губернии. Уфа, 2001. また『オレンブルク県地誌』も重要である。*Он же.* Топография Оренбургской губернии. Оренбург, 1887(再版はウファーで一九九九年に刊行).

(60) *Соловьев С.М.* История России с древнейших времен. М.: Мысль, 1993. Кн. X. Т. 20. С. 571–594.

(61) *Фирсов Н.А.* Инородческое население прежнего Казанского царства в Новой России до 1762 г. и колонизация закамских земль. Казань, 1869.

(62) *Витевский В.Н.* И.И. Неплюев и Оренбургский край в прежнем его составе до 1758 г. Вып. 1. Казаны, 1889; Вып. 3. 1891; Вып. 5. 1897.

(63) *Игнатьев Р.Г.* И.К. Кирилов, основатель Оренбургского края // Уфимские ведомости. 1880. No.No. 14–16, 18, 20, 23–25, 27, 28, 32–34; *Он же.* В.Н. Татищев, второй начальник Оренбургского края // Там же. 1881. No.No. 4, 6, 7, 26–32, 34–38, 40, 42, 46, 47.

(64) *Он же.* Хроника достопамятных событий Уфимской губернии / Памятная книжка Уфимской губернии. Уфа, 1873.

(65) *Добросмыслов А.И.* Башкирский бунт в 1735, 1736 и 1737 гг. // Труды Оренбургской ученой архивной комиссии. Вып. VIII. Оренбург, 1900.

（66）*Фироненко В.* Башкиры // Вестник Оренбургского учебного округа. 1913. Отд. III. No.No. 2, 5–8; 1914. Отд. III No.No. 2, 3, 8.

（67）*Никитин М.* Основные моменты колонизации Башкирии // Хозяйство Башкирии. 1928. No.No. 6–7.

（68）*Рязанов А.Ф.* Оренбургский край. Оренбург, 1928.

（69）*Бикбулатов С.* Башкирские восстания и татары // Вестник научного общества татароведения. Казань, 1930. No.No. 9–10.

（70）*Чулошников А.П.* Феодальные отношения в Башкирии и башкирские восстания в XVII и первой половинне XVIII в. / Материалы по истории Башкирской АССР. Ч. 1. М., 1936. С. 60–62.

（71）近年、リュバーフスキーの業績を顕彰する報告集や論文集が刊行されている。Матвей Кузьмич Любавский: историк и человек. К 145-летию со дня рождения: Материалы региональный научно-практической конференции 15 декабря 2005 года. Уфа: Изд-во БГПУ, 2008; Матвей Кузьмич Любавский: К 150-летию ученого // Труды исторического факультета Санкт-Петербургского государственного университета. 2013. No. 12. とくに後者の特集号に収録されている次の論文はリュバーフスキーの学問的足跡を丹念に紹介している。*Кривошеев Ю.В.* Научное наследие М.К. Любавского // Там же. С. 24–31.

（72）Научно-исследовательский отдел рукописей Российской государственной библиотеки（Далее: НИОР РГБ）. Карт. V. Ед. хр. 1–3; Карт. VI. Ед. хр. 3. リュバーフスキーについては、拙稿「M・K・リュバーフスキー文書とバシキーリア」『窓』一三三、二〇〇五年、および同「ロシア史における民族史研究の意味と問題――バシキール史研究とM・K・リュバーフスキー」『歴史学研究』九七六号、二〇一六年を参照されたい。

（73）Там же. Карт. V. Ед. хр. 1. Л. 1.

（74）Там же.

（75）*Устюгов Н.В.* Башкирское восстание 1737–1739 гг. М.; Л., 1950.

（76）Там же. С. 17.

（77）Очерки по истории Башкирской АССР. Т. I. Ч. 1. Уфа, 1956. この『概説』をめぐって行われたソヴェト科学アカデミー歴史学研究所での検討と批判、それに基づく修正については次を参照されたい。拙稿「プガチョーフ叛乱前夜のバシキール人――その社会的変貌」『社会経済史学』第四九巻第二号、一九八三年、五二一―五三三頁。

（78）Научный архив Уфимского научного центра Российской академической наук（Далее: НА УНЦ РАН）. Ф. 51. Оп. 1. Д. 96（*Усманов А.Н.* План монографии «Колониальная политика царизма в башкирии в 30-е годы XVIII века». 1958）. Л. 1–41.

（79） *Демидова Н.Ф.* Социально-экономические отношения в Башкирии в первой четверти XVIII в. / Материалы научной сессии, посвященной 400-летию присоединения Башкирии к русскому государству. Уфа, 1958; *Она же.* Управление Башкирией и повинности населения Уфимской провинции в первой трети XVIII века // Исторические записки. Т. 68. М., 1961; *Она же.* Бюрократизация государственного аппарата абсолютизма в XVII в. // Абсолютизм в России（XVII–XVIII вв.）. М., 1964.

（80） *Нигматуллин С.Н.* О характере башкирского восстания 1735–1740 гг. // Из истории Башкирии. Ч. 2. Уфа, 1963. С. 44–58.

（81） *Акманов И.Г.* Организация Оренбургской экспедиции и начало восстания 1735–1740 гг. // Очерки истории дореволюционной России. Уфа, 1975. Вып. 2; *Он же.* Башкирские восстания XVI-первой четврети XVIII века. Уфа, 1978; *Он же.* Социально-экономическое развитие Башкирии во второй половине XVI-первой половине XVIII века. Уфа, 1981; *Он же.* Башкирия в составе Российского государства в XVII-первой половине XVIII в. Свердловск, 1991.

（82） *Смирнов Ю.* Оренбургская экспедиция（комиссия）и присоединение заволжья к России в 30–40-е гг. XVIII века. Самара, 1997.

（83） *Петрухинцев Н.Н.* Внутренняя политика Анны Иоанновны（1730–1740）. М.: РОССПЭН, 2014. С. 382–630. なお，アンナ女帝時代に関する研究書は以下の通りである。*Он же.* Царствование Анны Иоанновны: Формирование внутриполитического курса и судебы армии и фрота 1730–1735. СПб.: «Агетея», 2001.

（84） *Буканова Р.Г.* Города-крепости юго-востока России в XVIII веке: История становления городов на территории Башкирии. Уфа: Китап, 1997. С. 147.

（85） *Таймасов С.У.* Карасакар в Казахстане // Ватандаш. 2006. No. 1. С. 45–51; *Он же.* Роль Оренбургской экспелиции Башкирии к России（1730-е гг.）// Вопросы истории. 2008. No. 2; *Он же.* Башкирско-казахские отношения в XVIII веке. М., 2009. С. 285.

（86） *Шиляев Э.Ю.* Основание крепостей в Башкортостане при первых начальниках Оренбургской экспедиции 1734–1741 гг. Автреф. дис...канд. ист. нау. Уфа, 1995; *Байназаров И.Г.* Тевкелев и его роль в осуществлении юго-восточной политики России в 30–50-гг. XVIII века. Автреф. дис...канд. ист. нау. Уфа: РИО БашГУ, 2005. С. 18–19; *Зулькарнаев М.М.* Образование и деятельность Оренбургской экспедиции при И.К. Кирилове（1734–1737 гг.）. Автреф. дис...канд. ист. нау. Уфа: РИО БашГУ, 2005; *Биккулов И.Н.* Карасакар-загадочная личность в истории Башкортостана // Актуальнве проблемы отечественной политической и социально-экономической истории. Уфа, 2010. С. 22–31; *Амантаев И.Ф.* Башкирское восстание 1739–1740 гг. Автреф. дис...канд. ист. нау. Уфа: РИО БашГУ, 2012.

(87) История Башкирского народа. Т. III. Уфа: Гилем. 2011. С. 169–173, 174–189.

(88) *Иофа Л.Е.* Современники Ломоносова. И.К. Кирилов и В.Н. Татищев. М., 1949.

(89) *Новлянская Н.Г.* И.К. Кирилов и его атлас всероссийской империи. М.; Л., 1958; *Она же.* Иван Кириллович Кирилов (географ XVIII века). М.; Л., 1964.

(90) 近年それらのロシア語訳がバシコルトスタンで刊行されている。*Нольде Б.Э.* Усмирение Башкирии // Ватандаш. 2000. No. 2; *Портал Р.* Исследования по истории, историографии и источниковедению регионов России. Уфа, 2005.

(91) Donnelly, A.S. *The Russian Conquest of Bashkiria 1552–1750. A Case Study in Imperialism.* New Haven and London: Yale University Press, 1968（なおロシア語訳は一九九五年にウファーで刊行された）.

(92) とくに註(59)で示したように、П・И・ルィチコーフの著作の復刻が特徴的である。

(93) 三上正利「キリーロフの生涯とその著『全ロシア国の繁栄状態』」『窓』三〇、一九七九年。

(94) 阿部重雄『タチーシチェフ研究　十八世紀ロシア一官僚＝知識人の生涯と業績』刀水書房、一九九六年。

(95) *Тоёкава Коити.* Оренбург и Оренбургское казачество во время восстания Пугачева 1773–1774 гг. М.: Археографический центр, 1996. С. 54–59. 同『ロシア帝国民族統合史の研究――植民政策とバシキール人』北海道大学出版会、二〇〇六年、一八六―二二六頁。

(96) *Тоёкава Коити.* Предложения об управлении в Башкирии в эпоху «Просвещения» и Оренбургская экспедиция И.К. Кирилова / Культура народов Башкортостана в контексте Евразийской цивилизации: История, современность, перспективы. Уфа: РИЦ БашГУ. 2015. С. 327–335; *Он же.* Роль Оренбургской экспедиции И.К. Кирилова в Основании Оренбурга / Город Оренбург: Прошлое, настоящее, будущее. Оренбург: Издательский центр ОГАУ, 2015. С. 21–31. および学会報告 Invention of Russia in the Age of Enlightenment: Academic Explorations and I.K. Kirilov's Colonial Policy. The 9th World Congress of ICCEES (International Council for and East European Studies), Makuhari, August 7, 2015.

(97) ただし本書はアンナ女帝時代の研究を直接テーマとしてはいないが、アンナ女帝時代については、註(83)にあげた政治闘争や軍事改革など広範囲な問題を扱うペトルヒンツェフの研究が基本となる。また、アンナ女帝の治世に対する否定的な考えはクリュチェーフスキー以来、帝政時代とソ連時代にステレオタイプ化されたものであるが、ポスト・ソ連期に入って慎重に検討しようとする姿勢が見られるようになった。とくに「ビローノフシチナ」をめぐる問題であるが、ペトルヒンツェフの研究以外には次も参照されたい。*Ключевский В.О.* Сочинения. Т. IV. Курс русской истории. Часть. 4. М., 1958. С. 294（八重樫喬任訳『ロシア史講話四』恒文社、一九八三年、三四五頁）; *Анисимов Е.В.* Россия без Петра: 1725–40. СПб.: Лениздат, 1994. С. 424–478; *Куркин И.В.* Эпоха «дворских бурь»: Очерки политическиой истории послепетровской России. 1725–1762. Рязань, 2003. С. 225–275. および、土肥恒之『興亡の世界史14　ロシア・ロマノフ王朝の大地』講談社、二〇〇七年、一四二―一四三頁。

(98)　多文化主義やポストコロニアリズムの文化批評が一般化してくるなかで中心的な概念となりつつあるこの「異種混淆性」概念については次を参照されたい。Papastergiadis, Nikos. *The Turbulace of Migration: Globalization, Deterritorialization and Hybridity.* Cambridge: Polity Press, 2000, pp. 168–195; Burk, Peter. *Cultural Hybridity.* Cambridge: Polity Press, 2009（河野真太郎訳『文化のハイブリディティ』法政大学出版局、二〇一二年）.

(99)　ПСЗ. СПб., 1830. Т. IX.

(100)　Бумаги Кабинета министров императрицы Анны Иоанновны. 1731–1740 гг. Собраны и изданы под редакцию А.Н. Филипова, Т. 1（1731–1733 гг.）, Т. 2（1733 гг.）, Т. 3（1734 г.）, Т. 4（1735 г.）// Сборник императорского русского исторического общества（далее: СРИО）. Т. 104. Юрьев, 1898; Т. 106. Юрьев, 1899; Т. 108. Юрьев, 1901; Т. 111. Юрьев, 1901.

(101)　Русская беседа. 1860. No. 2. Кн. 20. Наука. С. 197–205.

(102)　Материалы по истории России. Сборник указов и других документов, касающихся управления и устройства Оренбургского края. 1734 год. По архивным документам тургайского областного правления / Добросмылов А.Н.（сост.）Т. 1. Оренбург, 1900（Далее: Материалы. Т. 1）; Материалы по истории России. Сборник указов и других документов, касающихся управления и устройства Оренбургского края. 1735 и 1736 годы. По архивным документам тургайского областного правления / Добросмылов А.Н.（сост.）Т. 2. Оренбург, 1900（Далее: Материалы. Т. 2）.「草案」は次の箇所に収録されている。Там же. С. 1–34.

(103)　Материалы по истории Башкирской АССР. Ч. 1. М.; Л., 1936; Т. III. М.; Л., 1949; Т. IV. Ч. 1, 2. М., 1956; Т. V. М., 1960.

(104)　Материалы по истории Башкортостана. Оренбургская экспедиция и башкирские восстания 30-х годов XVIII в. / Автор-составитель Н.Ф. Демидова. Т. VI. Уфа, 2002.

(105)　この辺りの事情については、拙稿「ウファーでの『発見』⁉」『ロシア史研ニューズレター』五八号、二〇〇五年、四―五頁を参照されたい。二〇〇四年当時、ウファーの科学アカデミーの研究者が経済的な理由のみを指摘したのは、中央政府に対する地方の態度として特徴的であった。しかしそれに対し、最近、ウファーの歴史家М・Н・ファルフシャトフのように、明確に政治的理由を挙げる研究者が出現したのは、地方と中央との関係に変化の兆しが現れたということであろうか（二〇一三年十二月十六日の同氏と著者との会談から）。

(106) *Свенске К.* Материалы для истории составления Атласа Российской империи Академии наук в 1745 г. СПб., 1866. Приложения. С. 109–117, 132, 135, 139, 159, 165.

(107) РГАДА. Ф. 248. Оп. 3. Кн. 132, 133, 134, 135, 136, 137, 138, 139, 140, 141, 142, 143.

(108) РГАДА. Ф. 248. Оп. 4. Кн. 169.

(109) РГАДА. Ф. 248. Оп. 4. Кн. 164.

(110) РГАДА. Ф. 248. Оп. 54. Кн. 1131, 1133, 1169, 1183, 1188.

(111) РГВИА. Ф. 349. Оп. 45. Д. 2289. Карта Закамской линии. 1738 г.

(112) この点については以下の古文書史料目録の序文を参照されたい。*Верцагина А.* Предисловие к Ф. 1. No. 1. «Оренбургская экспедиция» / ГАОО. Ф. 1. Оп. 1. Оренбург, 1989. Л. 2-3.

(113) НИОР РГБ. Ф. 222. Карт. XI.

(114) НИОР РГБ. Ф. 222. Карт. X. Д. 1.

(115) НА УНЦ РАН. Ф. 23. Оп. 1. Д. 1, 2, 4, 17; Оп. 2. Д. 7; Ф. 51. Оп. 1. Д. 92.

(116) ПСЗ. Т. VIII. No. 5510. С. 253–254.

(117) ПСЗ. Т. IX. No. 6745. С. 529; *Ерошкин Н.П.* Указ. соч. С. 110. ゴローフキン死去後の一七三五年にはП・И・ヤグジンスキー（П.И. Ягужинский）が彼に代わり、一七三八年にはА・П・ヴォルィーンスキー（А.П. Волынский）、一七四〇年にはА・П・ベストゥージェフ＝リューミン（А.П. Бестужев-Рюмин）とБ・Н・ミーニヒ（Б.Н. Миних）が新たに加わっている（Там же）。

(118) НА УНЦ РАН. Ф. 51. Оп. 1. Д. 96. Л. 29–30.

(119) *Устюгов Н.В.* Указ. соч. С. 14.

(120) 前掲拙著『ロシア帝国民族統合史の研究』、vii、六五―六七頁を参照されたい。

第一章　近世ロシアの「発見」への胎動

1　探検と「ヨーロッパ人」意識

「ロシア的ヨーロッパ人」

エカチェリーナ二世の新法典編纂委員会に宛てた「訓令」(Наказ)(一七六七年)は、一つの明白で疑いの余地のない真実としてロシア国家のヨーロッパ的な性格を宣言している。(1) 確かに「訓令」第一章第六条では、「ロシアはヨーロッパの国家である」と高らかにうたっている。(2) それでは果たして十八世紀のロシア人——ここでは国制の根幹を担った貴族が念頭にある——はどれほど自らをヨーロッパ人と認識していたのであろうか。

現代ロシアの歴史家パーヴェル・クロートフ(П. А. Кротов)は、ピョートル一世によるロシア海軍創設について精力的な研究をしているが、とくにスウェーデンとの北方戦争の勝利の意義について重要な指摘をしている。すなわちこの戦争の勝利によってヨーロッパの一大海洋国家となったロシアは、その海洋政策を世界の隅々にまで推し進めようとしたという。(3) ヨーロッパの一員であると自任する当時のロシア人が示した自信に満ちた行動とみることができよう。

またニューヨーク公共図書館が二〇〇三年に開催した展覧会「ロシアは世界と連携する　一四五三―一八二五年」に

際して刊行された同名の書物には、多くの興味をそそる写真・図・地図と共に歴史家たちの刺激的な論考が掲載されている。そのなかで、「ロシア的ヨーロッパ人の登場。ヨーロッパのフル・パートナーとしてのロシア」と題するマーク・ラエフの論文は十八世紀ロシア社会を概観していて興味深い(4)。実はこの「ロシア的ヨーロッパ人」という言葉は、第一次世界大戦前夜、無様に広がったロシア帝国の行政のありさまを懸念した前大蔵大臣セルゲイ・ウィッテ伯(С. Ю. Витте 一八四九―一九一五)が帝国の目的について述べたものである。フィンランド問題を目の当たりにしたウィッテは、「非ロシア人臣民に対するわれわれの最近の政策の誤りは、ピョートル大帝以来、われわれが「ロシア人」ではなく、「ロシア的ヨーロッパ人」(Russian Europeans)であったということを忘れていることに由来する」、と述べている(5)。ラエフはその発言を念頭に置いて右記の論文を書いたのである(6)。

ロシアの西欧文化の受容(ラエフ風に言えば「ロシア的ヨーロッパ人」化)に関するより実態的個別的研究として興味深いのが、同じ著書に掲載されているリチャード・ウォートマン(R. Wortman)の論文「調査のテキストとロシアのヨーロッパ・アイデンティティ(7)」である。これはロシアにおける「大航海時代」における「発見」という帝国の一大事業について論じたものである。ロシアの帝国性と多民族性、およびその他の性格を当時の人々が理解するうえで大いに役立った探検(学術遠征)がテーマである。この事業を通して、ロシアの国家や社会は自らの帝国性、存立基盤、などについて認識することになる(8)。この研究はいわば「ロシア人らしさ」あるいはロシア人の帝国意識の形成、つまるところロシア人によるロシアの「発見」(認識)についての研究に繋がるのである(9)。以上のことから、探検は単なる学術的な調査ではなく、それによって導き出される帝国としての性格認識ならびにさまざまな政策の展開を行う上で重要な要素の発見をなした点を強調しておくべきであろう(10)。

なお、ほぼ時を同じくして、現代ロシアの文化史家セルゲイ・コズロフ(С. А. Козлов)により、「啓蒙」に焦点を当てながら、その時代の探検を扱った研究書と史料を中心としたシリーズものが刊行されたことにも目を向ける必要がある(11)。

しかし以上の諸研究を遡ること四〇年以上も前に、高野明による日露両国の交渉史研究は、ピョートル一世指導のもとに国家プロジェクトとしてシベリア・極東・千島列島、さらには日本への航路発見を目指す動きを明らかにした最初期の研究として大いに注目されなければならない[12]。

新たな意識と探検

一七二一年、ニスタットの和約を祝う席上、ピョートル一世は皇帝(император)の称号を受けた。宰相ガヴリール・ゴローフキン(Г. И. Головкин 一六六〇―一七三四、一七〇九年以降宰相、一八年以降外務参議会総裁、二六―三〇年最高枢密院議員、三一―三四年大臣カビネットのメンバー)は元老院へ向けた演説でその称号のシンボリックな意味について明確に述べている。曰く、ピョートルはロシアを「無知の闇から世界の劇場へと、すなわち無から存在へ、言い換えれば世界の政治的国民〔のひとつ〕」へと導いた、と[13]。この言葉は、無知や迷信から科学奨励への動きを示しながら、しかもそうした動きは危険を冒して知られざる国土の調査に乗り出し拡大してきた「世界の政治的国民」によって奨励されたこと、そして何よりも西欧的すなわち世俗支配のローマ的なイメージが表現されたものと考えることができる。

「世界の劇場」へとロシアが乗り出す兆候は、世界の調査についてヨーロッパ的なプロジェクトとその科学的な研究に従事することであった。十七世紀終わり、シベリアは中国への道に関心を抱くヨーロッパの学者や探検家にとって興味の的となった[14]。オランダやドイツの学者たちはその地域についての記述を刊行しはじめた[15]。ピョートルが権力の座についている間に、ロシアもこの努力を怠らなかった。日本人漂流民デンベイ(伝兵衛)の発見者として有名なウラジーミル・アトラーソフ(В. В. Атласов 一六六一?―一七一一)はヤクーツク・カザークの五十人長にしてシベリア官署役人であったが、彼に率いられたカザークの遠征はカムチャトカの調査を行ったことで知られている[16]。他方、ダニーロ・アンツィーフェロフ(Д. Я. Анцыферов 生年不詳―一七一二)とイヴァン・コズィレフスキー(И. П. Козыревский 一六八〇頃―没年不詳)はクリール諸島(千島列島)を調査した。[17] いずれも探検は明確な国家プロジェクトであった。

ピョートルとライプニッツ(G. W. Leibnitz 一六四六—一七一六)との往復書簡のなかで、この初期啓蒙主義の著名なドイツの哲学者は果たしてアジアが北アメリカと陸続きであるのかどうかと疑問を呈し、皇帝はその答えを見出そうと決心した。[18] 一七二〇年、ピョートルは二人の若き測量技師イヴァン・エヴレーイノフ(И. Евреинов)とフョードル・ルージン(Ф. Лужин)に次のように命じた。「トボリスクへ行け。トボリスクから案内を伴ってカムチャトカ、およびさらに二人が目にするその先へと旅せよ。アメリカがアジアと陸続きであるかどうか判別すべく、それらの土地を叙述せよ。こうしたことは大いなる注意を払って行われなければならない」[19]、と。すでに前年の一七一九年、彼ら二人にピョートルは日本および東インドへの道を探求させようとし、またそれとは別に一七二三年にはマダガスカルへの学術遠征を計画していたのは驚くべきことである。[20] しかし測量技師たちが成しえたのはピョートルにクリール諸島の地図一枚を提出することだけであった。

死の床にあって失望したピョートルは、デンマーク人ヴィトゥス・ベーリング(V. J. Bering / В. Й. Беринг 一六八一—一七四一)に訓令を発して先の仕事を託すことになる。[21] 彼はその調査で陸伝いに太平洋にまで達するのに三年を要した。ベーリングはオホーツクで一度彼の船である聖ガヴリール号を建造したが、最初の探検(第一次カムチャトカ探検、一七二五—三〇年)は満足のいくものではなく、アメリカに達することはできなかった。しかしこうした探検は単に学術的な使命のみを帯びていたのではなく、ロシア帝国がさらに突き進んだ植民地主義的膨張を行いうるかどうかという方向性を見定めることにもあった。それは将来の露米会社の行動を見るとより明らかとなるであろうし、[22] 本書の中心的なテーマであるキリーロフのオレンブルク遠征もそのことをよく示しているのである。

以上のこととは別に、驚くことに、ピョートルのカビネットの書類のなかには西インド諸島のトバゴ島購入計画についての文書が残されている。計画はサンクト・ペテルブルクとラテン・アメリカの間に直接の交易を発展させることを考えたものであったが（一七二二年）、その計画の背景には「そのうちに、この島からロシアは大きな利益を得ることができるかもしれない」という考えがあった。(23)

国内外の情報すべてが集まる元老院に秘書官長として勤務し、また科学アカデミーでも地理学者として重要な役割を担っていたイヴァン・キリーロフは以上の状況を十分に理解しており、学術遠征のさまざまな計画において果たした役割は大きかった。ペトルヒンツェフの研究によれば、ベーリングの第二次カムチャトカ遠征計画とキリーロフのオホーツクを経由して極東開発を図る考えは、ベーリングとキリーロフの意見交換の産物であり、そのことはベーリングの第二次カムチャトカ遠征計画を元老院で検討推進する上で大きな力となった。おそらくキリーロフは当該遠征の所轄官庁であるシベリア官署を統括していた元老院総裁パーヴェル・ヤグジンスキー（П. И. Ягжинский　一六八三―一七三六、一七二二―二六および三〇―三一年元老院総裁、三五年以降大臣カビネットのメンバー）の協力を得ることに期待をかけていたのであろう。(24)

一七三二年末になってやっとベーリングによる第二次遠征計画の手直しと諸機関の間の調整が終了し、同年十二月三十一日、元老院の承認する上申書がアンナ女帝に提出された。細かく八つの部隊に分けられた遠征隊には調査すべき四つの課題が与えられていた。第一に、「艦隊中尉たちの」（лейтенантов флота）指揮下の各部隊による北海航路の調査（遠征の北方隊 Северные отряды экспедиции）、第二に、シベリアの天体観測、地図作製、経済地理学および歴史民族誌上の記述（学術隊 научный отряд）、第三に、日本と中国への航路調査、および諸島ならびに沿岸の記述（シパーンベルクの「日本」隊《японский》отряд Шпанберга）、第四に、アメリカへの航路調査およびロシアにアメリカの海岸の一部が結合している可能性があるアメリカ海岸の調査（ベーリングの「アメリカ」隊《американский》отряд Беринга）である。(25) すなわち探検隊は、海を探検してアメリカの海岸へと向かうこと、および陸地を探検してシベリアについてのさまざまな調査・叙述を行うことが命じられていた。ライプニッツに示唆されてピョートルの発案によりその死後（一七二五年）に創設される科学アカデミーは[26]、一七三三―四三年に行われたベーリングの第二次カムチャトカ探検を後援することになった。海の探検は壮大かつ困難を極めた。トボリスクから船が建造されるオホーツクまで装備と供給品の移送には何百台もの橇が必要となり、結果的に探検は八年を要した。ベーリングはついに北アメリカの海岸を見つけたが、本人は帰途病没した。

陸地の探検は歴史家ゲルハルト・フリードリヒ・ミューラー（G. F. Müller / Г. Ф. Миллер　一七〇五―八三）と博物学者ヨハーン・ゲオールク・グメーリン（J. G. Gmelin / И. Г. Гмелин　一七〇九―五五）両ドイツ人指揮のもとに学者たちの一団を引き連れて行われた。調査団は広範囲にわたるシベリアの調査を行った。それは地理学、植物学、動物学、民俗学・民族学および言語学をも含むものであった。ミューラーは地方古文書館から多くの写しを持って帰った。それらは彼の『シベリア史』（一七五〇年）の基礎となった。[27]グメーリンの四巻本『シベリア旅行』（一七五一―五二年）もまた植物学と動物学に焦点を当てたものであったが、地方の人々についての広範囲な記述を含んでいた。

他の博物学者、スチェパン・ペトローヴィチ・クラシェニーンニコフ（С. П. Крашенинников　一七一一―五五）の『カムチャトカ誌』（全二巻、一七五六年）とゲオルグ・ヴィルヘルム・シュテラー（G. W. Steller / Г. В. Стеллер　一七〇九―四六）の『カムチャトカ地誌』（一七七四年）の記述はカムチャトカに関する百科事典的な性格を有するものとなっている。重要なことは、物質的な蒐集だけでなく、遠征の地図が地域の将来にわたる人類学的、歴史学的、植物学的、そして動物学的な諸研究の基礎を提供したということである。[28]

以上の探検の過程で、ロシアは日本について知識を得るようになった。これはそれ以前の日本船のカムチャトカ漂流という偶然に端を発してはいたが[29]、右に見られるシベリア・カムチャトカ遠征の確かな成果でもあった。なおロシアの船が初めて日本の沿岸に現れ、ロシア人が日本の土地に足跡を残したのは一七三九年（元文四年）のことである。ベーリングの第二次探検隊に加わった一行のうち、デンマーク人マルティン・シパーンベルク（M. Spanberg / М. П. Шпанберг

一六九六―一七六一）大尉に率いられた四隻の船が一七三九年六月一日にカムチャトカ半島のボリシェレックを出帆し、日本への航路発見の航海に出た。このうち三隻は仙台藩領の牡鹿郡田代島沖に達した。彼らは日本人から米、野菜、たばこなどを受け取り、それと引き換えにロシアの貨幣や羅紗等を与えた。[30]

他方、これとは別に、同年、ウォルトン（あるいはヴァリトンかヴェリトン）に率いられた聖ガヴリール号は、安房国長狭郡天津村（現在の千葉県天津小湊町）の沖合に達し、八人の乗組員がボートで上陸して漁師から水の提供を受けた上、飯と酒を馳走になった。彼らはさらに南下して伊豆の下田沖に達し、この地に上陸した乗組員はみかんの木や真珠貝を持ち帰った。[31]この時ロシア人が与えた銀貨は、土地の領主から幕府に提出され、幕府はこれを長崎のオランダ人に送り、その返事からこれが「ム（モ）スコヴィア」、すなわちロシアのものであるということが判明した。以上が日本側にとっての「元文の黒船」である。[32]

ロシア帝国のシンボルとしての学術的テキスト

このベーリングによる第二次カムチャトカ探検（いわゆる「大北方探検」）についての学術的テキストは、しばしば言われるように、ロシア帝国の性格を示す力強いシンボルであった。精巧な図解や地図が添えられ、あるいはすぐさまヨーロッパの各国語に翻訳されたそれらのテキストは、ロシアに関してロシア人が後援するヨーロッパの探検であることを示した。この逆説的な関係性は、遠征隊指導者たち、あるいはテキストの作者たちがいかなる民族であるかにかかわらず（すなわちヨーロッパのいかなる国の人であろうとも）、その遠征を「ロシアの遠征」と規定することによって覆い隠されることとなった。ドイツ人ミューラーは「北東の進路を捜すために北氷洋へのロシア人による航海に関する概要」[33]の作者として、またデンマーク人ベーリングは「最初のロシア人船乗り」として有名になったのはそのよい例である。

またこの関係性は、西欧の植民地に対すると同じように、シベリアを自らの植民地と規定することによっても隠されていたのである。たとえば一七三〇年代、歴史家で地理学者でもあったヴァシーリー・ニキーティチ・タティーシチェフ(В. Н. Татищев 一六八六―一七五〇)はヨーロッパとアジアの境をウラル山脈に引いたが、この境界はまもなく多くの人々の受け入れるところとなった。アメリカ合衆国の地理学者マーク・バッシン(M. Bassin)によると、「一挙に、シベリアは、新たに規定された『ヨーロッパ・ロシア』とは明確に区別されるアジアの領域へと変貌したのである」[34]、という。すなわちロシア国家は、同じロシアでも、ヨーロッパではないアジアとしてウラル以東を征服し植民することになったのである(図3を参照)。

図３　オレンブルク近郊にある「アジアとヨーロッパ」のオベリスク(著者撮影, 2013年９月)

領土意識と地図の作製

ヨーロッパ的ロシア（人）のアイデンティティに関するいま一つの指標は地図の作製である。西欧の君主たちに倣って、ピョートル一世は、アメリカ合衆国の歴史家ジェームズ・クラクラフト（J. Cracraft）によって命名されるロシアの「視覚による征服」（visual conquest）を始めながら、国家をばらばらの領域として規定し認識すべく地図を作製しそれを利用した。[35]このために皇帝は地図製作局（Географический департамент для руководства картографированием）を創設した。そこではフランス人天文学者ジョゼフ・ニコラ・デ・リール（Joseph Nicolas de L'Isle / Жозеф-Никола Делиль 一六八八―一七六八）が中心となって、すでに述べたロシア人地理学者のイヴァン・キリーロフと共に地図の共同製作を行った。キリーロフの『全ロシア帝国地図』（Атлас Всероссийской империи）（一七三四年）および科学アカデミーの『ロシア地図』（Атлас Российский）（一七四五年）（図4を参照）は正確さという点では同時代のヨーロッパの地図に及ばないものの、それらはロシアの広がり、国境、およびその特徴を示す最初の国家的な試みとなった。[36]アメリカ合衆国の歴史家ウィラード・サンダーランド（W. Sunderland）が述べているように、ロシア人は、当時の西欧の国家と同じように、帝国に帰属する土地を「ロシア」に結びつけながら「領土意識」という観念を発展させた、[37]と言えるのかもしれない。

本章冒頭で述べたように、そこに掲げられたエカチェリーナ二世の新法典編纂委員会宛訓令は確かにロシア帝国のヨーロッパ的性格を高らかにうたいあげたものである。エカチェリーナ二世時代の帝国の急速な領土的拡大は、西欧化されたロシア国家の成功を示すものであった。帝国は、ポーランド分割に伴ってロシア領となった諸地域同様、カスピ海沿岸と黒海沿岸を取り囲むように南方と西方に拡大した。ロシアはいまや西欧のライヴァルたちに追いついただけでなく、追い越しさえしたようにも見えるのである。すなわちロシアは他のどの国よりも多くの民族を含み、ヨーロッパのいかなる国家のなかでも一番帝国的であった。一七九七年までに、経済学者ハインリヒ・シュトルヒ（H. F. v. Storch 一

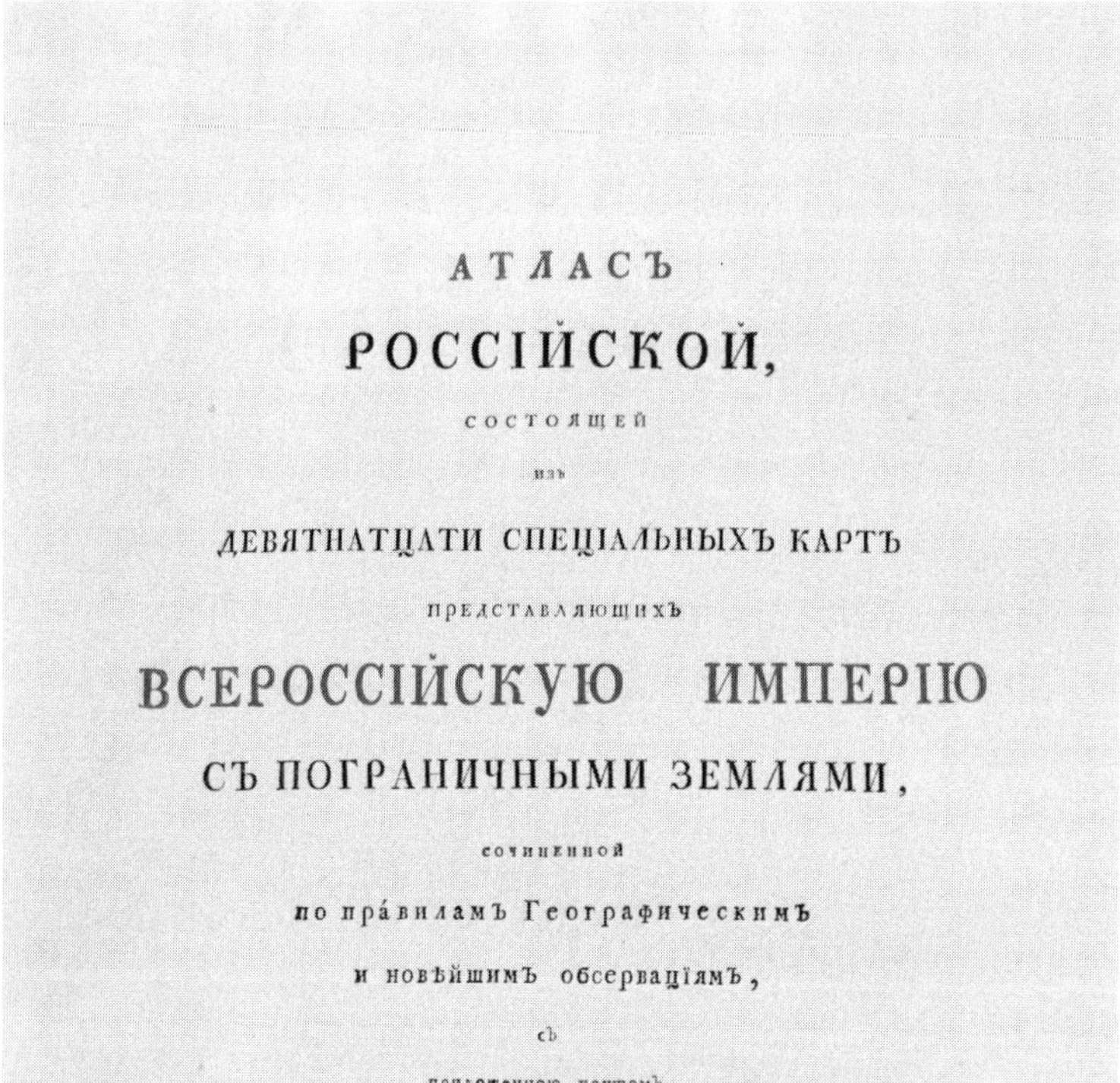
АТЛАСЪ

РОССІЙСКОЙ,

СОСТОЯЩЕЙ

изъ

ДЕВЯТНАТЦАТИ СПЕЦІАЛЬНЫХЪ КАРТЪ

представляющихъ

ВСЕРОССІЙСКУЮ ИМПЕРІЮ

СЪ ПОГРАНИЧНЫМИ ЗЕМЛЯМИ,

сочиненной

по пра́виламъ Географическимъ

и новѣйшимъ обсерваціямъ,

съ

приложенною притомъ

ГЕНЕРАЛЬНОЮ КАРТОЮ

ВЕЛИКІЯ СЕЯ ИМПЕРІИ,

стараніемъ и трудами

ИМПЕРАТОРСКОЙ АКАДЕМІИ НАУКЪ.

ВЪ САНКТПЕТЕРБУРГѢ

1745 ГОДА.

図４　『ロシア地図』のタイトルページ（上）と「全体地図」（左頁）

〔出典〕 Атлас Российской состоящей из девятнатцати специальных карт представляющих всероссийскую империю с пограничными землями, сочиненной по правилом географическим и новейшим обсервациям, с приложенною притом генеральною картою великия сея империи, старанием и трудами императорской академии наук. СПб., 1745（明治大学図書館所蔵）.

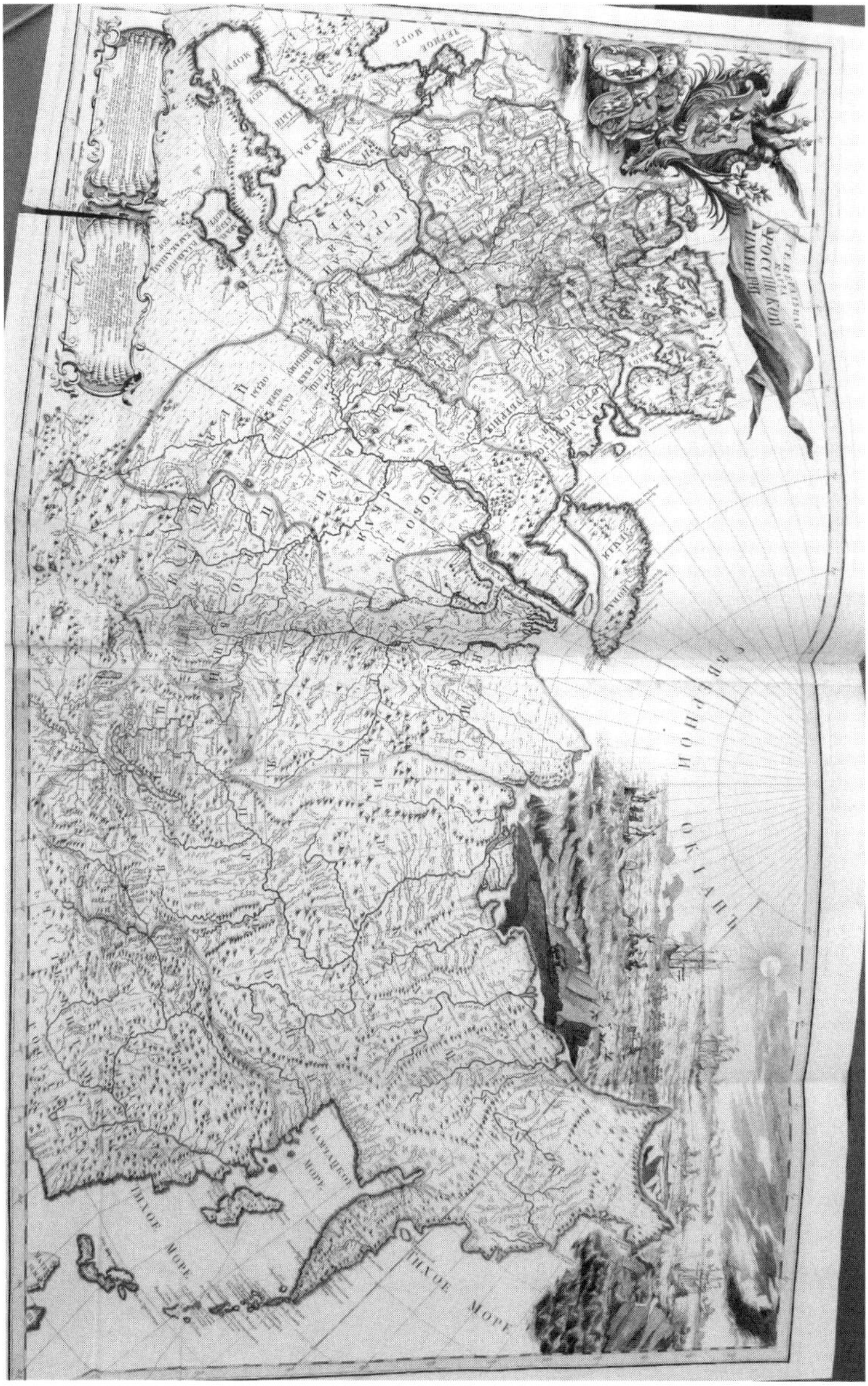

七六六―一八三五）は次のように書いている。「どのような他の国もそのように混在し、また異なった住民を含む国はない。ロシア人とタタール人、ドイツ人とモンゴル人、フィン人とトゥングース系の人々、彼らは広大な距離によって隔てられて、また最も変化のある諸地域で、ここにひとつの国家の市民《シチズン》として生活し、その政治的秩序によって共に加わって生活している〔後略〕」。彼は続けて次のように結論づける。ひとつの国家に統合された多くの民族を見ることは「まったく稀なことである。この世界の歴史のなかで、そうした第二の例を探すことは無駄である(38)」、と。

2　探検によるロシアの「発見」

パラースとゲオールギ

一七六八年、反ロシアを宣伝するフランス人のカトリック神父にして天文学者であるジャン・シャップ・ドーテロシュ（Jean Chappe d'Auteroche 一七二二―六九）のロシアを貶めるような評価に憤慨し、エカチェリーナは科学アカデミーに命じて帝国諸地域をしっかりと調査するように指令を発した(39)。この科学アカデミーの学術探検は影響力のあるドイツ人学者を集めて行われた。彼らは六年にわたり帝国のさまざまな地域について詳細かつ広範囲に研究し、人文学的な課題だけでなく地域の経済的・地理学的な特徴を叙述する作品を残した。

そのなかで最も重要な貢献はベルリン生まれのドイツ人ペーター・シモン・パラース（P. S. Pallas / П. С. Паллас 一七四一―一八一一）による一七六八―七四年のシベリア探検であろう。彼はウラル山脈とアルタイ山脈、そしてザカフカス地域を越えて旅行した。その成果は『ロシア帝国各地方の旅』（一七七一―七六年）、『モンゴル諸民族の史料集成』（全二巻、一七七六―一八〇八年）、『全世界言語比較辞典』（一七八七―八九年）としてまとめられ、ドイツ語、フランス語、英語、そしてロシア語で出版された。パラースの上記三部から成る叙述は彼が出会った民族の風習や伝統だけでなく、植物相、動物相、そして鉱物資源についての観察を含んでいる。[40] ロシアの植物についての彼の精巧な図解などが入った研究は十八世紀の植物学のランドマークである。なお、彼の『辞典』には二七〇あまりの日本語の単語が含まれているが、それは当時ペテルブルクに滞在していた漂流民大黒屋光太夫が監修を依頼されたものである。[41]

探検のいま一人のメンバーであるポンメルン生まれのヨハン・ゴットリープ・ゲオールギ(J. G. Georgi / И. Г. Георги 一七二九—一八〇二)は、一七七〇年代の後半に、ドイツ語、フランス語、そしてロシア語でその記念碑的な四巻から成る『ロシア帝国の全民族についての記述。彼らの生活様式、習慣、衣服、住居、仕事、娯楽、信仰およびその他の記憶すべきもの』(一七七六—七七年、原著はドイツ語、ロシア語訳は一七九九年に刊行)を出版した。この研究はミューラー、グメーリン、クラシェニーンニコフ、およびパラースの研究に依拠しているだけではなく、自身の観察に基づいている。

ゲオールギは帝国に居住する諸民族の分類法を確立するために、言語の分類分けの原則的な決定項目としてカール・リンネ(Carl von Linné 一七〇七—七八)によって系統立てられた自然科学の方法論を採用した。ゲオールギが作成したテキストはロシア帝国が他のどこよりも変化に富んでいることを確認させた。「世界のどのような他の国も、ロシア国家のように、異なる民族、残存している人々の風俗、そして植民地を持ってはいない[42]」、という。

共有する啓蒙思想

注意すべきは、ゲオールギと他の科学アカデミー探検隊の学者たちが、女帝エカチェリーナと同様、啓蒙主義の信念を共有していたということである。すなわち人間性はどこでも同一であり、すべての民族は理性を持っている。とはいえ理性は教育を通してのみ発展する。教育は上から施され、その結果、民族の特性の除去が行われる。初期の段階では、たとえばトゥングース人やチュクチ人のような人々は無知で単純であり、欺かれるほどの無垢さを持っていた。しかし

「国家機構の一貫性」は、エスニックなロシア人を含めて、すべての民族を教育されたヨーロッパ化されたロシア人へと変化させたのである。かくしてゲオールギは次のように結論づける。国家は「われわれ粗野な民族を、巨大な歩みによって、ロシアにおける一般的な啓蒙、すなわちすべてをひとつの体と魂へとすばらしく溶解させ、また言ってみれば、何世紀もの間立っている揺るぎない巨人を作り出すという共通の目的へと導いていた」[43]、と。

前記の学術探検以外に、ミハイル・ヴァシーリエヴィチ・ロモノーソフ(М. В. Ломоносов 一七一一―六五)の独自なロシアについてのアイデンティティ形成の様子、さらにはグリゴーリー・シェレーホフ(Г. Шелехов 一七四七―九五)やガヴリール・サルィチェフ(Г. А. Сарычев 一七六三―一八三一)による記述にも注意を払う必要があろう。いずれにせよ十八世紀ロシアの探検は、ロシア帝国がいかなる国家であるのかを、とりわけいかに自らが啓蒙思想の影響を受けた「ヨーロッパ人(あるいはロシア的ヨーロッパ人)」であるのかを、ロシア人自身が認識する上で大きな役割を果たすことになったのである。

3 「発見」された地方の現実

シベリア・極東・カムチャトカ「征服」の現実

確かに探検は単なる学術的な調査ではなく、ロシア国家が自らを帝国として認識し、その上で幾多の政策を行うために鍵となる要素を発見する点で重要であった。しかし他方で、現実の探検は地方にさまざまな爪跡を残すことになった。そもそも調査を遂行する背景には、ロシア国家の領土の広大さ、そこに居住する住民、その土地の植物相・動物相、鉱物資源の調査などを行うだけではなく、東方の新天地の開発・征服を目指そうとする重商主義経済を背景とした植民地獲得の志向が明瞭にあった。この点について、著者の旧稿の概要を紹介しながら、カムチャトカの場合について示して

みると次のようになる。(44)

カムチャトカ征服の直接的動機となったのは、十八世紀前半の北方戦争などのような長期におよぶ戦争に原因を持つ国内経済の危機である。国庫を直接税や間接税で賄いきれない政府が注目したのが輸出能力のある商品、とりわけシベリア産の毛皮(たとえばクロテンやビーバー)であった。この経緯は、すでに一五八四年のイギリス使節とイヴァン四世とのやり取りのなかにも窺い知ることができる。

僻遠の地に勤務する官吏たちに発せられた訓令、命令、および覚書などには、ロシア政府の地方に対する侵略征服的志向が如実であった。たとえば覚書の一つは次のように伝えている。「愛撫をもって新しき民衆を朝貢させるべく」勧告する。しかもこの覚書は、同時に、先住民が「尊き陛下の恩寵に浴せんことを願わず、かつ公国〔モスクワ公国〕に朝貢することを欲せず、抵抗する場合には武力を用うべし」ともつけ加えているのである。

諸民族に比べてその強大な武力を背景に、ロシア人は地方征服に乗り出していった。そのことは、シベリアや極東、およびカムチャトカではとりわけ特徴的なことであった。その結果、シベリアの先住民からの朝貢すなわちヤサーク徴収は、いまだかつてないほどの住民社会の破壊や破滅を同地方にもたらした。ある種族の場合、女性や子供は自らの居住地から追い立てられ、成人男性のほとんどすべてが虐殺されるという事態にまで至った。またこうした征服者や開拓者たちは、本来の任務とは別に職権を濫用して私利私欲に走る傾向にあった。たとえばすでに名前が挙がったアトラーソフとアンツィーフェロフの他に、パウルツキーやペトリロフスキーなどはそうした例として有名である。本来、彼らはカムチャトカにおける行政を担った下級のシベリア官署役人(приказчик)、あるいはその部下であった。

モスクワに提出されたある報告書は、官署役人が「経験に乏しく」、「おかまいなしに先住民を虐殺し」、「自己の怠惰と私欲」のために「善良なる先住民を殺害」していたという。このような略奪には地方行政の担当者だけではなく、カザークや商人、さらにはキリスト教伝道のために派遣された聖職者さえもが加わった。

以上のような植民地的搾取の主たる目的が地方の特産物で税を納めさせるヤサーク制度に基づく毛皮の徴集であった。十六世紀末、シベリアの毛皮はモスクワ政府の全収入のかなりの部分を占めていたことを、当時のロシアを訪れたイギリスの外交官ジャイルス・フレッチャー(G. Fletcher 一五四八―一六一一)は伝えている[45]。十七世紀になるとそれはさらに増大することになる。以上のことがシベリア全般に特徴的であるとすれば、モスクワやペテルブルクからはるかに遠く、しかも近づきがたい辺境であるカムチャトカやオホーツク沿岸地方での搾取はことに甚だしかった。

なかでもより特徴的であると考えられるのが、アトラーソフの行ったカムチャダール人(自称イテリメン人)への過酷な対応である。これは先住民の頑強な抵抗を招くが、アトラーソフはそれを一層厳しく鎮圧した。この問題に関しては、叛乱の契機となったヤサーク貢納制度、キリスト教への強制的改宗、および洗礼の際の父(代父)と子の関係に起因する奴隷制、以上三者の密接な関係が根底にあるが、これについてはすでに詳しく旧稿で論じたのでここでは割愛する。

地方の住民はまず抵抗を試みて敗北したのちに初めて征服者に屈することになるが、それでも彼らはロシア人を一掃しようというわば自由を求める闘いを続けていた。すなわちカムチャトカでロシアへの「併合」が行われていたその全期間を通して、征服者であるロシア人に対するユカギール人、カムチャダール人、コリャーク人、チュクチ人の激しい抵抗がそれである。とりわけ半島におけるカムチャダール人、北方のコリャーク人およびチュクチ人の動きはことに顕著であった。さらにカムチャダール人とチュクチ人は十九世紀においてさえも抵抗を繰り返していた点は注目する必要がある。

地方(バシキーリア)の「ヨーロッパ化(=ロシア化)」?

ロシア帝国の目指したいわゆるヨーロッパ化について考える時、その問題は上記シベリア以外の地方にも及んでいた。アメリカ合衆国の歴史家チャールズ・スタインヴェーデル(Ch. Steinwedel)には「どのようにしてバシキーリアはヨーロッパ・ロシアの一部になったのか」という論文がある。[46]それによると、バシキーリアは、ロシア国家への併合後、エカチェリーナ二世時代にオレンブルク聖職者協議会の設置やカントン行政システムの施行を経て、「一八八一年までに、バシキーリアの西部、最も人口稠密な場所であるウファー県が帝国のヨーロッパ的なコアの諸制度を有するに至った」、という。その際、「より重要なのは、国家が帝国の中央諸県の本質的な政治的行政的諸要素を拡大したことである。それはより東方の仲間たちほどは純粋に武力に拠らずに統治できる忠実なエリートによって民間行政を行うことができる本質的な政治的行政的諸要素を拡大したことである」。バシキーリアのこうしたヨーロッパ化はいつも緊急のものであった。「エカチェリーナ二世は、サンクト・ペテルブルクの啓蒙文化を表現し、またバシキーリアをヨーロッパ・ロシアに組み込むことができる貴族出身および非貴族出身の勤務人を教化した。アレクサンドル一世とニコライ一世(在位一八二五—五五)の時代には、諸機構の手の込んだ作業が政府の活動の焦点であった。アレクサンドル二世の時代には、ヨーロッパ・モデルおよびヨーロッパへの参入に基礎を置く新しい統治形態の拡充が当時のスタンダードであった。とはいえアレクサンドル二世時代の終わりには、中央の官吏たちはクルィジャノフスキー(Н. А. Крыжановский 一八一八—八八、一八六六—八一年オレンブルク総督)によって支援された特権を有するエリートたちを擁護するよりも、土地を失ったバシキール人のために介入した。エカチェリーナ時代の啓蒙、バシキーリアへの貴族の土地所有の導入、それらはアレクサンドル二世の時代には地方の安定を脅かす搾取とみなされた[47]」、というのである。

示唆に富む指摘であるが、しかし地方の実情はスタインヴェーデルが言うほど単純なものではなかった。彼の説明では十六世紀のバシキーリアのロシア国家への併合から一挙にエカチェリーナ二世時代まで話が進んでしまうのだが、実はバシキーリアが「ヨーロッパ・ロシア」化される十八世紀の全過程こそがロシア国家にとっても、また地方にとっても重要で複雑な歴史的な道程であった。さらに問題なのは、バシキーリアの「ヨーロッパ・ロシア」化がこの地方の主要な問題なのかどうかということである。バシキーリア支配の貫徹の背景にあるのは、ロシア政府によるアジアへの深い興味や志向ではなかったのだろうか(48)。

以下では、そのことを考えるためにも、十八世紀の地方行政の試金石ともなったキリーロフの指導したオレンブルク遠征隊の活動に焦点を当ててより具体的に検討してみることにする。

（1）Dukes, P. "Introduction." in *Catherine the Great's Instruction*（*Nakaz*）*to the Legislative Commission, 1767*, edited by P. Dukes with notes, new translation and bibliography. Newtonville, Mass.: Oriental Research Partners, 1977, pp. 9-41.「訓令」に対するシチェルバートフの批判を扱いながらエカチェリーナ時代の啓蒙主義、および「訓令」とモンテスキューやベッカリーアなどの啓蒙主義者との関係を論じたものに次の論考がある。加藤史朗「シチェルバートフによる専制批判——「大訓令」に対する「注釈」を中心に」山本俊朗編『スラヴ世界とその周辺——歴史論集』ナウカ、一九九二年、所収。

（2）*Чечулин Н.Д.*（под ред.）Наказ Императрицы Екатерины II, данный Комиссии о сочинении проект нового уложения. СПб., 1907. С. 23.

（3）*Кротов П.А.* Гангуская Баталия 1714 года. СПб., 1996; *Он же.* Битва под Полтавой. Начало Великой России. СПб., 2014. С. 531.

（4）Raeff, M. "The Emergence of the Russian European. Russia as a Full Partner of Europe." In Whittaker, C.H.（ed.）*Russia Engages the World, 1453-1825.* New York: Harvard University Press, 2003, pp. 119-137.

（5）*The Memoirs of Count Witte*, translated and edited by Sidney Horcave. New York, 1990, p. 373. ウィッテとは対照的なのが、ニコライ一世時代の国民教育大臣を務め、またアジア学者でもあったセルゲイ・ウヴァーロフ(С. С. Уваров 一七八六—一八五五)である。彼は、ロシアのアジア的性格を強調しながら、ロシアがアジア研究をする意義を述べている。曰く、「ロシアは、言ってみれば、アジアに存在している。ロシアはほとんどすべての東方の人々と広大な広がりを持つ共通の陸の国境を有している。それゆえ、すべてのヨーロッパ諸国のうち、アジアを研究する上で、まさにロシアよりも注意を払っている国はほとんどないのである」、と(Сергей Сергейвич Уваров. Избранные труды. М., 2010. С. 69. 原文は「アジア・アカデミー計画」と題されてフランス語で書かれた。また Schimmelpenninch van der Oye, *op. cit.*, pp. 156-157（シンメルペンニンク＝ファン＝デル＝オイエ前掲訳書、一八九頁）も参照のこと。なお、四年九か月に及ぶマールブルク大学での研究とヨーロッパ旅行を経て帰国したＭ・Ｂ・ロモノーソフを「ロシア的ヨーロッパ人」とするペトルヒンツェフの研究も参照されたい（*Петрухинцев Н.Н.* «Русский европеец» на пути в нанку // Родина. 2011. No. 9. С. 32-39）。

（6） 本文における以下の文章は次の拙稿と重複している。Toyokawa, K. "Russia in the Age of Enlightenment and I.K. Kirilov's Colonial Policy." *Japanese Slavic and East European Studies*, vol. 30, 2009. なお十九世紀ロシア人の自己認識形成に関する言説については、下里俊行「一八三〇年代のロシア保守思想家達の「ナロードノスチ」概念の再検討」『ロシア史研究』九五号、二〇一四年に詳しい。また一九二〇年代にヨーロッパ各地に亡命を強いられたロシア人の場合については、浜由樹子『ユーラシア主義とは何か』成文社、二〇一〇年を参照されたい。

（7） Wortman, R. "Text of Exploration and Russia's European Identity." In Whittaker, C.H. ed. *op. cit.*, pp. 90-117. 本章はウォートマンの論文から示唆を得ている。

（8） 十八世紀の学者たちがロシアに居住する諸民族に対して抱くイメージについてはアメリカ合衆国の歴史家ユーリー・スレースキンの論文を参照（Sleskine, Yuri. "Naturalists versus Nations: Eighteenth Century Russian Scholars Confront Ethnic Diversity." In Daniel R. Brower and Edward J. Lazzerini eds. *Russia's Orient. Imperial Borderlands and People, 1700-1917*. Bloomington & Indianapolis: Indiana University Press, 1997）。イギリスの歴史家デーヴィド・ムーンはエコロジーという現代的な観点から探検について論文を著している（Moon, D. "The Russian Academy of Sciences Expeditions to the Steppes in the Late Eighteenth Century." *Slavonic and East European Review*, vol. 88, No. 1/2〈April 2010〉）。

（9） それに関連する最近の研究として次のものがある。Vulupius, R. 'The Russian Empire's Civilizing Mission in the Eighteenth Century, A Comparative Perspective,' In Uyama T. ed. *Asiatic Russia. Imperial Power in Regional and International Contexts*. London & New York: Routledge, 2012, pp. 13-31. 帝国論との関係で、高田和夫の多岐にわたる議論、とくにロシア人のロシア認識ついても参照されたい（たとえば、高田前掲書、四一―四八頁）。

（10） 十八世紀ロシアの探検と地理学研究についてはさしあたり次を参照されたい。*Лебедев Д.М.* Очерки по истории географии в России XVIII в. (1725-1800 гг.). М., 1957. С. 5-60; *Александровская О.А.* Указ. соч. なお、十九世紀以降のロシアにおける地理学の伝統は「帝室ロシア地理学協会」（一八四五―一九一七年）が創った（高田前掲書、三七二―三九〇頁）。

（11） *Козлов С.А.* Русский путешественник эпохи Просвещения. СПб.: Историческая иллюстрация. 2003; Серия: Русский путешественник эпохи Просвещения. Русская провинция Павла Болотова: «Настольная календарь 1787 года». СПб.: Историческая иллюстрация, 2006 и др.

（12）高野明『日本とロシア』紀伊國屋書店（紀伊國屋新書）、一九七一年。

（13）*Соловьев С. М.* История России с древнейших времен. М.: Мысль, 1993. Кн. IX. Т. 17. С. 311.

（14）日本において、シベリアへの強烈な関心を抱きつつ、探検とそれを成し遂げようとするヨーロッパ人研究者個人の役割に焦点を当てて書かれ、読み物としてもすぐれたものに次のものがある。加藤九祚『シベリアに憑かれた人々』岩波書店（岩波新書）、一九七四年。

（15）ドイツの哲学者ライプニッツも中国に魅せられた一人であった（*Гелье В.И.* Лейбниц и его век. Отношения Лейбница к России и Петру Великому. СПб.: Наука, 2008. С. 600-601）。ウォートマンはその論文に所収されている図版52を挙げている。これは「中国の万里の長城を前にした行列」というキャプションがつけられ、エヴァート・イズブランツ・イデス（アダム・ブラント）作『モスクワから中国への三年に及ぶ陸路での旅』（ロンドン、一七〇三年）と題されたものである。ホルシュタイン生まれのオランダ商人イデスは一六七七年以来ロシアに居住した。一六九二年、ピョートル一世は、一六八九年に調印されるネルチンスク条約による清との交易を樹立するため、およびそれによる清の満足度を調査するために彼を清に派遣した。一六九五年まで続く彼の使命は成功し、彼の記述は多くの言語に翻訳された（Wortman, R. "Text of Exploration and Russia's European Identity," p. 92. また高野前掲書、一九頁、および Smith R.E.F. and David Christian, *Bread and Salt. A Social and Economic History of Food and Drink in Russia.* Cambridge: Cambridge University Press, 1984, p. 230〈鈴木健夫・豊川浩一・斎藤君子・田辺三千広訳『パンと塩——ロシア食生活の社会経済史』平凡社、一九九九年、三一八頁〉にもイデスに関する記述がある。

（16）アトラーソフの一六九七年のカムチャトカ遠征についての「陳述書」、および彼によって保護された日本人デンベイの「陳述書」については次を参照されたい。*Оглоблин Н.Н.* Две «скаски» Вл. Атласова об открытии Камчатк // Чтения в Императорском Обществе истории и древностей российских при Московском Университете. 1891. Кн. 3. С. 1-18; *Он же.* Первый японцев в России // Русская старина. Т. 72. СПб., Окт. 1891. С. 11-24. 村山七郎『漂流民の言語——ロシアへの漂流民の方言学的貢献』吉川弘文館、一九六五年、三—一七頁。高野前掲書、四九—五五頁。平川新監修、寺山恭輔・畠山禎・小野寺歌子編『ロシア史料にみる十八—十九世紀の日露関係　第三集』北東アジア研究センター叢書、第三一号、二〇〇八年、一七—二三、二四—二九頁。なお、管見の限り、デンベイについての数少ない貴重な史料は「シベリア官署」に残されている（РГАДА. Ф. 214. Оп. 5. Д. 756. Л. 1 и др.）。

(17) Donnert, Erich. *Russia in the Age of the Enlightenment,* translated from the German by Alison and Alistair Wightman, Leipzig: Edition Leipzig, 1986, pp. 95–96.

(18) *Гелье В.И.* Указ. соч. С. 763–765.

(19) *Соловьев С. М.* Указ. соч. Кн. IX. Т. 18. С. 516–517.

(20) *Андреев А.И.* Экспедиция В. Беринга (приложеие: Записка И.К. Кирилова о камчатских экспедициях 1733 г.) // Известия Всесоюзного географического общества. Т. 75. Вып. 2. 1943. С. 4–5; *Петрухинцев Н.Н.* Внутренняя политика Анны Иоанновны. С. 399–400.

(21) ベーリングに宛てたピョートル一世の訓令(日付はピョートルの死後の一七二五年二月五日となっている)は次を参照されたい。ПСЗ. Т. VII. No. 4649. С. 413(拙訳および解説、歴史学研究会編『世界史史料⑥ ヨーロッパ近代社会の形成から帝国主義へ 十八・十九世紀』岩波書店、二〇〇七年、八三―八四頁).

(22) 露米会社についてはさしあたり以下を参照されたい。阿部誠士「アラスカ売却交渉(上)」『生活学園短期大学紀要』第六号、一九八二年、一三〇頁。および森永貴子『イルクーツク商人とキャフタ貿易』北海道大学出版会、二〇一〇年、七二―七八頁。

(23) *Ден Д.* История Российского флота в царствование Петра Великого / Пер. с англ. яз. Е.Е. Путятина / Вст. статья, научная редакция и уточнение перевода, примечания П.А. Кротова. СПб., 1999. С. 186, примечание 382.

(24) *Петрухинцев Н.Н.* Внутренняя политика Анны Иоанновны. С. 400.

(25) Там же. С. 404. また平川監修、寺山・畠山・小野寺編前掲書、七九―九二頁も参照されたい。

(26) *Гелье В.И.* Указ. соч. С. 766–767.

(27) ミューラーと科学アカデミーの関係については以下を参照されたい。Black, J.L. *G.-F. Müller and the Imperial Russian Academy.* Kingston and Montreal: McGill-Queen's University Press, 1986.

(28) Donnert, *op. cit.*, pp. 99–100; *Токарев С. А.* История русской этнографии. М., 1966. С. 82–85, 87–93; Robel, Gert, "German Travel Reports on Russia and Their Function in the Eighteenth Century," In Conrad Grau, Sergei Karp, and Jurgen Voss, eds. *Deutsch-Russische Beziehungen im 18. Jahrhundert: Kultur, Wissenschaft und Diplomatie.* Wiesbaden: Harrassowitz Verlag, 1997, S. 276–278.

(29) ズナメンスキー前掲書を参照されたい。

（30）ミハイール号の航海日誌には、日本人漁船からの「贈り物」についての記述がある。平川監修、寺山・畠山・小野寺編前掲書、一二五頁。

（31）ウォルトン（ヴァリトン）からベーリングへの報告のなかに、聖ガヴリール号による日本沿岸への航海について記されている箇所がある。同上、一三八―一四三頁を参照されたい。

（32）高野前掲書、八四―八九頁。および加藤前掲書、八一―八四頁。

（33）ミューラーの本は英語およびフランス語に訳された（著者が参照した英訳は Müller, Gerhard F. *Voyages from Asia to America, for Completing the Discoveries of the North West Coast of America.* London, 1761 である）。これには現在から見ると奇妙な形をした日本の地図、およびロシア人による北極海探検の概要が付されている。ベーリングについては *Брокгауз и Ефрон.* Энциклопедический словарь. СПб., 1892. Т. 6. С. 534 を参照。またベーリング個人の思想や生涯の一端については、主にロシア外交文書館（АВПР）に保管されている史料を紹介した次の研究を参照されたい。*Охотина-Линд Н.* «Я и мой Беринг…» (Частные письма Витуса Беринга и его семьи из Охотска в феврале 1740 г.) / Россия в XVIII столетии. Вып. 2 / Отв. ред. Е.Е. Рычаловский. М.: Языки славянских культур, 2004. С. 177–220.

（34）Bassin, Mark. "Inventing Siberia: Visions of the Russian East in the Early Nineteenth Century." *American Historical Review* 6, no. 3 (June 1991), pp. 767–770.

（35）Cracraft, James. *The Petrine Revolution in Russian Imaginary.* Chicago: University of Chicago Press, 1997, pp. 272–281; Wolff, Larry, *op. cit.*, pp. 144–146; Bassin, Mark. "Russia between Europe and Asia." *Slavic Review* 50, no. 1 (Spring 1991), pp. 7–9; Ely, Christopher. *This Meager Nature: Landscape and National Identity in Imperial Russia.* Dekalb, Illinois: Northern Illinois University Press, 2002, p. 33.

（36）『ロシア地図』は以下のものである。Атлас Российской состоящей из девятнатцати специальных карт представляющих всероссийскую империю с пограничными землями, сочиненной по правилом географическим и новейшим обсервациям, с приложенною притом генеральною картою великия сея империи, старанием и трудами императорской академии наук. СПб., 1745 に挿入されている Генеральная карта российской империи. Л. 89–90. これにはロシア語版以外に、ラテン語版、フランス語版、ドイツ語版があるとされてきた。著者はロシア語版とドイツ語版のみを調査したにすぎない。また次も参照されたい。岩井憲幸「一七四五年ロシア帝室科学学士院刊『ロシア帝国地図帳』について」『窓』一一三号、二〇〇〇年。同「一七四五年ロシア帝室科学学士院刊『ロシア帝国地図帳』」（図書館特別資料紹介十）、『明治大学図書館報』六

八号、二〇〇〇年。兎内勇津流「北海道大学付属図書館およびスラブ研究センター図書室のロシア地図コレクション」『アジ研ワールド・トレンド』一三八号、二〇〇七年。なおデ・リールの一七四〇年に行ったベリョーゾフ遠征の史料が近年刊行された(Материалы экспедиции Ж.-Н. Делиля в Березов в 1740 г.: Дневник Т. Кенигфельса и переписка Ж.-Н. Делиля. СПб., 2008)。また彼のA・П・ヴォルィーンスキー(アンナ女帝の大臣カビネット代表)宛の提案は十八世紀ロシアの領土的拡大を理解する上で重要な史料である(*Крюченко Н.В., Кротов П.А.* Ж.-Н. Делиль о развитии картографии в России (1740) / Меншиковские чтения. Научный альманах. Вып. 3 (10). СПб., 2012. С. 115-120)。

(37) Sunderland, Willard. "Imperial Space: Territorial Thought and Practice in the Eighteenth Century." in J. Burbank, Mark von Hagen, and Anatoryi Remnev eds. *Russian Empire: Space, People, Power, 1700-1930*. Bloomington and Indianapolis: Indiana University Press, 2007, pp. 33-66.

(38) Kappeler, Andreas. *The Russian Empire: A Multiethnic History*, translated by Alfred Clayton. Harlow, England: Pearson Education, 2001, p. 141.

(39) ドーテロシュのシベリア旅行調査についてはd'Auteroche, Chappe. *Voyage en Sibérie, fait par ordre du roi en 1761*, vol. 1-2, Paris, 1768(抄訳は永見文雄訳『シベリア旅行記』岩波書店、一九九一年)を参照。またエカチェリーナによるドーテロシュに対する反論とその後の調査ついては以下を参照されたい。Levitte, M.C. "An Antidote to Nervous Juice; Catherine the Great's Debate with Chappe d'Auteroche over Russian Culture." *Eighteenth-Century Studies*, vol. 32, no. 1, Nationalism (Fall 1998), pp. 49-63; *Козлов С.А.* Указ. соч. С. 30-36.

(40) Robel, G. "German Travel Report." pp. 278-279; Donnert, *op. cit.*, pp. 110-111.

(41) パラースの『辞典』の日本語部については、村山前掲書、二二五—二三六頁を参照されたい。

(42) *Токарев.С.А.* Указ. соч. С. 103-106.

(43) *Георги. И.Г.* Описание всех обитающих в Российском государстве народов. Их житейских обрядов, обыкновенный, одежд, жилищ, упражнений, забав, вероисповедании и других достопамятностей. В четырех частях. СПб., 1799; Knight, Nathaniel. "Constructing the Science of Nationality: Ethnography in Mid-Nineteenth Century Russia." Ph.D. Dissertation, Columbia University, 1995, pp. 32-40(本文の引用はナイトからのものである)。

(44) 拙稿「ロシアの東方植民と諸民族支配」、原暉之・山内昌之編『講座スラブの世界② スラブの民族』弘文堂、一九九五年、二七—五八頁。参考文献・史料についても同拙稿を参照されたい。

（45） *Флетчер Дж.*（перевод с английского М.А. Оболенского）О государстве русском, или ораз правления（обыкновенно называемого царем московским）. С описанием нравов и обычаев жителей этой страны. М., 2014. 4-е изд. С. 48.

（46） Steinwedel, Ch. “How Bashkiria Became Part of European Russia, 1762-1881.” In J. Burbank, Mark von Hagen, and A. Remnev. eds. *op. cit.*, pp. 94-124.

（47） *ibid.*, pp. 111-113.

（48） 前掲拙著『ロシア帝国民族統合史の研究』、一八六―二〇三頁。

第二章　地方行政改革と南ウラル

1　ピョートル一世の地方行政改革

ピョートル一世の地方行政改革

ロシア国家へのバシキーリアの併合後、すぐにバシキーリアを含む南ウラル地方がロシアの行政的領域的支配システムに入ったわけではなく、またバシキール人だけを念頭に置いた特別の機関が創設されたわけでもなかった。この地域に地方行政機関が創設されるのはやっと十六世紀末になってからである。この時ウファー市が建設されたのちに地方行政長官制度(воеводская система)が導入された。(1) しかしながらバシキール人は、モスクワ国家に併合される際の条件(主にヤサーク貢納による土地の相続的所有権と信仰の不可侵)を獲得し、また中央アジアと境を接していることから、長い間ロシアのなかで特別の地位を与えられていた。以下では、Н・Ф・デミードヴァとР・Г・ブカノヴァ、および最近のБ・А・アズナバーエフとИ・Н・ビックローフによる研究を参考にしながら、十八世紀第一・四半期のピョートル改革とウファー郡(バシキーリア)行政の関係を跡づけることにしよう。(2)

ピョートル一世の君主政体は専制的なツァリーズムという特徴を帯びていたが、この君主はいわば「自然法思想」に基礎を置きながら、その活動を「すべての人々の福利と必要のため」として正当化していくことになった。[3] ピョートルの行った改革はあらゆる分野に及び、中央のみならず、地方の改革にまで至り、[4] カザン県に編入されていたバシキーリアの行政的領域的機構の改革にも及んだ。その際に重要なのは、すでに序論で指摘したように、一七二〇年二月二十八日の一般条例によって国家機構が機能的に編成されたということである。

ピョートル一世時代に新しい行政システムがバシキーリア全体に導入され普及されていくことになる。南ウラルに位置するバシキーリアの基本的な領域であるウファー郡（Уфимская провинция）が一七〇八―一八年には新たにカザン県に編入された。なお正式には一七一九年の行政改革で郡（プロヴィンツィア провинция）が導入されたが、それ以前はウェースト（уезд）（およびしばらくはディストリクト дистрикт）が郡に代わる行政単位であった。日本語ではプロヴィンツィアとウェーストは共に「郡」と翻訳・表記されるが、本書では混同を避けるためにウェーストはそのままカタカナで表記し、プロヴィンツィアを郡と表記して区別する。

県制度の導入とその目的

一七〇八年十二月八日付「すべての人々の福利のために」という勅令に則って八つの県が創設された。すなわちモスクワ、インゲルマンランド（一七一〇年以降サンクト・ペテルブルクと改称）、スモレンスク、キーエフ、アゾフ、カザン、アルハンゲロゴロド、そしてシベリアの以上八県である。[5] そのうちカザン県には三十四の「従属都市」（пригород）を従えるウェーストの中心地として三十六の都市が存在した。それらのなかに、ウファー、それに編入されるビルスク・ゴロドーク（ゴロドークとはゴーロド〈町〉の指小形）およびソリヴァーリヌィ・ゴロドーク、そしてカラクリノ村（село）があった。

ピョートルの行政改革が何よりも次のような明確な目的を追求していた点は注目しなければならない。すなわち国家権力機構の強化、効率的租税徴収システムの構築、軍隊の扶養を目的とする県ごとへのロシア陸軍諸連隊の配置である。言い換えるならば、「〔納税による〕金銭の徴収、およびあらゆる事態について監督する」ということであった。[6]

新しい行政的領域的機構の重要な原理は官僚（勤務人）を支柱とすることである。その上で県知事には特別に全権が与えられた。県知事は行政、警察、財政、そして司法の権能を有しただけではなく、彼が管轄する県内に配置されている全軍をも指揮したのである。県知事のもとに四名の補佐官たちが実務を担った。すなわち徴税および軍隊を養うことを担当する税務・軍事長官（обер-комиссар）、穀類の徴集を担当する司糧長官（обер-провиант）、軍隊を担当する衛戍司令官（обер-комендант）、そして地方の市会（магистрат）で裁判を担当する地方裁判所判事（ландрихтер）である。[7]

なお、バルト海沿岸地域、ウクライナ左岸地域、バシキーリア、シベリアの一部など民族辺境における行政では、若干の特殊性が維持されることになった。その点、旧ソ連の歴史家が指摘するように、地方の封建領主を自らの目的のために利用しようとする絶対主義君主の政治的柔軟性があったといえるのかもしれない。[8]

県内の行政区分と新たな行政職

しかし実際には、行政を遂行するには県はあまりに大きくかつ不便であった。そこで一七一七年以降、すべての県は地方貴族から選出された郡長（あるいは県参事 ландрат）指揮のもとドーリャ（доля その原義は「部分」である）に分割されることになった。郡長は県知事の下で参事官（советник）に置き換えられることはなく、都市ごと郷ごとに自立した行政上の責任者であった。一七一五年一月二十八日付布告は次のように述べている。

守備隊のいない都市には、衛戍司令官（обер-комендант）も守備隊長（комендант）もいないが、彼らの代わりに各ドーリャに一名の郡長（ландрат）を置くものとする。一ドーリャには戸数五五三六戸が含まれる。あるいは県知事が詳細に検討するのに都合のよい戸数とする。ドーリャごとにあらゆる徴税を行い、地方の案件を遂行するために上記の郡長と共に税務・軍事担当官（комиссар）が置かれる。税務・軍事担当官一名につき四名の書記（подьячие）と十二名の騎馬伝達吏（конные рассыльщики）を置く。（中略）郡長はすべての県に居住するポサード（商工地区）住民を管轄することはしない。彼らを管理監督するのは従来通り県知事選任の都市管理人（бурмистр─実際上の市長）である。[9]

土肥恒之も引用するクリュチェーフスキーの巧みな表現を借りると、ピョートルは「算数のために歴史も地理も認めず」に地方行政改革を遂行したのである。[10] その後、ドーリャは各県五つずつの郡に置き換えられた。[11] しかしそのような行政システムはロシア国家の全域にゆきわたったのではなく、ましてや最終的にはまだ帝国に完全に統合されて行政システムに組み込まれてもいなかったバシキール人の住む南ウラル地域においてはなおさらであった。

新しい地方行政機構創設に際して、北方戦争の交戦国でもあるスウェーデンの行政経験が生かされることになった。ピョートルはスウェーデン国王に仕えた経験を持つ旧ホルシュタインの官僚ハインリヒ・フィック（H. Fick 生没年不詳）を密かにスウェーデンに派遣してその行政システムを研究させた。一七一八年五月九日、スウェーデンの地方行政機構を模倣したフィックの計画は元老院で検討され、ロシアの特殊事情を考慮して若干の変更を加えられながらも基本的に採用されることになった。[12] こうしてロシアの将来の行政的領域的制度の基本にはスウェーデンの行政システムの要素が導入されていくことになる。

一年後の一七一九年五月二十九日、ロシアに新しい行政区分が導入された。以前の八県が一〇県に変更された。また税の徴収以外に、県の地理的な大きさ（長さや幅）およびその位置、県内のポサード民や農民の戸数が決められた。[13] 県は郡に区分され、さらに郡は地方税務・軍事担当官（земский комиссар）を長とする管区（дистрикт）に区分された。管区はかつてのウェーストに代わって導入されたものであったが、それらはお互いにその境界が合致しているわけでもなかった。

かつてのウェーストの境界は新たに作り直されたのである。この管区は一七七五年の地方行政改革で再びウェーストに取って代わられることとなった。

ここに至り基本的な行政的領域的単位は郡となったのである。ただしエカチェリーナ二世時代には基本的な行政単位は再び県に戻っている。郡には地方官庁の大多数が集中していた。それを指揮したのが地方行政長官（воевода）である。彼は県知事（губернатор）の直接管轄である軍事と訴訟案件を除いたすべての事案を掌握した。地方行政長官と彼に従う郡官房（провинциальная канцелярия）は、県官房の手を通さずに中央の参議会や元老院に直接意見を提出することができた。

2　ウファー郡の創設と行政区分

ウファー郡の創設

一七〇四―一一年に断続的に発生したバシキール人蜂起はピョートルによる多くの地方行政改革の実現を遅らせることになった。一七〇九年、十六世紀末から続いていたウファー庁（Уфимская приказная изба）はウファー行政長官官房（Уфимская воеводская канцелярия）に名称を改めることになっていたが、しかし実際には以前の名称が六年間にわたって事務処理上使われ続けた(14)。同時に、地方行政長官を守備隊長へと名称を変更することをうたった一七一〇年法令もここでは実現しなかった。一七一二年までは、ウファー郡行政長官はカザン県知事によって任命されていた。カザン当局の行政範囲は広く、軍事と外交に関するすべての分野に及んでいた。一七〇四―〇七年のバシキール人蜂起に際して、カザン行政の活動を監督したのはピョートルの寵臣アレクサーンドル・ダニーロヴィチ・メンシコーフ（А. Д. Меншиков　一六七三―一七二九）であった。一七〇八年から、カザン県の行政における重要な役割は行政・財政監督官房（Ближний канцелярия）および補任庁（Разряд）が果たすようになっていった。一七一二年からは、ウファー郡行政長官の任命権はカザン県知事から元老院へと移った。とはいえウファー郡行政長官の軍事・財政に関するあらゆる問題はカザン当局の管轄下にあった。(15)

公式文書においてウファー郡（Уфимская провинция）という名称が最初に現れるのは一七一九年である。しかし一七三〇年代まで、文書のなかではプロヴィンツィア（провинция）とウェースト（уезд）という二つの用語が併用して使われていた。ウファー郡の行政を直接的には衛戍司令官が担った。一七一五年から、この任務をИ・バフメーチエフ（И. Бахметев）が果たした。彼はウファー郡に関わるすべての問題について自ら中央諸機関へ報告する権利と義務を負っていた。(16)

一七一九年以降、カザン県は四つの郡に分けられた。カザン郡、スヴィヤシスク郡、ペンザ郡、そしてウファー郡であり、そこには十五の都市が存在していた。(17)

それぞれの郡の人口を調べた史料がある。一七二二年一月二十二日付布告「連隊を配置するために、一〇県の諸郡にさまざまな人を任命することについて」のなかで、どのような人物がカザン県に任命され、どれだけのポサード民や農民の戸数が郡内にあるのかなどを知ることができる。すなわち、後者に関して、カザン県内にあるカザン郡には四万八四一二戸、スヴィヤシスク郡には三万六二四四戸、ペンザ郡には一万〇三八五戸、ウファー郡には四三三二戸、総計九万九三七三戸があった。(18)

ただしウファー郡がいつ形成されたのかという問題は議論の余地のあるところである。これについては多くの研究者たちが議論を重ねているが、一七一九年より前ではなかったであろうということがわかっているにすぎない。この年まで、バシキーリアでは徴税および簿記を担当する財務監督官（надзиратель-камерир）、財務を担当する国庫出納官（казначей-рентмейстер）、そして裁判を執行する税務・軍事長官、地方裁判所所長（обер-ландрихитер）、地方裁判所判事（ландрихитер）などの郡官房事務所の吏員というような職責はなかったと考えられる。(19)

以上の点から判断して、次のように断言できるかもしれない。県や郡の官房事務所は十七世紀の地方行政を担う官署役所(приказные палаты)や寄合所(съезжие избы)といった類の焼き直しであり、しかもいまやそれらは目新しい外国の名前を冠しただけでのものに取って代わられたということである。一七一九年の地方改革は「衛戍司令官のいる郡」(обер-комендантская провинция)という行政単位となることにより明確な形をとったのである。

加えて、いくつかの郡は他の郡と比較して行政上の特権を有することになった。「なんとなれば、ロシアの諸国家と地域を除き(кроме Российских Государств и земель)、他の大きな郡や地方はロシアの王錫に服している(разныя другия знатныя Провинции и Области Российскому Скипетру подчинены)からである。ツァーリ陛下のもと、称賛に値する支配の下に彼らは暮らしている。彼らは特別の特権を有している。そのために各参議会はそれについて照会し、彼らの特権に関するリストを作成しなければならない。また各民衆は陛下によって承認された権利と特権を享受する」[20]。なお「ロシアの諸国家と地域」という文言には、ロシア国家が歴史的に諸国家や地域を征服・併合してきたいわば「複合国家」(「礫岩国家」)的要素を有していたということが含意されているのかもしれない。

確かにウファー郡は特権を有する行政単位であった。十八世紀最初の三〇年間、行政単位としてのウファー郡はバシキーリアの大部分を含んでいた。次の四つの特権はバシキーリアがロシア国家に自由意思で加わった十六世紀中葉以来のものであった。第一に、バシキール人の正常で平穏な生活を保障し、以前の支配者からの欲求や隣接諸民族の侵入から彼らを守ることである。第二に、ロシア政府はバシキール人に土地問題に関して譲歩をしていた。政府はバシキール人が占めていたすべての土地を彼らが保持することを認めただけではなく、バシキール人の土地に対する相続的権利(вотчиное право на землю)を認めたのである。第三に、政府はバシキール人の宗教に干渉せず、彼らをイスラームからキリスト教へと強制的に改宗しないことを約束した。第四に、ロシア政府はバシキール人住民の生活そのものに干渉しないことを公約した。とはいえ地方当局は政策遂行に当たり、バシキール人を従わせるために、その族長たちを担保として掌握していたのである。[21]

しかしながら以上の特権は常に危機に瀕していた。一七三三年、バシキール人使節がアンナ女帝に提出した要望書の一つはバシキール人に与えられた特権を維持して欲しいと訴えている。その要望の背景にあるのが、「〔陛下は〕他の郡と比べて、特別な慈悲でわがウファー郡を賄ってくださっている」[22]、というロシアの君主の慈悲にすがりつつ、ロシア国家と特別な契約関係を結んだのだという伝統的な強い想いであった。[23]

一七四四年にオレンブルク県が創設されるまで、ウファー郡行政長官は以前のウファー・ウェースト（Уфимский уезд）を引き継いだこの広大な領域の支配者であったが、行政長官に代表されるロシアの支配に完全に入るのには時間が必要であった。その意味では、帝政時代の研究者B・フロリンスキー（В. Флоринский）が次のように発言するのは正鵠を射ているのかもしれない。曰く「カザン征服後、（中略）バシキール地方は僻遠で、境界が明確でなく、その上住民が遊牧的であるということのために手つかずのままに放置された。この地方は一撃によってではなく、徐々に、すなわち一歩一歩征服されたのである」[24]、と。

かくして長い時間をかけてウファー・ウェースト（そしてプロヴィンツィア）はカザン県の管轄下に入った。ウファー郡はその領域の規模から独立した領域的行政的単位となり、当初から自立性ないしは自主性を求めていたのである。[25]

元老院管轄下に入るウファー郡、およびバシキール人に対する二重支配

ウファー郡の制定に大きな役割を果たしたのがバシキーリアの地理的状況である。大きな河川がさまざまな種族間の自然の境界となった。バシキーリアの西はサラトフ地方やサマーラ地方を流れるヴォルガ川まで延び、北西はキネリ川まで、さらにコンドゥルチ川上流地域のソク川中流域、その後シェシュメ川に沿ってカマ川まで延びている。カマ川を越えてその西側まで入り込んでいる。たとえば、カマ川右岸のヴャトカ川、イジ川、およびオチェル川の河口地域をブ

リャルスカヤ郷、バイリャルスカヤ郷、エニセイスカヤ郷、ウランスカヤ郷、ギレイスカヤ郷、ガイニンスカヤ郷のバシキール人たちが領有していた。十八世紀後半でさえ、これらの地域にはバシキール人のアウール（аул 村）があった。北はスィルヴァ川河口まで、チュソヴァヤ川中流域まで、さらには北東ではバシキール人の地域は南に向かって狭くなっており、イセト川北岸に沿ってトボール川に流れ込むまで広がっていた。バシキーリアの南の境はイレク川の下流から発し、ヤイーク（現ウラル）川中流まで、さらにはウイ川に沿ってトボール川上流まで広がっていた。[26]

ウファー郡が直接元老院に従属することによってバシキール人は大きな打撃を受けた。一七一〇―二〇年代のバシキール人たちはウファーとカザンによる二重の行政的支配に起因する官僚の職権濫用および迫害を再三にわたって訴えている。一七二八年、バシキール人は次のように述べている。「自分たちで乱費し、共同体の人々を侮辱するために、（われわれはウファーとカザンの官僚たち）各人に賄賂を渡さなければならないのです」。嘆願書に共通したバシキール人の願いは次の一点に尽きるのである。「布告によって……ウファー在住でわれわれのところにくる地方裁判所判事（官僚と同じ意味）は一人と決められています。なんとなれば、ウファー市が始まって以来、昔からいつもそこには裁判所判事が一人だったからです。しかし、先年、カザンではなくモスクワからわれわれのところに行政長官たちが派遣されてきました。カザンの管轄下にある行政長官たちはやってこないのです。かくしていまや一人の行政長官が裁判所判事となりました。……ウファーには裁判所判事一人（のまま）でありますように。この裁判所判事が行政長官でありますように。そしてその行政長官はカザンの管轄下に入りませんように[27]」、と。

一七二八年、モスクワにヤルネイ・ヤンチューリン（史料ではヤルケイ・ヤンチューリンとある）を長とした全四道のバシキール人の使節団が派遣された。政府はバシキール人の要求を検討することになった。かくしてピョートル二世（在位一七二七―三〇）の布告により、メンゼリーンスクを除いたウファー郡はカザン県から独立し、県知事と同等の権利を持ち直接元老院の指揮下にある地方行政長官の管轄下に入った。同年七月二十七日付の最高枢密院に宛てた勅令は次のように述べている。「ウファー郡から派遣された選挙で選ばれた嘆願者のバシキール人ヤルケイ・ヤンチューリンとその仲間たちの嘆願により、余はウファー郡にピョートル・ブトゥーリン(П. И. Бутурлин)准将を行政長官とし、当郡をわが元老院の特別な管轄下に置き、すべての事案については彼に書き送り、元老院発の布告を求めることを命ずる。またカザン県知事は当郡を掌握しないものとする。ただし諸ウェーストのロシア人に対して課されている人頭税のみはカザン県知事のもとに送ること。なお通関手数料および居酒屋税(таможенные и кабацкие сборы)も法令に基づきそこに送るべきである」[28]。カザン帝国大学教授ニコライ・アレクセエヴィチ・フィルーソフ(Н. А. Фирсов 一八三一―九六)によると、政府は「嘆願者たちの希望に従って、ウファー郡をカザン県から分離し、元老院の直接管轄下に組み込んだのである」[29]。

一七二八年訓令と地方行政の再編

一七二八年は一七二六年に始まった地方行政における当面の改革プロセスが完了した年である。すなわち一七二六―二七年、ピョートル一世によって創設されたものの、多大な費用が使われた割には効果が小さいという理由で多くの地方機関が廃止された。地方税務・軍事担当官(земские комиссары)、連隊担当官(полковные комиссары)、財務事務所(конторы камерирских дел 国庫歳入参議会の地方機関)、出納事務所(конторы рентмейстерских дел)、保安林問題官房(канцелярия вальдмейстерских дел)、新兵徴集官房(канцелярия рекрутских дел)、高級裁判所(надворные суды 一七一九―二七年)が廃止された。一七二九―三〇年には収賄や権力濫用を監督する財務司法監察官(фискалы 一七一一―三〇年初め)が廃止された。一七二七年には聖職者異端審問官(духовые фискалы-инквизиторы)が廃止された。一七二七年の都市管理庁(Главный Магистрат 一七二一―二七年)の廃止と共に、都市行政を担う身分制の都市の市会(городовые магистраты 裁判所の機能も有する)は「ポサードのよりよき警備のために県知事および行政長官の管轄下に入った」。一七二七年から四三年までは裁判所の機能も有する市役所(ратуша)の権限はかなり減じられつつも一八六四年まで存続した。現実離れして見かけだけのものとなっていた管区(дистрикт)は一七二六年に廃止されたが、その代わり歴史的に形成されてきたウェーストが復活した。一七二七年、かくしてロシアは十四県、四十七郡、および二五〇を超えるウェーストに区分された。続く数十年間にわたり、この行政的領域的区分は比較的大きな変化を被らずに存続したのである。以上のような部分的再編のプロセスは、一七二八年九月十二日の県知事や行政長官への訓令の承認をもって完了した。この訓令は事実上十七世紀の地方行政長官支配にあった行政的秩序を再興するものであった(30)。

従来は地方行政長官が存在しない都市や郡にも行政長官が任命されていた。一七二七年には次のようなことが求められた。県知事同様、地方行政長官は規則に従う(すなわち元老院と国庫歳入参議会による選挙、および最高枢密院によるその承認)が、彼らは県知事の管轄下で行動する(一七二七年二月二十四日付布告(31))。その後、アンナ女帝時代には県知事にさえ地方行政長官を決める権限が与えられた(一七三九年七月十九日付布告(32))。さらに続くエリザヴェータ女帝時代には県知事の持っていたこの権限は取り上げられ、地方行政長官の選出は元老院が行使することになった(一七四四年一月二十二日付布告(33))。

地方行政長官を再び県知事の管轄下に置くという考えは、その後に発布される諸布告および最終的には一七二八年の県知事宛訓令の第五点目に明記されることになった。興味深いことに、そうした表現は布告から布告へと一字一句違わずに継承され、地方行政長官が県知事に従うというモチーフは至る所で見られることとなったのである。「(前略)郡の行政長官は……以前通り、県知事に従う。すなわち行政長官たちが近くの部隊を統括して、より慎重に行動するように、また彼らからの報告が県知事を経由することによって正しく届くようにするためにである」、と。しかし実際には、地方行政長官たちは、県知事を経由せずに、元老院に直接情報を提出していた。他方、元老院も行政長官たちに再三再四直接命令を発していた。この状況は現実のものとなり、県知事からはるか遠く離れて勤務している地方行政長官に関わる問題となっていた(34)。以上の慣例はのちに法律で明文化された。明らかに地方行政を担うには県は甚だ大きいとされ、代わって郡が基本的な行政単位として最も都合のよい機構と認識されたのである。

一七三〇年の布告によってすべての他の地方行政長官および郡の官房にとり元老院との直接的関係が打ち立てられることになった[35]。このことについて、帝政時代からソ連時代初期を生き抜いた歴史家ユーリー・ウラジーミロヴィチ・ガチエー(Ю. В. Готье 一八七三―一九四三)は、その学位論文を基にした十八世紀の地方行政に関する有名な『ピョートル一世からエカチェリーナ二世までの地方行政史』のなかで次のように書いている。「もちろん県は実際には優位を占めているのだが、県は中央と下級の地方諸機関の間で必ずしも不可欠な仲介者であったわけではない。とくに一七三〇年の布告によって元老院とすべての行政長官および郡の官房との間で直接的な関係が打ち立てられたあとではそうであった[36]」、と。

実はウファー郡は以前のウファー・ウェーストに比べて領域が狭くなっている。ピョートル一世の行政的領域的改革の過程で、ウファー・ウェーストのカマ川以東(横断)防衛線にある要塞を含んだカマ川以東の地域ならびにウファー・ウェーストにあったオサ市はカザン県に編入されたからである。ウファー郡に残ったメンゼリーンスク要塞は特別な行政長官管理局を有することになった。このこともあってか、のちにキリーロフはオレンブルク遠征隊の司令部をここに置くことになった。メンゼリーンスク要塞を除いて注目に値する定住地はウファーとカザンの間の水路上にあるビルスク・ゴロドークであった。ウファーの南および南東にはロシア人定住地は存在しなかった。なぜなら一六八四年にウファーの南百ヴェルスタのところ(現在のバシコルトスタン共和国ガフリースキー地区の領域)に建設されたドレヴァーリヌィ・ゴロドークが一七〇四―一一年のバシキール人蜂起の際に燃やされ、以後再興されることがなかったからである[37]。

バシキーリアにおける新行政機構の漸進的導入は、この地域の開発に則した国家政策の一部であった。改革の結果、バシキーリアの領域はロシア帝国のさまざまな郡に入ることになったが、領域の基本的部分はウファー郡に組み込まれたのである。

3　ウファー郡行政長官および同官房の活動

ウファー郡行政

ウファー郡行政長官は全般的な指揮権を発動し、その行政機関は「郡官房」(провинциальная канцелярия)と呼ばれる役所によって管理されたが、そのための吏員も配置された。ウファー郡官房はロシアの他の行政長官の機関と同様に形成された。基本的職務には次のものがある。バシキール人へのヤサークの割り当てとその徴収、住民からの金銭あるいは他の形態の税の徴収、そしてその納付確認、義務の割り当て、および軍役の作成と編制である。

郡が制定されるまでウファー・ウェーストを管轄していたのはウファーの守備隊長たち(коменданты)であった。一七一四年、彼らの役割はウェーストの行政長官(воевода)に取って代わられた。県が郡に分割される一七一九年以降、新しい行政システムが導入されたのである。

一七一九年、郡行政長官に向けて発せられた通達は郡内におけるその絶対的な権力を行政長官に与えている。長官の管轄下に行政のあらゆる部門を担う多くの吏員がいた。一七一九年十月十一日付の元老院からウファー郡行政長官И・バフメーチエフに宛てた通達のなかでは、財務監督官や国庫出納官のような職務にも言及されている。それらのうち重要なのは財務監督官すなわち行政長官の財政部門の補佐官であった。彼は直接税・間接税の徴収に責任を負った。しかし郡の財務部門の長は資金管理者である国庫出納官である。他の郡の中心地と同様、ウファーには新兵徴集官房、糧食主任官事務所(провиантмейстерская контора)、およびその他の諸機関があった。[38]

糧食主任官は郡内の官営の穀物店を管理した。ピョートル時代、国家による税その他の徴収のかなりの部分が現物によって行われた。なぜなら国庫は軍隊のために穀物を同様に購入しなければならず、それとても穀物は特別の官営の店に供出されたからである。

バシキーリア住民との関係

十八世紀前半、ツァーリ政府はバシキーリアにおける経済的圧力を強めた。北方戦争を遂行している時期、ロシアのすべての勢力をそこに集中することが求められた。予備役が必要とされ、騎兵連隊における馬の損失を補うためにも馬の需要が増大し、恒常的に資金が必要となったのである。

政府はバシキール人から徴収するヤサークと同地方の他の住民から徴収する税との均等化を図った。とはいえヤサーク徴収額を増やすという危険をあえて冒すことなく、ましてやバシキール人にも人頭税を導入するということも行わなかった。代わりに以前は直接税を納めていなかったこの地方の他の住民に人頭税を課し始めた。とくにロシアからの逃亡農民が主体であるいわゆる「受け入れられた人々」(припущенники)は税金を納入していなかったので、彼らに新たに税を課すことでツァーリの国庫にはかなり多くの収入が見込まれたのである。バシキール人諸郷には、以前の、また潜在的なチャーグロ(тягло 租税)を課せられた農民が住んでいた。政府は彼らに対する政策も打ち出したのである。一七二四年、税を納めていない「受け入れられた人々」の流入を制限する目的で、バシキール人の土地を売却・貸与することを禁止した。[39] たとえばミシャーリ人から一ルーブリ分の税徴収が行われた。ただしこれは実際には不定期にしか行われず、かつては一六九九年と一七一八年の二度しか行われなかった。[40] すなわちこの地方のロシア人住民に対しては、ロシアの他の地方の住民と比べて何ら特別な課税がなされたわけではなかったのである。

租税体系変更の模索

十八世紀、バシキール人から徴収する租税体系の変更が図られた。十七世紀には自由に商品の販売・購入が行われていたが、十八世紀に入ると国内関税（таможенная пошлина）が徴収され始めた。帝国内の他の地域とは異なり、バシキーリアにおけるこの税は市場に対してではなく、バシキール人が恒常的に住んでいる場所を念頭に置いて課せられたものである。[41] 関税役人（таможенные целовальники）は、しばしばバシキーリアの郷や村を行き来し、十分に時間をかけてあらゆる商取引の情報を集め、その上で取引そのものに関税を課したのである。

しかし関税徴収の制度は役人たちのさまざまな職権濫用を招き、バシキール人たちの絶え間ない不平や不満を呼び起こすことになった。たとえば一七二八年三月初旬、ウファー・ウェースト全四道のバシキール人およびウファー在住のさまざまな範疇の住民は、ピョートル二世へ宛てた手紙のなかで関税役人たちの圧力について次のように自らの窮状を訴えた。「関税役人おのおのが五人ずつ連れだって、私たちの馬車を取り上げ、食料である鳥、ガチョウ、アヒル、魚、ビール、および蜂蜜を力づくで奪っています。もし〔われわれがそうした食料〕を与えず、また〔それらを〕持っていないならば、役人たちはわれわれを罵倒し、いわれのない中傷を浴びせるのです」[42]、と。さらに時代は下るが、一七三八年二月、バシキール人は、こうした関税役人たちがロシアの市場で毛皮製品用獣皮や家畜を販売することに対して多くの税金を課している、と時のオレンブルク委員会委員長B・H・タティーシチェフに報告している。それゆえバシキール人長老たちは自分たちのもとへ関税徴収の役人を派遣しないように、また直接自分たちがウファーに税を納めに行くことを許可するように願い出たのである。[43]

裁判および財務司法監察官制度

先に述べたウファー郡行政長官へ宛てた一七一九年十月十一日の通達には、ウファー郡における裁判機能を行使する税務・軍事長官、地方裁判所所長、地方裁判所判事という新しい職名が明記されている。地方行政の構造のなかで税務・軍事長官は、郡が細分された行政区画である管区（дистрикт）の長であった。周知のように、当時管区はウファー郡には存在せず、バシキーリアでは遅れて導入されたが、地方裁判所（земский суд）において一定の機能を果たす税務・軍事長官が重要な役割を果たした。なお一七一九年に全国主要一〇都市に設立された民衆裁判所（народные суды）は一七二七年に廃止され、司法権は郡の行政長官の手に戻っていた。[44]

他の郡と同様に、ウファーにも財務司法監察官が存在した。彼らについては一七一一年三月二日付の元老院の職務に関するピョートル一世の勅令のなかで言及されている。[45] その後、同年三月五日付ピョートルの元老院に宛てた勅令は次のように命じている。「いかなる官位にも関係なく、賢明で善良な人間を財務司法監察官に選ぶべきこと」。その上で彼に、「あらゆる案件を秘密裏に監視し、不正な裁判について漏れなく聞き取る」よう任せることを命じているのである。[46] 元老院によって任命され、元老院の管轄下にある財務司法監察長官（обер-фискал）は法務参議会（юстиц-коллегия）の下に置かれ、この長官のもとに四名の補佐官が勤務した。[47] 財務司法監察官は法の違反者を摘発するだけではなく、犯罪人を直接元老院へ告訴する義務を負ったのである。また先の勅令によって、「上級裁判所判事あるいは参謀本部」を告訴する権利を除いた、財務司法監察長官と同じ権限をもつ郡監察官（провинциал-фискалы）および下級監察官（нижестоящие фискалы）の職務が定められていた。[48]

一七一一―一九年、元老院は、県知事の合意の上で、財務司法監察長官の上申書に従い、その下位の監察官たちを地方の監察官をも含めて承認した。監察官政治は命令方式による官署システムから合議制による参議会システムへの移行期に若干の変更を被ることとなった。一七一九年、監察官たちは法務参議会の指揮下に置かれた。[49] 一七二〇年二月二十八日の一般条例に従い、監察官の職はすべての参議会で確立された。[50] しかし一七二二年六月四日付布告により、ウファー郡のバシキール人たちは監察官統治の対象から除外されることになったのである。「ウファー郡では、郡監察官と監察官はバシキール人を何ら管轄しないし、彼ら〔監察官たち〕にその重荷を負わすこともしない。しかし、もし彼らがバシキール人を監視するならば、それについて報告しなければならないのである」、[51] と。

なお一七二三年に財務司法監察長官は財務司法監察総監（генерал-фискал）と名称を改め、元老院総裁（あるいは検事総長генерал-прокурор）職の制定と共に、その管轄下に入った。元老院総裁の機能が発達・増大するに従い、徐々に監察官は宗務院（一七二七年）、世俗の諸機関（一七二九年）、軍隊の諸機関（一七三〇年）の管轄へと吸収されていった。監察官の多くは他の役人の職権濫用に巻き込まれ、また自身もその悪弊に手を染めはしたが、一連の大きな不正を暴きだしもした点で重要な役割を担ったと言える。

官房最重要の業務：逃亡農民の捜索と連れ戻し

ウファー行政長官の職務のなかで最重要なものは、逃亡民およびパスポートを携帯しない人物を厳しく監視することであった。税の徴収という国家の課題のため、担税民の確保を目指したのである。

バシキーリア内にいるすべての逃亡者、およびロシア人でも異教徒でもパスポートを持たずにいる人を追放すること、布告に従って彼らを取り扱うこと。それは、今後、彼らがバシキーリアを通らず、またそこに逃げ込むことができないようにするためである。〔その理由は〕ウファーおよびイセトの郡官房により、日頃どれほどそうした人が見つけ出され、彼らはどのように扱われたのかという、バシキーリア問題についてオレンブルク委員会（一七三七年にオレンブルク遠征隊がオレンブルク委員会に名称を改めていた）に情報を知らせるためである。[52]

領主は、ドン、ヤイーク、ヴォルガ流域、シベリア、バシキーリアへの大量の農民逃亡に頭を悩ませていた。[53] そのため政府は逃亡を阻止するためにさまざまな厳しい措置をとった。十八世紀前半、逃亡を阻止するために百通以上の布告が発せられた。県官房や地方行政長官官房は逃亡民を捜索することに専念し、ツァリーツィン防衛線上に部隊を配置した。[54] 一七三四年、ウファー郡行政長官に対して、「バシキール人の土地のどこにも逃亡者たちが住まず、いかなる隠れ家も持たないよう監視するように」、と厳しく命令が下されたのである。[55]

当時、バシキーリアはロシア人逃亡農民および沿ヴォルガ地方の民衆にとって格好の逃亡先でありまた避難場所でもあった。それゆえバシキール人の土地には、ロシア人、タタール人、ミシャーリ人、マリ人、チュヴァーシ人、ウドムルト人、その他の沿ヴォルガの民衆が住んでいた。

一七二一年、バシキーリアから逃亡民を追放するためにウファーに派遣されたイヴァン・ガヴリーロヴィチ・ゴローフキン（И. Г. Головкин　一六八七—一七三四、宰相Г・И・ゴローフキンの息子）とその補佐官たちは逃亡民をめぐる次のような状況報告に愕然とした。「その移住してきた者たちは……バシキール人および先住者である異教徒たちの証言によると、数千戸にものぼる。彼らは妻子を引き連れて、人頭税および松林伐採作業（в подушном окладе и в карабельных работах）に登録された以前の居住地に送られた。すなわちカマ川およびイゲニャ川沿いでカザン・ウェーストとウファー・ウェーストの間、およびサクマル防衛線へと広がるステップを横断してつくられた場所である。また常備軍および非常備軍から構成される前哨部隊に供給された。それは今後そうした人々がバシキール人の居住地に入ることができないようにするためである」[56]。一七二〇年六月七日から一七二二年三月一日までの二十一か月間に、ゴローフキンによってバシキーリアの外に退去させられたのは四九六五世帯、一万九八一五人（両性）であった。[57]

一七二二年十二月末、シベリア・カザン官営鉱山工場中央監督局局長В・И・ゲーンニンはツァーリに次のように書き送った。バシキーリアにある諸工場から遠くないところには、他所からやってきた人々を追放したのちにも、「多くの数のロシア人農民」が残っている。シベリアの諸都市から追放された逃亡農民たちが家族と共に受け入れてくれることを、また工場近くの都合のよい場所に住むことを求めているのである。もしこうした農民の受け入れを拒否すると、彼らはバシキール人のもとに行き、国庫は税を支払う人を失うことになるのである。[58]

さらに一七二五年、ゲーンニンは元老院に報告している。逃亡農民は工場が彼らを受け入れないことを知っているので、工場およびシベリアの諸都市を素通りして「バシキール人のもとへ、さらには他の遠いところへ行き、そこに住み着くのである」[59]。こうした状況を受けて発せられた一七二五年六月九日付と一七二八年五月三十一日付の両元老院布告は、バシキール人が逃亡民を受け入れることを禁じた。さらにバシキーリア西部境界における逃亡民の拘束に向けてヴォロゴツキー連隊のなかから警備隊が編制された。かくしてゲーンニンには、「バシキーリア東部境界のふさわしい場所に強固な守備隊を置くこと」が命じられたのである[60]。

一七三一年三月十八日付元老院布告はバシキーリアから「受け入れられた人々」を退去させることに法的効力を与えた。ヤサーク台帳(ясачные книги)に登録されていない他所からやってきた人々は強制的に退去させられることになった[61]。しかしこうした「受け入れられた人々」を退去させる方法は必ずしも功を奏したわけではなかった。それゆえ一七三四年五月三十一日付元老院布告は地方当局に他所からやってきたヤサーク台帳に登録されていない非ロシア人住民の人口調査を行い、新しい居住地ごとにヤサークを課すことを命じていた[62]。かくして沿ヴォルガ地方からの逃亡農民の移動に対する監視と連れ戻しがウファー郡官房の重要な業務の一つとなったのである。

都市行政の中核となる市会と都市管理人

組織化は都市行政についても行われた。ウファーにおける市会(магистрат)は一七二二年に設立された。市会の管理運営を担ったのは都市管理人(бурмистр)と市参事会員(ратман)の二人である。ウファー市会の最初の都市管理人はC・ペルフィーレフであり、市参事会員はП・ダニーロフであった[63]。のちになると、市参事会員は二名に増員されることになった。

都市管理人は地方のポサード民および都市住民を管轄した。それ以外に、「都市管理人たちは商人およびポサード民に関するあらゆる案件について裁判を執行し、審判を下した。彼らは罪人を処罰し、あらゆる訴訟の手数料を国庫に徴収した」[64]。選任された都市管理人は関税管理人(役人)、居酒屋管理人(役人)および他の管理人と区別して、地方管理人(земский бурмистр)とも呼ばれた。すべての事案において彼らは地方行政長官の管轄下にあったわけではなく、実務を担う市役所に従属し、そこから指令を受けていた[65]。一七二五年、県および郡の定員が認められた[66]。一七二五年十二月十三日以降、行政長官によって市役所の管轄する事案に介入することが禁じられた[67]。なぜなら、規則によると、市役所は「すべての人民に対する長および頭として(яко глава и начальство есть всему гражданству)、その職務は民間人を裁き、商人階級・手工業・民間の利益に関することすべて(купечество, ремесла и вообще все, что касается гражданской пользы)について、都市のあらゆる経済活動(экономика)を創り促すことにある。この原則に基づいて、市役所およびその役人は裁判に関して、また経済活動に関して、県知事にも、地方行政長官にも、民事や軍事の長たちにも……従属しない」からであった[68]。なおバシキーリアにおける都市行政および地方自治の諸機関が極めて脆弱であった点は指摘しておかねばならないが、その点は何も同地方に限ったことではなく、帝国全体について言えることであった。

徴税

一七二八年、税金徴収の権限がウファーの行政長官の手に委ねられた。一七二六—二八年、財務(出納)事務所が廃止され、徴税は地方行政長官の仕事となった[69]。ヤサーク徴収にあたり、地方行政長官としてウファーに派遣されたピョートル・ブトゥーリン准将は、彼に宛てて一七二八年八月五日に発せられた通達を順守しなければならなかった。八項目から成るその通達の六項目は行政長官と基幹的住民に対する行政の相互関係について述べている。それによると、「バシキール人に課せられているヤサーク以外いかなる他の賦税も求めてはならず……侮辱を与え税金を課してもならず、賄賂を受け取ってはならない[70]」、と警告しているのである。これ自体、以前の行政長官たちが職権を濫用してさまざまな税を徴収し、賄賂を受け取っていたことを匂わせているが、その主要な点は一六六四年のウファー軍政官ソーモフ（Ф. И. Сомов）に宛てた訓令と文字通り一致していた[71]。

一七二〇年代末、ウファー郡官房の建物は緊急に修理を要する状態にあった。ブトゥーリンは、一七二八年にウファー郡に行政長官として赴任したのちの二九年一月八日付元老院宛報告書のなかで、その理由について次のように書き記している。「去る七二八年（＝一七二八年）八月五日、陛下の勅令および至高なる元老院から下された通達により、私はウファー郡の行政長官に任命されました。その郡はあらゆる点で至高なる元老院の特別の管轄下にあります。（中略）去る七二八年十二月二十六日にウファーに到着したのち、ウファーの街の陛下の屋敷や行政長官の木造の建物を自分の眼でみると甚だ老朽していることがわかりました[72]」。こうしたことも税金徴収の口実を与えたのであろう。

軍事行政、裁判、政府命令の執行および収賄

軍事行政の分野の仕事に関して、ウファー郡行政長官は帝国の他の郡の長官たちと同じであった。すなわち一七二八年の通達に従って地方の守備隊の指揮が任せられていた[73]。元老院を除き、ウファー郡の軍事行政は軍事参議会の監督下にあった。たとえば一七二八―二九年、軍事参議会の命を受けて行政長官は「護岸工事によるウファー市の強化および砦柵の修理の必要について」、同じく「守備隊の兵士とカザークを建設労働に派遣すること、および彼らに給料と食料のために金銭を支給することについて」、以上の問題解決に当たったのである[74]。

ウファー郡官房には裁判の執行および政府の命令の適切な遂行の監視の義務があった。一七二八年の元老院発ブトゥーリン宛通達によると、ウファー郡行政長官の裁判機能については次のように指摘されている。「一七二八年八月七日（七月三十一日の通達に従って[75]）、前ウファー郡行政長官ブトゥーリンには次のことが命じられた。ウファー郡におけるロシア人の裁判とその刑の執行を会議法典（ロシア初の全国法典である『ウロジェーニエ（一六四九年会議法典）』）と諸布告に

従って行うこと。他方、バシキール人の裁判は以前の行政長官の訓令に従って行われていた通りにすること」。四年後の一七三二年、この通達に従ってウファー郡行政長官ピョートル・ドミートリエヴィチ・コシェリョーフ（П. Д. Кошелев）は行動した。布告のなかでは次のように述べられている。「ウファー郡の異教徒たちに対する裁判とその刑の執行は、上述の一七二八年の通達あるいは一七三〇年三月十二日の女帝陛下の勅令に従って行われるものとする」(76)。

ただ次の点も考慮しておかなければならない。すなわち一七一九年の地方行政長官への訓令第五・六項目が述べているように、「県知事および地方行政長官は重大な事案、死に関わる事案については執行しない。ただ彼らが義務を負うのは、裁判の遅滞と裁判判事の迫害から守ることのみである」(77)。とくに住民の不満を引き起こしていた行政と裁判における行政長官ならびに官庁の職権濫用について指摘しなければならない。裁判はウファーの行政長官と官僚たちにとって甚だ収益の多い仕事であった。すなわち大規模な職権濫用、金品の取り立て、および強請や強要の行為が大いに行われたのである。十九世紀中葉の大改革以前のロシアで、行政司法システムの最大の欠点は収賄であった(78)。

ムスリム住民との関係、シャリーアの重視

注意しなければならないのは、行政長官の行う裁判機能の範囲がムスリム住民の仲裁裁判所（третейские суды）の存在によって甚だ狭められていたという点である。仲裁裁判所の所管する事案の範囲については、長老たちの陳述によると、イスラーム法シャリーア(79)の事案から手数料を徴収することができるということでその範囲がわかるのである。たとえば一七三九—四一年、カルシンスカヤ郷の長老シャルィプ・ムリャコフは彼によって裁決された事案のリストを提出した。これは何よりも私有財産の権利侵害についての事案であった。すなわち、馬、蜜蜂の巣箱からの蜂蜜および財産の窃盗、借金の取り立て(80)、係争、喧嘩、殴り合い、他人の物を暴力によって横領すること、以上である。そしてウファー郡のバシキール人とタルハン（軍事勤務という義務を負う代わりに、ヤサーク支払いの義務から解放され、土地所有における一連の特

権を有する上層の人々）たちは家族内および相続の問題に関する事案の審理をもっぱら聖職者に委ねることを望んだのである。[81]

道徳基準ならびに慣習の違反者に対する罰は大変厳しいものであった。たとえば盗みを犯した者に対しては、一七四三年五月二十三日のピョートル・ドミートリエヴィチ・アクサーコフ（П. Д. Аксаков ウファー郡行政長官一七三八―三九年、カザン県副知事一七四〇―四四年）による三〇年代の蜂起前後におけるバシキール人の様子について記した資料が参考になる。その「バシキール人についての短い情報」によると、犯罪者は馬の尻尾に縛りつけられ、村中を引き回されたうえ殴り殺された。係争問題については金銭で決着をつける場合もあった。[82] 背教者および瀆神者への刑罰は公衆の面前での石打刑という苛烈を極めるものであったが、通常これは「慈悲を示す」（Рэхим кылыу）と呼ばれた。[83] 一七三四年、カザン道エルジャツカヤ郷のバシキール人たちは「シャリーアそれ自体に従って土地を区画割りすることをも要求した[84]」（в шэриғате своем предложили и землю размежевать）。唯一殺人だけがシャリーア裁判の執行の埒外にあった。

周知のように、バシキール人の間の財産問題、離婚問題、その他の問題についての裁判は完全に地方行政機関の管轄から抜け落ちていた。しかしバシキール人と同地方の他の住民との係争問題は行政長官の管轄であったのである。時には共同体間の問題やさらには共同体内部の係争問題を処理することさえあった。とくに土地問題についてはそうであった。

シャリーア裁判をめぐるロシア政府とバシキール人の攻防

一七二〇年代、当局によってシャリーア裁判を廃止する試みがなされた。[85] 一七二四年、バシキール人の集会を危険視したB・H・タティーシチェフは、バシキール人に対してはウファー郡行政長官のみが裁判を行うべきとの考えに立って次のように述べている。「裁判は至る所で行われたわけではなかった。唯一〔裁判を執行したのは〕ウファーにおいてだけである。裁判のために一年中さまざまな場所から多くの人たちがやってきた」[86]。しかし裁判のためにウファーに行くことは遠隔地に住むバシキール人にとっては大変な困難を伴うものであり、とくに貧しい人にとってはそうであった。加えてバシキール人は、ウファーの裁判所判事が審理を長引かせ、しかも誰も公正な判決を下さずに賄賂をとるとして嘆願しているほど彼らを嫌悪していると、В・И・ゲーンニンに訴えた[87]。

以上の理由のために、ウファー郡行政長官コシェリョーフに宛てた一七三四年六月五日付元老院布告は次のような許可を与えている。「バシキール人およびウファーに居住する他の異教徒たちに、居住地が非常に広大であるため、彼らのうちの些細な事案について嘆願のためにウファーへ出向くことは、仲裁裁判所（третейский суд）によって事案を処理し、支障なく和解することを望む人にとって、彼らの古い慣習に従っても損である」という理由で、仲裁裁判所による裁可を許可するとした。また仲裁裁判所で「世俗の嘆願書をそこで書き留めることを許可してもらい、遅滞なく書き留めるよう」、許可のために自身がウファーの官房へ出向くことを望む人を除いて、案件を「長引かせず、損失を与えず、いささかの手数料も要求すべきではない」、としたのである[88]。シャリーアに則るバシキール人の慣習的裁判のこの権利こそツァーリ政府によって認められたものであり、それは一七三六年十二月に行われたオレンブルク委員会とバシキール問題委員会の協議で確認されることとなった[89]。

しかし先の一七三四年六月五日付元老院布告は長く完全な形で効力を発揮し続けることはなかった。三―四年後、シャリーア裁判の執行に変化が生じた。とくに執行されたシャリーア裁判に対して被告は郡官房に五〇カペイカの手数料を支払わなければならなくなったのである[90]。実は、バシキール人長老にとって、中央の裁判所が遠く離れたウファーにあるということは都合が良かった。ウファーで行われる郡行政長官管轄の裁判から自由であろうと努めていた彼らにとって、このことは自らの手中にあるシャリーアに従って行う裁判の役割が増大することを意味したからである。

地方行政の形態と方法

後年、П・Д・アクサーコフは先の「バシキール人についての短い情報」のなかで同地方の行政の形態と方法について、地方行政長官の問題点を指摘しながら次のように特徴づけている。

人々はウファー市に嘆願に出向いた。その嘆願によると、彼らにとって大いなる重荷となっている強請が非人間的な奇妙さとなっていたという。彼〔地方行政長官〕の収入のためだけに、すなわち彼によって奪い取るために無辜の人を罪に陥れるのである。以前の役所の体制は、故五等文官キリーロフが〔この地に〕やってくるまではそのようであった。どこもそうした不品行を隠すことはできなかったのである。儲けることにのみ極めて熱心であった。彼〔地方行政長官〕による公正なる裁判と国庫を満たすことに関して、〔以前は〕まったく配慮することはなかったのである。(91)

地方行政長官を通して、ロシア政府はバシキール人長老を利用したが、長老たちは自らの裁量で共同体構成員を掌握したのである。すなわちヤサークを徴収し、軍役に際して自分の部隊に指示を出し、己の管轄下にある者たちの係争や他の問題を審理し、イスラームの代表者たちと共に罪を犯した者たちに対する裁判を執行し、自らの郷の名において土地問題を解決した。

都市行政長官たちも郡行政長官たちの指揮下に置かれた。(92) 一七二七年四月六日付の布告はそのことを確認している。(93) ウファー郡官房の管轄下には「(前略)古くからの付属都市(пригород)であるビルスク、オサ、メンゼリーンスク、そして新たにオレンブルク遠征後に建設された要塞であるナガイバク、タブィンスク、エルジャクそしてクラスノウフィムスクが」入った。(94)

アマナート制（人質制度）とその問題点

ウファー郡官房の最重要の課題はバシキール人住民を服従させておくことであった。そのための重要な手段の一つが十八世紀中葉まで存続するアマナート制（аманат）という人質制度である。当局は地方の安寧を保証することを名目に、それぞれの「道」（дорога）から一定数の住民を、とくに裕福な家族や影響力のある家族からアマナート（人質）として確保した。彼らはアマナート屋敷に（в аманатских дворах）収容されたが、これは事実上の監獄であった。十七世紀後半から十八世紀初頭には、バシキール人アマナートがウファー、カザン、メンゼリーンスク、ビルスク、カラクリノ、その他の要塞に収容されていたことが知られている[95]。十七世紀にアマナートがどれほどいたのか正確には判っていない。たとえば、一六六二―六四年の蜂起ののちに、バシキール人たちは各道から十二名ずつ、イッキー地方の諸郷（すなわちタミヤンスカヤ郷とキプチャクスカヤ郷）から各二名を出さねばならなかった。一七三六年からアマナートはエカチェリンブルクに収容された[96]。通常、彼らアマナートは蜂起の時期やその後に集められ、ロシア政府に対するバシキール人の「忠誠の」保障とされたのである。

十七世紀、バシキール人のアマナートはまずはカザンに居住させられ、その後、ウファーに移動させられた。その人質はバシキール人住民に恒常的に求められたのである。一六六三年十二月二十日、メンゼリーンスクの行政長官であったフョードル・ヴォルコーンスキー公（Ф. Ф. Волконский）はウファー郡ノガイ道のバシキール人タルハンに向かって次のように書いている。「あなた方はアマナートを出し、そうした人々をカザンに送った。それはすなわちウファー市が小さくて狭く、またアマナート屋敷がないことを知っているからである」[97]、と。翌年にはウファーにもアマナート屋敷が建設され、そこに十二名のアマナートが住むことになった。しかしまもなくそれは閉鎖され、アマナートは再びヴォルガ沿岸の諸都市へと送られることになった。十八世紀初頭になり、やっとウファーに新しいアマナート屋敷が作られ、そこに他の都市にいたすべての人質が移されてきた。

十八世紀に入っても、アマナートの正確な人数は判っていない。一七〇八年、ウファーとビルスクにはバシキール人および他の民族からなる五〇名のアマナートがおり[98]、彼らの状況は悲惨を極めていた。一七三五年一月十三日付イヴァン・キリーロフの大臣カビネット宛報告書には、アマナートには食料も十分には与えられず、彼らは行政長官や官署役人のために働くことを強要されたことが記述されている[99]。実際に人質のなかには飢え、病気、過酷な取り扱いによって命を落とす者も多くいた。もし蜂起が発生したら、地方当局は時には実際にアマナートたちに懲罰を科した。たとえば蜂起鎮圧後の一六六二年、バシキール人のアマナートたちを、「ウファー市内およびその街道に吊したのである[100]」。

こうしたアマナート制度はバシキール人社会にとって大変厳しい義務負担となっていた。十七世紀から十八世紀前半まで、この制度の廃止を願ういくつもの嘆願書が残されている[101]。一七二八年、バシキール人たちはそうした嘆願書のなかで次のように述べている。「昔は彼らのもとからアマナートが徴集されることはなかったのです。しかしウファー市にアマナートがピョートル・マトヴェーエヴィチ・アプラークシン〔П. М. Апраксин 一六五九―一七二八、ピョートル一世時代の軍人〕の命令によって一時的に徴集され、以来今日に至るまで、十九歳から自由であることはないのです。ビリャ市やカラクリノ村にアマナートとして命令なしで連れて行かれるのです[102]」。しかし政府はこうした嘆願には耳を貸さず、アマナート制度は十八世紀中葉まで存続することになる。

確かにアマナート制度はバシキール人がロシア政府にヤサークを納める際の強制力として有効だっただけではなく、バシキール人住民を中央・地方当局に服属させるためにも重要な役割を発揮した。タティーシチェフによると、このアマナート制度によってバシキール人に求められたのは、「女帝陛下に対する完全な忠誠と恭順、およびその盗賊行為〔воровство〕〔蜂起のこと。当時の史料は政府に対する叛乱や蜂起を盗賊行為と規定した〕の停止以上の何ものでもないのである[103]」。

地方行政長官による治安維持

地方行政長官の職務には郡の安全を監督すること、そして反社会的要素について対策を講じることが含まれていた。すなわち、「誰に対しても暴力や略奪（насилие и грабеж）がなされないようにするために、盗賊行為、あらゆる強盗行為（разбой）、甚だしい犯罪（преступление）は禁止され、その行為の程度に応じて処罰される」[104]、とした。十八世紀のバシキーリアはロシア帝国のなかで騒然とし続けた地域の一つであった。研究者たちの意見に従えば、「ムスリム住民を抱えるロシアの諸地方のうちでバシキーリアこそ、その絶えざる騒擾によってロシア政府に何よりも不安を与えていたのであろう」[105]。

ウファー郡行政長官は、官房を管轄することと共に、ウファーの守備隊の指揮官でもあったこの追加の職務に対して、連隊長としての俸給を受け取っていた。ウファー市守備連隊は同時にカザン県知事の管轄下にあった。かくして地方当局は定期的に燃え上がる地方住民の蜂起の鎮圧に参加しなければならならなかった。もし彼らが独力で大規模な住民蜂起を収拾できない場合には、野戦軍である地方の守備隊があらゆる援助をすることを命じられて駆けつけたのである。

地方行政長官はまた敵の侵入から郡の対外的安全を保障し、郡内に敵のスパイの侵入を許さず、敵が突然攻撃してくる場合には直ちにそのことを隣接する郡の行政長官や郡内に駐屯している軍司令官に知らせなければならなかった。たとえばロシアとカザーフとの国境の警備はバシキール人に負わせられた。一七三〇年代まで、すなわちヤイーク川沿いに要塞が建設される時まで、この課題をバシキール人のみが自らの力で遂行した。それゆえ一七四〇年にカザン県副知事П・Д・アクサーコフはバシキール人の同勤務への体系的使用についていま一度考えることになったのである[106]。

ウファー郡官房はまた他のウェーストからバシキーリアに鉄砲、弾薬、弾丸、鎖帷子、サーベル、弓、矢、槍が流入してこないように監視監督していた[107]。度重なる武装蜂起に危機感を抱いた政府は十六世紀以来、バシキール人を含むヤサーク民に鍛冶工を持つこと、および鎖帷子、兜そしてサーベルを売却することを禁止した。こうした禁止は一六七五年と一七〇二年の法令のなかでも確認されている。先の布告とは別に一七三六年二月十一日付勅令「ウファー・ウェーストおよびバシキール人村落で鍛冶工を有することの禁止について」が発せられた[108]。しかし、のちに、バシキール人が犂耕の刃、馬具、その他の労働のために必要な工具を製作・修理のために遠くへ出かけなくても済むように、次のように規定された。「必要なもの、すなわち耕作や馬のための犂耕の刃や馬具のために、各道に三軒ずつの鍛冶工と蹄鉄工をバシキーリアのふさわしい場所に持つことが許されるものとする[109]」。

以上のことに関連して、ウファー郡官房には、新兵徴集と軍馬補充という別の義務が負わせられた。一七三六年九月三日付元老院布告は県知事と地方行政長官に対して次のような命令を発した。すべての都市で「新兵予定者を指定された場所に直ちに配置するために急き立て、そして誰がどこに配置され受け入れるべきか、それについて諸都市に、〔その都市近郊の〕彼らの村が手紙で知らせる以外に、受け入れ係のもとに一覧表を送付すること。ただしアストラハン郡とウファー郡では、新兵徴集だけではなく馬もそれらの郡からのみ受け取ること。それは同地の連隊の補充のためである[110]」。

土地問題：工場建設、地図の作製、バシキール人の嘆願

鉱山工場の土地についてはシベリア・カザン官営鉱山工場中央監督局が責任を負うことになっていたが[111]、ウファー郡行政長官も同地方の工場鉱山産業の発展を促進しなければならなかった。とくにウファー郡の工場の建設と地下資源の開発は隣接する郡や県に比べて緩慢であった。その原因はバシキール人が彼らの領域内での工場建設に反対して蜂起していたからである。それゆえ、工場ならびに工場を防衛する要塞は、基本的にはウファー郡の境に建設された。この複雑な課題を解決するためにこそ鉱山工場行政とウファー郡行政長官との共同による対策が必要となった[112]。

ウファー郡行政長官には、バシキール人の係争中の土地の境界画定にあたり、主要な裁判所判事の役割が与えられたのである。土地を理由にバシキール人と工場主あるいは他の権利主張者との間で係争が生じた場合、ウファー郡行政長官がなすべきことについて、一七三六年五月三十一日付布告は次のように述べている。ウファー郡行政長官は「各所有者にアレクサンドリア用紙〔大型上質の画用紙〕に縮尺をつけた個別の図面を作製すること。その図面と目録にそれ〔図面作製〕に加わった人すべての署名およびタムガ〔バシキール人が自身の種族の一員であることを示す紋章・標識・印章〕を記すこと。それは今後、彼らの間で不和や係争が生じないようにするためである。そして図面はウファー郡官房に集め、特別に製本すること。ただし記録のファイルを綴じた目録は郡官房に保管すること」[113]、以上である。従って工場の発展にはウファー郡行政長官に多くを負っていたことになる。

ウファー郡行政長官は上記のような土地問題の解決を恒常的に迫られていた。これは行政長官にとって最も困難な課題であった。バシキール人は政府に、彼らから奪った土地、漁場、他の収益地に、偽造された違法なグラーモタ〔証書〕を持ってやってきた人々が生活を営んでいると訴えた。[114] 一七三五―四〇年のバシキール人叛乱の開始から、政府はメシチェリャーク人〔ミシャーリ人〕、チェプチャーリ〔十八世紀から一八六六年までバシキーリア住民を構成する身分。一定額のオブローク〈貢租〉を支払うことを条件に、特別に登録されてバシキール人の土地に入り耕すことを許された人々〕、およびすべての勤務人にバシキール人の土地購入を許可した。

なお後述〔第七章第1節〕することになる一七三六年二月十一日の布告の第十六条は次のようにうたっている。「以前の諸布告と行政長官の訓令に従い、ウファー郡におけるバシキール人の土地と収益地を購入し、それを確実に保有することは禁じられていた。しかしいまや、その禁止は彼らバシキール人にとっては甚だ有効でないことがはっきりとした。そのため、彼らの今後のよりよき利益となるように、余〔アンナ女帝〕はかつての禁令を破棄し、以後、同地の住民である貴族たち、将校たち、およびメシチェリャーク人たちがバシキール人のもとから土地と収益地を購入し、自らのために確実に保有することを定めるものである」[115]。

バシキーリア政策の変更

ウファー郡官房は元老院布告によってバシキーリアに関する政府の政策の変更ならびに以前発布された布告内容の変更について通達された。一七四一年一月四日に受領された元老院のウファー郡官房宛一七四〇年十一月十七日付布告は次のように述べている。「県および郡から、新兵と馬の徴集がまだ残っている場合、また取り調べの結果、海軍士官たちの滞納している金銭や物品に関して、先年の滞納金が取り立てられ、隠匿されていた人頭税、関税、居酒屋税、およびその他の徴収物について、滞納している金銭や物品の取り立てがある場合、元老院に付属して設置されている取り立て委員会に知らせて報告し、しかるべき目録を作成し、保管すること。そして今後、県および郡から、滞納していた金銭や物品の取り立てについての知らせや報告を、それらがいつ取り立てられたのかを、皇帝陛下の〔大臣〕カビネットにではなく、当該の委員会に送ること。昨年〔一七三九年〕、官房には教区税と共に要塞税の徴収も命じられているのである」[116]。

ウファー郡にある付属都市と要塞のある村は、ウファー郡行政長官による命令や指令を遂行しなければならなかった。たとえば都市の監督者でもある書記官たち（дьяки-надсмотрщики）は人口調査事務所（ревизионная контора）に出頭して報告しなければならなかったのである。

中央行政と地方行政

総じて、郡の行政長官と官房は彼に任せられている領域の支配に関して重大な任務を負うことになった。この任務は何よりもバシキーリアを管轄している行政長官の肩に重くのしかかった。なぜならこの地方は十八世紀全体を通じてロ

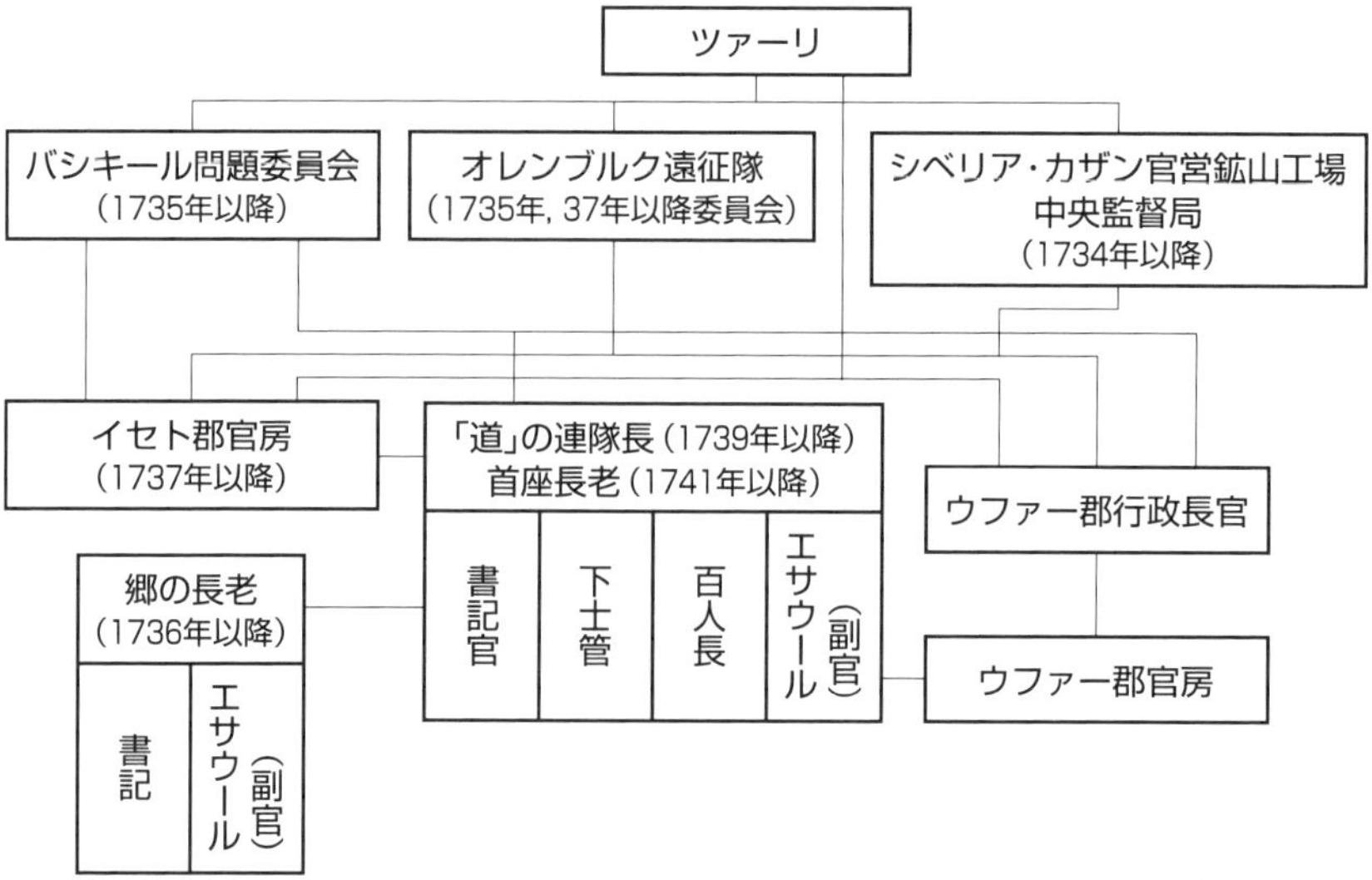

図５　アンナ女帝時代のウファー郡の行政機構

〔出典〕 *Биккуров И.Н.* П.Д. Аксаков. Воевода и вице-губернатор Уфимской провинции. Уфа, 2009. С. 163.

シア帝国内で最も不安定な地域であったからである。帝政時代からソ連時代初期まで生き抜いたカザン帝国大学教授ニコラーイ・ニコラエヴィチ・フィルーソフ（Н. Н. Фирсов　一八六四—一九三四）は次のように書いている。「すべての異教徒たちのうちで、バシキール人こそが最も馴らしにくく、またいつもロシア人に対して陰謀を企てる準備をしているのである。最初のオレンブルク県知事И・И・ネプリューエフの言葉がそのことをよく示している。『当のバシキール人は初めツァーリのイヴァン・ヴァシーリエヴィチ〔イヴァン四世〕に臣従した。（中略）しかしそれぞれの時代で六度も蜂起を起こしたのである』」[117]。

ペテルブルク帝国大学の法学者アレクサーンドル・ドミートリエヴィチ・グラドーフスキー（А. Д. Градовский　一八四一—一八八九）は、中央行政と地方行政の関係について次のように述べている。「郡にさまざまな政府の人物を送りながら、国家は彼らにこの郡の状況に対する責任を負わせることができなかった。あらゆる執行権は、本質的には最も厳密な責任という条件下で有益に機能することができるものである。国家における他の権力と同様に、まったく独立した課題を持ちながら、当時、地方権力は比較にならないほどの行動の自由を享受していたのである」。かくして彼は正しくも次のように結論づける。「もっぱら、郡当局の活動が地方の条件と一致した方向に向かう時、地方の特徴が行政の特徴にも現れる時、予測不可能な困難が迅速な解決を見る時、地方社会の現実生活における新しい事実それぞれが行政機関のしかるべき活動を呼び起こす時、そしていわば社会と一緒になって行政が成熟する時、そうした場合にのみ、共通の国家的利害、そして何よりもまず地方住民の利害が保障されるであろう[118]」、と。

以上のように、十八世紀第一・四半期のウファー郡官房の機能と活動を検討してみると、われわれは次のことに気がつくのである。すなわち地方行政長官は行政吏員と共にバシキーリアにおけるロシア政府の政策の伝播者（проводник）であった。国家の政策を遂行しながら、行政長官はバシキール人社会上層部であるビイや長老たちのなかに政策遂行にあたって支柱となる人物を見出そうとした。その基幹的住民であるバシキール人の歴史的に形成されてきた伝統と慣習を理解した行政長官こそが、ウファー郡住民をより効果的に支配することができたのである[119]。一七三〇年代に始まるオレンブルク遠征隊は以上のことを背景にして行われることになった。

（1） *Демидова Н.Ф.* Управление Башкирией и повинности населения Уфимской провинции в первой трети XVIII века; *Буканова Р.Г.* Указ. соч.; *Азнабаев Б.А.* Интеграция Башкирии в административную структуру Российского государства（вторая половина XVI-первая треть XVIII вв.）. Уфа: РИО БашГУ, 2005; *Биккулов И.Н.* П.Д. Аксаков. Воевода и вице-губернатор Уфимской провинции: Монография. Уфа, 2009. С. 26 и др.

（2） *Азнабаев Б.А.* Указ. соч. С. 173–183; *Биккулов И.Н.* Указ. соч. С. 26–53.

（3） *Ерошкин Н.П.* Указ. соч. С. 73.

（4） その際に重要となる地方行政官の人事選考の論理や背景的状況として、候補者の個人的力量や政治的立場を重視していた様子については次の論考が参考になる。田中良英「ピョートル後のロシアにおける地方行政官人事――改革期の国制を担うエリート」池田嘉郎・草野佳矢子編『国制史は躍動する――ヨーロッパとロシアの対話』刀水書房、二〇一五年、二六五—三〇四頁。なお、ブトゥーリンについての評価と実際の活動とでは違いがあるのではなかろうか。

(5) ПСЗ. Т. IV. No. 2218. С. 436–438.

(6) Там же. С. 436–437.

(7) 四名の役人たちの役割と訳語、および中央・地方の行政については以下を参照した。土肥恒之『ピョートル大帝とその時代　サンクト・ペテルブルク誕生』中央公論社(中公新書)、一九九二年、一二八—一五四頁。

(8) См.: *Троицкий С.М.* Русский абсолютизм и дворянство XVIII в. М., 1974. С. 31–32; *Кушева Е.Н.* Дворянство // Очерки истории СССР. Период феодализма. Россия в первой четверти XVIII в. М., 1954. С. 205–210.

(9) ПСЗ. Т.V. No. 2879. С. 139; *Беляев И.Д.* Лекция по истории русского законодательства. М., 1879. С. 625.

(10) *Ключевский В.О.* Указ. соч. С. 159(八重樫前掲訳書、一九五頁)。土肥『ピョートル大帝とその時代』、一三一頁も参照。

(11) *Любавский М.К.* Русская история XVII–XVIII вв. СПб., 2002. С. 264.

(12) Законодательные акты Петра I / Подг. Н.А. Воскресенский. М.; Л., 1945. С. 60. 行政システムについて、スウェーデン・モデルの影響に関する旧ソ連とスウェーデンを含む西ヨーロッパの歴史家たちの評価の違いに関しては次を参照されたい。Peterson, Claes. *Peter the Great's Administrative and Judicial Reforms: Swedish Antecedents and the Process of Reception.* Stockholm, 1979, pp. 1–32. 土肥恒之『ロシア近世農村社会史』創文社、一九八七年、二〇—二一頁。同『ピョートル大帝とその時代』、一四五—一四六頁。

(13) ПСЗ. Т. V. No. 3380. С. 701–709.

(14) РГАДА. Ф. 615. Оп. 1. Кн. 12156. Л. 12 (*Азнабаев Б.А.* Указ. соч. С. 173 より転引用).

(15) Там же.

(16) РГАДА. Ф. 248. Оп. 3. Кн. 107. Л. 121–122; *Азнабаев Б.А.* Указ. соч. С. 174.

(17) *Беляев И.Д.* Указ. соч. С. 628; *Буканова Р.Г.* Указ. соч. С. 40.

(18) Бумаги императора Петра I / Собр. акад. Бычковым. СПб., 1873. С. 449–451; Реформа Петра I. Сб. док. / Сост. В.И. Лебедев. М., 1937. С. 210–212.

(19) *Биккулов И.Н.* Указ. соч. С. 30.

(20) ПСЗ. Т. VI. No. 3534. Гл. XXVII. С. 150–151; См. Памятники русского законодательства XVIII столетия. Вып. 1. / Сост. В.М. Грибовский. СПб., 1907. С. 120; См. Реформы Петра I. С. 121–122.

(21) Там же.

(22) *Демидова Н.Ф.* Башкирские восстания 30-х годов XVIII века / Материалы по истории Башкортостана. Т. VI. С. 7; *Акманов И.Г.* Челобитная башкир Уфимской провинции на имя императрицы России Анны Ивановны о своих нуждах от 1733 г. // Ватандаш. 2005. No. 6. С. 89. この史料に対するアクマーノフの解説は本文で述べたバシキール人の有する四つの特権を理解する上で重要である(Там же. С. 81-87)。

(23) 本文中の「伝統的な強い想い」は、十六世紀中葉にイヴァン四世と臣従関係を結んだ際、バシキール人がヤサークをロシア国家に納める代わりに自らの土地に対する相続的権利を永久に所有するという点に強く表れていた。しかもそれはバシキール人の側から破棄できる権利でもあるとみなされていた(前掲拙著『ロシア帝国民族統合史の研究』、一一七―一二一頁)。

(24) *Флоринский В.* Башкирия и башкиры: путевые заметки // Вестник Европы. 1874. No. 12. С. 731.

(25) *Биккулов И.Н.* Указ. соч. С. 32.

(26) История Башкортостана с древнейших времен до наших дней. Уфа, 2004. Т. I. С. 111; *Биккулов И.Н.* Указ. соч. С. 34.

(27) Материалы по истории Башкирской АССР. Ч. 1. No. 22. С. 122-123.

(28) ПСЗ. Т. VIII. No. 5316. С. 68; *Витевский В.Н.* Указ. соч. Вып. 3. С. 388.

(29) *Фирсов Н.А.* Указ. соч. С. 549-550.

(30) *Ерошкин Н.П.* Указ. соч. С. 111-112.

(31) ПСЗ. Т. VII. No. 5017. С. 744; *Ерошкин Н.П.* Указ. соч. С. 112.

(32) ПСЗ. Т. X. No. 7328; *Демидова Н.Ф.* Бюрократизация государственного аппарата абсолютизма в XVII в. С. 233.

(33) ПСЗ. Т. XII. No. 8865.

(34) ПСЗ. Т. IX. No.No. 6633, 6676, 6787.

(35) ПСЗ. Т. VIII No. 5585.

(36) *Готье Ю.* История областного управления от Петра I до Екатерины II. М., 1913. Т. I. С. 385-386. ガチエーの研究の特徴および歴史家としての運命については次を参照されたい。土肥恒之『岐路に立つ歴史家たち――二〇世紀ロシアの歴史学とその周辺』山川出版社、二〇〇〇年、九八―一〇五頁。同『ロシア社会史の世界』、二六八、二七四頁。

(37) *Буканова Р.Г.* Указ. соч. С. 41.

(38) История Уфы. Краткий очерк. Уфа, 1981. С. 49.

(39) Очерки по истории Башкирской АССР. Т. 1. Ч. 1. С. 159; *Рахматуллин У.Х.* Крестьянское заселение Башкирии в XVII–XVIII вв. / Крестьянство и крестьянское движение в Башкирии в XVII–XVIII вв. Уфа, 1981. С. 13–14.

(40) *Рычков П.И.* Топография Оренбургской губернии. С. 72.

(41) 関税役人を含めた「宣誓役人(ツェロヴァーリニク)」と訳される政府から一方的に任命される無給の勤務者については、十七世紀前半についてではあるが前掲松木編訳著、第一〇章第三節、およびその註２・３を参照されたい。

(42) Материалы по истории Башкирской АССР. Ч. 1. No. 22. С. 124.

(43) Там же. No. 30. С. 140–141.

(44) *Биккулов И.Н.* Указ. соч. С. 40.

(45) ПСЗ. Т. IV. No. 2330.

(46) Там же. No. 2331. С. 644.

(47) *Владимирский-Буданов М.Ф.* Обзор истории русского прав. СПб.; Киев, 1909 (6-е изд.). С. 266.

(48) ПСЗ. Т. IV. No. 2331. С. 644. この文言は、当時、行政と司法が未分離であったことを示している。当時の民衆も役人はすなわち裁判官であるという認識を持っていた。

(49) ПСЗ. Т. V. No. 3293. С. 623–624.

(50) ПСЗ. Т. VI. No. 3534. С. 156–157.

(51) Там же. Т. VI. No. 4027. С. 717.

(52) НИОР РГБ. Ф. 222. Карт. X. Д. 1. Л. 107об.–108; *Биккулов И.Н.* Указ. соч. С. 41.

(53) 農民逃亡については、土肥『ロシア近世農村社会史』、一一四―一三〇頁を参照。

(54) *Индова Е.И., Преображенский А.А., Тихонов Ю.А.* Народные движения в России XVII–XVIII вв. и абсолютизм / Абсолютизм в России (XVII–XVIII вв.). М., 1964. С. 72.

(55) ПСЗ. Т. IX. No. 6581. С. 337.

(56) Материалы по истории Башкирской АССР. Т. III. 1946. No. 577. С. 560.

(57) *Соловьев С. М.* Указ. соч. Кн. IX. Т. 18. С. 516; Населенные пункты Башкортостана. Ч. 1: Уфимская губерния 1877 г. Уфа: Китап, 2002. С. 77.

（58） *Юхт А.И.* Государственная деятельность В.Н. Татищева в 20-х-начале 30-х годов XVIII в. М., 1985. С. 92.
（59） Там же. С. 96.
（60） ПСЗ. Т. VII. No. 4733.
（61） ПСЗ. Т. VIII. No. 5719. С. 399.
（62） ПСЗ. Т. IX. No. 6581. С. 335–342.
（63） История Уфы. С. 50.
（64） НА УНЦ РАН. Ф. 23. Оп. 1. Д. 2. Л. 138 ; *Биккулов И.Н.* Указ. соч. С. 43.
（65） НА УНЦ РАН. Ф. 23. Оп. 1. Д. 2. Л. 138об. ; *Биккулов И.Н.* Указ. соч. С. 43.
（66） ПСЗ. Т. VII. No. 4671（2 марта 1725 г.）.
（67） НА УНЦ РАН. Ф. 23. Оп. 1. Д. 4. Л. 179об. ; *Биккулов И.Н.* Указ. соч. С. 44.
（68） НА УНЦ РАН. Ф. 23. Оп. 1. Д. 2. Л. 140об.–141 ; *Биккулов И.Н.* Указ. соч. С. 44.
（69） *Азнабаев Б.А.* Указ. соч. С. 181 ; *Биккулов И.Н.* Указ. соч. С. 44.
（70） РГАДА. Ф. 248. Оп. 3. Кн. 143. Л. 846–847 ; *Биккулов И.Н.* Указ. соч. С. 44.
（71） *Азнабаев Б.А.* Указ. соч. С. 181.
（72） РГАДА. Ф. 248. Оп. 13. Кн. 713. Л. 368–368об. ; *Биккулов И.Н.* Указ. соч. С. 44.
（73） *Азнабаев Б.А.* Указ. соч. С. 181 ; *Биккулов И.Н.* Указ. соч. С. 45.
（74） РГАДА. Ф. 248. Оп. 13. Кн. 698. Л. 129 ; *Биккулов И.Н.* Указ. соч. С. 45.
（75） これについては ПСЗ. Т. VIII. No. 5318. С. 69–70 を参照されたい。
（76） ПСЗ. Т. VIII. No. 6174. С. 915.
（77） ПСЗ. Т. V. No. 3294. С. 625 ; См. Реформы Петра I. С. 144–145.
（78） *Биккулов И.Н.* Указ. соч. С. 45.
（79） シャリーアに関しては以下のような最近の日本の研究が参考になる。堀川徹・大江泰一郎・磯貝健一編『シャリーアとロシア帝国――近代中央ユーラシアの法と社会』臨川書店、二〇一四年、所収の諸論文。
（80） *Демидова Н.Ф.* Социально-экономические отношения в Башкирии в первой четверти XVIII в. С. 51.
（81） *Ташкин С.Ф.* Инородцы Поволжско-Приуральского края и Сибири по матерналам Екатерининской Законодательной Ко-

миссии. Вып. 1. Оренбург, 1921. С. 248.

(82) Материалы по истории Башкирской АССР. Т. III. No. 568. С. 526.

(83) *Валеев Д.Ж.* Нравственная культура башкирского народа: прошлое и настоящее. Уфа: Китап, 2010. С. 88.

(84) *Демидова Н.Ф.* Социально-экономические отношения в Башкирии в первой четверти XVIII в. С. 52.

(85) *Асфандияров А.З.* Башкирия после вхождения в составе России (вторая половина XVI-первая половина XIX в.). Уфа: Китап, 2006. С. 163.

(86) Материалы по истории Башкирской АССР. Т. III. No. 545. С. 481.

(87) *Биккулов И.Н.* Указ. соч. С. 46.

(88) НИОР РГБ. Ф. 222. Карт. X. Д. 1. Л. 90–90об.; *Биккулов И.Н.* Указ. соч. С. 47.

(89) *Демидова Н.Ф.* Социально-экономические отношения в Башкирии в первой четверти XVIII в. С. 51.

(90) НА УНЦ РАН. Ф. 51. Оп. 1. Д. 92. Л. 22; *Биккулов И.Н.* Указ. соч. С. 47.

(91) Материалы по истории Башкирской АССР. Т. III. No. 568. С. 526.

(92) ГАРФ. Ф. 728. Оп. 1. Ч. 1. Д. 44а. Л. 11–12об.; *Биккулов И.Н.* Указ. соч. С. 48.

(93) ПСЗ. Т. VII. No. 5056. С. 776–778.

(94) НА УНЦ РАН. Ф. 23. Оп. 1. Д. 1. Л. 64; *Биккулов И.Н.* Указ. соч. С. 48.

(95) *Демидова Н.Ф.* Управление Башкирией и повинности населения Уфимской провинции в первой трети XVIII века. С. 232–233.

(96) «Горная власть» и башкиры в XVIII веке. Сб. док. Уфа: Гилем, 2005. No.No. 33, 34, 35, 41.

(97) Материалы по истории Башкирской АССР. Ч. 1. No. 52. С. 178.

(98) История Башкортостана с древнейших времен до наших дней. Т. 1. С. 142.

(99) Материалы по истории Башкирской АССР. Т. III. No. 548. С. 490.

(100) Материалы по истории Башкирской АССР. Ч. 1. No. 48. С. 170.

(101) たとえば、「一六六三年十一月十六日。アマナートたちの返還および彼らの希望をすべて遂行してツァーリに知らせることを内容とする、ノガイ道のバシキール人のウファー行政長官А・М・ヴォルコーンスキーに宛てた手紙」(Там же. No. 45)、「一六六三年十一月十七日。ウファー人И・トゴナーエフによる、ノガイ道のバシキール人陣営にトゴナーエフが出かけることについて，および蜂起したバシキール人の気運，要求および考えについて，ウファー行政長官事務所へ宛てた質問」(Там же. No. 46)である。

(102) *Демидова Н.Ф.* Управление Башкирией и повинности населения Уфимской провинции в первой трети XVIII века. С. 232.

(103) Материалы по истории Башкортостана. Т. VI. No. 144. С. 258; *Асфандияров А.З.* Башкирские тарханы. Уфа: Китап, 2006. С. 64–65.

(104) ПСЗ. Т. V. No. 3294. С. 627; См. Реформы Петра I. С. 146.

(105) *Муртазин М.Л.* Башкирия и башкирские войска а гражданскую войну. М., 1927. С. 24.

(106) *Биккулов И.Н.* Указ. соч. С. 51.

(107) НА УНЦ РАН. Ф. 3. Оп. 2. Д. 17. Л. 18–19; НИОР РГБ. Ф. 222. Карт. X. Д. 1. Л. 103.

(108) ПСЗ. Т. IX. No. 6887. С. 738–739; НИОР РГБ. Ф. 222. Карт. X. Д. 1. Л. 100–100об., 125; *Пистоленко В.* Из прошлого Оренбургского края. Чкалов, 1939. С. 43; *Аполлова Н.Г.* Экономические и политические связи Казахстана с Россией в XVIII-нач. XIX в. М., 1960. С. 149.

(109) НИОР РГБ. Ф. 222. Карт. X. Д. 1. Л. 102об.; НА УНЦ РАН. Ф. 3. Оп. 2. Д. 17. Л. 108; *Усманов А.Н.* Развитие земледелия в Башкирии в третьей XVIII века // Из истории феодализма и капитализма в Башкирии. Уфа, 1971. С. 25.

(110) ПСЗ. Т. IX. No. 7046. С. 918–919.

(111) 工場用地をめぐるバシキール人との土地に関する係争については以下を参照。«Горная власть» и башкиры в XVIII веке. С. 15–51.

(112) *Биккулов И.Н.* Указ. соч. С. 51.

(113) ПСЗ. Т. IX. No. 6581. С. 338.

(114) См. *Рахматуллин У.Х.* Указ. стат. С. 14–15.

(115) ПСЗ. Т. IX. No. 6890. С. 744.

(116) РГАДА. Ф. 452. Оп. 1. Д. 17. Л. 2; *Биккулов И.Н.* Указ. соч. С. 53.

(117) *Фирсов Н.Н.* Политическое и финансовое значение колонизационной деятельности И.И. Неплюева. Казань, 1893. С. 6.

(118) *Градовский А.Д.* История местного управления в России. СПб., 1899. Т. 2. С. 15–16.

(119) Там же.

第三章　南ウラル（あるいはバシキール人）統治をめぐる提案

1　アジアへの進出

「世界システム」のなかのロシア?

十八世紀の探検の背景となったいま一つの政治的・社会的状況を示す具体的で重要な事例について指摘しよう。(1) それはいわば世界の「グローバル化」との関係でもある。地球規模での一体化は現在に至るまで三回ほどあったといわれる。第一期はいわゆる世界史上の「長い十六世紀」であり、第二期は一八〇〇年前後の産業革命期、第三期は二十一世紀の現在である。(2) とくに第一期から第二期にかけてロシアも「中心―半周縁―周縁」（ウォーラーステイン）という世界システムの秩序に半周縁として組み込まれていったとされる。しかし注意しなければならないのは近世ロシア内部で中央と地方の間で独特な関係が形成されつつあったということである。すなわち単なる中央と地方の関係ではなく、すでに述べたシベリアの例が示すように、擬制的ないわば本国対植民地の関係が築かれていたという点を指摘しないわけにはいかない。とはいえ著者は先の理論が近世ロシアの現実をどれほど十分に反映しているかには疑問を抱いている。それゆえより詳しくロシアの実態を見ることにしよう。

十七世紀、モスクワ国家はインドとその間に広がる中央アジアに着目した。これは英国モスクワ会社代表にして女王エリザベス一世(在位一五五八―一六〇三)のイヴァン四世への使節でもあるアンソニー・ジェンキンソン(A. Jenkinson 一五三〇?―一六一〇あるいは一六一一、一五五七年以降たびたびロシアを訪れる)の中央アジア通商路開拓の事業を推進しようとする方針に沿うものであった。(3) ジェンキンソンのあとには、ウズベクの王侯たちがロシアの辺境都市やモスクワへ使節を遣わし、またロシア側も使節をブハラやヒヴァへと派遣した。(4)

十八世紀初頭、当時の主たる国家の政策である重商主義という考え方も手伝って、ピョートル一世は積極的な対外政策を推し進めた。ロシアにとり、西方ではバルト海沿岸に強固な足場を築くことが主要な課題だとするならば、東方における課題は、中国、インド、イランそしてカザーフの諸オルダや中央アジア諸地域と経済的に幅広くかつ緊密な関係を樹立することであった。(5) そのためピョートルはアム・ダリア下流右岸にあるウルゲンチ・カラの金鉱を占領すること、およびアム・ダリアに通ずるいくつかの要塞建設を計画していたが、それは中央アジアやインドとの貿易を安全かつ迅速に行うために必要とされるものでもあった。以上のロシアの政策は、一七一六年のアレクサンドル・ベコヴィチ＝チェルカッスキー公(A. Бекович-Черкасский 生年不詳―一七一七。洗礼を受ける前の名前はデヴレト＝キズデン＝ムルザ、カバルダ族の出身といわれる)によるアム・ダリア遠征によって実行に移された。(6) しかし翌年、この遠征隊はヒヴァにおいて殲滅の悲劇に見舞われた。政府の計画は頓挫したかに見えたが、実際には、ピョートルはさらにヒヴァやブハラの諸ハン国に対し、ロシアへの服属を促したのである。(7) またその前年、政府は陸軍中尉H・H・コージンに命じて、カスピ海を視察し中央アジアよりインドに達する水路があるかどうかを調査させている。(8) 以上の結果、バシキーリアがロシア南東政策を遂行する上で重要な拠点であると認識するに至ったのである。

領土意識の表出と新たな要塞建設

現代ロシアの歴史家Ю・Н・スミルノーフによると、ピョートル一世時代、ヴォルガ左岸の中・下流域(Заволжье)は帝国の一部となっていたが、いまだロシア本土の一部となるという意味で「内地化」されたというわけではなかった。同地の基幹的住民は遊牧民であるカルムィク人とバシキール人であり、しかもロシア国家への彼らの臣従は安定したものではなかったのである。遊牧民による農耕民への襲撃を止めさせることもできず、政府はロシア国家の拡大に対する蜂起が起きるかもしれないという恐れを抱き続けることになった。またカルムィク人の領域にはロシアの行政的支配は及んでいなかった。カルムィク人については外務参議会を通して調整が図られたが、ステップの帝国への統合についても同様である。バシキーリアにおいてはロシアの権力がその中心部に到達してはいたが、より重要なヴォルガ左岸の中・下流域の遊牧地方やバシキール人の狩猟収益地には及んでいなかった。カザーフ人(当時の史料では「キルギス＝カイサク人」と表記される)とカラカルパク人さえもいまだロシアの臣民とはみなされていなかったのである。(9)

一七三〇年代初めまでは、一六五二―五六年に建設されたカマ川以東(横断)防衛線(Закамская линия)の諸都市およびチェレムシャン川の沿岸にある前哨基地がロシア国家の支配を示す現実の防衛境界線であった。つまりこの防衛線に沿ってすでに農耕が行われているカマ川以東、およびいまだ開発されていないヴォルガ左岸の中・下流域の間の境界が歴史的に形成されていくことになった。(10)

帝国南東地域の状況

一七三〇年代まで、ロシアは以前の要塞を強化したり、新たな要塞を建設したり、また軍事要員を増強したりはしたものの、南東国境では積極的な行動に出ることはなかった。一七二七年、ロシア国境近くすなわちペンザ、サラトフ、サマーラおよびツァリーツィンに居住していた竜騎兵および歩兵連隊を移住させる決定を下した。この時期、ロシア国家には南東国境地方における十分に練り上げられた戦略も、また明確な外交政策も存在しなかった。

十八世紀最初の三〇年間、ロシア政府はカザーフ人やカラカルパク人に対すると同様、ロシアに臣従しているバシキール人、カルムィク人、ヤイーク・カザークおよび国境付近のタタール人に対しても不信感を抱いていた。陸軍や海軍という常備軍の創設、および北方戦争の過程で軍事技術や装備の更新と並んで、非常備軍の組織システムを見直すこと、ならびにその軍隊を一つの指揮系統下に置くことが必要となった。伝統的「自由勤務」(вольная служба)はすでに撤廃され、政府によるヤイーク・カザークやバシキール人の有していた「自由」(вольность)への攻撃が始まった。一七二〇年代、ヤイーク・カザークを最終的に政府の指揮下に置く試みがなされたのである。

その軍役と直接に結びつくバシキール人の相続的土地所有権(вотчиное право)は、バシキール人にその社会の自治を許していたが、当時、この権利がロシア国家の追及する利益と矛盾することとなった。すなわち帝国には、ウラルの豊かな天然資源の開発、バシキーリアを実質的な帝国の一地方へと変えること、そしてさらなる東方への領土拡大という課題が立ち現われたのである。人口が多く、経済的にも自主独立的な民族であるバシキール人は、ロシア当局に脅威を与えていた。バシキーリアがロシア国家の構成員になって一世紀半を経たのちでさえ、バシキーリアはいまだにロシアによって開発されず、この地方におけるツァーリ行政は一人ウファーの行政長官に頼るしかなかった。それゆえ十八世紀以降、バシキール人について度重なる蜂起を抑えるための研究、すなわちロシア国家の行政構造へバシキール地方を組み込む方法の模索が始まった。これらの任務はヴォルガ沿岸地方およびウラル地方へ派遣されたロシア人官僚たちに課されたものであり、その内容は厳重に極秘にされていたのである。(11)

南ウラルの地に関して、同地の基幹的住民であるバシキール人支配の組織化を中心とした計画案がいくつか提出された。そのなかでも有名なのが、ウラル・シベリア官営上級鉱山工場中央監督局局長В・Н・タティーシチェフ(一七二四年提出、以下同じ)、クングール都市管理人ユフネフ(一七二六年)、カザン県知事А・П・ヴォルィーンスキー(一七三〇年)、元老院秘書官長И・К・キリーロフ(一七三四年)、等のものである。

2 タティーシチェフの地方認識と「報告書」

タティーシチェフの地方認識

ヴァシーリー・ニキーティチ・タティーシチェフ(一六八六―一七五〇)はピョートル一世の政策の支持者でその伝播者であった。一七〇六年、プスコフに生まれたタティーシチェフはアゾフ竜騎兵連隊に登録され、その後、北方戦争に参加した。一七一二―一六年には外国で要塞と防衛施設の建設、砲術、幾何学、光学、および地質学について学んだが、当時すでに彼は歴史についても関心を抱いていた。

ロシアへ帰国後、タティーシチェフはヤーコフ・ブリュース伯(Я. В. Блюс 一六七〇―一七三五年、鉱業参議会 Берг-Коллегия 総裁)指揮下の砲兵連隊に勤務した。しかしその生涯が最も輝いていたのはバシキーリアと関わりを持った時代である。一七二〇―二二年と三四―三七年、彼はウラル・シベリア官営上級鉱山工場中央監督局局長となり、その権限は北部および北東部のバシキール人の住んでいた全領域に及んでいた。

一七二〇年、タティーシチェフは鉱山事業の専門家グループの責任者としてウラルにやってきた。ここで彼は才能ある行政官・改革者としてその力量を遺憾なく発揮することになった。一七二一年、彼によって鉱山工場行政における中央機構、すなわちシベリア上級鉱山監督局(Сибирское вышее горное начальство)が創設された。三四年にはシベリア・カザン官営鉱山工場中央監督局(канцелярия Главного правления сибирских и казанских казенных заводов)が創設された。それは一七五五年以降、シベリア・カザン・オレンブルク官営鉱山工場中央監督局と呼ばれた。これがいわば「(鉱)山の政府」(горная власть)として帝政時代を通じてその権威を十分に発揮し続けることになった。[12] すでに一七二一年、バシキーリア北東部境界にエカチェリンブルク市が建設され、同市はロシアの行政都市の一つとなった。タティーシチェフは、彼以後のシベリア・カザン官営鉱山工場中央監督局局長の職務に、豊かな天然資源の調査や研究だけでなく、地方の経済開発と植民、要塞・守備施設・道路の建設、通信機関・施設の組織化を加え、より重要な意義を持たせたのである。

タティーシチェフは境界を接する民族であるバシキール人、タタール人、カザーフ人、カラカルパク人、同様に工場主デミードフ家の支配している地域に住んでいるロシアの古儀式派教徒について、彼らの歴史およびその民族誌を研究する必要を認識していた。この時期、彼はバシキール人の族長たちと直に接しており、そのことにより彼はバシキール人社会に関するのちの彼の提案に見る極めて重要な考えを持つに至ったのである。(13) 次の言葉は、タティーシチェフのバシキール人に対する基本的な姿勢を示す背景となるものである。

> 至るところで、私は彼らバシキール人が好感の持てる人間であることがわかった。彼らは何も反対することなく〔われわれ役人に〕馬を与えてくれるだけでなく、さらには蜂蜜、食用の家禽などをも持ってきた。同様に、指図されるでもなく、橋を丸太で張り、できる限り道路を補修した。私が駅逓場車賃(прогоны)を支払おうとすると、彼らは驚き、誰かバシキール人を傷つけたり略奪したりしない限り出張の旅が悲惨にならないように、またその旅によって大いなる荒廃がバシキール人に起こらない限り彼らは喜んでわれわれ君主の役人に馬を与えるのだ、と言ってそれを受け取らなかった。(14)

ロシア国家の構成員になる際の条件として保障されている自らの諸権利(そのうちとくに土地に対する相続的所有権)を主張し続けるバシキール人たちは、ウラルにやってきたロシアの役人たちの行動に関心を抱いていた。ロシア政府にとっては、十八世紀最初の三〇年間、バシキール地方およびバシキール人の行政の組織化という新たな原則を打ち立てることが焦眉の問題であった。この点について、ウラルから帰還後の一七二四年、タティーシチェフは政府に対し「バシキール人蜂起の原因およびバシキール人支配改善のための諸方策についての報告書」(以下「報告書」)を提出することになった(15)。総じてタティーシチェフによって書かれた数多くのメモ、政府への報告およびレポートに記された意見や提案が当該地方の包括的な開発プログラムとなったのである。

バシキール人社会の分析：集会の重要性と危険性

「報告書」のなかで、初めにタティーシチェフはバシキール人社会の一般的な特徴を示し、その後、バシキール人蜂起の鎮圧と地方支配に関する自らの意見を具体的に述べている。バシキール人社会内の自治という伝統的な機構のなかに、タティーシチェフはバシキール人の反抗とその奔放さの根源を見たのである。彼の観察によると、日常生活ではバシキール人の裁判権はツァーリの役人の誰にも属していないという。「毎年さまざまな遠隔地から多くの人々がやってくる」ウファー近郊で開催される恒例のバシキール人集会(йыйыны)でのみ、討議の結果、合議による決定を得たのである。タティーシチェフはこの集会に最大の危険性を見出した。すなわちバシキール人はただ単に「そうした集会で自らの問題について協議を行う」だけではなく、富裕で影響力のあるバシキール人が時々繰り返される蜂起への呼びかけに集会を利用することができたからである。

当時のバシキール人社会は意識の上で必ずしも開かれたものではなかった。バシキール人社会の同意なくしてその社会の奥深くに入り込むことはできなかったのである。タティーシチェフが書いているように、「ロシアの境界近くに居住している」バシキール人は、「ロシア人、カザン・タタール人、クングール人、カマ下流のヴォルガ沿岸に住む」人々に危害を加えていた。つまりバシキール人は、危害を加えられた人々が「さらなる手段のためにウファーに行かないように、あるいは彼らのウルス〔улус 遊牧民の集落〕を経由して遠くへ行くことに対して打擲しようとして、多くの侮辱を与えたのである。そうした嘆願者たちを聞き出したのち、再三再四、道でさんざんに殴っているのである」。十八世紀第一・四半期においてさえ、バシキール人は自らの境界線を好ましからざる人々の侵入から守っていた。とはいえバシキール人は沿ヴォルガ地方から逃亡してきた多くのロシア人農民やヤサーク民を進んで受け入れてもきたのである。もし誰かがバシキール人の郷に侵入し、「横暴にも」(самовластно)バシキール人を攻撃したりするならば、その場合には、「内輪もめの憎悪が生まれ、そこから多くの人々の間で混乱やロシア人村落への攻撃が生じるのである」[16]。

タティーシチェフはロシア政府が着手した多くの政策が役に立たないことに注意を喚起している。「なんとなれば、彼らは村に〔住む人〕は少なく、何よりも多くはステップに住み、それゆえロシアの当局あるいはロシアの軍隊にとっても危険は少ないのである。そのような盗賊が、〔われわれが〕悪事を働く彼らを探している様子を見ると、ヤイーク川やトボール川の向こう側の無人のステップへしばらくの間身を隠すのである。そこではもはや彼らを探すことはできない。また〔彼らは〕しかるべき罰からも逃れ、他の人々を狩猟から盗賊行為へ向かわせるのである」[17]。

タティーシチェフは、バシキール人社会における経済的自立と同権、およびバシキール人社会内部に存在していた相対的な政治的自主・自立性、それらがロシアの他の臣民、とくにこの時期、農奴制的隷属状態にあり、農奴制のあらゆる重荷を経験していた臣民にとって魅力的なものとなりうると理解していた。そえゆえタティーシチェフはバシキール人を抑圧的な方法だけで服従させることは不可能であると認識していたのである。彼が重要な意義を与えたのはロシア語の読み書き能力をバシキール人の代表者たちに教えることであった。そうすることによって、行政当局と地方住民との間の相互理解が進むと考えた。彼によると、「もし彼らのなかに誰も読み書き能力を有する者がいないなら、布告が発せられたとき、彼らはそれを完全には理解できず、その理解不能ゆえに正しきことをあるまじきことに捻じ曲げてしまう。あるいは連絡のために派遣された者たちが、彼らに書かれていないことを読んで要求し、そのことのために彼らのなかで言い争いが生じ、派遣された者たちをさんざんに打ちのめして殺してしまい、その後大きな混乱の原因となる場合もある」[18]、という。

バシキール社会の分断化：裁判所および要塞＝都市の建設

バシキール人の将来起こるかもしれない蜂起を未然に防ぎ、最終的に彼らをツァーリの権力へ従わせるために、タティーシチェフは一連の対策を提案する。第一に、バシキール人を、「カザン・タタール人が付属都市ごとに分割されたように、それぞれの裁判管区（суд）ごとに分けること」が必要であるという。このためにはバシキール人がウファーに行くことができないように都合のよいところに町をつくり、それぞれに特別な裁判所判事を任命する。裁判所判事の安全確保のために、「当該の裁判所判事には武器を携帯する幾人かの兵士をつける」ものとする[19]。

第二に要塞の建設である。タティーシチェフはバシキーリアに要塞を建設すると住民の怒りを買うことをよく理解していた。しかし実際にはどのような町もしかるべく強化され、要塞の装備を持たねばならない。それゆえ彼はバシキール人に要塞建設について説明する機会を持つように提案する。すなわち、「彼らが怒りを爆発させないように、〔要塞建設は〕彼らの利益になり、かつ平穏を保つためにもなるのだということを、とりわけ非礼を行っているロシア人から守るためにも、また他の同様な理由から、以上のことを彼らに説明すべきである。他方、境界付近に住んでいるロシア人には、服従することに誰もあえて怒ってはいないので、しかるべき裁判所判事のもとへ行くようにと説明すべきである」、という。

バシキール人を行政上さまざまな領域に分けること、および要塞＝都市を建設することがいくつかの課題を解決することに繋がったのである。タティーシチェフが書いているように、一方では、「そうした都市の付近には、タタール人が居住し、商売を行うことになるであろうし」、他方では、「ウファー近郊での毎夏の集会が中断することであろう。その結果、反対行動を行おうとする助言や事態はなくなるのである」[20]。留意すべきは、次の点もそうであるが、彼がタタール人対策について述べることで、バシキール人に対する考え方についても示唆を与えているという点である。

もし何かの理由で要塞＝都市を作ることができない場合には別の方法が考えられた。たとえば、「カザンからシベリアへ遠征する必要が生じたと言明し、カザンからバシキール人の居住地を経由して直接トボリスクあるいはツァーレフ・クルガンへの道を作ることを命じること。その後、適切な方法で駅逓を作ること。各宿駅にタタール人を幾人かずつ馬車のために配し、各宿駅に兵士を置くこと。また二ないし三の宿駅ごとに警察署長を置き、彼らは、しばらくの間、彼ら〔バシキール人〕に対する裁判を行うものとする」。しかしながらタティーシチェフは何よりも次の点を強調した。この道は皇帝が通過するために必要であり、当時バシキール人は「大いにやる気をもってそれを直ちに実行している」。ここでタティーシチェフは、バシキール人の当局への動きを仄かに感知していた。つまり彼らは実際に尊敬してはいたが、ツァーリの地方長官たちを総ての権力濫用の張本人であるとみなしていたのである。プラグマティックなタティーシチェフはこの場合も二重の利益を見ていた。バシキール人を分割するために道路を建設することは、「シベリアへ赴く当局者や商人にとって」はなはだ都合のよいものとなる。「なぜなら、それは最も近い道であり、最も便利であるからである」。またバシキール人自身もそこを通る荷馬車によってその生活を保障されることになる。すなわち、「それらから次のことが明白となる。つまり争いがなくなるのである。ただ駅逓馬車賃だけは法令に従って払われるであろうが、警察署長や兵士が監視する通行者に侮辱が加えられることはなくなるであろう(21)」、というのである。

読み書き教育とキリスト教教育の重視

そして第三に教育である。すでに述べたように、タティーシチェフはバシキール人にロシア語の読み書きを教えることを提案した。「よきムルザからその子供を預かって、彼らにロシア語の読み書き能力を教えること。ただし教師は穢れのない生活をしなければならない。とくにタタール人にとって甚だ忌わしいとされる酔っぱらいになってはいけないのである」。

ロシア語の読み書きや言葉を通して、徐々にこれらの子供たちを正教キリスト教に導くべきである。しかし、「力づくで信仰を強制してはいけない。もっぱら柔和さをもって、理由づけをしながら、徐々にキリスト教信仰を彼らに教えるべきである。そうすれば、やがてその教えは強制されずとも根づくものなのである」。

両親たちに「(地方)裁判所判事、警察署長および書記たちからの圧迫」がないようにすることで、彼らはこうしたことすべてが自分たちにとって幸福となって心の安寧を得るであろう。また、その後、読み書きを習得した者たちは「ロシア人貴族階級」(шляхетство)のような状態になることができるのである。(22)

タティーシチェフの報告書は、教訓的な性格の助言も含んでいた。「生徒たちに、その意欲を掻き立てるために、学問のうえでは強制よりもまず寛大になることである。それは学ぶ者が大いに嘆くことなく、また父親もその子供がつらい矯正や圧迫に苦しんでいるのを見ることがないようにするためである」。

タティーシチェフはその教育費を国家が支出すべきであると提案する。彼は母語で教育することも排除しなかった。「もし自分の言葉で習うことを望む者がいる場合、その時は彼らに(授業のない)正午に教える特別な教師をつけることにする。かくして必要なものが意欲をもって身につくことになるであろう」(23)。ここに啓蒙主義時代の知識人には特有の教育を重視する考え、その教育を通して人は理性を得るという考えをタティーシチェフも抱き、それを実践しようとしていたとみなすことができよう。ここに「学の効用」を説いた(「学と学校の効用に関する二人の友人の会話」一七三三年)タティーシチェフの真骨頂があった。

結論

結論でタティーシチェフはいま一度要塞＝都市を建設する必要性をイヴァン雷帝のカザン・タタール人に対する政策

を例にあげて訴えている。「ある者たちがステップに逃れることを止めさせ、また人々が他のステップにいる者たちと一緒になって損害を与えないようにするために、彼〔イヴァン雷帝〕はカマ川とヴャトカ川沿いにいくつかの都市を建設することによってカザン・タタール人たちを閉じ込めたのである」。タティーシチェフによると、こうした都市は、ヤイーク川とトボール川に沿って建設されなければならず、妻子ともども「死刑判決を受けた流刑囚たちのようなロシア人を入植させるべきである」。まさにそれによって境界線が閉じられることになっているだけではなく、カラカルパク人および他の諸民族の襲来を阻止することにもなるのである。(24)

以上のように、タティーシチェフの提案は地域の情報を十分に集め、それに基づいて詳細に検討されたものであった。何よりもバシキール人およびその社会への深い理解がその背景にある。たびたび発生する蜂起に対しても単に武力で解決すべきではないと考えている。その際、バシキール人社会に伝統的な「集会」の存在に注目し、これをタティーシチェフは危険視することになる。彼らの反抗を押し止める対策を、武力ではなく、平和的な方法で模索しようとした時、行政的な新たな区分ならびに教育の重要性に気づくのである。すなわち裁判官区ごとの区分であり、それを実現するための要塞＝都市の建設である。いま一つはロシア語の読み書きを教える教育である。それを通してバシキール人は平和裏にロシアの支配に従うというのである。

その後、この報告書で述べられた考えの大部分は、オレンブルク遠征の活動の最中に実現されることとなった。

これに加えて、阿部重雄の指摘している点は一考に値する。それはタティーシチェフと南ウラルの新興工場主デミードフ家との確執に関して、デミードフ家個人の企業の成長過程をロシア経済の発展の上から自然であるとして、それを無批判に評価し研究対象とするアメリカ合衆国の歴史家ヒュー・ハドソンの研究に対する批判的な見解である。(25) 阿部は、ハドソンのようにタティーシチェフの考えに現代的な資本主義的解釈をあてはめるべきではなく、タティーシチェフの考えの根底にあったのは十八世紀前半の「自然法的合理主義であり、その上に国家的使命感が強く作用した」と、啓蒙時代に生きたタティーシチェフの立場への理解を示そうとする。このことは、すべてを現代的な視点から考えようとする研究者への警鐘として傾聴すべき指摘でもある。タティーシチェフは「工業の進展を、地域の綜合開発の視点から捉えた。従って工場建設は、彼にとっては、都市建設、道路の問題、郵便制度などと絡めて理解され、労働者の問題は、学校問題につながり、定期市の問題に発展し、図書館設置や薬局の必要性になってゆく(26)」、と考えたのである。つまり現代風に言えば、タティーシチェフはインフラストラクチャー全体について配慮しており、それゆえ国家主導の工場経営を重視したのである。

しかしその後、タティーシチェフは、私怨を抱きながら、デミードフ家を支援するビローンによって、さらにはヴォルィーンスキーたちロシア人を追い落とそうとするドイツ人たち――もちろんビローンがその代表格ではあるが――によって苦しい立場に追い込まれることになる。そこに十八世紀ロシア社会のパトロネジ関係に基づく人的な結合関係が国政を左右する様子の一端を窺うことができる。

3　ユフネフの「秘密報告」

後継者В・И・ゲーンニン

地方住民についての情報はバシキーリアに派遣されるロシアの官僚にも届いていた。一七二二年、シベリア・カザン官営鉱山工場中央監督局局長の職にはタティーシチェフに代わり、ドイツ生まれで一六九七年以降ロシアに勤務していたヴィーリム・イヴァーノヴィチ・ゲーンニン(Georg Wilhelm de Hennin / В. И. Геннин　一六七六―一七五〇)が就いた。この北方戦争に参加して功績をあげたゲーンニンもまたバシキール人についての情報を収集し続けた一人である。

すでに前章で述べたように、一七二二年十二月末、ゲーンニンはツァーリに次のように報告していた。バシキーリアにある諸工場から遠くないところには、他所からやってきたいわゆる「受け入れられた人々」を追放したあとにも、「数多くのロシア人農民」が残っていること。シベリアの諸都市から追放された逃亡農民たちが家族と共に受け入れてくれること。また工場近くの都合のよい場所に住むことを求めている様子。もしこうした農民の受け入れを拒否すると、彼らはバシキール人のもとに行き、国庫は税を支払う人を失うことになると述べていた。

さらに一七二五年のゲーンニンによる元老院宛の報告では、逃亡農民がバシキール人のもとや、他のはるか遠いところへ行って住み着く危険性を指摘していた。これを受けて発せられた一七二五年六月九日と一七二八年五月三十一日付の元老院布告は、バシキール人が逃亡民を受け入れることを禁じる命令を主な内容としている。まずバシキーリアの西部境界における逃亡民の拘束に向けてヴォロゴツキー竜騎兵連隊から警備隊が任命された。次に、ゲーンニンに対して「バシキーリア東部境界のふさわしい場所に強固な守備隊を置くこと」が命じられたのである。(27)

ユフネフの活動と「秘密報告」

一七二五年、ゲーンニンによって秘密指令を携えたクングール市の都市管理人——史料では бургомистр であるが、бурмистр と同じ意味——であるユフネフ(Юхнев)がバシキーリアに派遣された。ユフネフ本人が小物を扱う商人を装い、一七二五年十一月から翌二六年三月までバシキーリアを巡回し情報をもたらすことになった。その成果が「バシキール問題についての秘密報告」(Секретное уведомление о башкирском деле)としてゲーンニンに提出された。

「他の場所では、バシキール人たちはユフネフを自分たちの住居に入れることはなかったし馬車を与えることもなかった」にもかかわらず、彼は替え玉の人物を使ってバシキール人に関する若干の情報を得ることに成功した。(28)彼はシベリア道、ノガイ道、カザン道およびオサ道の全四道から六〇郷に及ぶ戸数と居住者の数について情報を集め、四道それぞれの住民の経済生活や日常生活の特徴に注目した。この地方の自然の豊かさ、バシキール人と近隣諸民族との相互関係についても具体的に記述している。[29]

その報告の末尾で、この指令を遂行したユフネフは、「もしバシキール人と戦いになった場合」のロシア政府の活動計画を次のように述べるのである。

夏、素早く動き回る民族を、その妻子を伴っていない限りはステップで捕まえることはできません。しかし冬には捕まえることが可能です。というのもこの時期には彼らは家で暮らし、彼らの馬は弱っているからです。ただその際も食料および干し草が収められている倉のある都合のよい場所で、あらかじめ事を起こさなければなりません。……今後、彼らが蜂起を起こさないように、できる限り彼らをルーシ(Русь ロシアの古称)へ移住させ、また分割すべきであります。そのためルーシでは人口が多くなり、イスラーム教徒はキリスト教信仰を受け入れ、そうすることによってバシキール人はそこからいなくなり、その後、この良い土地にロシア人を移住させることができるのです。[30]

右の史料は、タティーシチェフの後継者がどのように地方住民について情報を得ようとしていたのか、またそれに基づいてどのように支配しようとしていたのかを物語っている。それは蜂起への恐怖とそのための対策そのものであった。しかもタティーシチェフの考えとはまったく異なり、バシキール人をその土地から引き離し、「ルーシ」へ移住させるという強制的な手段を用いるもので、バシキール人に対する無知や敵愾心が前面に出ている素朴な政策であったともいえる。このようにバシキール人がロシアに服属してから一世紀半以上経ったのちでさえ、ツァーリの官僚たちのなかには——そしてそれは多くの官僚がそうであった——バシキール人やその社会について熟知していない者がいたことも確かであった。タティーシチェフに見られるような詳細な地方認識を共有することも継承することもなかったのである。

4　ヴォルィーンスキーの地方認識と「報告書」

ヴォルィーンスキーの地方支配観

ここでいま一人、別の人物の手になる報告書を見てみよう。一九三〇年代にウファーに流刑された歴史家M・K・リュバーフスキーが注目して指摘するヴォルィーンスキーの報告書がそれである。[31] 当時、リュバーフスキーはこの報告者の作者をヴォルィーンスキーと推定していたが断定はしていなかった。しかしその後の研究は、この報告書がヴォルィーンスキーによって書かれたものであることを証明している。

アルテミー・ペトローヴィチ・ヴォルィーンスキー公(А. П. Волынский 一六八九―一七四〇、三八年以降大臣カビネットのメンバー)は、ピョートル一世時代を代表する政治家として活躍した。北方戦争に敗れたスウェーデン王カール十二世(在位一六九七―一七一八)のオスマン帝国への亡命問題に端を発したプルート戦争(一七一〇―一一年)で功をあげた。一七一五―一八年には公使としてペルシアへ赴き、そこでピョートル・ロシアの国勢の拡大という課題に沿い、この国をあらゆる角度から研究して通商条約を締結した。その間、アフガンの種族長であるミール・ワーイスがペルシア政府に対して蜂起した事件について報告している。それは一七〇九―二九年、ミール・ワーイスが参加した蜂起、および彼の死後にはその甥のマフムデによって続けられた同様の諸事件をクロノロジー的に明らかにしたものである。以下で述べるような報告の著者がのちに沿ヴォルガ地方の行政上の要職に就いたことに注目すると、彼のペルシアについての博識が当時のロシア帝国南東部の民族についても向けられていたということがよく理解できるのである。一七一九年、ヴォルィーンスキーはアストラハン県知事、その後、カザン県知事に任命された。この間、彼はカルムィク人問題についても携わることになった。ヴォルィーンスキーは行政に従事したのみならず、一七二二―二三年の対イラン戦争前夜には、この国と国境住民についての情報を徹底的に集めた。アストラハン県知事在任中の一七二四年、カルムィク人のウルスで、クバン・タタール人とクリミア・タタール人との協定を締結すべく派遣されたバシキール人使節を捕縛している。すなわち、初めからヴォルィーンスキーはバシキール人の行動に疑念を抱いていたのである。(32)

ちなみにヴォルィーンスキーはタティーシチェフの非公式の庇護者であった。そのこともあって、一七四〇年の政変で政敵とみなされた彼とその仲間は政争で敗れた。ロシア人貴族排斥を画策するビローンに反対する権力闘争で敗れたヴォルィーンスキーとその関係者は斬首された。すでに前年にシベリア・カザン官営鉱山工場中央監督局局長とオレンブルク遠征隊長官(委員会委員長)の職を解かれていたタティーシチェフも自宅監禁の処罰を受けたのである。(33)

「報告書」の基本的考え方

一七三〇年、元老院はバシキール人に関する「報告書」(записка)を受け取った。そのなかで、ヴォルィーンスキーは次のように述べている。「バシキール人に対して、彼らをいかなる形にせよ信じてはなりません。いま彼らが柔和な状態であるとしても、決してそうではないのです。なぜなら私は十分に信頼に足るだけの彼らの悪意に満ちた企図の例を見て知っているからであります。まさに昨一七二四年、カルムィク人ウルスへ向かうバシキール人の使節を捕まえました。彼らはあたかも姿形は彼ら(カルムィク人)の風を装って派遣されていました。しかし拷問によって、彼らはクリミア・タタール人およびクバン・タタール人のもとへ協定を結ぶために派遣された(34)」ことが判明したのだという。

とはいえこの報告書が書かれた一七三〇年、いまだヴォルィーンスキーはカザン県知事の職にあり、そのためバシキール人住民との直接的な接触はなかったはずである。つまり右の報告はロシア人高官のバシキール人に対して抱く好意的とは言えない一般的な考えとみなしたほうがよいのかもしれない。

ヴォルィーンスキーの理論的テーゼともいえる考え方は次の言葉に表されている。「第一に、彼らはイスラームの信仰を持っているということであります。そしてもちろん自らの信仰に従って、キリスト教徒にとっては敵となるのは間違いないことです」[35]、と。ロシア高官の第一の懸念材料は、バシキール人人口の多さ、およびバシキール人社会がヴォルガ沿岸の非キリスト教住民と逃亡ロシア人農民を惹きつけているという事実である。ヴォルィーンスキーはこの危険性について次のように述べて警鐘を鳴らす。

〔バシキーリアの住民は〕絶え間なく人口が増加して大きくなっています。それゆえ、二〇年前に、バシキール人そのものの人口は三万五〇〇〇人を超えなかったし、どんなに多く見積もっても四万人でありました。ところが、現在では、逃亡民を含めて一〇万人以上はいるのです。すなわち、カザン・タタール人、シベリア・タタール人、チェムニコフ・タタール人および他の遠い地域のヤサークを納めるタタール人は、その大部分がバシキール人のもとにやってきました。加えて、他の異教徒であるモルドヴァ人、チュヴァーシ人、チェレミス人〔＝マリ人〕およびヴォチャーク人〔＝ウドムルト人〕は、大村（село）や小村（деревня）も村をあげてヤサーク貢納を止めてバシキール人のもとにやってきました。過去三〇年間、どこにもヤサークを納めるロシア人の大村（село）は存在せず、〔ヤサークを納める村は〕すべて異教徒の村であったのです。そのような村のなかで一〇〇人中わずか一人か二人しかキリスト教徒はいなかったのですが、いまやそうした村の多くは、それらの村にロシア人以外に一人の異教徒も見出すことはないのです。かくして次のような事態になるのであります。すなわち上で述べた異教徒たちは数年を経て次々にバシキール人のところへやってくることになり、ヤサーク税を取り立てられる彼らのところに、逃亡したロシア人が集まり定住しました。そのことについて、私は多くの末端の領主たちから異口同音に聞いたのです（伝令の者たちがそれについて彼らと話し合ったのです）。いまやすでに人頭税から逃れたかなりの数のロシア人もバシキール人のもとにやってきたのであります[36]。

バシキール人の戦力削減案

ヴォルィーンスキーは平時においてもバシキール人を信用せず、彼らの力を削ぐためあらゆる手段を講ずることに注意を傾けた。次のような発言がそのことをよく示している。

現在、バシキール人は穏やかなようではありますが、彼らが完全に服従しているとは言えません。なぜなら、どのような布告を発布しても、彼らは逃亡民を受け入れ、賦税を納めず、好きなように自分の意のままに暮らしているからです。それゆえ彼らがいかに穏やかに振る舞おうとも、そのことで彼らを信じるべきではないのであります。[37]

以上のように考える背景には、ペルシアで外交官として活動したヴォルィーンスキー自身が独自に調査したアフガンの種族長ミール・ワーイスの蜂起があった。

私はその国〔＝ペルシア〕に居たので十分知っているのです。すなわち、まず初めに、ペルシアにはカンダハール郡（провинция）に住んでいるアフガン人と呼ばれる人々が叛乱を起こしました。しかしペルシア人は、説得して宥め、贈り物を与えるだけで、当初は彼らに対して何も行いませんでした。それゆえ、このことによって彼ら〔＝叛乱者たち〕を傲慢にさせ、自らに立ち向かわせて戦わせることになったのです。私が滞在している時には、これに加えて、彼らは二つのペルシアの郡を占領したのであります。[38]

ヴォルィーンスキーの提言

ヴォルィーンスキーはこの報告書のなかで、さらにバシキール人の力を弱めるための十八項目にわたる詳細な方法を提案している。まず何よりもバシキール人をカザーフ人（ヴォルィーンスキーの史料では「カラカルパク人」とある）にけしかけ、彼らの間に戦争を勃発させること。これを利用して、バシキーリアの境界に沿って「まるでロシア軍がカラカルパク人の脅威から守るために配置されているかのように」ロシア軍を配置すること。ウファー守備隊を強化すること。そこでは三箇ないし四箇の大隊を配備しなければならない。それに備えて、ウファーおよびカマ川以東の諸都市でさまざまな資材（припасы）を揃えた店舗を作ること。同時に、カラカルパクへの遠征に向けて、竜騎兵連隊のために馬を購入するという目的で、士官と貴族各人に馬を与えたのち、測地学者たちを選んでウファー郡の各地に送り、馬を購入するという先の目的を達しつつ、「密かに場所と移住地を記載させること」。「場所の状況、またそれらの所在地の移住状況、どれほど人口が密集しているか、ついでに本当はバシキール人よりも彼らのほうが多くいるのかどうかを調査したり、あるいは新たに入植してきた人々の様子を見たり、彼らすべてが武装しているのか、あるいはどれだけの人がそうなるのか、そしていかほどの人が農耕をしているのかを調べるために」、以上のことについて認識を得ることは必要不可欠であるとした(39)。その結果、次のことを知ることができるようになるという。「そのバシキール人とはどのような民族であるのか。彼らの住んでいる場所はどういうところなのか。彼らの力や武力はどの程度なのか。同地の土地はいかなる豊かさを持っているのか。そしてどのようにすれば彼らを取り扱うことができるのか(40)」、と。

ヴォルィーンスキーの考えでは、バシキール人をカラカルパク人（＝カザーフ人）にけしかけたのちには、「当のカラカルパク人たちを徹底的に破壊できるかもしれない。……私たちのところにいるイスラーム教徒は近づかなくなる。そのためにはあらゆる方法によって彼らを根絶やしにしなければならないし、増大させてはならないのであります(41)」、とした。

その後、このようにしてバシキール人に対処し、何か「政治的な手段によって、彼らを半分にまで減らすべきでありますます」。残りの人たちには賦税を課し、またロシアの軍事遠征に利用すべきである。ヴォルィーンスキーは次のように書いている。「望むらくは、バシキール人にやがて〔常備軍が〕やってくる、あるいは常備軍に入る〔すなわち徴集される〕ことになる、という恐怖をバシキール人が抱くようになると、彼らは多くの賦税を担うことになります。たとえ多くないとしても、五〇人あたり一〇〇〇〔ルーブリ〕ずつ〔徴収すべきであります〕」。騎兵の人数を充足させることを見積もって、納めるべき賦税としてヴォルィーンスキーはバシキール人が毎年五〇〇〇頭までの馬を納めることができると考えたのである。(42)

さらにヴォルィーンスキーは以下のことも提案した。すなわちバシキール人に恒常的に恐怖を抱かせておくために、彼らを常備軍の「近い場所」に、とくに竜騎兵三箇連隊および歩兵四箇大隊の近くに配置させること。カマ川以東の要塞を新たに建設し、またそれを強化すること。各郷から幾人かをアマナートとして徴集すること。以上のことが彼によって提案された。ヴォルィーンスキー計画の最終的な目的は、「不信心な人々をくびきのもとに置くこと」であり、その結果、国家は大いに利益を得て、バシキール人からの危険から逃れることができるとしたのである。(43)

ヴォルィーンスキーの考えの基本にあるのは、バシキール人に対する徹底的な敵愾心である。イスラーム教徒であるバシキール人への嫌悪、同地方におけるその人口の多さ、彼らの土地が多くのロシアからの逃亡農民を惹きつけているという事実、以上に対する危機意識が報告書には明確に表れている。そのための方策として、まずヴォルィーンスキーが考えたのはバシキール人の数的削減であり、賦税を課すことであった。同時に異民族をけしかけてバシキール人と戦わせることであった。そうすることによって人口も減少するというのである。さらには恒常的に彼らにロシア軍の怖さを知らしめることによって蜂起への可能性を断つということであった。以上の方策はタティーシチェフの考えとは大きく異なるものであった。

しかしヴォルィーンスキーの計画は元老院に取り上げられることはなかった。(44)この計画の重大な欠点はヴォルィーンスキー自身がロシア帝国内にムスリム住民を取り込むことに反対していた点にある。ロシア帝国はすでに多くのイスラーム教徒を抱えていたのである。とはいえまもなく以上の計画のいくつかは新カマ川以東（横断）防衛線（Новая Закамская линия）の建設の過程で実現されることになった。その結果、十八世紀を通じてバシキール地方の諸問題を対処するにあたり、ツァーリ政府の官僚たちはタティーシチェフとヴォルィーンスキーの基本的な考えを指針とすることになるのである。

（1）前掲拙著『ロシア帝国民族統合史の研究』、一八六―二二六頁。またジョン・ルドンは、ウラルやシベリア、さらには東方でのロシア帝国の勢力伸長の様子について注目している。Ledonne, J. "Building an Infrastructure of Empire in Russia's Eastern Theater. 1650's–1840's." *Cahiers de Monde russe* 47/3, 2006, pp. 581–608.

（2）近藤和彦『イギリス史10講』岩波書店（岩波新書）、二〇一三年、七四頁。

（3）ジェンキンソンによる一五五七年の第一回ロシア旅行については以下を参照されたい。ジェンキンソン（朱牟田夏雄訳・注、越智武臣解題・注）「モスクワからブハラへの船旅」『大航海時代叢書』第十七巻、岩波書店、一九八三年。伊東秀征「アンソニー・ジェンキンソンの中央アジア探検」『経済学論究』（関西学院大学）四四巻二号、一九九〇年、七一―八三頁。

（4）佐口透「国際商業の発展」『岩波講座　世界歴史一三』岩波書店、一九七九年、一五七頁。

（5）ПСЗ. Т. IX. No.No. 6571, 6576, 6584.

（6）РГАДА. Ф. 248. Оп. 3. Кн. 90. Л. 99–148. 高田和夫もピョートル時代のカフカース政策について述べながら、チェルカッスキー公および本文で次に述べるヴォルィーンスキー公について触れている（高田和夫『帝政ロシアの国家構想――一八七七―七八年露土戦争とカフカース統合』山川出版社、二〇一五年、二〇―二二頁）。

（7）Очерки истории СССР. Период феодализма. Россия в первой четверти XVIII в. С. 601–602; *Иллерицкий В.* Экспедиция князя Черкасского в Хиву // Исторический журнал. 1940. No.7. С. 46.

（8）ПСЗ. Т. V. No. 2994; *Щеглов И.М.* Хронологический перечень важнейших данных из истории Сибири. М., 1993. С. 113 (Изд. 1-е. Иркутск, 1883)（シチェグロフ、吉村柳里訳『シベリヤ年代記』、原書房、一九七五年〈復刻版、一九四三年初版〉、二三三頁）.

（9）*Смирнов Ю.Н.* Указ. соч. С. 16.

（10） Там же. С. 18.
（11） История Башкирского народа. Т. 3. С. 163.
（12） «Горная власть» и башкиры в XVIII веке. С. 3.
（13） *Буканова Р.Г., Фешкин В.Н.* Башкиры в трудах русских ученых и исследователей. Уфа, 2007. С. 16–24; История Башкирского народа. Т. 3. С. 163–164.
（14） *Буканова Р.Г., Фешкин В.Н.* Указ. соч. С. 18
（15） РГАДА. Ф. 248. Оп. 17. Кн. 1133. Л. 31–32об.; Материалы по истории Башкирской АССР. Т. III. No. 545. С. 481–483.
（16） РГАДА. Ф. 248. Оп. 17. Кн. 1133. Л. 31–32об.; Материалы по истории Башкирской АССР. Т. III. No. 545. С. 481.
（17） РГАДА. Ф. 248. Оп. 17. Кн. 1133. Л. 31–32об.; Материалы по истории Башкирской АССР. Т. III. No. 545. С. 481.
（18） РГАДА. Ф. 248. Оп. 17. Кн. 1133. Л. 31–32об.; Материалы по истории Башкирской АССР. Т. III. No. 545. С. 481.
（19） РГАДА. Ф. 248. Оп. 17. Кн. 1133. Л. 31–32об.; Материалы по истории Башкирской АССР. Т. III. No. 545. С. 482.
（20） РГАДА. Ф. 248. Оп. 17. Кн. 1133. Л. 31–32об.; Материалы по истории Башкирской АССР. Т. III. No. 545. С. 482.
（21） РГАДА. Ф. 248. Оп. 17. Кн. 1133. Л. 31–32об.; Материалы по истории Башкирской АССР. Т. III. No. 545. С. 482.
（22） РГАДА. Ф. 248. Оп. 17. Кн. 1133. Л. 31–32об.; Материалы по истории Башкирской АССР. Т. III. No. 545. С. 482.
（23） РГАДА. Ф. 248. Оп. 17. Кн. 1133. Л. 31–32об.; Материалы по истории Башкирской АССР. Т. III. No. 545. С. 482.
（24） РГАДА. Ф. 248. Оп. 17. Кн. 1133. Л. 31–32об.; Материалы по истории Башкирской АССР. Т. III. No. 545. С. 483.
（25） ハドソンの研究は以下の通りである。Hudson, H.H.Jr. *The Rise of the Demidov Family and the Russian Iron Industry in the Eighteenth Century.* Newtonville, Mass.: Oriental Research Partners, 1986.
（26） 阿部前掲書、二三三頁。
（27） ПСЗ. Т. VII. No. 4733.
（28） РГАДА. Ф. 16. Д. 993. Л. 1; Материалы по истории Башкирской АССР. Т. III. No. 546. С. 483–487.
（29） РГАДА. Ф. 16. Д. 993. Л. 1–3об.; Материалы по истории Башкирской АССР. Т. III. No. 546. С. 483–487.
（30） РГАДА. Ф. 16. Д. 993. Л. 3об.; Материалы по истории Башкирской АССР. Т. III. No. 546. С. 487.
（31） НИОР РГБ. Ф. 346. Карт. V. Ед. хр. 1. Л. 119. この文書の最初の発見者で紹介者はリュバーフスキーであろう。この史料はのちに以下の史料集に収録された。Материалы по истории Башкирской АССР. Ч. 1. No. 134. С. 302–306.

(32) Там же. С. 306.
(33) 阿部前掲書、三七三—三七六頁。
(34) Материалы по истории Башкирской АССР. Ч. 1. No. 134. С. 304.
(35) Там же. С. 302.
(36) Там же. С. 302–303.
(37) Там же. С. 303.
(38) Там же.
(39) Там же. С. 304–305.
(40) Там же. С. 305.
(41) Там же.
(42) Там же.
(43) Там же. С. 306.
(44) *Азнаваев Б.А.* Интеграция Башкирии в администртивную структуру Российского государства（вторая половина XVI-первая половина XVIII в.）. Уфа, 2005. С. 183–186; История Башкирского народа. Т. 3. С. 173.

第四章　新防衛システムと地方政策

1　新カマ川以東（横断）防衛線の建設

新カマ川以東（横断）防衛線建設の前提

前述した報告書の内容のいくつかは実行に移されることとなった。一七三一年三月十八日付布告は、ウファー郡にやってきた異教徒住民の範疇分けを行い、その祖父、父、および本人がヤサークを納め、ヤサーク台帳に登録されている場合にだけ、彼らはその場所に住むことを許され、それ以外の者は以前住んでいた場所に戻されることが命じられた。(1) 同年七月二十七日付布告では、「バシキール人の領土を占領することなく、司令部や尉官たちの意見に見られるように、また地図に示されたように」、新カマ川以東（横断）防衛線を建設することが命じられた。(2) 新たな防衛線はバシキール人の攻撃からカザン郡だけではなくカマ川下流のヴォルガ右岸の諸郡を守るものであった。こうした決定は、同地方の隣人たちであるカラカルパク人およびカザーフ人とバシキール人の関係、およびロシアの商業的な利害によってすでにある程度予言されていた。(3) ここでは現代バシコルトスタンの歴史家Ｐ・Г・ブカノヴァによる要塞建設に関する研究を参考にしながら、(4) 防衛線建設の意味を考えてみることにしよう。

一七三一―三六年にかけて建設された新カマ川以東(横断)防衛線は(三六年に建設中止)、十七世紀のカマ川以東(横断)防衛線と同様、ロシア国家の南東の境界の防衛およびバシキーリア西部におけるロシア当局の強化を目指すための施設の一つであり、バシキーリアの支配をその奥深くまで押し進めるための前哨基地となった。カマ川以東(横断)防衛線は単にバシキール人が考える「相続地」の境にぴったりと届いただけではなく、彼らの収益地の一部さえも奪うことになったのである。たとえばバシキール人村落はイク川、メンゼリ川、ザイ川に沿って存在していた。他方、彼らが狩猟を行う収益地はソク川、チェレムシャン川、コンドゥルチャ川上流、そしてキチュイ川に沿って存在している。チェレムシャン川沿いの広大なタルハン森はバシキール人の収益地地区であり、ソク川とシェシュマ川の間の土地にはバシキール人が移動した古い道が通っている。[5] 実際、新カマ川以東(横断)防衛線の建設は、バシキール人の土地に他の防衛線および要塞＝都市を建設する上でも、またオレンブルク遠征を組織する上でも先駆ともなったのである。

なお初めて「新カマ川以東(横断)防衛線」という呼び名を使ったのは、この防衛線について記述した大本営(Генеральный штаб)勤務の大尉ミハイール・イグナーチエヴィチ・イヴァニン(М. И. Иванин 一八〇一―七四)であった。[6] 一八四〇年代、彼はこの要塞線を記述するために派遣された。彼の仕事の成果は帝政時代の歴史家ゲオールギー・イヴァーノヴィチ・ペレチャトコーヴィチ(Г. И. Перетяткович 一八四〇―一九〇八)によってその著書『十七世紀と十八世紀の初頭のヴォルガ沿岸(地方の植民史からの概要)』(オデッサ、一八八二年刊)で利用された。[7] ペレチャトコーヴィチ以後、「新カマ川以東(横断)防衛線」という呼称は歴史家たちによっても引き継がれ定着したのである。[8]

国境行政システムとしての防衛線

新カマ川以東(横断)防衛線は、アレクセーエフスクから北東方向に延び、旧カマ川以東防衛線が横切って達しているキチュイ川までの切れ目のない防衛施設システムである。これは、ロシアの南東地方における外交方針を当面活発化する時期、ロシア＝カザーフ外交条約交渉で一定の圧力をかけることを目的に、ヴォルガ川以東に建設された十八世紀最初の要塞線であった。

十八世紀初頭、ロシア国家南東地域の境界はヤイーク川とその川の左岸支流沿いに設けられた。ロシアの領域の広大さにもかかわらず、ジュンガルの指導者による攻撃的な政策の新たな波を受け、ロシアにとっては馴染みであったカルムィク人に代わり、新たな隣人となるカザーフ人とカラカルパク人が登場した南東方面は依然として防御が脆弱であった。

同地方の重要な軍事前哨基地（форпост）として、カザン、サマーラおよびアストラハンというヴォルガ沿岸の諸都市が浮上した。ウファーやツァリーツィンを含む残りの要塞は前面には出てきてはいなかった。一七二六―二七年、ロシア国家は南東の境界を強化する一連の政策をとることになった。お互いに遠く離れている要塞を連結させ、敵の攻撃からサマーラとヤイーク要塞の間を防衛するため次の十一の哨所（застав）を設けた。すなわちオシノヴォエ、ドゥボヴォエ、ポヴェトノエ、スレドニェエ、ペレラズ、カラルィツコエ、イルギスコエ、ソリャンノエ、チャガンスコエ、クラースヌィ・コロク、チェヴァスカヤ・オサダである。(9)

新カマ川以東（横断）防衛線建設の指令

ロシア国家における南東政策の新たな活性化はアンナ女帝の即位と共に始まった。一七三一年九月、ロシア国家の国境線付近にあるすべての要塞業務は十八世紀前半の有名な政治家で陸軍元帥（генерал-фельдцейхместр）でもあったフリストフォール・アントーノヴィチ・ミーニヒ（Х. А. Миних　一六八三―一七六七、一七二八年伯爵、二八年からインゲルマンランド、カレリア、フィンランド県総督、三〇年元帥、三〇年以降軍事参議会総裁）に委ねられていた。まもなく、ミーニヒは帝国にあるすべての要塞の修理および「敵からの防衛に備えるため」、新たに要塞を建設する命令を発した。(10)

同年十二月、ミーニヒに対してヴォルガ以東地域に直接関係する次のような政府の布告が発せられた。

> ヤイーク・カザーク連隊、チェレムシャンスキーの諸前哨基地、およびカザン県におけるカルムィク人、キルギス＝カイサク人〔カザーフ人〕、そしてカラカルパク人による攻撃を防ぐために……ロシア臣民を荒廃に陥らせないよう……防御策を講じ、軍事力をもって反撃を加えて攻勢に出ること。上記の敵がヴォルガ川を渡河することがないよう、また地方（ウェースト）の住民を攻撃することがないよう、サマーラ、スィズラン、サラトフの間に、またマルィコフ、テルス、および他の村々の近辺に展開している連隊から適当な数の竜騎兵や兵士を配置すること。(11)

かくして一七三一―三二年にはロシアの南東政策の基本的な目的と課題が決まった。すなわちカザーフ人、カラカルパク人およびカルムィク人の攻撃に対する戦いがそれである。南東境界地域防衛に関する一連の政策において、新カマ川以東（横断）防衛線に重要な意味が付与されたのである。

新たな防衛線建設計画の策定および設計図の準備は三等文官Ф・В・ナウーモフに委ねられた(12)。この計画は明らかに新しい防衛線建設そのものであった。現在、一七三八年に複製されたカマ川以東（横断）防衛線の最初期の地図は国立ロシア軍事歴史史料館（Российский государственный военно-исторический архив―РГВИАと略記）に保管されている。のちの地図と異なり、地図の作製者は明記されてはおらず、ロシアの二〇ヴェルスタの縮尺が付されているのみである(13)。Р・Г・ブカノヴァによると、この地図は実際の防衛線へ赴くことなく首都で作製されたため、地図に対する注釈は地方の状況を知らない作製者の無知を暴露したものになっているという。赤と黄の色分けで防衛線をいくつか設定する可能性があることが示されている。赤の線が意味するのは、「もし水がなく、また他の不都合な状況があり、黄色の線で引いた防衛線を直接設定できないならば……たとえば、〔赤色の線で引いた〕防衛線を設定することができる(14)」、というものであった。

2　新たな防衛システムの構築

防衛線の建設

新カマ川以東（横断）防衛線の建設には莫大な資材と人材の動員が必要とされた。労働力、建設資材、畜力輸送の確保という問題の処理はすべてカザン県知事に担わされた。一七三一年、近在地域から労働力として三〇〇〇人が集められた。彼らには道具や資材が十分に供給され、また彼らを「扶養するために」（на корм）、カザン県住民から徴収された四グリヴナ（・グリヴナ＝一〇カペイカ銀貨）のうち一人一か月三〇アルティン（一アルティンは三カペイカに相当）ずつ与えられた。建設作業に携わる人々を守るために竜騎兵連隊を動員し、騎兵斥候が配置された。

アレクセーエフスクからキチュイ川までの新カマ川以東（横断）防衛線建設には一七三一年から三六年までの五年を要した（最終的には建設中止）。防衛線上の要塞建造システムには含まれないアレクセーエフスクとセルギエフスクを除いて、防衛線上には二つの要塞、四つの野堡（фельдшанец）、および一〇の角面堡（редут　壕と胸墻《きょうしょう》を張り巡らした多角形の砦）が建設された。それらのうち一部は防衛線上に建設されたのではなく、その付近に建てられた。一七三七年、完成した防衛線に関する詳細な地図が作製された。(15)

要塞建設の意義とその変化

しかし一七三〇年代中葉、古いタイプの場所ばかりとる切れ目のない要塞システムは不要となった。機動的な軍隊と最新式の要塞建設により、はるかに少ない費用で境界地帯の安全を確保することができるようになったのである。それ

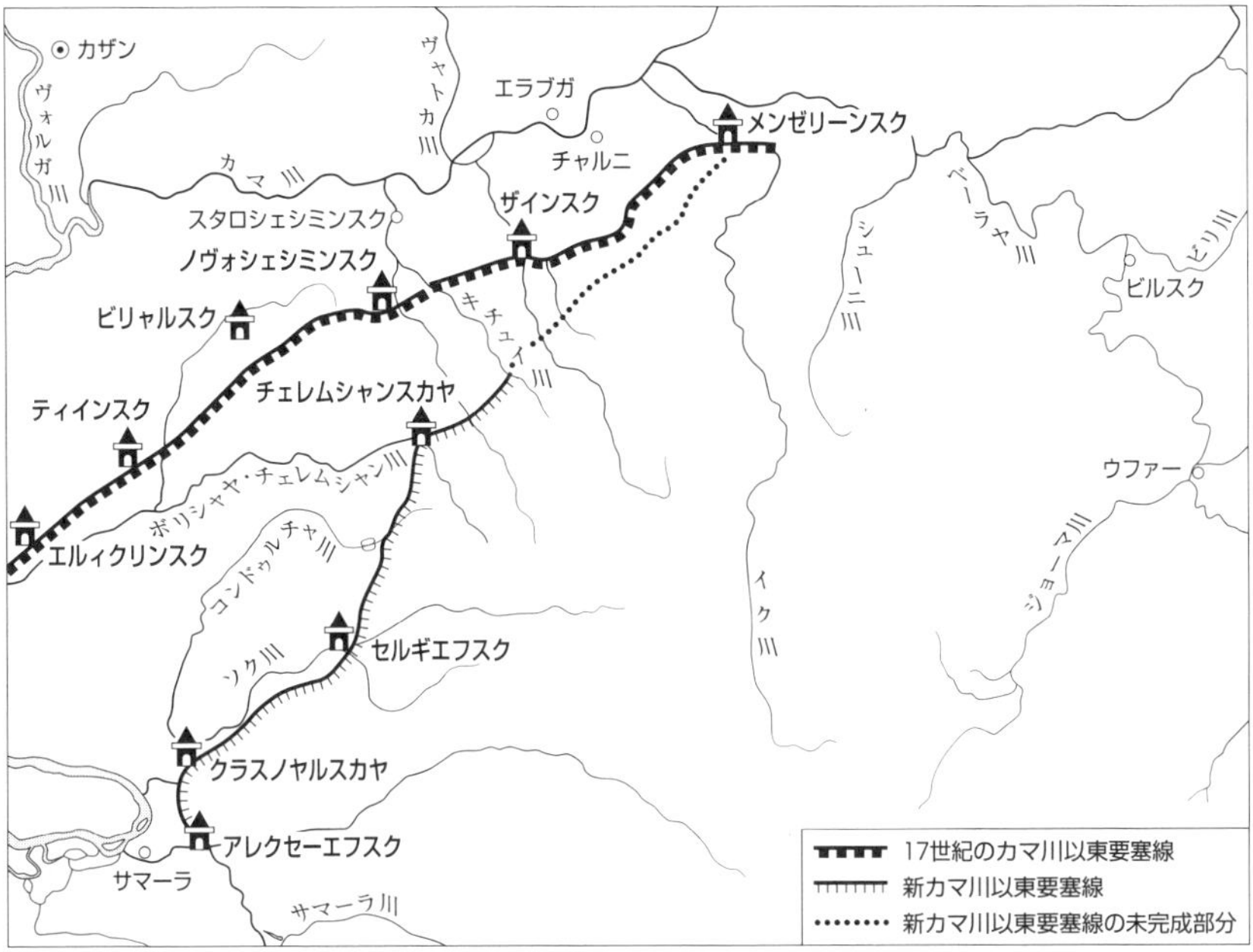

図6　17−18世紀のカマ川以東(横断)の要塞

〔出典〕 *Буканова Р. Г.* Города-крепости юго-востока России в XVIII веке: История становления городов на территории Башкирии. Уфа: Китап, 1997. С. 95.

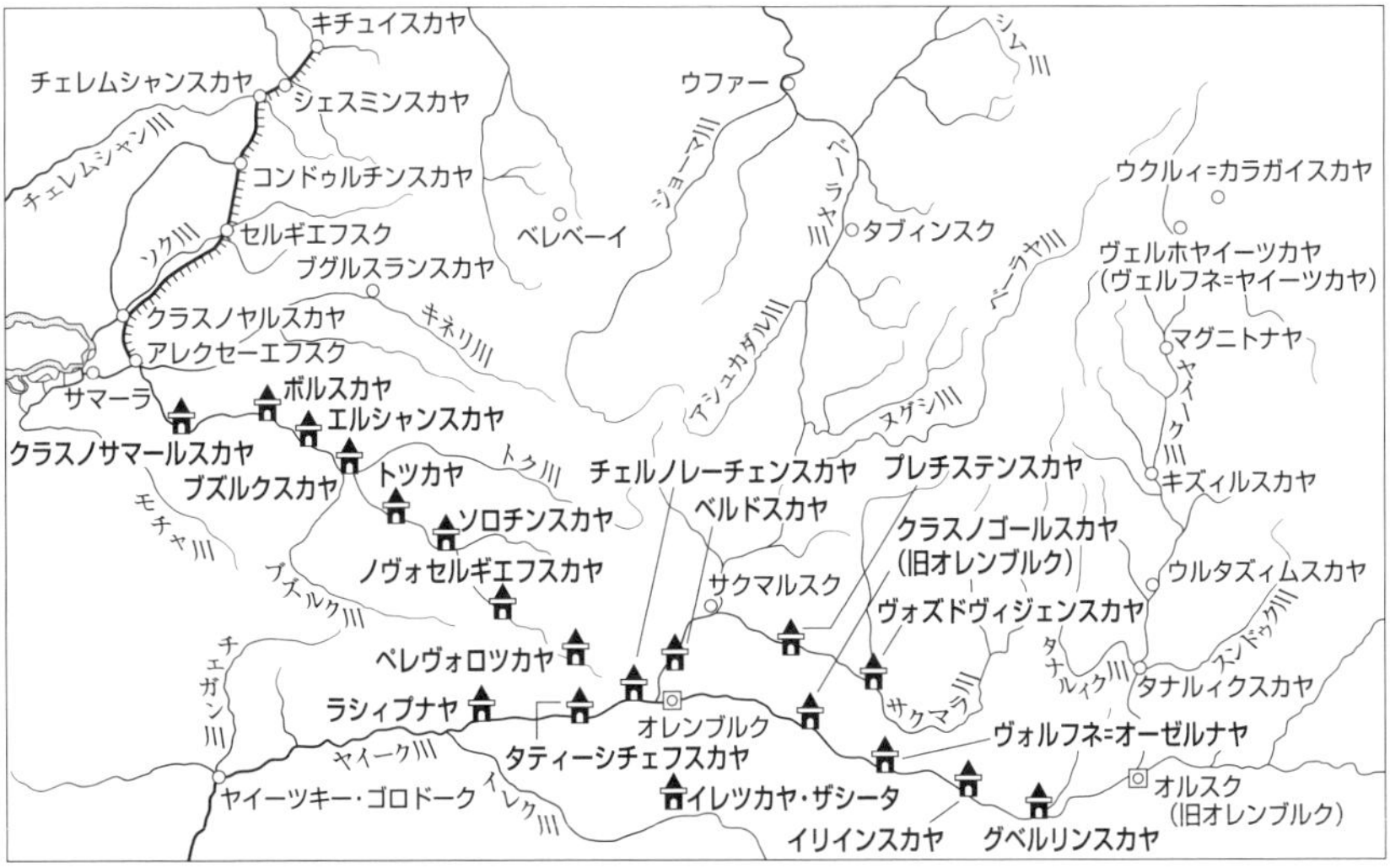

図7　1736−43年のバシキーリア南方境界沿いに建設された要塞

〔出典〕 Там же. С. 130-131.

は敵と接触する地帯に防衛施設を備えた防衛線を建設する際には基本的で重要なこととなった。

右の目的をもって一七三六年、「郡民兵」(ландмилиция)が創設されたのである。これは、バシキール人やカルムィク人などの遊牧民の攻撃から要塞その他を守るために、ロシア帝国の国境防衛のために組織された非正規の屯田兵団(иррегулярное поселенное войско)という性格を持つものであり、その後の植民にとって大きな役割を果たすと考えられたのである。政府の命令を受けたФ・В・ナウーモフは、北方戦争後に軍務を解かれた老兵から、郡民兵としてシェシミンスキー竜騎兵連隊、ビリャルスキー竜騎兵連隊、セルギエフスキー竜騎兵連隊、アレクセーエフスキー歩兵連隊を創設した。一七三六年には竜騎兵一〇箇連隊と歩兵八箇連隊が存在したのである。(16)

かくして新カマ川以東(横断)防衛線それ自体、もはやこの地域におけるロシア国家の外交課題を解決する上で重要な役割を担うことはなくなった。とはいえ五年にわたり莫大な資材と人材を投入して行われた巨大な規模の要塞線建設は、地方住民の肩に極めて重い負担を強いることになった。要塞建設、新たな移住者への土地の割り当て、以上の点はバシキール人から相続地を接収することを意味し、そのことはもちろんこの地方の基幹的住民の不満を惹起することになったのである。(17)それゆえ、のちに述べるように(第六章第1節)、キリーロフはこの点に慎重にならざるをえなかった。

アブルハイル・ハンの「服属願い」

すでに一七三〇年、ウファーに小オルダのハン、アブルハイル(Абулхаил-хан 一六九三—一七四八)の使節が、ロシアへの臣従打診を図る交渉のために、以前に蜂起を率いた指導者の一人であるバシキール人長老アルダルを伴って到着した。行政長官ピョートル・ブトゥーリンは使節たちをペテルブルクへ送った。彼らはロシアに臣従することで他の民族からの侮辱や破壊がなくなり、ジュンガル人やカルムィク人による彼らへの攻撃があった場合にはロシア軍が援助し、バシキール人に捕らわれているヤースリ(軍事捕虜)が返還されるという条件で、ロシア国家の臣民となること、バシキール人と共に平和に暮らし、バシキール人のように、ロシア国家に誠実に勤務し、ヤサークを納めること、以上を希望すると表明したのである(18)。

一七三一年二月十九日、ハンに対してグラーモタ(特許状)が発給された。そのなかでは、ロシアの臣下となることを認めた上で次のように述べられている。

それゆえ汝ハンおよびカイサク〔すなわちカザーフ〕の全軍は、わが女帝陛下〔アンナ女帝〕ならびにわが後継者たちに対し、常に変わらぬ忠誠を示さねばならない。わが女帝陛下の勅令に従い、他のロシア臣民たるバシキール人ならびにカルムィク人と共に、わが軍事勤務に赴くことを内容とする指令が発せられる時には、汝は彼らと共に決められた場所へすべての装備を整えた上で赴くこと。バシキール人、ヤイーク・カザーク、カルムィク人、およびその他のロシアの臣民に対して、いかなる攻撃や襲撃をも加えず、甚だしい侮辱も与えず、彼らと平和で諍いを起こすことなく暮らすこと。同様に、キャラヴァンを組んでアストラハンや他の場所からとりわけ汝たちのもとへ、また汝たちの住んでいるところや遊牧地を経由して別の場所へ赴く商人およびロシア臣民に対して、いかなる妨害や侮辱も加えず、何よりも道中のあらゆる危険から彼らを守り、彼らの通行の手助けをすること(19)。

以上のように、ロシア政府はカザーフ人に対して、服属を認める代わりに、その忠誠を示し、かつ軍事勤務などを務めることを求めていた。同時に、カザーフ人の服属により、平和的により僻遠の地との交易が円滑に行われると期待していたのである。次章で示すことになるキリーロフの「草案」には以上の点をも考慮して書かれたことを窺わせるものがあった。

(1) ПСЗ. Т. VIII. No. 5719. С. 399.

(2) Там же. Т. VIII. No. 5808. С. 517–518.

(3) НИОР РГБ. Ф. 346. Карт. V. Ед. хр. 1. Л. 121.

(4) *Буканова Р.Г.* Указ. соч. С. 87–100; История Башкирского народа. Т. 3. С. 173–174.

(5) *Дубман Э.Л.* Деятельность Закамской экспедиции в первой половине 1730-х гг. и проблема взаимоотношений с кочевыми народами Заволжья / Башкиры в сосотаве Российской Федерации: история, современность, перспективы. Уфа, 2010. С. 97–103; История Башкирского народа. Т. 3. С. 173.

(6) *Иванин М.И.* Описание Закамских линий // Вестник Императорского Русского географического общества. 1851. Ч. 1. Отдел. VI. С. 57–78; История Башкирского народа. Т. 3. С. 173.

(7) *Перетяткович Г.И.* Поволжье в XVII и начале XVIII века. (Очерки из истории колонизации края). Одесса, 1882.

(8) *Буканова Р.Г.* Указ. соч. С. 89–90.

(9) История Башкирского народа. Т. 3. С. 173–174.

(10) *Иванин М.И.* Указ. стат. С. 65; История Башкирского народа. Т. 3. С. 174.

(11) РГАДА. Ф. 248. Кн. 456. Л. 363–367; История Башкирского народа. Т. 3. С. 174.

(12) *Иванин М.И.* Указ. стат. С. 6; История Башкирского народа. Т. 3. С. 174.

(13) РГВИА. Ф. 349. Оп. 45. Д. 2289. Карта Закамской линии. 1738 г.

(14) *Буканова Р.Г.* Указ. соч. С. 90; История Башкирского народа. Т. 3. С. 174.

(15) Там же.

(16) *Кузнецов В.А.* Новая Закамская линия и образование ландмилиции // Известия Самарского научного центра Российского академии наук. 2009. Т. 11. No. 2. С. 35–41.

(17) История Башкирского народа. Т. 3. С. 174.

(18) НИОР РГБ. Ф. 346. Карт. V. Ед. хр. 1. Л. 125.

(19) ПСЗ. Т. VIII. No. 5704. С. 387.

第五章　新たな地方への眼差し

1　キリーロフ「草案」の遠望

イヴァン・キリーロフ

一七三〇年代、新たな要塞がバシキーリアに造られようとしていた。ウファーが要塞建設の基地となった。ウファーを経由してオリ川上流へ特別遠征隊が移動していった。十八世紀後半、バシキーリアの地に多くの拠点となる町(要塞)が造られたが、最終的にステルリタマーク、ベレベーイ、およびその他の町(要塞)が建設されることとなった。以下、旧著と重複するが次章以下の議論の展開上不可欠であるので、いま一度キリーロフの「提案」について述べることにしよう(1)。

И・К・キリーロフについて、遠征隊に会計官として参加し、彼を近くで見ていたП・И・ルィチコーフは次のように記している。「キリーロフは高貴な生まれではなかったが、自らの勤勉な仕事と鋭敏な理解によって、元老院の官房で最も低い官位から始めて、すでにピョートル大帝の時代に元老院秘書官長にまで登った。さまざまな機会にしかるべき栄誉を得るという幸運に恵まれた。とくに地図や地理学的記述への皇帝陛下の嗜好を満足させたのである。彼は、全ロシアの諸地図（всероссийские ландкарты）を集め、元老院にいた測地学者たちを通して、ロシア帝国地図（атлас российской Империи）と全ロシア地図（генеральная российская ландкарта）を作製する仕事を担った最初の人である。学問を正式には習わず、またそれを根本のところでは知らなかったが、**偉大なる勤勉家**（*великий рачитель*——原文斜体、以下同じ）であり、**学問の愛好家**（*любитель наук*）であった。とくに数学、力学、歴史、経済および冶金については、自らの努力とお金を惜しまなかったのである」[2]。

一七三四年五月一日、当時元老院秘書官長を務めていたキリーロフは政府に南東地域におけるロシアの課題に関する「草案」を提出した[3]。その内容は、カザーフ、バシキーリア、カラカルパキアなどの南東地域の豊かな天然資源の利用と経済開発、カザーフ人とバシキール人の境界地域における要塞、およびオリ川河口における要塞＝都市の建設に関する提案であった。これについては、すでに前章最後の部分で述べた小オルダのハン、アブルハイルも同様の請願をしていた。この小オルダの服属をきっかけとして、キリーロフは新しい都市を経由してロシアによる広範囲な商業が単にカザーフとの間だけでなく、ブハラなどの中央アジアやはるかインドとの間でも行われうると考えたのである[4]。ここで重要なのは、「草案」で展開されることになる彼の考えが、その後のロシア帝国が植民・民族政策を推進する上で大きな画期をなしたという点である。なお当時のカザーフは大・中・小のオルダ（ジュズ）によって分断されており、アンナ・イヴァーノヴナ治世下（在位一七三〇—四〇）の一七三〇年代からエリザヴェータ・ペトローヴナ治世下（在位一七四一—六二）の四〇年代までに、アブルハイルの指導のもと大オルダを除いたカザーフがロシア国家に服属した[5]。

キリーロフの「夢」

キリーロフは「草案」提出より前にシベリアや極東——さらには日本——への遠征の編制について熟知していた。そのことは彼の「草案」のなかにも述べられているが、それ以前に、第一次カムチャトカ遠征隊が帰還したのちの一七三一年に書かれた「同地の場所と利益について」以外に、「一七三三年の手記」(Записки 1733 г.)と「いと低き者の提出したる上申書。キルギス＝カイサクおよびカラカルパクのオルダについての表明」(Нижайшее представление. Изъяснение о киргиз-кайсацкой и каркарпацкой орде)と題された二つの有名な計画書のなかに記されていた。そこでは、東方と南東におけるロシアの利益が政治的なものに留まるだけではなく、商業的経済的なそれにまで及ぶと述べられていた。(6)

「一七三三年の手記」では、第二次カムチャトカ遠征隊の目的と課題についていま一度確認し、同時にそれがもたらした利益について論じた上で、キリーロフはそれとは別の南東地方への遠征隊を編制する必要を指摘した。(7) このことについては、一七三五年三月に自分の庇護者となっているアンナ女帝の寵臣エルンスト・イオガーン・ビローン(Ernst Johann von Biron／Э. И. Бирон 一六九〇―一七七二)に書き送っているように、すでに一七一九年から夢見ていたが、(8) この指摘はそっくりそのまま一七三四年の「草案」に反映されることとなった。それではキリーロフの提出した「草案」とはいかなるものであったのか。彼はその目的を次のように明確に述べている。

わが女帝陛下〔アンナ女帝〕の現在の恵まれた専制体制のもとで、神の慈悲と裁きにより、また女帝陛下の幸運により、偉大で不朽の二つの事業は、それが栄光であるのみならず、帝国の拡大および計り知れない富への扉を開くものでありましょう。すなわち、第一の事業はシベリア遠征とカムチャトカ遠征であります。第二のものはいまだ扉を開けていないのですが、キルギス＝カイサク〔すなわちカザーフ〕とカラカルパク〔＝カラカルパキア〕に関する事業であります。神のご加護を懇願し、それらが成就するなら、ロシアの版図は一層拡大し、そこからの収入が臣民の負担の軽減をもたらすものでありましょう。(9)

2　中央アジアへの進出計画

領土拡大と富の獲得

キリーロフ「草案」冒頭部分の言葉のなかに「草案」の最終的な目的を窺い知ることができる。すなわち何よりもまず国家の領土拡大であり、またそれに伴う新たな富の獲得であった。ではロシアは果たしていかなる領土を保有しなければならないのか、とキリーロフは自問し、とくにカザーフの問題については次のように論ずるのである。

現在、第一の原則に対して、〔われわれは〕キルギス＝カイサク〔カザーフ〕のアブルハイル・ハンのもとでかつて使節を務めていたテフケリョーフを通して得た最初の魅力的な情報を入手しました。それは、己の臣下と共にこのハンが全民衆を引き連れていま一人のカラカルパクのハンともどもロシアに帰順するというものであり、そのことについてはすでに記されていました。かくしてここに、まさにアラル海までの道が開かれたのであります。(10)

このように、キリーロフはロシア南東への拡大の手始めとしてカラカルパキアをロシア帝国に帰順させることを考えていた。この点について、彼は「草案」のなかで幾度も繰り返し述べている。(11) さらに彼はカザーフの大オルダをロシア帝国に帰順させることも考えていたが、この支配のあり方は当時のロシア帝国の中央アジアへの対応を示すものとして注目すべきである。(12) またキリーロフは大オルダがまもなくロシアに臣従するものとみなしていた。(13) かくして、これらのことから、彼はロシア政府に対しカザーフの全オルダおよびカラカルパク人を臣従させるように取り計らうことを進言することになる。キリーロフの意見によると、まずアラル・ハン国を、次いでカザーフとカラカルパキアをロシア帝国

に帰順するように仕向けなければならないというものであった。(14)

中央アジアの魅力――宝石・毛皮・交易

カザーフや中央アジアについて、キリーロフはそこでは商業が盛んであることを次のように強調しながら、同地方の魅力およびその地域との交易によりロシアが受け取る利益について述べている。

ブハラのハンたちが住んでいる首都ブハラには、当地〔カザーフと中央アジア〕の商人や、ペルシア、インド、アルメニア、アストラハン、バルフおよびその他の地から商人たちがやってきており、商品やブハラの金を求めて豊富な商いがバーター取引によって行われています。またここには有色のルビーやエメラルドが相当量あり、またその地からロシアへは主要な商品としてブハラ産の羊の毛皮が運ばれています。それらをこのウズベク人たちがもたらしているのです。(15)

なかでもパミール山中のバダフシャン地方は重要であった。そこでは、「住民は多くの富を保有し、上記の宝石や金を商っている(16)」という。また都市バルフも繁栄し、豊かな商業都市となっていた。(17)

続いてキリーロフが問題にするのは、カスピ海の東から伸びる広大なステップ地方に住むトルクメン人、および中央アジアのヒヴァ・ハン国とすでに述べたブハラ・ハン国についてである。キリーロフは再三再四これらの地域獲得の必要性を説き、「女帝陛下に対し、各地に分散しているブハラの領土が次々と〔ロシアに〕帰順する(18)」よう促すことが肝要であると訴えている。そこで、彼は中央アジアの征服のために遠征を行うことさえ考えていた。(19)

それにしてもキリーロフはカザーフや中央アジアのどのような点に惹きつけられたのであろうか。端的に言えば、それは何よりも同地方の計り知れないほどの富、すなわち金や貴金属の存在である。すでにその点はピョートルの時代から知られていた。キリーロフによると、この地方は先の鉱物の豊かな産地・鉱床を有していたという。またこれもすでに述べたように、ブハラにはルビー、エメラルドなどの鉱石が豊富である。同地からロシアへの主要な商品はブハラ産の羊の毛皮であり、それをウズベク人たちは大量に運んでくる。さらには、「ホジャン・ハン国とホジャンの都市は……サマルカンドおよび他の都市と隣り合っている。〔中略〕ホジャン川の源流では金が採れる」という。アラル・ハン国にも金の鉱石があり、「雲母の山」もある。「コンドゥス川沿いでは……金が採取される[20]」という。しかし、最も豊かなのはバダフシャンの地で、キリーロフによると、そこには「レジェヴェルトと呼ばれるラピス・ラズーリ、ルビー鉱石、緑の大理石が豊富に採掘される山々があります。山々でも、また二つの川でも金が大量に採取されました。以前〔ブハラの支配下にあった時代〕、それらはブハラに運ばれたのです。資源の上で第一に重要なのがこうした山々でありました[21]」。かくして、「ブハラによる支配の時代に、宝石を除いて金だけで約五〇〇プードないしはそれ以上……ブハラ・ハンに届けられたのであります[22]」。

キリーロフは同様に、カザーフのさまざまな地域、トルケスタン、タシケント、サイラム、カラカルパキア、およびシル・ダリア川に沿ってアラル海に注ぐ他の地域に金が存在することを指摘する。これらの地域においてさらに、銀、鉛、他の鉱物を発見する可能性があることにも言及する[23]。また彼はロシアの騎兵隊にとりカザーフやバシキール産の馬が利用価値のあることを見出し、中央アジア諸地域における農業や軽工業の生産の充実にも注目した[24]。

3　バシキール問題

蜂起対策─地方の治安維持─植民政策のさきがけ

しかし「草案」はバシキーリアの統治問題を考慮の外に置いたのではなく、むしろバシキーリアにおけるロシア帝国の果たすべき役割に充てられていた。政府は絶え間なく発生するバシキール人蜂起および当該地方の諸民族がそれを支持していることに大いなる危惧を抱いていた。バシキール人蜂起勃発の理由はそれぞれ異なるが、すでに前章で述べたように、「草案」が提出される時期までに、蜂起は大規模なものだけでも一六六二─六四年、八一─八四年、一七〇四─一一年と発生していた。その後も一七三五─四〇年、五五年そしてプガチョーフ叛乱時の一七七三─七五年と跡を絶つことはなかったのである。とくにこの叛乱発生への不安は十八世紀におけるバシキーリア内の鉱山開発ならびに工場建設の開始と踵を接するかのように増大したが、キリーロフは新しい都市の主要な役割の一つを次の点にみていた。すなわち「以前から自らの支配下にあったバシキール人とヴォルガ・カルムィク人たちが陰謀を企て合体すること（バシキール人とカルムィク人とが、そうすることにわれわれは用心していなければならない）を抑えることは、大軍を動員し、またそれを失うことなく可能でありますj[25]」。ましてや「要塞を建設することをハン（アブルハイル・ハン）が望んでいる（ヤイーク川に流れ込む）オリ川河口地点は、バシキール人とキルギス＝カイサクのオルダの真ん中に位置し、ヴォルガ・カルムィク人とバシキール人が和合しないように遠く分け隔てておく」上で最適の場所である[26]、という。

バシキーリアの富と地理的優位性への認識

カザーフ人は時にはバシキール人と共に行動したので、それを恐れたキリーロフは、この地方において諸民族が共同・連帯して行動しないように図り、さらには帝国の政策を推進する上で拠点となる都市を建設するよう政府に訴えたのである。ここに帝政時代に伝統的な民族政策となる「分割統治」の原則が適用されることとなった(27)。

さらにキリーロフはバシキール人上層の取り込みやその利用も視野に入れていた。上層の人々から妥協を引き出すために、勤務人でヤサークを納める義務のないタルハンとしての彼らの権利や特権を再確認しようとしたのである(28)。

キリーロフは自然の富に関しても種々の鉱物資源を具体的にあげ、「バシキール人の領有地には、多くの豊かな銅鉱や他の鉱石、そして良質の雲母があり、それらは入手可能で、ロシアやペルシアに供給できる(29)」という。また、ロシアの塩生産の中心となるイレック産の塩についても注目している。「すばらしいイレックの塩は、新しい都市から遠くないところにあり、その塩にすべてのバシキール人たちは満足している。今後、彼らからそれを奪い取ることは必要ない。ただ需要がある分だけそこからロシアにもたらすことが可能であります(30)」。従来、バシキール人は塩を無料で直に採取していた。しかしこの「草案」が提出されたのち、ヤサーク税の廃止を伴う塩の国家専売制の導入によって状況は大きく変化した。バシキール人はこれに抗議して立ち上がることになる。またキリーロフは農業と安価で良質なバシキール馬の獲得を含め、ロシアにとって利益となるさまざまな資源についても考えている(31)。

新たな要塞＝都市の建設

以上のことを踏まえて、ロシア南東地方に植民の拠点としての新たな要塞＝都市を建設することについて、キリーロフは自らの考えを次のように展開する。

件の〔これから建設されるべき〕都市について、アブルハイル・ハンとバシキール人たちはオリ川河口に建設するようにと懇願しました。それは単にキルギス人〔＝カザーフ人〕を居住させる〔あるいは扶養する〕ためだけでなく、ブハラ、ヴォドクシャン、バルフおよびインドへ商品を自由に運ぶためにも甚だ必要であるとうたっています〔それについて、皇帝ピョートル大帝は大いに意を傾け、官金も人材も惜しまず、アレクサンドル・チェルカッスキー公〔すなわちアレクサンドル・ベコヴィチ＝チェルカッスキー公〕をアストラハンから派遣しました。しかし、彼は自らの不注意により、ヒヴァにて殲滅されたのです〕。件の都市に相応しい地点は最も便利な場所で、北緯約五十二度に位置し、すべてにおいて豊かです。当地からアラル海まで陸の道と川を下って僅か五〇〇ヴェルスタの所にあります。アストラハンから〔船で〕行けるほどとても近く、また安全なのです。アラル海とアム川とによってブハラとヴォドクシャンまで、またインドとの国境までも船によって〔行くことができるのです〕[32]。

以上のように、キリーロフの計画では、ロシア南東地域の鉱物資源などの富を獲得しながら、カザーフなどの中央アジアを経てインドへの商業路の開発を考えているのである。ちなみに、この草案の最後の部分の記述によると、中国へ至る道がすでに開かれ、さらには日本にまで達することが可能であるという[33]。キリーロフの「草案」の目指すところは実に遠大であった。

（1）前掲拙著『ロシア帝国民族統合史の研究』、一八六―二二六頁。
（2）*Витевский В.Н.* Указ. соч. Вып. 1. С. 138. なおキリーロフの作品については序論註(47)を参照。
（3）「草案」に関する概要とその史料的性格については、拙稿「十八世紀ロシアの南東政策とオレンブルクの建設――I・K・キリーロフのいわゆる『草案』について」松里公孝編『ロシア・イスラーム世界のいざない』スラブ研究センター研究報告シリーズ七四号、二〇〇〇年、一一―一四頁を参照。なお、「草案」の重要性についてはバシキール人歴史家アクマーノフの次の史料紹介論文を参照した。*Акманов И. Г.* Организация Оренбургской экспедиции и начало восстания 1735–1740 гг. / Очерки истории дореволюционной России. Уфа, 1975. Вып. 2.
（4）История Казахской ССР. С древнейших до наших дней. Алма-Ата, 1979. Т. 3. С. 45; Nolde, B. *La Formation de L'Empire*

Russe, T. 1, Paris, 1952, p. 219; Bartlet, R. P. *Human Capital. The Settlement of Foreigners in Russia. 1762–1804*. Cambridge University Press, 1979, pp. 6–7.

（5）История Казахской ССР. С. 35–45.

（6）*Буканова Р.Г.* Указ. соч. С. 101.

（7）Там же.

（8）Там же. С. 102.

（9）НИОР РГБ. Ф. 222. Карт. XI. Л. 141; Материалы. Т.1. С. 1.

（10）НИОР РГБ. Ф. 222. Карт. XI. Л. 151об.; Материалы. Т. 1. С. 18.

（11）НИОР РГБ. Ф. 222. Карт. XI. Л. 156об., 157, 158об. и др.; Материалы.Т. 1. С. 26, 29 и др.

（12）НИОР РГБ. Ф. 222. Карт. XI. Л. 167; Материалы. Т. 1. С. 42.

（13）НИОР РГБ. Ф. 222. Карт. XI. Л. 163об.; Материалы. Т. 1. С. 34–35.

（14）НИОР РГБ. Ф. 222. Карт. XI. Л. 148; Материалы. Т. 1. С. 11–12.

（15）НИОР РГБ. Ф. 222. Карт. XI. Л. 148об.–149; Материалы. Т. 1. С. 13.

（16）НИОР РГБ. Ф. 222. Карт. XI. Л. 150; Материалы. Т. 1. С. 15.

（17）НИОР РГБ. Ф. 222. Карт. XI. Л. 150об.; Материалы. Т. 1. С. 16.

（18）НИОР РГБ. Ф. 222. Карт. XI. Л. 167; Материалы. Т. 1. С. 41.

（19）НИОР РГБ. Ф. 222. Карт. XI. Л. 157–157об.; Материалы. Т. 1. С. 26–27.

（20）НИОР РГБ. Ф. 222. Карт. XI. Л. 147об.–148, 148об–149, 149об.–150 и 150об.; Материалы. Т. 1. С. 11, 13, 14 и 16.

（21）НИОР РГБ. Ф. 222. Карт. XI. Л. 150; Материалы. Т. 1. С. 15.

（22）НИОР РГБ. Ф. 222. Карт. XI. Л. 167об.; Материалы. Т. 1. С. 42–43. また、佐口透『ロシアとアジア草原』吉川弘文館、一九六六年、四三頁。

（23）НИОР РГБ. Ф. 222. Карт. XI. Л. 163об. и 168; Материалы. Т. 1. С. 35, 43 и 44.

（24）НИОР РГБ. Ф. 222. Карт. XI. Л. 150, 166об. и 168об.; Материалы. Т. 1. С. 15, 41 и 44.

（25）НИОР РГБ. Ф. 222. Карт. XI. Л. 152–152об.; Материалы. Т. 1. С. 18–19.

（26）НИОР РГБ. Ф. 222. Карт. XI. Л. 152об.; Материалы. Т. 1. С. 19.

(27) НИОР РГБ. Ф. 222. Карт. XI. Л. 170об.; Материалы. Т. 1. С. 47–48.
(28) НИОР РГБ. Ф. 222. Карт. XI. Л. 153–153об.; Материалы. Т. 1. С. 20–21.
(29) НИОР РГБ. Ф. 222. Карт. XI. Л. 168об.; Материалы. Т. 1. С. 44.
(30) НИОР РГБ. Ф. 222. Карт. XI. Л. 168об.; Материалы. Т. 1. С. 44.
(31) НИОР РГБ. Ф. 222. Карт. XI. Л. 155; Материалы. Т. 1. С. 23.
(32) НИОР РГБ. Ф. 222. Карт. XI. Л. 166–166об.; Материалы. Т. 1. С. 39–40.
(33) НИОР РГБ. Ф. 222. Карт. XI. Л. 169; Материалы. Т. 1. С. 45.

第六章　キリーロフのオレンブルク遠征

1　遠征の準備

オレンブルク遠征の準備

キリーロフの提案は、彼自身によると、東方の富の獲得および交易の拡大を旨とするピョートル一世の考えや政策の本質を体現するものであった。(1)ピョートルはキリーロフの知恵と知識を高く評価し、二人は東方の諸問題に関する自らの見解と企画について語り合った。(2)正しくその意味でもキリーロフは「ピョートルの巣の雛鳥たち」(птенцы гнезда Петрова)の一人であったのである。

折しもアジアの富の獲得と交易について政府の戦略を仕上げる上で好都合な状況が重なった。次の点は、すでに述べてきたことの繰り返しになるが、留意する必要があるのでいま一度記しておこう。第一に、一七三一―三二年のロシアとカザーフの関係構築である。この時、タタール出身のアレクセイ・イヴァノヴィチ・テフケリョーフ(А. И. Тевкелев、領主でムルザのクトゥル＝ムハメト・テフケリョーフ　一六七四―一七六六、一七一六年にはA・ベコヴィチ＝チェルカッスキー公の中央アジア遠征に参加)が小オルダに滞在中、オリ川河口付近のヤイークに要塞を建設するという提案がなされた。

第二に、一七三四年のカザーフの答礼使節がロシアへの臣従を受け入れることを願い出た。[3] そして第三に、ウラル以東のステップ、中央アジアおよびインドへロシアが進出するということについて、元老院秘書官長И・К・キリーロフの有名な前述の計画が提出された。[4] 以上の状況がロシア政府を南ウラルに注目させる契機となったのであり、そのためこの遠征は学術的な要素を持ちつつも政治軍事的性格を前面に出すことになった。

アンナ女帝は一七三四年五月一日付勅令をもってキリーロフ提案を承認した。[5] この勅令は実質的に次の三つの主要な目標を持っていた。第一は、オリ川とヤイーク川(プガチョーフ叛乱後にその記憶を消し去るために政府はウラル川と改称)の合流する地点に要塞都市を建設すること。それは南方バシキーリア境界線に沿った防衛線の始まりであり、またロシアの宗主権を受け入れたばかりのカザーフ人を統治するための拠点となるはずであった。第二は、バシキール人の動揺への効果的な対処である。そして第三に、中央アジアにおける眺望の良い地の利を占めるための諸方策である。最後の目標を達成するための第一歩は次のように強調されている。「しかるべき時に、商業の便のため、キルギス＝カイサク〔＝カザーフ〕の領域におけるアラル海にわが方から埠頭を建設すること、加えて大砲を備えた船を周航させること、実際にその海を獲得することが必要である」[6]、と。この地点から中央アジアにおけるロシアの政治的商業的利益は容易に前進しうる。かくして中央アジアにおけるピョートル一世の遠大なる目標はこの計画にまとめあげられたのである。もしこれが実現されるならば、それはロシア南東への大きな一歩となるであろう。しかしキリーロフの提案した多岐にわたる計画のうち実際に遂行されたのは、僅かに「キルギス＝カイサク・ステップ」(すなわち「カザーフ・ステップ」)の北西の境に沿った防衛線を造ることだけであった。[7] なお同年六月七日付布告は要塞にオレンブルクという名前を与え、入植者にはさまざまな特権を与えるとしている。[8]

一七三四年五月十八日、政府はキリーロフにオレンブルク遠征に向けた四十一項目から成る具体的な命令を発した。[9] 都市建設のための遠征隊が組織され、И・К・キリーロフがその長官に任じられた。[10] 補佐官にはА・И・テフケリョーフが就いた。これより以前、政府はこの遠征を全面的に支援することを目指した。五月九日、キリーロフとテフケリョーフに対してすべての国家の機関とその吏員が「あらゆるしかるべき助力をする」ことを公約する女帝の布告が発布された。[11]同時に、カザン県知事プラトン・イヴァノヴィチ・ムーシン＝プーシキン伯（П. И. Мусин-Пушкин　一六九八―一七四五、一七三〇―三二年スモレンスク県知事、三二―三五年カザン県知事、三五―三六年エストリャンド県知事、三六―四〇年商業参議会総裁）およびシベリア・カザン官営鉱山工場中央監督局局長タティーシチェフ（一七三四年三月十四日付勅令で四等文官・現任国事参事官という肩書で再びこの職に就いている。三七年五月、キリーロフの死後にオレンブルク遠征隊長官〈委員会委員長〉となる）の両人に宛てた勅令を発している。そのなかで地方当局と遠征隊とが協同して事に当たる必要があると指摘されている。五月末、元老院は布告を中央（軍事参議会・海軍参議会・商業参議会、砲兵事務局・宿駅事務局、参謀本部事務所・経理事務所・元老院事務所、宗務院）と地方（カザン県知事・ニジェゴロド県知事・シベリア県知事・アストラハン県知事）の諸官庁に向けて発した。[12]のちに同年八月二日付元老院通告が示しているように、この適応範囲はさらに広げられることになった。[13]

遠征隊はその編制当初から学術遠征の枠をはるかに超える規模と陣容を備えていた。軍事参議会に宛てて発せられた五月二十日付元老院布告は、ウファーからその守備連隊の半数、カザンから一箇ないし二箇連隊、ウファーとメンゼリーンスクの貴族とカザーク、ヤイークとサクマルスクのカザークの半数をキリーロフの指揮下に置くという提案をしている。軍事参議会は河川や海を航行する艦隊のためにエカチェリンブルクの諸工場でさまざまな口径の五〇―六〇門の大砲、二〇門の小さい臼砲、および一五〇門のファリコネット砲を製造することになった。そのためしかるべき量の火薬や砲弾をカザンおよびウファーの工廠から供給しなければならなかったのである。[14]

ペテルブルクでは主だった指揮官と技術者のみが集められた。河川輸送の問題処理およびアラル海で港や艦隊を建造するために必要な海軍将兵、都市やドックを建設するための労働者、建設を計画しそれを監督するための技師、会計官、そして地図を作製し、鉱物を探り、地方の自然現象を調査するための学者や技師である。具体的な人数は、「城塞建設のための工学に携わる吏員」四名、「アラル海のための海事に関わる吏員」二十一名、「経済問題および他の都市の問題に携わる司令部付将校および尉官」四十二名、測地学者五名、書記四名、砲兵勤務者六名、総計八十六名が加えられた。竜騎兵・兵士三五〇〇名も加わっていた。(15) なお、のちにオレンブルク地方の歴史を研究し、ロシア史上初の科学アカデミー準会員となるピョートル・イヴァノヴィチ・ルィチコーフ(П. И. Рычков 一七一二―七七)が、当時としては最新の複式簿記を学び、遠征隊の会計官として参加していたことも指摘しておかなければならない。

ペテルブルク出発からウファー到着まで

キリーロフとテフケリョーフがアンナ女帝に謁見したのちの一七三四年六月十五日、二人はペテルブルクを出発した。先遣隊は五十三艘のボートに乗ってモスクワに向かった。残りの部隊は、キリーロフの義父で海軍大尉ピョートル・バフメーチエフ(П. С. Бахметев)指揮下、約二週間後に陸路を進んだ。

出発前に三つのカザーフのオルダおよびカラカルパク人の指導者たちに宛てて書簡が送られた。彼らは、女帝への誓いを忘れることなく、またロシアのキャラヴァン隊が中央アジアの町々へ往来する際には、それを保護すべしという内容であった。(16) かつて中オルダのハンであるシェミャカ(Шемяка あるいはセメケ)はロシア政府に従順なバシキール人に対して攻撃を行ったために叱責を受けていたのである。(17)

その後のオレンブルク遠征隊の動向について概要を記しておこう。一七三四年、オレンブルク遠征隊はオレンブルク地方の開発を目的にキリーロフの計画を実現するために組織された。キリーロフを長官とするこの遠征隊の基地は一七三四年十一月十日に到着することになるウファーに置かれた。ペテルブルクを出発してちょうど一年後の一七三五年六月十五日、キリーロフはウファーからオリ川河口へ向けて移動し、八月六日、同地に到着。八月十五日、要塞の基礎を築いた。八月三十一日、オリ川(現在のオルスク市)にオレンブルクを置いた。一七三六年夏、キリーロフはオレンブルク遠征隊司令部をウファーからシンビルスクに移し、翌一七三七年一月にはさらにシンビルスクからサマーラへ移した。この年、オレンブルク遠征隊はオレンブルク委員会へと改組・改名されている。

遠征隊の出発の具体的な経緯は以下の通りである。キリーロフの部隊は、ノヴゴロドから約二十五ヴェルスタの距離にあるブロニツィでボートを乗り捨て、モスクワまでの道程を駅逓馬で移動した。一七三四年六月二十九日、部隊はモスクワに到着した。[18] ここでさらに多くの人々が遠征隊に加えられた。化学者、地理学者、植物学者、歴史家、経済学者、画家、砲兵少尉補、少尉補、税務・軍事担当官、薬剤師、各一名ずつ。十七名の下士官および兵卒、七名の事務員、医師一名とその弟子一名、聖職者一名、スラヴ＝ギリシア＝ラテン学院（アカデミー）から幾人かの生徒、以上である。[19] ここに遠征の多目的な性格がよく表れており、何よりもこの事業が国家の一大プロジェクトであることを示していた。

七月二十五日、部隊はカザンに向けて十一艘の河船に分乗して出発した。キリーロフ自身は駅逓馬に跨り隊の先頭に立った。コロムナ、ペレヤスラーヴリ、スターラヤ＝リャザン、マシモフ、そしてカザンへと至る旅であった。十月初旬、カザンに着いた。ここでキリーロフはペンザ歩兵連隊一二二三名、砲兵数名および水兵を加えた。さらに地方の兵器廠から砲兵用武器、それに必要な設備、弾薬を入手した。いまや遠征隊は四十九門の銅製・鉄製の大砲、十九門のさまざまな口径の臼砲を持つことになった。[20] 十月末に、キリーロフは軍装品の一部を、冬の雪道を利用して、また別の一部を春の水運を利用して送ることを決定した。十一月十日、ウファーに到着した。ペテルブルクを発ってすでに五か月が経っていた。彼はここで約七か月を過ごすことになる。この間、オリ川へ向かうさらなる行軍の準備が緊迫した雰囲気のなかでなされたのである。

ウファーでの準備

当時、キリーロフの管轄下にペンザ歩兵連隊とウファー守備大隊がいた。これとは別に、同地域への増援部隊としてヴォロゴツキー竜騎兵連隊が差し向けられた。ウファーにいる間に、キリーロフはウファー・カザーク一五〇名、ヤイーク・カザーク二〇〇名、そしてサマーラ・カザーク一〇〇名を軍事勤務に動員し、国庫の資金で十分に装備を整えたウファー、ビルスクおよびメンゼリーンスクの六〇〇名の勤務人から成る五箇竜騎兵中隊を編制した[21]。さらに彼は要塞のための建設労働力として二万人のチェプチャーリとボブィーリを集めた[22]。

また十月十七日、政府はキリーロフがバシキーリアで必要な竜騎兵用の馬五千頭を購入するための資金援助を行う旨を決定し[23]、翌一七三五年一月二十六日、購入資金二万ルーブリを彼に送ることにした[24]。しかし実際にキリーロフが馬を購入したという知らせをペテルブルクが受け取ったのは、やっと五月八日の軍事参議会報告においてであった[25]。

十一月三十日、キリーロフは、これまでの状況について自分の庇護者であるアンナ女帝の寵臣ビローンに宛てたウファーからの手紙で、次のように書いている（一七三四年十一月三十日付、ウファー発）。

> 哀れみ深い主人である伯爵閣下！　伯爵閣下に以下のことをご報告申し上げます。十一月十日にウファーに着き、カザンから軽砲兵の到着を待っております。それが到着すると直ちに、前もってカザークの町であるサクマルスキー・ゴロドークまで糧食輜重隊を伴った一隊をまずはウファーおよびメンゼリーンスクから派遣し、その後、竜騎兵用の馬を購入したのち、私自身そこに赴きます。同地のバシキール人、勤務しているメシチェリャーク人（＝ミシャーリ人）、チェプチャーリおよびボブィーリは、女帝陛下、わがいと慈悲深き陛下のために、サンクト・ペテルブルクで示されました、派遣された請願者に対するお慈悲を称賛しておりますので……オリ川での仕事（すなわち要塞建設）に喜んで励むこととなるでしょう。……馬は竜騎兵のみならず、将校たちにも多く必要であります。しかし残念ながら、ここにはよい馬がおりません。伯爵閣下、どうかフォン・ミーニヒ伯爵元帥閣下に、軍事参議会での私の報告に基づき、さらなる行軍を行うべく派遣された守備隊三箇大隊に対して（特別な）軍隊俸給をお与えく

ださいますようにお話ししていただければ幸いです。閣下、実際、このような僻遠の土地において守備隊の俸給〔だけ〕では勤務することが困難であります(26)。

なお、ビローン自身は女帝となるクールラント公妃アンナに扈従してクールラントからやってきた人物である。寵臣として侍従長(обер-камергер)の身分を得てその力を行使し、政府の上に君臨していた。女帝統治下の約一〇年間は後世「ビローノフシチナ(ビローン寵臣政治)」(бироновщина)と否定的に呼ばれたドイツ人を中心に登用してロシア人貴族を排除するなど、さまざまな問題を生んだ時代である。一七三〇年二月二十五日の政変で「専制君主」となったアンナ女帝は、続く同年三月四日のマニフェストで最高枢密院(Верховный Тайный совет)を廃止し(27)、それに代わるものとして一七三一年十月十八日付布告によって立法、行政、司法および全国家機関の統制を司る新たな政府(定員三名から成る「大臣カビネット」〈кабинет-министров〉——正式には「女帝陛下のカビネット」〈Кабинет её императорского величества〉)を創設した(28)。それにはА・И・オステルマーン(首相格)、Г・И・ゴローフキン、А・М・チェルカッスキーが任命された。ビローンは伯爵に叙せられ、女帝に大きな影響を及ぼした。廃止された最高枢密院のメンバー(上記の大臣カビネットに入った人以外に、Д・М・ゴリーツィン公、А・Г・ドルゴルーキー公、В・Л・ドルゴルーキー公、В・В・ドルゴルーキー公、А・И・オステルマーン伯など)の多くは再編成された元老院(定員二十一名)に配置替えとなった(29)。キリーロフはその元老院の秘書官長として頻繁にビローンと顔を会わせていたのであろうし、彼の恩顧も受け、ビローンを大いに頼っていたのであろう。そこに政府部内の人的結合関係の強い影響を見て取ることができる。これこそが当時の政治構造の支柱の一つであった。

キリーロフの懸念とビローンの援助

キリーロフはウファーで遠征隊の最終的な準備に着手した。しかしキリーロフは政府部内の陰に隠れた動きをその計画の障害になる恐れがあるとして危機感を募らせていた。この点についてもビローンに宛てた支援要請の手紙が雄弁に語っている(一七三五年五月一日付、ウファー発)。

閣下、哀れな私をお見捨てになりませんようお祈り申し上げます。それは他ならぬまさに女帝陛下のための利益となるよう、しかるべき時を見計らって、それゆえあえて申し述べる次第であります。もちろん私は、十六年間にわたり資金を求めつつも、閣下以外には他の援助を受けておりません(中略)。なぜなら、現在、私の計画案のなかで表明されている計り知れない利益は多くの人にとりまして信じられないほどのことだからであります。〔多くの人は〕援助についてそれほど熱心ではないかもしれません。とはいえ私が同地〔ウファー〕にやってきてから過去四か月の間に、すべてを遂行することはまったく不可能ではありますが、すでに基礎ができていることを考えますと、助力することはできました。〔従来〕地方行政長官から勝手気ままに振る舞うことを許されていたすべてのバシキール人は、いまだかつて臣下として従順であったことも、また服従していたこともありませんでした。しかしいまや彼らは、富める者も貧しいものも、〔女帝陛下による〕資金でも馬でも緞子でもなく、地方行政長官たちが自分たちから儲けを搾り取らせないように、秩序と公正さを目の当たりにして、自らに対する女帝陛下の至高なる慈悲を知り、従順となり、服従することになったのであります。(30)

かくしてキリーロフはビローンに経済的支援を要請した。と同時に、この手紙は地方の秩序維持に対するキリーロフの新しい考え方を窺わせて興味深いものである。

遠征隊を編制・指揮する上でビローンによる支援は必要不可欠であった。この点についてすでに遠征に出発したキリーロフは別の手紙で次のように述べている(一七三五年六月二十一日付、ウファーから八十三ヴェルスタ離れたカルマラ川発)。

〔大臣〕カビネット、元老院および軍事参議会へ送付されましたいと低き僕である私のすべての報告に対して、至仁なるわが女帝陛下の勅令を受け取ることに理由をつけ加えることは、閣下の寛容さが示すこの新たな事業に対する保護……に他なりません。

キリーロフは、時間の浪費は禁物であること、また遠征隊の行動に疑いを持っていたり悪意を懐いていたりする者たちを懐柔するために「袖の下」が必要であることを痛感していた。手紙のなかではそうした政府部内の人々の名前は明示されてはいないものの、彼らのキリーロフ計画に対する否定的態度は、キリーロフ自身にも、またビローンにも認識されていた。

寛容なる閣下! いまや信じられないくらいですが、あらゆる方向からの反響は厄介さと危険で満ちています。しかし同地では現在、それとは異なり、卑しき私の計画で述べられている方向に進んでおります。閣下、もし劣悪な場所へ私が赴くことがあれば、オリ川へと向かう多くの人に対するそうした疑い〔すなわち政府部内のキリーロフ遠征に対して取られた否定的な言動〕を確認なさる方がよいでありましょう。(31)

以上は、将来政争に発展するであろう政府部内の派閥争いの存在を窺わせるものである。しかし、キリーロフを巡るパトロネジ関係についてはわかるものの、その点と派閥争いとの関係については不明である。

要塞建設と農耕普及の計画

キリーロフの部隊はペンザ歩兵連隊、ウファーからの歩兵大隊、ウファーの小貴族とカザーク、そしてウファー、ビルスク、メンゼリーンスクの青年たちから新たに編制されたオレンブルク騎兵大隊を含んでいた。キリーロフはウファー川上流域およびヤイーク川流域に上陸するための船の建造を命じた。またキリーロフはシベリア諸都市との連絡線を確保すべく、友好的なバシキール人の助言を得てヤイーク川上流にヴェルホヤイーツカヤ（ヴェルフネ＝ヤイーツカヤ）要塞の建設に着手しはじめたのである。[32]

当時、外務参議会副総裁にして副宰相であり、実際上のロシア帝国の内政外交の両方を指導していたアンドレイ・イヴァノヴィチ・オステルマーン伯（А. И. Остерман　一六八六―一七四七）[33]に宛てた手紙のなかで、キリーロフは次のように記している。「この場所は、シベリア諸都市からの食料がヤイーク川を下って輸送できるだけではなく、カスピ海に向けてあらゆる方向に運ぶことができるほど便利であります」[34]、とその重要性を強調しながら、「草案」で述べた計画の正当性を主張しているのである。一七三五年春、ヤイーク川上流に防衛の拠点となるヴェルホヤイーツカヤ要塞が完成した。

二月二十八日付政府宛メモで、キリーロフはさらにタブィンスク要塞建設の必要性を訴え、政府はその考えを支持した。[35]新しい要塞はバシキール人から賃借した同地で製塩産業を担っている商人И・Д・ウチャートニコフ（И. Д. Утятников）の指揮下に建設された。この人物が担ういま一つの重要な任務は、近隣にある官営銅溶解工場へ物資輸送を行う際に役に立つ埠頭を建設することであった。タブィンスク要塞は一七三五年六月初旬に完成し、ここには伍長指揮下歩兵二箇中隊が二門の火砲を備えて駐屯することになった。[36]

また十八世紀第一・四半期にヤイーク・カザークによって建設されたサクマルスキー・ゴロドークも防備を固めた。ここにはウファーから冬道を経て届いていた食料の他に必要物資が貯蔵されていた。これに加えてキリーロフは大砲数門を運び込むことを考えていた。一七三五年三月、サクマルスクの海軍少尉アプラクシン(Апраксин)が「船を建造する目的で」派遣された。彼は積載量二―三〇〇〇プードもある船を建造しなければならなかったのである。[37]

とはいえ運ばれてきた穀物はロシア本土の穀物価格と比較して高値であった。それゆえキリーロフはこの地方に農耕を普及させることも考えなければならなかった。彼によると、そのためにはバシキーリアに移住してきた郡民兵が重要な役割を担うと考えられた。彼らの基本的な仕事は穀作である。郡民兵である竜騎兵たちには二〇チェトヴェルチかそれ以上の土地の分与が提案された。竜騎兵たちは一週間に一度、土曜日に軍事知識を学ばねばならず、日曜日ごとに教会のミサに参列しなければならなかった。その他の日には農業に携わることが義務づけられた。キリーロフは同様に将校たちにも、彼らの軍隊の階級にふさわしく、「郡民兵としての勤務期間のみ……特別な区画の土地と有益地を」彼らに与えることを提案した。一七三五年四月二十日、元老院はこの提案を認可したが、まもなく郡民兵のための土地提供はバシキール人の抵抗を招く恐れがあることが明らかとなり、そのため「かの五等文官〔キリーロフ〕に、同地の状況を見た上で、そうした部隊を創設すべきである」と助言することになった。[38]

バシキール人上層への対策

キリーロフは目的遂行のために、一方でバシキール人上層の取り込みを考えつつ、他方で当時のいわば慢性病である地方行政官たちの職権濫用と闘わざるを得なかった。

キリーロフは一七三四―三五年の冬すべてを使い、ウファーで利用することを考えてバシキール人の族長と名だたる指導者たちのリストを作成した。また彼はヤサークを納めない代わりに軍役に服する身分であるタルハンという称号を持たないタルハンの子孫たちなど、多くの人々にもその称号を与える代わりに遠征隊に随行させるべく登録したのである。[39]三五年二月二十八日、キリーロフは「現在、七七三名がタルハンとされ、また登録が続いている」[40]、と書いている。

しかし現実は後述するように厳しいものであった。

他方、ロシアの侵入に対して長期間にわたって動揺や蜂起を繰り返してきたバシキール人たちは、ツァーリ政府に対しその抑圧を止めて解放するように幾度も請願していたのである。

食料調達と主部隊の構成

一七三五年春、要塞＝都市であるヴェルホヤイーツカヤとタヴィンスクの基礎が築かれ、そこで新しい都市へ荷物を運ぶための船や筏が作られた。五月一日、シベリアの村からヴェルホヤイーツカヤに最初の輜重隊である食料を載せた七〇台の馬車が到着した。一〇〇台の馬車から成る第二の輜重隊は道の途上にあった。同時に食料の買い込みも行われていた。(41)

一七三五年春の段階で、オリ川河口に都市を建設する目的で派遣された主部隊はさまざまな軍隊から成るいわば混成部隊であった。カザンとウファーの歩兵大隊から八箇中隊（一三八九名の兵士と将校から成る）、カザンの竜騎兵連隊から三箇中隊、ウファーとビルスクの勤務人で構成される竜騎兵三箇中隊、ウファー・カザークとヤイーク・カザーク二五〇名、新たに洗礼を受けたカルムィク人とタタール人から成る義勇兵十五名、ミシャーリ人六〇〇名、砲兵勤務者一四八名から成っていた。総勢三一五〇名であった。これに加えて、彼らはさまざまな口径の砲二十九門、榴弾砲と臼砲四門を装備していた。(42)

この主部隊に続いて、メンゼリーンスクの勤務人で構成される竜騎兵二箇中隊が移動することになっていた。遠征隊の指揮下には、同じくヴェルホヤイーツカヤで訓練を受けた兵士二箇中隊、およびタヴィンスクにいた伍長の指揮する小隊があった。サクマルスキー・ゴロドークに兵士半箇中隊と一〇〇名のカザークがいた。また遠征隊の途上で約一〇〇名のバシキール人が加わった。(43)

キリーロフの認識——遠征隊の目的その他

バシキーリアにおける新たな軍事行政が俎上にのぼってきたため、キリーロフは自らの掲げた諸課題を前面から後退させることになった。とはいえ計画を最後まで遂行し、軍事的状況とメンゼリーンスクにある司令部の意向に完全に依存することがないように己の立場について行政のみならず、純粋に地理的にも距離を置いておかねばならなかった(44)。

一七三四—三五年の状況について、当時オレンブルク遠征隊に会計官として参加していたП・И・ルィチコーフは、遠征から二〇年経たのち、当時の状況を振り返って次のように冷静に分析している。曰く、遠征隊長官はこの地域の地理的状況について当初は見込み違いをしていた。「もし五等文官キリーロフがオレンブルク遠征に派遣される際、サマーラ市から……ウファーより若干離れているオリ川まで、全軍と共にウファーに派遣されることなく、モスクワからカザンへ乗っていった船で、ヴォルガ川のサマーラまで真っ直ぐに行くことを彼が知っていたならば……バシキール人たちの混乱、またそれによる彼の企画上の困難も生じることはなかったであろう」。とはいえ一七三〇年代中葉のヴォルガ川以東(Заволжье)の状況は本来遠征隊にとって好都合であった。「〔前略〕サマーラ川に沿ってウラリスキー・スィルト(Уральский Сырт)まで、道は甚だ便利であるだけではなく、バシキール人住民はどこにも住んでいなかったのである。その後、ヤイーク川を渡河し、その川に沿って進んだが、全バシキール人住民はそこから離れたところで内部に留まっていた。離れていれば、バシキール人が遠征を邪魔することはあり得なかったであろう」、と。とはいえルィチコーフはキリーロフに誤った状況判断の全責任を負わせているわけではないのである(45)。

実際、ヴォルガ川以東はキリーロフにとってもまた彼の仲間たちにとってもよく知らない土地であった。注目すべきは、一七三五年四月二十日付のチェスノコフカ(Чесноковка)近郊の陣営から科学アカデミーに宛てて送った手紙のなかで述べられているこのオレンブルク遠征隊長官自身の認識である。「あえて一つの例を報告します。カザンからサマーラまで、そしてヤイークまで、そこからヤイーク川によってサクマラへ、そしてウファーへ、私のところから測地学担当将校たちを派遣してすべての新しい知見を得ました。それについて地図を作製し、女帝陛下の〔大臣〕カビネットに送りました」[46]。この手紙が遠征隊長官キリーロフによって科学アカデミーに送られた時、遠征隊はすでにウファーからオリ川河口へと出発していた。ヴォルガ川以東のいかなる道を通るかということは、キリーロフにとってもっぱら学問的な点においてのみ興味深いことでしかなかったのである[47]。

2　初期の遠征隊の活動とバシキール人の抵抗

バシキール人の動向(一七三五年春―初夏)

ヨーロッパ・ロシアの南東部においては、オレンブルク遠征と共に蜂起を鎮圧することを第一の目的とするバシキール問題委員会が活動を始めた。一七三五年におけるバシキール人蜂起発生後、直ちにバシキーリアには二つの非常事態に対処する行政機関が形成された。第一はオレンブルク遠征隊(委員会)、第二はバシキール問題委員会である。これに加えてエカチェリンブルクのシベリア・カザン官営鉱山工場中央監督局局長とウファーにいる行政長官は独立的な機能を持ち続けたことも指摘しておかなければならない。

バシキール人はオレンブルク遠征隊(正式には「オリ川遠征隊」)の動きについてすでに情報を得ていた。彼らはヤイーク(のちウラル)川沿いの防衛線の追加建設が自分たちの領域を包囲する事業の事実上の完成となるという認識を懐いていた。ペテルブルクのバシキール人族長はアブィズ(абыз)[48]であるキリミャーク・ヌルシェフ(Кильмяк Нурушев ノガイ道ユルマティン郷のムッラーで反ロシア派の有力指導者)に手紙を書き送り、そのなかで遠征隊の活動について述べている。それに対して、キリミャーク・ヌルシェフ、ベペン・バプキン(Бепень Бабкин ユルマティン郷出身)、セイト＝バイ・アルカエフ(Сеит-бай Алкаев ノガイ道クィル＝タミヤンスカヤ郷の長老)、ルィサイ＝バイ・イギムベチェフ(Рысай-бай Игимбетев ノガイ道ブルジャンスカヤ郷の長老)、および影響力のある他のバシキール人指導者たちは、この遠征隊の活動に反対する準備を進めることになった。(49)

蜂起計画は密かに進められ、その情報はほとんど当局に漏れることはなかった。そのためウファーで冬を過ごしたキリーロフは元老院に次のように報告している。「あらゆる階層のバシキール人が私の準備と調整に満足しており、まったく平穏であります」(50)、と。しかし三月、当時シベリア・カザン官営鉱山工場中央監督局局長であったタティーシチェフはキリーロフに宛てて、エカチェリンブルクからバシキール人、チェレミス人およびその他の人々がオレンブルク遠征の計画に反対するための集会を開き計画を練っている、と危惧の念を表明する書簡を書き送った。それに対してキリーロフは、情報網を確保するためにヴェルホヤイーツカヤおよびサクマルスクへと派遣した部隊がバシキール人からいかなる攻撃も受けなかったと答えている。さらにキリーロフは、タティーシチェフの危惧する集会が遠征および労働力徴集のために開かれたものであり、問題がないとさえつけ加えたのである。(51) カザン県知事П・И・ムーシン＝プーシキン伯もバシキール人の動きについて懸念を抱き書き寄こしてきたが、(52) キリーロフはその警告をも無視したのである。ちなみにこうした警告はカザン道のタタール人からも発せられていた。(53)

おそらくキリーロフにとっては「草案」にみられるカザーフ人問題やアラル海沿岸に建設すべき波止場に対する関心の方が強かったのであろう。またバシキール人の不穏な動きは何も今回が最初というわけでもなかった。さらに言えば、ロシアの強大さそのものがキリーロフの抱く自信の一因でもあった。あるいは最近物故したロシアの歴史家Н・Ф・デミードヴァが言うように、キリーロフはバシキール人蜂起を自らの基本的な構想であるオレンブルク建設に対する脅威と見てとり、それゆえ政府宛報告やビローン宛書簡のなかでは、蜂起は偶発的なもので意味のある出来事ではないとあえて矮小化したのかもしれない。(54)

ウファー出発とバシキール人使節

一七三五年春、キリーロフは、夏のうちにオリ川に新しい都市を建設することができるようにと、可能な限り早くウファーから移動することを決めた。三月二十七日、兵士と砲兵二箇中隊はベーラヤ川を渡って弾薬と大砲を運んだ。彼らはチェスノコフカ村まで達し、そこに陣営を敷いた。ここで遠征隊は「雪に逆らわずにステップを通っていくことは不可能であるという理由で、ステップから雪がなくなる」まで留まらざるをえなかったのである。残りの部隊と共に、キリーロフは四月十一日にウファーから出発することにした。実際にいつ出発したかは不明であるが、四月二十日にはキリーロフは、全部隊がチェスノコフカの陣営に留まっており、五月中旬まで待つ予定であると伝えている。その理由は、春の雪解けの泥濘期を避けること以外に、キリーロフは次のように説明している。「女帝陛下からの勅令に従い、元老院および軍事参議会から派遣されるヴォロゴツキー竜騎兵連隊を待ちながら陣営にいることに致します。しかし彼らが一〇日以内にウファーに到着しなければ、さらに時が失われないように〔出発〕するでありましょう」[55]。つまり派遣部隊の到着を待っていたのである。

しかし一七三五年四月、キリーロフはヴォロゴツキー竜騎兵連隊を待たずにウファーを出発した。少し勾配のあるベーラヤ川流域沿いの森に覆われた渓谷に陣を張った。チェスノコフカの南一〇ヴェルスタの所である。そこでキリーロフはカマ川防衛線前哨基地から派遣されるヴォロゴツキー竜騎兵連隊からの五箇中隊(рот)の到着を二か月間待つことになった。そこにキリミャーク・ヌルシェフと彼の仲間から二人が代表として派遣され、バシキール人は遠征計画の遂行に全力で抵抗し計画の放棄を要求すると伝えた。この二人は直ちに拘束されて尋問を受け、うち一人は拷問中に死んだ。結局、キリーロフは補充部隊の到着を待つことなくオリ川へ進むことになった。

六月十五日、ペンザ歩兵連隊のうち歩兵一〇箇中隊、新たに組織されたオレンブルク竜騎兵三箇中隊、一五〇名のウファー・カザーク、一〇〇名のヤイーク・カザーク、数名の勤務タタール人、十五名の改宗カルムイク人、六〇〇名のウファーのミシャーリ人、および一〇〇名のバシキール人タルハンと共に、ベーラヤ川まで移動した。すでに述べたように、キリーロフはバシキール人タルハンを約七〇〇名登録していたが、現実には僅かに一〇〇名しか集まらなかったのである。このことはバシキール人の動きが警戒すべきであることを示していた。この一団に加えて、キリーロフのもとには二〇門以上の大砲があり、また士官および一〇〇名以上の砲兵がいて、総勢二五〇〇名にのぼっていた。彼はヴェルホヤイーツカヤとサクマルスクで守備隊を組織した。オレンブルク竜騎兵二箇中隊はオリ川まで道案内するためにカマ川防衛線からやってくるはずのヴォロゴツキー竜騎兵連隊五箇中隊を待つべく出発したのである。

一七三五年七月の衝突とキリーロフの認識

キリーロフが出発した四日後、チリコフ(Чириков)中佐の指揮下にあるヴォロゴツキー竜騎兵連隊はチェスノコフカの陣営に到着した。(56) そこで数日間休息したのち、チリコフ中佐の部隊はキリーロフの本体に合流すべく出発した。キリーロフから行軍にあたっては「注意せよ」との命令を受けていたにもかかわらず、チリコフは警戒を怠った。彼自身馬で隊の先頭を進み、隊列は縦に長く伸びきっていたのである。補給の荷馬車は列のはるか後方に遅れてしまった。一週間は何事もなく過ぎた。しかし七月一日、突然キリミャークに率いられた約一二〇〇名のノガイ道のバシキール人が隊列に襲いかかった。チリコフ、司祭、医者、十八名の竜騎兵、四十二名の人夫がこの戦いで没した。輜重部隊所属の補給用荷馬車四十二台が捕獲された。ゲバウェル(Гебауер)大尉の活躍でやっと窮地を脱し、命令を完遂することができたのである。

この惨劇の知らせを聞いたキリーロフは将校たちと相談の上、ヴォロゴツキー連隊救援のため部隊を後方へ派遣することにした。一五〇名のカザークと同数のミシャーリ人から成る新たな部隊が、ウファーから二九一ヴェルスタのところに駐屯していたヴォロゴツキー連隊に合流した。七月十日、彼らはウラル山脈から流れ出てベーラヤ川が北へ向かう

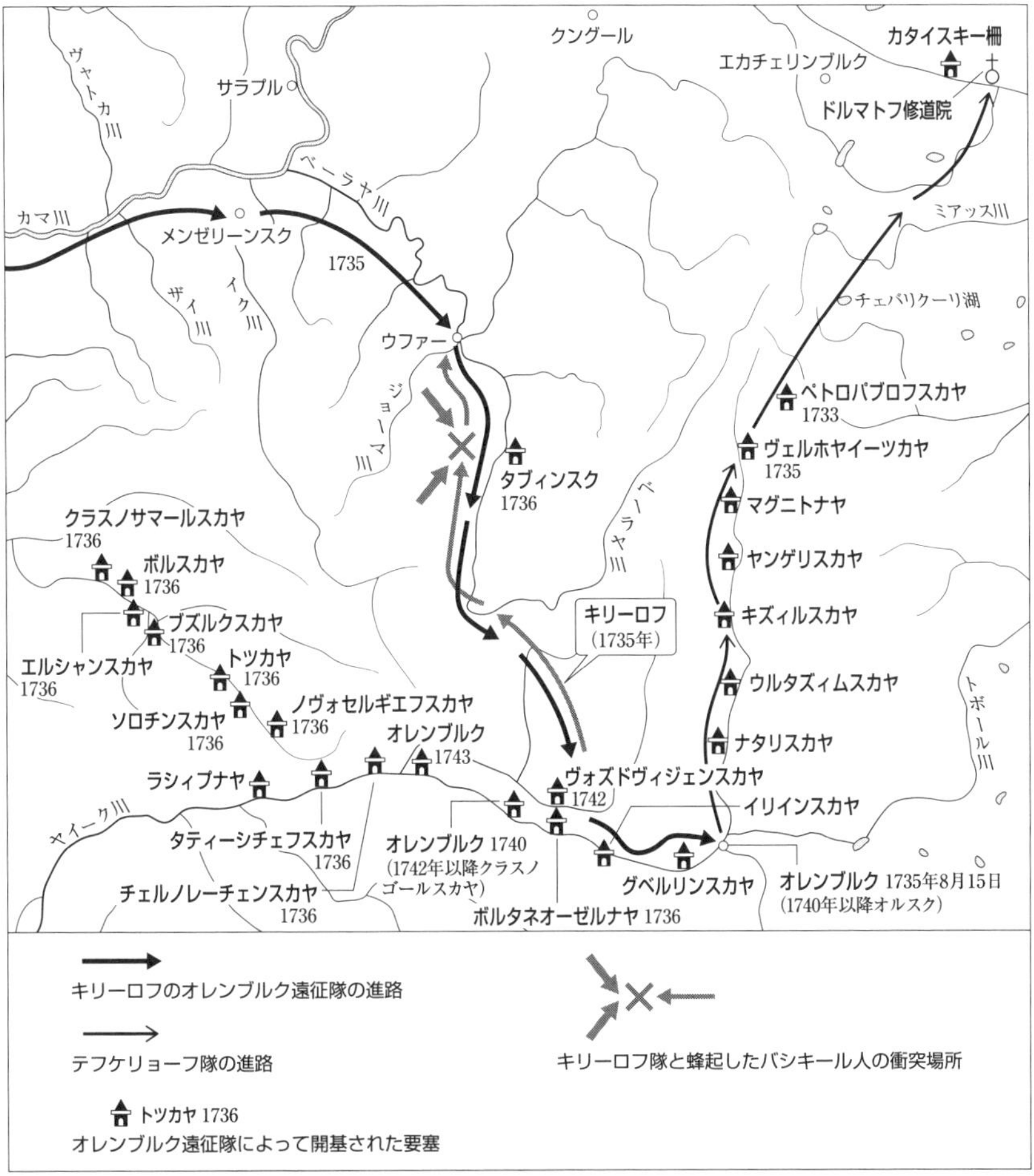

図８　オレンブルク遠征隊の進路
〔出典〕 История Башкирского народа. Т. III. Уфа: Гилем, 2011. С. 177.

地点近くに駐留していた主力部隊と合流した[57]。

この時もキリーロフは事態の重大性を矮小化した内容の報告を首都に書き送っている。危険は大きくはないこと、問題はチリコフの不注意であることとし、状況を調査し元凶を断つべくウファーに調査委員あるいは知事を派遣すべきであると元老院に求めたのである。キリーロフは少数のバシキール人敵対者のため困難に陥ったのであり、不満がバシキール人全体のものであるとは考えていなかった。また彼は敵対するグループを拘束するために歩兵大隊が派遣されるべきこと、さらに数箇連隊も追加派遣されるべきだと述べた[58]。実際、七月十九日付キリーロフ宛布告では、キリーロフからの報告として、バシキール人とキルギス＝カイサク（カザーフ）人たちは平穏であること、不快なことはまったくないこと、両者の間で軋轢が生じていること等が述べられていた。その上で問題がバシキール人の所で発生していること、および彼らの意図は何かを探るようにと知らせているのである[59]。

他方で、シベリアからの補給輜重部隊が二六〇名のバシキール人と遭遇した。この戦いでバシキール人により兵数名が殺害された。幾台かの輜重は、イヴァン・アルセニエフ大佐（И. С. Арсеньев シベリア竜騎兵連隊長）がそれらを奪還すべくヴュルホヤイーツカヤから到着するまで、バシキール人の手中にあった。補給・供給ラインが危険に晒されているにもかかわらず、キリーロフは前進することを主張した。彼はベーラヤ川とサクマラ川を越えてウラル渓谷の向こう側へ赴き、八月六日、最終的にウファーから五〇〇ヴェルスタの地点でオリ川河口の対岸にあるヤイーク川の辺に到達した。ウファーを出発して四か月後のことである。キリーロフは、その時の心の昂揚と共に達成感を次のように述べている。

山々を抜けてオリ川までやってきた。重荷を持って高い山々、峻厳な峰、そして非常に強い敵を乗り越えることがいかに大変なことであったたか。わがいと輝かしき君主国の女帝陛下の思いやりを携えて、委ねられた部隊と共にオ

リ川まで無事に到着し、八月六日にオリ川河口の対岸の陣営に立ったのである。(60)

しかしこうした感慨とは裏腹に、すでに述べたように、期待していた補給物資がいまだ到着しておらず、そのため遠征隊には食料が欠乏していて貴重な馬さえ食べるありさまであった。この苦境をカザーフ人の行動が幾分か和らげた。彼らはキリーロフに多くの家畜を売り、遠征隊を困難な状況から救ってくれたのである。(61)

オレンブルクの開基（一七三五年八月）

一七三五年八月十五日、オリ川とトボール川の合流点から二ヴェルスタの地点、ヤイーク川のステップ側（バシキーリアとカザーフの境である現在のオルスク市の場所）に、キリーロフは木造の要塞を築いた。キリーロフは九月十五日付の元老院宛報告で次のように述べている。「八月十五日、全能なる神へのしかるべき祈禱のおかげで、四つの稜堡（басти-он）を備えた最初のオレンブルク要塞が小さな堡塁（цитадель）と共にプレオブラジェンスカヤ山に土木工事によって作られました」(62)、と。

当日は聖母マリアの被昇天の祝日にあたっており、駆けつけた多くの民衆を前に大砲の空砲をもって起工式が始まった。アブルハイル・ハン（Абулхаир-хан）の長男であるヌラリ・スルタン（Нурали-солтан《ママ》）とカザーフ人指導者数名が祝賀に参列した。カザーフ人およびタシケントの商人たちを前にしてパレードが行われた。司祭はテ・デウム（讃美歌）を歌い、聖水を将来の町の壁や要塞となる地点に振りかけた。ロシア人たちは遠征隊と招待客のために祝宴を催した。カザーフ人指導者たちとロシア人将校はロシア皇帝の家族とカザーフ人貴顕の名誉のために盃をあげた。(63)

翌十六日からキリーロフは自ら壁、要塞、主要な建物の建設を監督することになったのである。同日、キリーロフはアンナ女帝および政府（大臣カビネット）に宛てて、「新ロシア」の領域が帝国の構成部分になったことに対して祝賀を送っている。[64] 同月三十一日、石の礎を置いて都市オレンブルクを開基した。[65] 翌年二月十一日付アンナ女帝の勅令により、この町を通過する商品には税金がかからない特権が付与された。[66] 三年後の一七三八年、この都市の壁の外に木造の交易所が建てられることになる。交易それ自体は以前から行われていたが、この場所でロシア人とカザーフ人、ヒヴァ人およびタシケントからきた商人たちとの間で恒常的な取引が開始されることとなった。

この時期、キリーロフは以上のことを円滑に行うための方策を考えていた。八月十九日付オレンブルク発キリーロフの報告は、バシキール人蜂起鎮圧および将来の蜂起発生を未然に防ぐ手段に関する提案に加え、バシキールの歴史とその民族的構成について記述していて興味深いものである。[67]

のちにタティーシチェフは、一七三五年にオレンブルクが建設された意味を、それはまず何よりもバシキール人の動揺に対する防御のためだったと書いている。[68] キリーロフは元老院に自身の活動について報告した。そのなかで彼はバシキール人の敵対行動が続いていることを認めている。オレンブルクにおける状況の分析を行いながら、キリーロフは「叛徒たち」により厳しい手段を行使することの合理性を訴えたのである。[69]

タティーシチェフの元老院宛報告

オレンブルクが開基された同じ日、元老院ではB・H・タティーシチェフから送られた六月二十六日付報告が届き読み上げられた。工場をバシキール人の襲撃から守るために工場の職人たちに軍事技術を教えるための組織を作り、工場に登録してある農村から兵士を集めることを旨とする報告である。国境周辺の工場はバシキール人の攻撃に晒されていた。そのため同地にいる有益な職人や工場労働者たちに(мастеров и работников)鉄砲の使い方を教えて防衛する兵士とし、また工場に登録された村々(приписные слободы)から兵士を募る必要があるというのである。[70] 十月二十三日付元老院議事録には、オレンブルクの工場防衛に関してタティーシチェフの武器や弾薬の数についての報告が行われたという記録がある。[71]

幾度も発生するバシキール人の襲撃に対し、政府はカザン県知事П・И・ムーシン＝プーシキンにロシア軍部隊を組織してバシキーリアへ赴くことを命じた。[72] このような高位の人物を選んで事に当たらせようとしたことは、政府が状況を深刻に受け止めていたことを物語っている。九月九日、ムーシン＝プーシキンはエラブガから元老院に宛てて報告書を送った。約一〇〇〇名のバシキール人がメンゼリーンスクを攻撃し双方に多数の死傷者を出して駆け抜けていったという。ムーシン＝プーシキン自身の軍隊も攻撃を受けた。彼はカザン・タタール人たちがこの戦いに加わるのではないかと恐れ、兵力の不足について報告しているのである。[73]

九月、キリーロフがオレンブルク建設を進める一方で、バシキール人は二度メンゼリーンスクに接近し、ザインスク、ビリャルスク、スタロシェシミンスクおよびその他のカマ川以東（横断）防衛線に点在する要塞に近接する村々を焼いた。

ルミヤンツェフの派遣と政府の指令

結局のところ、ムーシン＝プーシキンのバシキーリアへの派遣は一時しのぎにしかならなかった。政府の八月二十七日付議事録によると、次のような命令がキリーロフに発せられた。バシキール人による竜騎兵部隊への攻撃について報告を受けること、アレクサンドル・イヴァノヴィチ・ルミヤンツェフ中将（А. И. Румянцев　一六八〇―一七四九）を「バシキール人蜂起鎮圧」の司令官として任命し、キリーロフはルミヤンツェフと関係を密にして、バシキール人に対する行政および彼らの蜂起鎮圧の方法に関するすべての情報をルミヤンツェフに知らせること、以上が内容であった。[74] これはより強力な軍事力の投入を図らなければならないとする政府の意図を示していた。同時に、一七三二年にドイツ人および宮廷の贅沢に対する反感を露わにし、予定されていた国庫歳入参議会総裁（президент Камер-коллегии）の就任を自ら拒否し、そのためかアンナ女帝の怒りを買ってカザン県の僻村へ流刑に処せられていたルミヤンツェフの名誉回復と復権がなされたことを意味していた。

八月五日の布告は、後述するように、ムーシン＝プーシキンに代わってルミヤンツェフをバシキール問題委員会の長とすることを命じている。ルミヤンツェフはまずアストラハン県知事に任命され（在任一七三五年七―十月）、十月十九日からカザン県知事に任命された（在任一七三五―三六）。これに先立つ九月五日、元老院は官房と合同会議を開き、戦闘についての協議に入った。バシキーリアにおける問題を処理すべく「バシキール問題委員会」（Комиссия Башкирских дел）を組織することが決定された。かつてピョートル大帝の側近であったルミヤンツェフが委員会の長に就任した。ルミヤンツェフにはバシキーリアにおける活動を調整するすべての権限が与えられ、バシキール人に対して丁寧な政策を行うように指令が下ったのである。[75] 当時、ルミヤンツェフとキリーロフの部隊は別々に行動していたものの、二人の司令官はそれぞれの活動を調整するよう命じられていた。この時期、両人の共同行動が政府部内で検討されていたが、ルミヤンツェフに下された命令は、八月十三日付アンナ女帝の勅令が示している通り、もっぱらバシキール人蜂起を鎮圧することだけであった。[76]

ルミヤンツェフは政府（元老院）からいくつかの極秘指令を受け取っていた。そのうちの一つ八月十九日付の手紙は、ヴォルガ、サマーラ、アレクセーエフスク、ドミトリエフスク、クラスノヤルスク、チェルノヤルスクの各カザーク軍から徴集した合計五九〇名のカザークをカマ川以東（横断）防衛線にある諸要塞に連れてくるようにとの指示であった。またヴォルガ川沿いおよびその他に定住する許可を求めた登録されたドン・カザーク一〇五七名の移住を促進することもルミヤンツェフに課された。[77] 八月二十三日付の手紙は、「なぜそのような〔バシキール人〕蜂起が始まり、彼らと一緒になって蜂起に加わっているなかに、タタール人あるいはその他の異教徒たち（иноверцы）がいるのか、また遊牧しているバシキール人や彼らと共に住んでいるバシキール人すべてが承知の上で〔蜂起に〕参加しているのか、あるいは彼らの数はどれだけなのか、また彼らは現在どこに住んでいるのか」を探るべく、すべての捕虜に尋問することをルミヤンツェフに命じていた(78)。さらに同日、政府の布告が発せられ、ルミヤンツェフに二箇連隊に相当する海軍省管轄下およびその他の徴募可能な人たちへ軍服と武器を支給し、彼らに軍事訓練を施すように命じた。なぜなら「〔カザンの守備隊は〕少数しかおらず、その多くはイスラーム教徒や他の異教徒である。またバシキール人はカザンの守備隊が少数であることを知っていて恐れていない」からであるとされた(79)。九月九日、キリーロフがオリ川河口に計画された都市の建設を始める際には、ヴェルホヤイーツカヤおよび他の地点に食料を蓄え、そのうち一定量をキリーロフに送るようにルミヤンツェフは政府から指令を受け取った(80)。

ルミヤンツェフとキリーロフの対立

ルミヤンツェフは直ちにメンゼリーンスクへ向けて出発し、九月十九日に到着した。他方、ムーシン＝プーシキンは、カザンに戻る前に到着する軍隊に兵力を集めるべくウファーへ向かった。

当初、ルミヤンツェフのバシキール人蜂起に対する対策は話し合いであり、金品授与による「説得」であった(81)。実際、彼は九月段階ですでにバシキール人長老たちとの話し合いに入った。そのことは政府によっても承認されていた。たとえばアンナ女帝の十月十八日付命令は、ルミヤンツェフに対して温和な方法でバシキール人の恭順を勝ち得て、叛乱を起こした首謀者のみを罰するようにというものであった(82)。

ルミヤンツェフ自身平和的手段によって問題の解決を図ることができる立場にあった。外交のさまざまな状況を体験し、ペルシアでの極めて複雑な状況下で軍隊を指揮したこともある彼は、官僚で学者であるキリーロフよりもはるかに経験豊富あった。しかし他方で、失寵（опала）から解放されたばかりのルミヤンツェフは、軍隊の準備不足を抱えて、大規模な紛争による予測できない結果がもらたす自身の政治的な危険に対しても慎重でなければならなかった(83)。

九月二十八日、ルミヤンツェフは、彼による停戦の提案に合意することを表明したバシキール人集会の決定についての知らせを受け取った。それより数日前、キリーロフに対して蜂起したバシキール人へ武力攻撃の禁止を伝える手紙を送り、十月一杯バシキール人上層との積極的な話し合いに入った(84)。

一七三五年十月初旬から十一月七日まで、ルミヤンツェフは叛乱発生の原因調査について予備的な仕事に取りかかり、キリーロフとテフケリョーフの権力濫用に対するバシキール人の訴えを大臣カビネットに送付した。そこには一連のバシキール人上層を武力で捕まえることを命じた六月の彼らの命令の原本も含まれていた(85)。十月三十一日、彼は二十一人のバシキール人上層から成る使節団を、そして十一月二日には蜂起の指導者の一人アカイ・クシューモフ(Акай Кусюмов ノガイ道タミヤンスカヤ郷クチューモフ村のバシキール人長老)を受け入れた。彼らは自ら出頭したのであり、その五日後には放免された。ルミヤンツェフはその平和政策が実りをもたらし、叛乱は終わったと考えた(86)。一方ではその通りに見えたが、他方では叛乱の期間限定の休止状態とも考えられた。十一月頃から、バシキール人の馬は徐々に雪が降り始めるや牧草が不足してきたために弱り戦闘能力を失っていた。自らの戦略的目的を達成しようとしたバシキール人上層の前記の動きもそれに合わせていたのかもしれなかったのである(87)。

キリーロフの巻き返しとルミヤンツェフの後退

しかし以上の方策についてルミヤンツェフとキリーロフの間で激しい意見のやり取りがあった(88)。とくに、キリーロフは、バシキール人が地方当局から被った侮辱を調査すべく人を派遣すること、およびバシキール人を宥めること、以上を目的として発表されたルミヤンツェフの九月二十日付の文章には大いに不満であった(89)。十月七日付ルミヤンツェフ宛キリーロフの手紙にはバシキール人に対する厳しい考え方が良く表われている。

閣下はアジア人の習慣についてよくご存じのはずです。つまり苛烈に鎮圧してやっと彼らは恭順するのです。彼らの状況に対する無知により逃亡者を大目に見るという過度の寛容だけのような方法では、二〇〇年の支配を通してキリスト教に対するこの内なる悪人たちを真っ直ぐな状態にはできなかったのです。閣下の命令に従って〔彼らの〕自発的な意思による改悛を待つことができるのであれば、私はその計画よりも大きな行動はとらないでありましょう。しかし〔私は〕十一の村を破壊して燃やし、九名を処刑しました。加えて、国家にとって価値ある多くの人物をも得ています。処刑することをも辞さず、また攻撃する際には打ちのめすことによって、悪党どもは四散し、自分の妻や子供たち、そして身の回りの品々を守ることができるのです。おそらくこうしたことは正しいことのように思われるのです。(90)

現代ロシアの歴史家ペトルヒンツェフは、キリーロフは大臣カビネットへの報告、そしておそらくより重要だったのがビローンへの書簡を通して、徐々に中央政府への影響を強めていったと考えている。(91) 状況はルミヤンツェフに不利であった。

実際、十月十四日、ルミヤンツェフは大臣カビネットから最初の叱責を被ることになった。これに対して、彼自身は政府に、叛乱拡大について知らせた情報提供者の意見こそが正しくなく、叛乱が縮小していっているということを納得させ、自らの行動が正しいことを釈明しなければならなかった。(92) さらに十月十八日付の新たな訓令は、「このバシキール人の騒擾を鎮めるには、厳しく武器の力によるよりも、むしろ好意をもって寛容な方法による方がよい」というルミヤンツェフの意見の根拠に疑念を呈し、「彼らバシキール人の状況を完璧に知っている」キリーロフと頻繁に相談すべきであると命じた。(93) 十一月十一日、ルミヤンツェフに対して、叛乱に参加したあとに恭順を示してきたバシキール人を拘束したままにしておくことを内容とする訓令が送られてきた。(94) しかしすでに述べたように、同月七日、ルミヤンツェフは一七三五年に平和を大いに促進すると約束したバシキール人を解放していたのである。

とはいえやっと三か月前に流刑から自由の身になったばかりのルミヤンツェフはキリーロフに表立って反対することはできず、ただ彼によって次々に繰り出される計画を軍事的にはユートピアであると批判するしかなかったのである。自らの釈明を行ったまさに十月十四日、ルミヤンツェフは、陸軍の中隊のうち守備隊各小隊および冬にはバシキーリアにいる勤務ミシャーリ人を配備するというキリーロフの計画を激しく批判したにすぎなかった。(95)

一七三五年の末には、ルミヤンツェフの政策は徐々に中央への影響力を失っていった。またルミヤンツェフは、「叛徒たち」の頑強に抵抗する有様を目の当たりにし、「忠実な」(верные)バシキール人を利用して蜂起を鎮めることが不可能であると考え、(96)当初の宥和政策から武力に訴える政策へと方針を転換していくことになった。当時の彼の軍隊は竜騎兵二箇連隊、歩兵一箇連隊から成り立っていた。加えてヤイーク・カザーク五〇〇名が送られ、さらに外務参議会はカルムィク人族長であるチェレン・ドンドゥク(Черен Дондук あるいはチリン・ドンドゥク)指揮下の三〇〇〇名のカルムィク人騎兵、アストラハン県知事ならびにベクレミーシェフ(Беклемишев)大佐にも戦闘の準備を整えてルミヤンツェフの指示を待つように命じたのである。(97)

バシキール人の激しい攻撃の前に、バシキール人によって連絡網が遮断されないように注意しつつ、キリーロフはオレンブルク遠征計画を一旦中止し、自軍をウファー、サランスク、その他の戦略的拠点に退却させることにした。なお、八月二十二日付の元老院布告は、モスクワ―カザン―メンゼリーンスク―ウファー間の新たな通信ライン構築を命じている。前記の地点を結ぶ布告や報告などの通信が迅速かつ円滑に行われるように駅逓官房(ямская канцелярия)が管轄する安全な場所二十五―三〇ヴェルスタごとに五頭の馬を置いた駅逓を設置すべしというものである。(98)ここに当時のロシアの地方におけるインフラを整備する努力の一端を見ることができるのかもしれない。

3　戦いの激化と問題の顕在化

オレンブルク計画の危機とその打開策

バシキール人の動きはオレンブルク計画全体に脅威を与えていたが、ロシア側はバシキール人を服属させて鎮静化することに全精力を注でいたため、町への配慮はあまり行われなかった。一七三五年から三七年春のキリーロフの死に至るまで、ロシア人は苛烈ないわば「植民地戦争」を繰り広げることになった。秋から初冬にかけてバシキール人はオレンブルク遠征隊の動きを阻止すべく全力を傾けた。そのためルミヤンツェフとムーシン＝プーシキン伯が彼らの軍事力を組織している間も、キリーロフとテフケリョーフはバシキール人への攻撃の手を緩める事はなかった。

キリーロフのこの頃の蜂起鎮圧にかける強い想いには彼なりの特別な事情があった。バシキール人蜂起は遠征隊の計画にとって大いなる脅威である。遠征の失敗は、キリーロフのこの遠征から引き出されるであろうその後の政治的成功の破綻を意味した。P・Г・ブカノヴァによると、それゆえにこそキリーロフのサンクト・ペテルブルクに宛てた手紙や報告に見える不安が容易に理解できるというのである(99)。

キリーロフはアンナ女帝の宮廷で影響力ある人物ビローンの支援を得て自分の立場を確実なものにしようとした。キリーロフは、かつてバシキール人に対する厳しい政策のために一七〇四―一一年のバシキール人蜂起の原因をつくった税務・軍事担当官セルゲーエフの運命について知らないはずはなかった。このセルゲーエフは自らの苛烈な政策が原因で発生した蜂起のために、ピョートル一世の命令によりカザンで絞首刑に処せられた人物である(100)。キリーロフの脳裏に次のような唯一の道が残されていると浮かんだとしても不思議ではなかった。すなわちどのような代償を払っても遠征活動を維持し、その遠征のさらなる存続の必要を政府に訴え説得することであった。

一七三五年七月二十三日付ビローン宛キリーロフの手紙の文面は自らの不安を隠そうとはしていない。すなわち彼は、「そのような些細な盗賊的な襲撃のために、偉大なる栄光と利益にとり、この生を与えられた事業は見捨てられることでありましょう」[101]、と記している。さらに彼は次のように続ける。遠征が中止される場合には、「臣民となり、またタシケントやアラルといった多くの町と共に臣民になることを望んでいる新しい多くの人々だけではなく、さまざまに散らばっているブハラとサマルカンドの諸地方およびヴォドクシャンの豊かな地方を集める現在の機会を私たちは失うことになります。それだけではなく、昔からの臣民であるバシキール人がそのイスラームに従ってキリスト教徒にとって国内の敵となってしまうことさえあるでしょう」。キリーロフの意見によると、バシキール人蜂起に対してはロシアにとって利益となるように厳しく対処しなければならないのである。「ヤイーク川およびベーラヤ川沿いにある新しいオレンブルクや他の町々の郊外に住んでいるバシキール人たちを、カザン・タタールのように、やがて臣民として受け入れることは、彼らのあからさまな盗賊行為を行うわがままを止めさせることになり、都合のよいことであるのです。いずれにせよ前述の新しい領土はつけ加えられ、双方にとっての不安が増大して盗賊行為がなされる時期には、カイサク人をバシキール人に、バシキール人をカイサク人〔にけしかけること〕によって鎮めるべきでありましょう」[102]。

かくしてキリーロフは、熱に浮かされたように、彼を取り巻く困難な状況からの出口を見出そうとした。そのための方策が、彼にはオレンブルクのみならず、ヴェルホヤイーツカヤとタブィンスクといった要塞＝都市の建設に思われた。このことは遠征の第一の計画には明記されていなかったが、主要な課題を遂行する上で力と手段を逸らすことが求められたのである[103]。

一七三五年九―十二月の動き：深刻化する食料問題とバシキール人対策

一七三五年九月七日、キリーロフは一〇箇中隊を指揮するヤーコフ・チェモドゥーロフ(Я. Ф. Чемодуров)中佐に後を任せて、一箇中隊、カザーク一箇部隊、そしてわずかな非正規軍を率いてオレンブルクを出発した。また彼は、シベリアでのバシキール人を攻撃すべく、さらにはオレンブルクへの食料供給を急ぐべく、テフケリョーフを長とする部隊を派遣した。テフケリョーフは、竜騎兵三箇中隊、数千の非正規軍、およびオレンブルクへ最初の物資の輜重を伴った約一〇〇〇名の農民を率いてヤイーク川流域を遡っていった。

九月十八日にサクマルスクに到着したキリーロフは、同地近郊で活動しているロシアに友好的な数的には僅かなバシキール人が、敵対するバシキール人を捕まえていることを知った。尋問と拷問ののち、拘束されていた人々はキリーロフによって処刑された[104]。

キリーロフはウファーへと向かった。ウファーから一三〇ヴェルスタの地点で、彼は一〇〇〇名以上から成るバシキール人部隊に偶然遭遇した。三日間の戦闘で甚大な被害を被った。報復としてキリーロフは二〇以上の村を焼き払った。配下のカザークは多くの女性を捕え、穀物を奪い、十月十六日にウファーに到着した。

シベリアで活動していたテフケリョーフの部隊は、食料不足と九月にしては異常なほどの大雪に苦しめられていた。多くの馬が飼葉不足で死んだ。生き残った馬は柳の樹皮を食べ、お互いの鬣《たてがみ》や尻尾さえ食べ始めた。こうした艱難辛苦にもかかわらず、九月二十日、テフケリョーフは、オレンブルクから二九〇ヴェルスタの距離にあるヴェルホヤイーツカヤに到着した。同月二十五日、ウヴァーロフ中尉指揮下の二箇中隊を残して、テフケリョーフはテチェンスク村(Теченская слобода)へ向けて出発した。またしても大雪と飢餓に苦しめられながらの行軍で、十月八日、ようやく目的の村に到着した。その時の状況の悲惨さは竜騎兵が自分たちの馬を食べなければならなかったほどである[105]。

休む間もなくテフケリョーフはB・H・タティーシチェフと協議するためにエカチェリンブルクへ向けて出発した。テフケリョーフはタティーシチェフとバシキール人蜂起を鎮めるための計画を練り、糧食、冬用衣服、武器およびその他の物資を集めるために奔走した。それらは自軍のためでもあり、オレンブルク防衛隊のためでもあった。テフケリョーフは直ちにヴェルホヤイーツカヤへ緊急兵站供給物資を送ったものの、すでに遠征隊の資金が底を尽いており、テフケリョーフはタティーシチェフの事務所から八〇〇ルーブリを借りなければならないほどだった。テフケリョーフはこの仕事を終えるとテチェンスク村に戻り、アルセニエフ大佐との協議に入った。アルセニエフ大佐は同地の守備隊長に任命され、ごく最近ヴェルホヤイーツカヤから同地に着任したばかりであった。

十月末、オレンブルクは危機的な状況に陥った。オリ川への行軍の間、先のチリコフ派遣隊が受けた攻撃のためキリーロフのもとで供給すべき物資が不足していたのである。さらにバシキール人はシベリア供給輜重隊に対しても攻撃を続けていた。以上のことから夏にシベリアから供給を受けて以来、いかなる食料もオレンブルクに届いていなかったのである。キリーロフとテフケリョーフがオレンブルクを出発した時には糧食があった。テフケリョーフはシベリアで糧食等を備蓄するのに忙しかった。しかしそれはテフケリョーフがヴェルフネウラリスクへ向けて六〇〇台の荷車輜重を集める以前の十一月中旬のことであった。

十月三十日、チェモドゥーロフはオレンブルクの状況をキリーロフに知らせるために次のような手紙を書いている。「要塞のすべての建物を建設し、要塞外の堀を作る作業は教会とシュロシトローム砦の上部の建設を除いて終わりました。そこもまもなく終了することが期待されます。訪れてくるカザーフ人とバシキール人のため要塞の外に長い小屋の代わりに、われわれは二棟の大きな待避壕を建てました」[106]。続けてチュモドゥーロフは次のように述べる。「部隊の司令官、その他の官僚のために給料を送り、またペンゼリンスク連隊の兵士たちのために毛皮の外套、履物、肌着をすぐに作るべきであります。なぜなら彼らは〔この時期には〕ふさわしくない服装しかしておらず、寒さに困窮しているからです。このため病気に罹る人が増えているありさまです」[107]、と。

その間、十月にはルミヤンツェフがタタール人や新たにキリスト教に改宗した人々を利用してメンゼリーンスク近郊に要塞を建設している[108]。

十一月中旬、アルセニエフ大佐はスフラデル少佐指揮下の三箇中隊の護衛を得て六〇〇台の輜重をヴェルホヤイーツカヤへ送ることができた。スフラデル少佐は、バシキール人蜂起者が非常に多くてオレンブルクまで資材を送ることができない場合には、その地点に資材を置いておくことが命じられていたのである。十一月二十六日、テフケリョーフはキリーロフに会うべくウファーに向けて出発した。

オレンブルクへの資材の供給が甚だ困難なため、キリーロフは守備隊の規模縮小を決定した。キリーロフはテチェンスクへの部隊派遣を命じ、チェモドゥーロフに次のように書いている。「もしあなたが(妨害、騒乱ゆえに)テチェンスクから食料の到着を期待させる知らせをすぐに受け取ることがないならば、あるいは略奪者たち(神よ、われわれを彼らから救い給え!)が街道に沿って情報の流れを止めるならば、以前の手紙に従って、テチェンスクへあなたの部隊を送る代わりに、部下をサクマルスクへ向けて送りなさい。なぜならそこには食料があるからです。また同地は近いという理由でより便利なのです。テチェンスクへの街道が広々としたステップを横切っているために、冬の間、秣が欠乏し、馬が飢えている間でも、部隊はほとんど損害を受けることがないのです(109)」、と。

ペテルブルクへの報告では、キリーロフは右の命令とは幾分異なった認識を示している。それは十二月三十日付の元老院布告が示している通りである。「オレンブルクは全軍を大いに満足させる一万六〇〇〇プード以上の食料を受け取っています(110)」、というものである。

キリーロフから第二の手紙を受け取る前の十一月二十五日、チェモドゥーロフはテチェンスクへ行くように命令を発し、ラジンスキー少佐指揮下の八〇〇名以上から成る部隊をすでに出発させていた。この派遣部隊は冬に備えた衣服を持っていなかったため、約三〇ヴェルスタ移動しただけで引き返さざるを得なかった。五名が凍死し、一五〇名が凍傷のために手足を失っている。また食料の供給が甚だ遅れたために、チェモドゥーロフは部隊が餓死して全滅するのではないかと恐れたほどである。十一月二十九日、チェモドゥーロフはサクマルスクまで約二八〇—三〇〇ヴェルスタの所にいる七七三名から成る別の部隊に命令を発した。彼らは十二月十三日まで資材の供給を続けることになった。予想以上に旅程が長かったため、部隊はまだ途中までしか到達できなかった。つまりサクマラ川とヤイーク川の間にある水陸運搬の場所までである。彼らは飢えと寒さのために五〇〇名が死亡した。残りはかろうじて生きているというありさまでサクマルスクへ到着した。そのうち八〇名は手足に凍傷を負っていた。しかしどうしてなのかルミヤンツェフは元老院に宛てて前記のような彼らの死亡原因については書いていない。そのため、数か月後、事実を知った元老院からの急使が五〇〇名にものぼる兵士の死亡に関する原因についてさらなる説明を求めてきたのである。(111)

オレンブルクに残っている守備隊はおよそ三〇〇名、常備軍二箇連隊と一〇〇名のカザークであった。以上のような状況に対して、帝政末期の歴史家A・H・ドブロスムィスロフは、「いかなる手段によって、チェモドゥーロフは新たに食料を積んだ輜重が到着する一七三六年七月八日まで、彼らが蓄えていた僅かばかりの食料でそれ〔オレンブルクの守備隊〕を養うことができたのか理解しがたい」、とまで言う。(112)

キリーロフはウファーに長くは留まらなかった。ルミヤンツェフがキリーロフに対して協議に出席するようメンゼリーンスクへ行くことを幾度も命じたからである。十一月七日、キリーロフはテフケリョーフの到着を待たずに出発した。十一月十一日と十四日の勅令で、アンナ女帝はルミヤンツェフにキリーロフと協議すること、またバシキール人の行動を鎮めるために共同行動計画を練ることを命じている。(113) 勅令はルミヤンツェフにその地域においていくつかの要塞と複数のカザークの定住地を建設すること、および冬用の木造の砦をメンゼリーンスクに建てることも命じている。チリコフ軍へのバシキール人による攻撃地点には、二箇中隊から成る守備隊を駐屯させることを命じ、そこが拠点とならなければならないとした。サクマラ川とヤイーク川の間にある二つのカザーク村にはそれぞれ一〇〇名のカザークが住んでいた。その定住地の主な目的はオレンブルクとの連絡をより緊密にすることだった。

十一月末から十二月の間にルミヤンツェフとキリーロフはメンゼリーンスクでバシキール人の鎮圧およびその後の同

地支配のために話し合い、とくに重要な問題を協議している。[114] たとえば、十二月十六日付の政府(大臣カビネット)に宛てて提出されたキリーロフとルミヤンツェフによる考察は、[115] のちの一七三六年二月十一日付勅令に大きな影響を与えている。この話し合いでルミヤンツェフはもはや当初の平和的方法によるバシキール支配を完全に諦め、キリーロフの強硬路線に倣っているかのように見えるのである。[116]

ちなみに一七三六年一月二十一日の元老院では、同年一月五日付のバシキール人による村々の被害状況報告が読み上げられた。[117]

厳格化するバシキール人政策と要塞網の建設

すでに一七三五年八月十六日、キリーロフはバシキール人蜂起を即座に止めさせる方策を練った基本提案を元老院に送った。[118] キリーロフは遠征隊長官としての任期中こうした提案を定期的に送り、しかもその内容を拡大させていった。総じて彼は異民族に対して厳しい態度で臨んだのである。まず何よりも異民族を服属させ、その上で秩序ある行政組織の構築を完成させるという。キリーロフによると、バシキーリアの状況はロシア人が到来する以前より悪化したが、それでもロシアの行政下で、すなわち植民地行政官の間で共有されている考えに従って徐々に改善されてきているとした。その結果、政策に反対する人たちは少数になると確信していた。多くのバシキール人は、オレンブルク遠征隊に加わっているバシキール人がそうであるように、ロシア国家に忠実に奉仕している。彼の最終的で全体的な解決は、国家に忠実な人々が定住しうる土地の周囲に要塞網を建設することであった。新カマ川以東(横断)要塞線から何箇中隊かを引率してこの地域に入って行った。その際の考えは次の言葉によく示されている。

かくしてすべての方面から略奪者を囲みつつ、彼らの妻子、財産、馬、家畜を奪い、彼らの家を完全に破壊し、他の人々にとって見せしめとなるように重要な先導者を処刑すべきであります。あまり重要でない人や男の子たちをバルト海沿岸地方へ（в Остзею）労役のため流刑者として送り、妻や女の子たちを国内の諸都市に散り散りにさせて彼らを所有することを望む者に分配すべきであります。なぜなら彼らの根が完全に絶やされるようにするためです。そうすれば、今後、ヤイーク川上流のユルマトィン郷に住んでいる盗賊の長であるアカイ〔・クシューモフ〕のような〔蜂起者の〕ひこばえ（отросток）はいなくなるでしょう。その父クミュシは蜂起のために監獄で死に、その祖父は絞首刑となりました。もしその時、子供たちが流刑にされていたならば、現在その孫たちは盗賊行為をなすことはなかったでありましょう[119]。

キリーロフは、前政権のバシキーリアへの寛大さを非難し、地方行政官に見られるように、同地方の情報を得るべくさまざまな方策を駆使するよう指導したのである[120]。

この頃、キリーロフはバシキール人との闘いには断固たる態度をとることが最良であると一層確信するようになっていた。政府が四道の代表者から表明された全バシキール人の共通負担義務の遂行ということで満足する一方、キリーロフにはバシキール人の運動を一掃するための話し合いによる方法は受け入れがたいものとなっていた。彼の意見によると、その古い方法はあまりにも手ぬるく、それでは必要な成果をあげることはできないという。バシキール人が「〔新たな蜂起へ向けて〕あえて立ち上がることがないように」、バシキール人を懲罰しなければならないとした。その際、最も効力のある方法として、彼は蜂起したバシキール人を「根絶やしにするために」懲罰隊を派遣し[121]、バシキーリアの境界線沿いおよび内部に要塞を建設することを考えたのである[122]。

キリーロフは最も罪が重いと判断した者に対しては死刑を、より罪が軽いとした者に対しては兵営送りにしたが、軍役に適さない者には懲役刑がふさわしいと考えていた。そうした刑に服した者たちの家族はロシア人領主たちに分け与えられ、強制的なキリスト教改宗が行われ、さらには農奴にされた。キリーロフは蜂起に参加した者各々から個人的に忠誠を誓わせ、懲罰として馬一頭を提出するという条件で、彼らを許しさえしたのである。まずキリーロフは懲罰としての馬を個人的に徴集し[123]、その後、この要求は、罪ある者の果たさねばならない必要な義務の一つとして一七三六年二月十一日付の布告に明記されていくことになるのである[124]。

（1） НИОР РГБ. Ф. 222. Карт. XI. Л. 151; Материалы. Т. 1. С. 16.

（2） *Рычков П.И.* История Оренбургская（1730–1750）. С. 8（§14）, 28–29（§62）.

（3） 一七三四年四月九日、アンナ女帝はロシアへの臣従を受け入れたアブルハイル・ハンにグラーモタを発給している（ПСЗ. Т. IX. No. 6567. С. 303–304）。

（4） *Смирнов Ю.Н.* Указ. соч. С. 16.

（5） НИОР РГБ. Ф. 222. Карт. XI. Л. 172; ПСЗ. Т. IX. No. 6571. С. 309–317.

（6） ПСЗ. Т. IX. No. 6576. С. 326.

（7） Там же. С. 323–330.

（8） ГАОО. Ф. 1. Оп. 1. Д. 6; ПСЗ. Т. IX. No. 6584. С. 344–349.

（9） РГАДА. Ф 248. Оп. 3. Кн. 143. Л. 775–779.

（10） キリーロフの元老院秘書官長の職を解き、遠征隊長官に任命したことについては、「アンナ女帝の大臣カビネット文書」（一七三四年六月十九日付）の付録に記されている（СРИО. Т. 108. С. 232）。

（11） РГАДА. Ф. 248. Оп. 3. Д. 134. Л. 23; История Башкирского народа. Т. 3. С. 175.

（12） *Акманов И.Г.* Организация Оренбургской экспедиции и начало восстания 1735–1740 гг. С. 106; История Башкирского народа. Т. 3. С. 175.

（13） Там же.

（14） Там же.

（15） Очерки истории СССР. Период Феодализма. Россия во второй четверти XVIII в. С. 646. また次の研究も参照のこと。*Смирнов Ю.Н.* Указ. соч. С. 16–62; Donnelly, A. S. *op. cit.*

(16) Материалы. Т. 1. С. 112-120.
(17) Там же. С. 120-121.
(18) История Башкирского народа. Т. 3. С. 175.
(19) *Рычков П.И.* История Оренбургская по учреждении Оренбургской губернии. Уфа, 2001. С. 36 (§23)（一八八六年版には当該箇所が欠落している）．なお著者が「税務・軍事担当官」と訳した комиссар について、二〇〇一年版の編集責任者である現代バシコルトスタンの歴史家イーゴリ・クチューモフ（И.В. Кучумов）は資材調達責任者（заведующий припасами）としている（Там же. С. 243）。
(20) РГАДА. Ф. 248. Оп. 17. Д. 1131. Л. 86; История Башкирского народа. Т. 3. С. 175.
(21) РГАДА. Ф. 248. Оп. 17. Д. 1131. Л. 123об.; История Башкирского народа. Т. 3. С. 176.
(22) ボブィーリとは、ロシア国内からやってきて、バシキール人の土地に住み着いた非バシキール人を指す。土地を所有しているバシキール人との関係においては、彼らに対して地代として貢租を納める者と納めない者とがいた。本書九六頁に述べたチェプチャーリとの違いは、チェプチャーリがバシキール人と文書契約を交わしているのに対し、ボブィーリはいかなる許可も受けずに住み着いた点である（前掲拙著『ロシア帝国民族統合史の研究』、xviii）。
(23) СРИО. Т. 108. С. 409.
(24) Там же. Т. 111. С. 21.
(25) Там же. С. 162.
(26) Русская беседа. 1860. No. 2. Кн. 20. С. 197-198.
(27) ПСЗ. Т. VIII. No. 5510. С. 253-254. なおこの政変についての最近の研究は次を参照。*Курукин И.В., Плотников А.Б.* 19 января-25 февраля 1730 года: События, люди, документы. М.: Квадрига, 2010; *Петрухинцев Н.Н.* Внутренняя политика Анны Иоанновны. С. 27-46.
(28) ПСЗ. Т. VIII. No. 5871. С. 552.
(29) 阿部前掲書、第四章を参照。
(30) Русская беседа. 1860. No. 2. Кн. 20. С. 200-201; *Смирнов Ю.Н.* Указ. соч. С. 25-26.
(31) Русская беседа. 1860. No. 2. Кн. 20. С. 201-202; *Смирнов Ю.Н.* Указ. соч. С. 26.
(32) Материалы. Т. 1. С. 227-231, 240-241, 282-283, 283-285, 286-287; Donnelly, A. S. *op. cit.*, pp. 65-66.

(33) オステルマーンについては以下を参照。田中良英「ロシア帝国における専制とドイツ人エリート」『ロシア史研究』八四号、二〇〇九年。

(34) *Витевский.* Т. 1. С. 140–141; Donnelly, A. S. *op. cit.*, p. 66.

(35) Материалы по истории Башкортостана. Т. VI. С. 26.

(36) История Башкирского народа. Т. 3. С. 176.

(37) *Акманов И. Г.* Организация Оренбургской экспедиции и начало восстания 1735–1740 гг. С. 115.

(38) РГАДА. Ф. 248. Оп. 3. Кн. 135. Л. 201; История Башкирского народа. Т. 3. С. 176.

(39) Материалы. Т. 1. С. 204–215; Donnelly, A. S. *op. cit.*, p. 66.

(40) НА УНЦ РАН. Ф. 3. Оп. 12. Д. 39. Л. 6; Материалы по истории Башкортостана. Т. VI. No. 3. С. 20; История Башкирского народа. Т. 3. С. 176.

(41) Материалы по истории Башкортостана. Т. VI. док. No. 7. С. 29.

(42) *Акманов И. Г.* Организация Оренбургской экспедиции и начало восстания 1735–1740 гг. С. 116; История Башкирского народа. Т. 3. С. 176.

(43) *Акманов И. Г.* Организация Оренбургской экспедиции и начало восстания 1735–1740 гг. С. 116; История Башкирского народа. Т. 3. С. 176–177.

(44) *Смирнов Ю.Н.* Указ. соч. С. 26.

(45) *Рычков П.И.* Топография Оренбургской губернии. С. 319; *Смирнов Ю.Н.* Указ. соч. С. 28.

(46) Материалы для истории Академии наук. Т. 2. СПб., 1886. С. 706; *Смирнов Ю.Н.* Указ. соч. С. 28.

(47) Там же.

(48) 学者あるいは教養のある人を指す言葉。通常、バシキール人あるいはタタール人の名門出身者で、書記や通訳官になり、しばしば教育に従事した。

(49) *Витевский В.Н.* Указ.соч. Вып. 1. С. 141; *Добросмыслов А.Н.* Баширский бунт. С. 7–8; Donnelly, A. S. *op. cit.*, pp. 66–67.

(50) *Добросмыслов А.Н.* Баширский бунт. С. 12; Donnelly, A. S. *op. cit.*, p. 67.

(51) 阿部重雄によると、タティーシチェフにはキリーロフの計画と行動が大変危険なものに思われ、キリーロフ本人にも、またペテルブルクの一部の人々にも警告していたが、キリーロフはこれを無視したばかりではなく、逆にアンナ女帝や政府高官たちに、タティーシチェフのことを臆病だと中傷したという(阿部前掲書、三六七―三六八頁)。
(52) ムーシン＝プーシキン伯は、七月四日の軍事参議会への報告に見られるように、その後もノガイ道のバシキール人の動きについて懸念を表明している(Материалы по истории Башкортостана. T. VI. док. No. 13. C. 33-34)。
(53) РГАДА. Ф. 248. Оп. 4. Кн. 169. Л. 141-142об.
(54) Материалы по истории Башкортостана. T. VI. C. 667(комментарии). たとえば、一七三五年九月二十三日付のキリーロフの政府へ宛てた報告書では、「オレンブルクにはウファーとカマ川以東(横断)防衛線から、バシキール人盗賊(воры башкиры)たちが、どこからも彼らに対するしかるべき軍事的な探索がなされないことを見てとって、強盗のような集まりを作って村々を破壊していること、ウファー、メンゼリーンスクおよび防衛線では軍事勤務者が十分にいるので、彼らがその完全な努力によって鎮め、大悪行に至らないようにすることができただけではなく、悪人たちがキリスト教徒に対して直接的な脅威を及ぼさせないのである」と述べている(Там же. док. No. 32. C. 66)。
(55) Там же. док. No. 7. C. 29; История Башкирского народа. T. 3. C. 177.
(56) *Витевский.* Указ. соч. Вып. 1. C. 142; *Добросмыслов А.Н.* Башкирский бунт. C. 14; Материалы по истории Башкортостана. T. VI. C. 665 (комментарий).
(57) Материалы. T. 2. C. 96, 99 и др.; Материалы по истории Башкортостана. T. VI. док. No. 18. C. 44.
(58) Материалы. T. 2. C. 97-99.
(59) СРИО. T. 111. C. 267-268.
(60) РГАДА. Ф. 248. Оп. 4. Кн. 169. Л. 610; История Башкирского народа. T. 3. C. 177.
(61) *Пистоленко В.* Указ. соч. C. 39; История Башкирского народа. T. 3. C. 177.
(62) РГАДА. Ф. 248. Оп. 3. Кн. 134. Л. 5, 6; *Рычков П.И.* История Оренбргская (1730-1750). C. 16-17(§33).
(63) Donnely, A. S. *op. cit.*, pp. 69-70.
(64) Материалы по истории Башкирской АССР. T. III. C. 497.
(65) РГАДА. Ф. 248. Оп. 3. Кн. 134. Л. 5-6.
(66) РГАДА. Ф. 248. Оп. 3. Кн. 135. Л. 796.
(67) РГАДА. Ф. 248. Оп. 4. Кн. 169. Д. 27. Л. 600-609.
(68) РГАЛА. Ф. 248. Оп. 5. Кн. 313. Л. 34.

(69) Материалы. Т. 2. С. 80–86; Материалы по истории Башкортостана. Т. VI. док. No. 24. С. 56–58.
(70) РГАДА. Ф. 248. Оп. 3. Кн. 134. Л. 1–1об.
(71) Там же. Л. 7–11об.
(72) РГАДА. Ф. 248. Оп. 4. Кн. 169. Л. 156–163об.
(73) Материалы. Т. 2. С. 88–89.
(74) СРИО. Т. 111. С. 329–330.
(75) Материалы. Т. 2. С. 64–72. ちなみに、この時の元老院議員の署名者は、И・トゥルベツコーイ公、アンドレイ・オステルマーン、アレクセイ・チェルカッスキー公、アンドレイ・ウシャコーフ、ピョートル・シャフィーロフ男、М・ゴローフキン伯であった。
(76) РГАДА. Ф. 248. Оп. 4. Кн. 169. Л. 216–223.
(77) Материалы. Т. 2. Там же. С. 76–77.
(78) Там же. С. 72.
(79) Там же. С. 74.
(80) Там же. С. 77–78.
(81) Материалы по истории Башкортостана. Т. VI. док. No.No. 28, 30, 36.
(82) Материалы. Т. 2. С. 106–108.
(83) *Петрухинцев Н.Н.* Указ. соч. С. 474–475.
(84) РГАДА. Ф. 248. Оп. 54. Кн. 1131. Л. 312–315; *Петрухинцев Н.Н.* Указ. соч. С. 475.
(85) РГАДА. Ф. 248. Оп. 54. Кн. 1131. Л. 404 об., 437–438, 444; *Петрухинцев Н.Н.* Указ. соч. С. 475.
(86) РГАДА. Ф. 248. Оп. 54. Кн. 1131. Л. 401–403; *Петрухинцев Н.Н.* Указ. соч. С. 475.
(87) *Петрухинцев Н.Н.* Указ. соч. С. 475.
(88) Материалы по истории Башкортостана. Т. VI. док. No.No. 34, 38, 39.
(89) Там же. док. No. 28. С. 63, 667 (комментарий) и док. No. 38.
(90) Там же. док. No. 38. С. 80.
(91) *Петрухинцев Н.Н.* Внутренняя политика Анны Иоанновны. С. 480–481.

(92) РГАДА. Ф. 248. Оп. 54. Кн. 1131. Л. 346–351; *Петрухинцев Н.Н.* Внутренняя политика Анны Иоанновны. С. 480.
(93) РГАДА. Ф. 248. Оп. 54. Кн. 1131. Л. 316–317; *Петрухинцев Н.Н.* Внутренняя политика Анны Иоанновны. С. 480.
(94) РГАДА. Ф. 248. Оп. 54. Кн. 1131. Л. 376–377; *Петрухинцев Н.Н.* Внутренняя политика Анны Иоанновны. С. 480.
(95) РГАДА. Ф. 248. Оп. 54. Кн. 1131. Л. 376–377; *Петрухинцев Н.Н.* Внутренняя политика Анны Иоанновны. С. 481.
(96) Материалы по истории Башкортостана. Т. VI. док. No. 40.
(97) Материалы. Т. 2. С. 69.
(98) РГАДА. Ф. 248. Оп. 4. Кн. 169. Л. 358–360, 362.
(99) *Буканова Р.Г.* Указ. соч. С. 109.
(100) *Рычков П.И.* История Оренбургская (1730–1750). Оренбург, 1886. С. 4; *Витевский В.Н.* Указ. соч. Вып. 1. С. 132.
(101) *Добросмыслов А.И.* Башкирский бунт. С. 8.
(102) Там же. С. 22.
(103) *Буканова Р.Г.* Указ. соч. С. 110.
(104) Материалы по истории Башкортостана. Т. VI. док. No. 32. С. 67.
(105) Материалы. Т. 2. С. 92.
(106) Там же. С. 170.
(107) Там же.
(108) РГАДА. Ф. 248. Оп. 3. Кн. 135. Л. 20–22.
(109) Материалы. Т. 2. С. 176–177.
(110) *Добросмыслов А.Н.* Башкирский бунт. С. 54.
(111) Материалы по истории Башкортостана. Т. VI. прим. док. No. 26; Материалы. Т. 2. С. 218–219.
(112) *Добросмыслов А.Н.* Башкирский бунт. С. 55.
(113) Материалы. Т. 2. С. 109–110; СРИО. Т. 111. С. 465.
(114) Там же. С. 495, 508, 522–523 и др.
(115) Материалы по истории Башкортостана. Т. VI. док. No.52. С. 96–107.
(116) Там же. С. 668 (комментарии).

(117) РГАДА. Ф. 248. Оп. 3. Кн. 135. Л. 316–316об.

(118) Материалы. Т. 2. С. 80–86.

(119) Там же. С. 84.

(120) *Добросмыслов А.Н.* Башкирский бунт. С. 60–63; *Соловьев С.М.* Указ. соч. Кн. X. Т. 20. С. 580.

(121) РГАДА. Ф. 248. Оп. 87. Кн. 1164. Л. 311; *Устюгов Н.В.* Указ. соч. С. 19.

(122) РГАДА. Ф. 248. Оп. 87. Кн. 1164. Л. 170; *Устюгов Н.В.* Указ. соч. С. 19.

(123) РГАДА. Ф. 248. Оп. 3. Кн. 134. Л. 29–29об.; *Устюгов Н.В.* Указ. соч. С. 19–20.

(124) ПСЗ. Т. IX. No. 6890; *Устюгов Н.В.* Указ. соч. С. 20.

第七章　バシキーリアの再「発見」

1　一七三六年二月十一日付勅令

一七三六年二月十一日付勅令の内容

ルミヤンツェフとキリーロフは、バシキーリアにおけるロシア政府の基本的方針を打ち出した一七三六年二月十一日付勅令を受け取った(1)。それはおよそ次のような内容を持っていた。ロシアからの逃亡民の隠匿およびバシキール人蜂起に関わったバシキール人に対する懲罰、ロシア人や異教徒の逃亡民およびバシキール人のキリスト教改宗者のカザーク勤務、彼らからのヤサーク徴収、四道のアフン(イスラーム教学者)の数的規制、バシキール人とカザーフ人の結婚の制限、貴族や将校およびミシャーリ人への蜂起したバシキール人の土地と収益地の購入許可、ロシア人流刑囚のオレンブルク近郊への居住、その他に関する計三十三項目の広範囲に及ぶ政府の基本方針が示されていた。以下ではそれぞれの項目を具体的に見てみよう。

まずバシキーリアにおける社会構造に関わる問題である。ここに住むミシャーリ人でバシキール人の蜂起に際して政府側に立った人々について次のように述べている。

第一条　勤務メシチェリャーク人（＝ミシャーリ人）に対して、バシキール人のもとから、メシチェリャーク人の忠誠と勤務に対し、すなわちバシキール人蜂起者側に立つことなく、彼らに反対したことに対し、メシチェリャーク人がバシキール人のもとから借りている収益地と土地を切り離すべきこと。とくにそのバシキール人が盗賊行為や蜂起に加担していれば、バシキール人に永久に貢租をとることなく前述の土地を与える。まず族長には二〇〇チェトヴェルチずつ、次いで一般の人には五〇チェトヴェルチずつ、盗賊であるバシキール人によって被った損出分として与える。

これは、従来「受け入れられた人々」としてバシキール人の土地に入ってきたメシチェリャーク人（ミシャーリ人）に対し、バシキール人蜂起に加担しなかった者に対する懐柔策である。彼らをバシキール人から引き離すことで、バシキール人を孤立させると同時に、ロシア側への賛同者を獲得することを狙いとしていたと考えられる。

さらにバシキール人から土地を借りて農耕に従事しているチェプチャーリとボブィーリのうち、蜂起に関わらなかった人たちについても以下のように規定する。

第二条　老齢となったチプチャーリとボブィーリを、メシチェリャーク人を例として、バシキール人への服従から解放する。盗賊であるバシキール人から、彼らの被った破壊のため、バシキール人に貢租（оброк）を納めることを認めない。彼らを国庫に対するかつてのヤサーク支払いの状態にする。一方、盗賊行為に加担した者たちに対しては、その罪ゆえに彼らからバシキール人に納めていた貢租を廃止した上で、以前納めていたヤサークの他に、穀物すなわちライ麦一チェトヴェリークとオート麦一チェトヴェリークずつを徴集する。（後略）

これも先のメシチェリャーク人（ミシャーリ人）の場合と同様の規定と考えることができる内容を持つものである。この規定のあとにさまざまな禁止事項が続くことになるが、とくにロシア当局が危惧を抱いたのはバシキール人の高い戦闘能力やその技術であり、それを削ぐための具体的な対策である。つまり蜂起に際して武器製作を行う可能性を根元から絶つことであった。その結果、鍛冶屋についての規制は次のように非常に厳しいものとなった。

第五条　ウファー郡内およびバシキール人住居のなかで、鍛冶工および鍛冶場を所有することを禁止する。諸都市から鍛冶工および裁断工を〔ウファー郡およびバシキール人のもとに〕行かせることを禁止する。……〔農耕のため〕犂、草刈鎌、馬具を要求する者に対しては、都市で購入したり作ったりすることができる。加えて、他の郡から、鉄砲、火薬、弾丸、鎖帷子（пансырей）、サーベル、弓、槍および矢を持ち出し、売却し交換することを禁止した以前の諸布告が確認されるべきである。そのなかではとりわけ地方行政長官が厳密に検査し、違反した者には布告に従って罰金を科すこと。以上について布告が元老院から送られるものとする。

右との関連で、蜂起すなわち「盗賊行為」（воровство）について、将来の蜂起発生を未然に防ぐために厳罰をもって臨むことをうたった規定が続くことになる。

第七条　盗賊行為および叛乱の時に逮捕され、ヴォロゴツキー中隊を攻撃し、他の盗賊行為をなし、殺害に加わったバシキール人とタタール人を死刑に処すこと。またそれ以外の人々に対しては兵卒として流刑に処すこと。〔彼らを〕自由にさせるべきではない。（後略）

第八条　盗賊行為で逮捕されるバシキール人たちに対しては、以前通り、笞刑をもって処罰すること。以後、解放させないこと。全員を流刑に処すこと。たとえ些細な盗賊行為を示していたとしても、役に立つ人々については、そうした人々を拷問および笞刑による処罰も行わずにバルト海沿岸の防衛連隊で兵士として勤務させること。役に立たない人々については笞刑をもって処罰し、ロゲルヴィク〔バルト海沿岸の流刑地〕での労働へ、また同地での耕作を行わせるために送ること。

また、兵力および労働力の確保という目的から、蜂起したバシキール人、不法にやってきたロシア人の使役が考えられていたのは興味深い点である。この労働力の確保という問題は十八世紀を通して見られた(2)。

第九条　すべての逃亡者およびパスポートを持たないロシア人とバシキール出身の異教徒たちを、役に立つ人々であればバルト海沿岸での勤務に送ること。彼らが役に立つなら新兵として徴集すること。しかし役に立たないのであれば、流刑囚のように、鉱山労働に割り当てること。また領主たちが満足する割り当てがなされるように、領主地の労働にも割り当てられるものとする。

第十条　タブィンスクで、国家の一箇中隊、すなわちガイナに駐屯しなければならない他の中隊に加えること。そこに狩猟民でもある勤務メシチェリャーク人、カザーク、および流刑囚を三〇〇名置くこと。ウファーと他の同地方に定住していた人〔バシキール人〕に対抗して、土地と収益地を彼らに割り当てること。まさにこのようにして、以前の都市オサを、流刑囚からそこに入植させながら、勤務人によって復活させること。

しかし蜂起を根本から防ぐために、政府はとくに地方の警備・防衛について意を砕いているのがよくわかるのである。そのための具体策を講じることになる。

第十一条　ベーラヤ川とカマ川沿い、および他の地方の利便性があると思われる昔から存在している村落については、防衛のためにできる限り半植え込みを作ることによって〔防衛を〕強化すべきである。あるいは場所を考慮に入れて、住民が家業以外の自由な時間に、住民自らの手によって〔居住地を〕堀で囲むこと。また防衛のため、信頼できる人々がいて、彼ら自身からは何ら動揺が発生しないのであれば、そうした人々にカザンの兵器庫および同地方の他の連隊のなかから選りすぐりの鉄砲をあてがう。それを〔各人の〕手に委ねるのではなく特別な倉庫に保管すること。

キリスト教に改宗した新洗礼者たちへの対応、すなわち彼らのカザーク勤務についても次のように規定している。

第十二条　ウファーの新洗礼者たちを、彼らの忠実なる勤務のゆえに、カザーク勤務に就かせること。彼らをメンゼリーンスク、イッキー川上流地域、およびウファーとメンゼリーンスク間に建設中の新たな都市での勤務に就かせること。彼らからはヤサークを徴収しない。

地方行政・共同体の在り方にも注意を払っている。とくに注目すべきは集会の禁止についてである。これはかつてタティーシチェフが重視した点でもある。集会こそが蜂起発生の根源であるという考えがこの布告にも共有されたとみることができる。

第十三条　盗賊行為が発生したその人の住居においては、各郷に郷長の代わりに選出された長を二名ないしは三名割り当てること。彼らは一年交替とする。彼らにはあらゆる犯罪と不正が発生した際の責任を取らせる。同様に、都市の司令官〔городовые командиры〕の許可なく集会を開くことを禁止する。セミーク〔ロシアではパスハ〔復活祭〕後、聖三位一体の祝日前の第七木曜日〔聖霊降臨の頃〕に行われた農耕に関係した民間の春の祭りを指すが、ここではバシキール人の年一回の民衆集会を指す〕に関する通常の昔からの共同体集会を中止する。一日〔ウファー近郊の〕チェスノコフカに集まることを禁止する。〔もし開催する場合でも〕共同体の必要について相談して文書で報告すべきであり、嘆願することを禁止する。

宗教指導者についても、その数と活動について厳しい規制がなされた。

第十四条　バシキール人たちのなかで、アフンは一道で一名とする。四道に対して、アフンは、あらゆる悪行について公にして隠し立てせず、またいかなる人をも他の信仰から自らの法〔宗教〕に引き入れず、割礼を施さず、指図なくモスクや宗教学校を新たに建設しないという特別の宣誓を行う。そして彼らアフン各人〔の活動〕は制限されるべきである。すなわちその忠実さを監視しながら、請願によって彼らをその地位に就かせるべきである。

他の民族との通婚が制限されているのは、将来における蜂起の可能性が他の民族にも波及する可能性を断つという意味から重要であった。それは実際の蜂起に多くの民族が参加していたことの証であろう。

第十五条　請願なく、またカザン県知事の許可なく、バシキール人はカザン・タタール人と姻戚関係に入るべきではない。嘆願することによって〔のみ〕これは許可される。その人から、婚礼ごとに、竜騎兵用の馬一頭が徴集される。許可なく結婚した人（男性）からは竜騎兵用の馬三頭が徴集される。他の罪については、実際に流刑に処すものとする。

民族間の結婚を規制することは、必ずしもその目的が達成されたわけではなかったが、諸民族を対立させておくことを目指したロシア政府の一貫した政策として注目される(3)。

重要な土地問題については以下のように規定している。

第十六条　以前の諸布告と行政長官の訓令に従い、ウファー郡におけるバシキール人の土地と収益地を購入し、それを確実に保有することは禁じられていた。しかしいまや、その禁止は彼らバシキール人にとっては甚だ有効でないことがはっきりとした。そのため、彼らの今後のよりよき利益となるように、余〔アンナ女帝〕はかつての禁令を破棄し、以後、同地の住民である貴族たち、将校たち、およびメシチェリャーク人たちがバシキール人のもとから土地と収益地を購入し、自らのために確実に保有することを定めるものである。ただし抵当に入っている場合、すなわち質入れ人になっている場合には、ヤサーク民、自由ロシア人〔農民〕、および異教徒たちは、（中略）土地を持つことはできない。一方、チェプチャーリとボブィーリには、土地を購入する許可を与えねばならない。すなわちこのことについて、あなたたちは共同で観察し、それに基づいて意見を記すべきである。

さらに勤務人たちについての記述が続く。

第十八条　盗賊バシキール人を制したカザン県の勤務ムルザに対して、彼らの示した忠実さに鑑みて以前の職務に就かせること。時には〔その仕事に〕勤務させることになろうが、造船労働や人頭税支払は免除される。バシキール人と共に、盗みを働き、そのために差し向けられたカザンのヤサーク・タタール人を彼らの代わりに造船労働に振り向けること。また上記のムルザには、彼らが勤務している間、彼らからの人頭税は〔先の〕ヤサーク・タタール人から徴収するものとする。件の勤務ムルザが勤務に就いていない時には、人頭税は彼ら自身が支払うものとする。

交易を発展させるため、新都市の建設については以下のように定められる。

第十九条　オレンブルクへ向けてキャラヴァン隊や輸送隊を自由に通過させるため、またしかるべき臣民によってバシキール側およびブハラ側へよりよき食料を自由に通過させるために、新たに町を建設することについては、自らが検討することによって汝らが行う。

この点に関連して、諸都市への移住者の徴募についても規定している。

第二十条　オレンブルク近郊および他の諸都市に軽装備の軍隊を移住させるために、汝らにヤイーク・カザークから五〇〇名、シベリア近郊の諸都市からカザークと小士族(дворянские дети)としての軍務に徴募されず人頭税を課されていない者一〇〇〇名、およびウファーから勤務メシチェリャーク人を志願者として採用すること。移住の際、彼らに対してヴォルガ・カザークとは異なり、家屋建設のために金銭による下賜金を与えるものとする。今後、村落と畑の近郊で彼らを扶養するために、かつてウファーの貴族とカザークがそうであったとは別に、彼らに対して土地と他の収益地を割り当てる。ただメシチェリャーク人〔ミシャーリ人〕のみはあらゆる場所でロシア人の間に住まわせるものとする。

以上のような規定以外に、シベリアの代わりに新たな場所に流刑されたロシア人が増加するようキリーロフに命じている。そのなかには農耕や官営工場での労働に就かせよというものもある（第二十一条）。同様にサクマルスク在住の人々からヤイーク・カザークに編入することもうたわれている（第二十二条）。またテチェンスクをはじめとするシベリアの村からも農民を志願兵として登録することを求めている（第二十三条）。ヤイーク川沿いのサクマルスク下流に工場建設をすること（第二十四条）、そのためにキリーロフの連隊のなかからバシキール問題がこじれていなければ、鉱山や工場建設の労働のために人を振り向けることが求められている（第二十五条）。またこの鉱山事業に対して、熟練した人々、とくに鉱業参議会から化学者一名あるいは二名を鉱山の特質を調査させるために派遣するよう求めている（第二十六条）。

以上のように、この勅令はバシキーリアにおける全面的な政策の根本方針をうたっており、事実十八世紀前半を通じてバシキール人対策の原則となった。しかしここで留意しなければならないのは、前述の内容がその時々の思い付きのものではないということである。個々の項目すべての内容について、オレンブルク遠征を通じて考えられ指摘されていたことであり、それはモスクワの古法文書館（РГАДА）に保管されている膨大なフォンド「元老院」（二四八番）のなかのオレンブルク遠征関係の手稿史料の至る所に見出される内容なのである。一七三六年以降のバシキーリア行政は先の勅令をいかに実現していくかということにかかっていた。

植民活動

右記の勅令とも関係のある植民について、オレンブルク遠征隊と元老院との間で密接なやり取りがあった。たとえば一七三六年二月二十六日付の元老院布告はルミヤンツェフとキリーロフに宛てて次のように述べている。

> オレンブルクおよび他の諸都市近郊での入植のために、軽装備部隊がヤイーク・カザークから五〇〇名までを希望者を募って受け入れること。加えて、シベリアの近接している諸都市から封地を与えられておらず、また人頭税を課されていないカザークと貴族の子弟を（казачьих и дворянских детей）一〇〇〇名まで、同じく受け入れること。またウファーの勤務人メシチェリャーク人〔ミシャーリ人〕を受け入れること。そして入植に際しては、彼らに家屋の建設を許可し、ヴォルガ・カザークに与えていると同じ額の金銭による俸給を与えること。以後、彼らが入植し耕作して経営するために、彼らにはウファーの貴族やカザークが与えられているのと同じだけの土地およびその他の収益地を分与すること。ただしメシチェリャーク人はすべての場所でロシア人の間に居住させること。[4]（後略）

植民については、右の史料以外にも頻繁に指摘されている。[5] たとえば一七三六年十二月二十三日付キリーロフの元老院宛報告によると、シベリア郡とペンザ郡における人頭税を納めていない逃亡している家内奴僕（дворовые）と修道院農民は約一二〇〇名いるが、そうした人々をカザーク勤務に就けてオレンブルク街道にあるアレクセーエフスクと新クラスノサマルスクの間の村々に移住させるべきであるという。そこは土地も収益地も地味が良く、移住に際しては二年あるいは三年の間、穀物用種子を与え、かつ生計のため貸しつけるという特権も与えるとしている。[6]

すでに述べた屯田兵という役割を担うべく創設された郡民兵が、植民活動においても重要な役目を果たすことが期待された。いずれにせよ、同地へのロシア人の入植もこの遠征隊にとっては重要な課題の一つとなっていたことがわかる。

厳格な鎮圧政策への転換

一七三五年八月における、南東辺境における軍事機構の再編制は、常備軍とは別個に独立した軍隊を遠征隊の活動により密接に引き入れる意図があった。それはすでに述べたように、この地域の権力が主に三つの系統に分けられていたからである。ルミヤンツェフは新たに形成されたバシキール問題委員会の長としてその司令部をメンゼンリーンスクの北に置いた。メンゼリーンスクはカマ川以東(横断)防衛線の中核的要塞であった。当時、ウラルの官営工場の責任者であるタティーシチェフは、同地の北、山脈の東方、すなわち西シベリアのエカチェリンブルクにいた。南ではキリーロフがオレンブルク遠征隊長官として、オレンブルクの外で活動する計画を立てていた。しかしオレンブルクが孤立していたため、これは実行不可能であることが明らかとなった。彼は自分の軍隊を幾度か移動させた。西シベリアのヤイーク川上流域にはテフケリョーフが活動していた。テフケリョーフはオレンブルク遠征隊副長官として別個に行動していたが、たびたびタティーシチェフの指揮下に入ったのである。

一七三六年二月十三日、バシキール人による輜重への攻撃に関するルミヤンツェフの一月三日付の手紙をペテルブルクで受け取ると、キリーロフは大臣カビネットに対して、すでに述べた一七三五年八月十六日付の元老院に宛てた報告の基本的な考えを繰り返して、蜂起に対する広範囲にわたる厳しい鎮圧の必要性を説いた。[7] キリーロフによるこれらの提案が、一七三六年二月十六日付布告に見られるように、地方の行政官たちに「あらゆる手段を講じて盗賊と蜂起者たちを根絶せよ」(воров и бунтовщиков всякими способами искренять)という命令となって表れることになった。[8] かくして、五年間にもわたる極めて激烈かつ全バシキーリア運動になっていく蜂起者たちに対するいわゆるバシキール政策は、甚だ厳格で残虐な抑圧の段階に入っていった。[9]

2　一七三六―三七年の動向

残虐さを増す鎮圧行動（一七三六年三―五月）

一七三六年二月十八日、キリーロフはルミヤンツェフと会うためにメンゼリーンスクへ赴いた。その後、ウファーへ向かい、三月十一日、同地に着いた。その六日後、テフケリョーフもここに到着した。三人はこの春と夏の行動について詳細に検討している。会談ののち、テフケリョーフはヴェルホヤイーツカヤへ向かい、そこでオレンブルクへ輜重を送るべく部隊を組織した。

三月二十四日、キリーロフはバシキール人を攻撃するためにウファーからヴォロゴツキー連隊を派遣した。キリーロフ隊はタブィンスクへのノガイ道沿いに破壊を進め、一か月の間に「最も盗賊行為の激しかったベーラヤ川、ウルシャク川、ケグシ川、トル川、およびセレウク川沿いの二〇〇か村（四〇〇〇家屋）を焼き尽くし、バシキール人が蜂起することを相談し、コーランに接吻したこの地方最初のアジエフのモスク一寺を完膚なきまでに破壊し、一五八名を処刑し、さらに男女七〇〇名を殺害した。その他に、一六〇名を捕虜にし、八十五名をウファーで分配し、九十九名をバルト海沿岸地方《オストゼー》へ懲役労働送りとした」(10)。五月初め、キリーロフは病気に罹り、ウファーへ戻った。同地で彼はオレンブルク遠征のいま一つの大きな計画に取りかかったのである。

三月末あるいは四月初めに活動の開始を予定していた。その時までに厳しい飢饉のためバシキール人の動きは弱まると考えられていた。天候が活動を可能にするや否やルミヤンツェフの隊は小隊に分けられ行動を開始するものとされた。「それは、彼らがバシキール人をあらゆる方向から包囲し、〔反対派を〕根絶やしにし、彼らの村々を焼き払い、しかるべき場所に砦を築き、そこに倉庫を建てるためであり、それはこのようにして全道の安全を確保するためであった。また〔バシキール人の〕攻撃からロシア人居住地の安全のために、川のそばやその他のしかるべき場所に先に述べた連隊から士族、農民、義勇兵を駐屯させておくこと」がルミヤンツェフに命じられた。積極的な活動に出る前に、ロシア政府の意図をバシキール人に十分に知らせた上で、降伏するようにという内容の手紙がバシキーリア全域に送付されたのである。(11)

ルミヤンツェフの活動とキリミャーク・ヌルシェフ

カザン道沿いにいたルミヤンツェフは、三月初めになってもまだ命令を受け取っていなかったので、権限を与えられた部隊を本格的に集めることができなかった。それにもかかわらずルミヤンツェフは直ちにロシア軍とカザン地方の住民を集め、メンゼリーンスクさらにはその遠方へ向けて進軍した。四月三日、ルミヤンツェフはジョーマ川に達した。そこで彼を待ち受けていたのは、恭順の意を示すために集まっていた十九名のバシキール人である。しかしルミヤンツェフがジョーマ川の源流へ向かって移動しているまさにその時、別のバシキール人の一隊が現れ抵抗した。この戦いで約一〇〇〇名のバシキール人が死亡し、一〇〇か村が燃やされ、多くの家畜が奪われた。この際アカイ・クシューモフとサルタン＝ムラト・タイガノフ（Салтан-Мурат Тайганов アカイ・クシューモフと同じノガイ道タミヤンスカヤ郷のバシキール人）の二名のバシキール人指導者が拘束されメンゼリーンスクへ送られている。四月一杯、ルミヤンツェフは他の村々を破壊すべく小隊を派遣した。(12)

バシキール人蜂起を目の当たりにして、キリーロフは臨時にヴォルガ川中流域のシンビルスクに司令部を置くことにした。しかし五月、キリーロフは南のサマーラへ移動する決心をした。そこからサマーラ川とヤイーク川の間の輸送路に要塞を建設することでオレンブルクとの連絡を改善しようとしたのである。(13)

ルミヤンツェフはジョーマ川で、五月に共同作戦を展開させるべく、キリーロフ軍と合体することに期待をかけていた。しかしこれはキリーロフが病気になったことで果たせなかった。ルミヤンツェフはキリーロフに会うべくジョーマ川を離れてウファーへと出発した。同地で今後の作戦について話し合ったのち、ルミヤンツェフはバシキール人捕虜を尋問するためにメンゼリーンスクへ戻った。五月末—六月初めまでに、そこで五〇〇名のバシキール人男性が処刑され、同数の女性と子供がロシアへ農奴として送られた(14)。これはいわばキリーロフの懲罰方針に沿ったものであった(15)。

ノガイ道のバシキール人指導者キリミャーク・ヌルシェフは逮捕を免れ、さらなる抵抗活動を行うべくバシキール人の間を動いていた。アカイ・クシューモフ、サルタン＝ムラトの二人はルミヤンツェフによってすでに捕まっていたが、彼らは平和交渉へ向けてキリミャークのもとに自分たちを派遣するように求めた。ルミヤンツェフは両名を派遣してキリミャークの説得に当たらせることにしたのである(16)。

五月初旬、ルミヤンツェフはペテルブルクに自らの活動について報告している。五月二十三日にはアンナ女帝にも報告書を送った。女帝はその知らせを「大いなる喜びと満足を持って」受け取り(17)、ルミヤンツェフは一層精力的な政策を続けるよう命じられたのである。

オスタンコフ二等少佐はサクマルスク近郊でカザーク派遣部隊を指揮していたキリーロフの部下であったが、五月中旬、ジョーマ地域を離れたバシキール人グループを発見した。小競合いの末バシキール人男性六〇〇名と多数の女性が殺害された。オスタンコフはノガイ道の奥深くに入り、約一〇〇〇名のバシキール人部隊と遭遇した。この戦闘で二〇〇名以上のバシキール人が殺されたが、ロシア側の損害は僅かにカザークの死者一〇名と負傷十三名であった(18)。

一七三六年二月十一日付布告の実現への動き

その後、五月二十八日には、ルミヤンツェフの陣営で、バシキール人が新たな蜂起を起きないように、二月十一日付布告の実現に向けて会議が開かれた(19)。

叛乱に参加したバシキール人の土地を接収して、その一部をバシキール人の土地に二〇〇—三〇〇名ごとのグループとなって住んでいる五〇〇〇名のミシャーリ人に分与することを決定した。またチェプチャーリとボブィーリに土地所有者として彼らに土地を分与することを内容とする目録の作成、選出された長老の任命、および布告で述べられている他の住民についての実行とその報告することが決定されたのである。[20]

とはいえ、おそらくルミヤンツェフはこの時点においても、力を誇示するために無意味な抑圧行動を行うことを支持してはいなかったであろう。この会議では、布告で定められたような馬の徴集が決定されず、キリーロフが提案したような、蜂起によって被った損害に対する賠償の取り立ても決められなかった。六月二十七日、ルミヤンツェフは大臣カビネットに次のように報告している。しばらくはこれ以上長老の処刑をすることも、また彼らをウファーに送ることも行わない。その理由は、叛乱の熱を平和的な方法で鎮めるつもりであるからという。[21]もちろんこうしたことはキリーロフの受け入れるものではなかった。歴史家C・M・ソロヴィヨーフによると、キリーロフは「〔政府に対して〕安心を与える報告（утешительные доношения）を送り続け、その上ルミヤンツェフの失策を紛うことなく暗にほのめかしていたのである[22]」。

六—七月の衝突、カルムィク人の参加、援軍の派遣

六月、ルミヤンツェフは再び出撃した。彼が比較的少数の部隊しか引き連れていないことを知り、バシキール人はこの派遣部隊を壊滅しようと計画した。六月二十九日—七月二日、クグシ川近郊で、キリミャーク・ヌルシェフに率いられた約八〇〇〇名のバシキール人がルミヤンツェフ軍に対する大攻勢をかけるも撃退され、人跡未踏の山岳地帯へと退却した。ロシア側一八〇名が殺され、六〇名が負傷した。バシキール人側の被害は死亡四〇名および捕虜三名であった。捕まった三名のバシキール人は即座に絞首刑に処された。なお、翌年二月に拘束されたキリミャーク・ヌルシェフの証

言によると、最初、彼はオレンブルクへ定期的に行っているキリーロフに攻撃を加えようとするもそれが果たせず、矛先を変えてルミヤンツェフを攻撃したという。[23] ルミヤンツェフはこの事件の顛末について政府に報告し、増援部隊の派遣を要請している。[24]

七月後半、メンゼリーンスクでルミヤンツェフは、ロシアに敵対するバシキール人が中立の立場を表明していたバシキール人を攻撃し五〇名を殺害したという情報を得た。彼は部隊を派遣して策謀者を探すことに努めたが、これは成功しなかった。

二月の布告がバシキール人と戦うために相当数の兵力の集中を求めていたにもかかわらず、ルミヤンツェフのもとにはいまだ部隊が到着しておらず、彼は軍事力が不十分であると不満を述べていた。一七三五年以来、ロシアはクリミア・タタールに対して戦いを続けており、それはまもなくオスマン帝国をも巻き込むことになった。そのため常備軍をバシキーリアへ回すことができなかったのである。加えてバシキーリアの広大さゆえに軍隊をはるか遠くまで移動しなければならず、したがって迅速な行動は不可能であった。以上の理由から、宮廷はルミヤンツェフに八月六日付補足命令を発することになった。

この命令の趣旨はルミヤンツェフ配下の全軍にバシキーリアから戦利品を獲得することを許可することで、軍隊の動きを活性化するようにというものである。[25] バシキール人蜂起を抑えるために、ツァリーツィン防衛線付近に現時点の警備や予備役のために必要な全アストラハン竜騎兵防衛連隊のみを残し、ルミヤンツェフのもとにはシベリア県から貴族とカザーク(дворяне и казаки)のうち二〇〇〇名のヴォルガ・カザークを派遣し、かつヤイーク・カザークをも赴かせるとした。さらにはカルムィク人指導者ドンドゥク・ダシ(Дондук-Даш ハン位一七四一—六一)のもとからキリスト教に改宗したカルムィク人五〇〇名を派遣するというものであった。[26]

この同じ八月六日、アンナ女帝はドンドゥク・ダシに手紙を送っている。彼の従兄弟で当時ハンであったドンドゥ

図９　オレンブルク（ケイステル画）
〔出典〕 История Башкирского народа. Т. III. Уфа: Гилем, 2011. С. 175.

ク・オンボ（Дондук-Омбо ハン位一七三五―四一）のクバン地方におけるクリミア・タタール人やトルコ人に対する活動に示した忠勤を称えた上で、女帝は直ちにバシキーリアへ赴くことを彼に求めた。カルムィク人には彼らが戦いで得る戦利品を自由にしてもよいとした(27)。趣旨は先のルミヤンツェフ宛の命令と同様であった(28)。

当時、ロシアはクリミアでオスマン帝国と戦闘状態にあった。九月十七日、半数の軍勢を失い疲弊して南方から戻るとすぐ、ミーニヒ伯はバシキーリアにいるルミヤンツェフのもとに竜騎兵二箇連隊を派遣すると連絡した。それは冬の間に兵力を整えるためであったが、ただし連隊は徒歩でバシキーリアへ赴くことを命じられた。これはすなわち彼らがバシキール人から馬を奪うことを求められたことを意味していた(29)。クリミアで大損害を被ったにもかかわらず、ミーニヒ軍から部隊を派遣するということは、バシキーリアにおけるロシア人の状況に配慮したものであると同時に、政府部内ではできる限り速やかにバシキーリアの蜂起を鎮圧することが急務とされたことの証であろう。

事実、キリーロフはオレンブルク計画を中断し、バシキール人蜂起鎮圧に集中すべしという命令を受け取った。そのためオレンブルクには一年間分の補給と僅かな部隊が残った。キリーロフはバシキール人との戦闘に集中できることになった。前線に位置する町・要塞・砦から、バシキール人と戦うために使用できるすべてのものを運んできた。クリミア・タタールとの戦争は多くの馬を必要としていたため、ルミヤンツェフは友好的なバシキール人から直接馬を購入した。(30)

新たな防衛線の構築――要塞の建設

これより前の五月以来、病気を患っていたキリーロフは、オレンブルクの計画を推進するために自分に残された最後の時間と精力を注ぐことになった。

一七三六年春、キリーロフを始めとする同地の行政官たちは、大臣カビネットによって承認されたバシキーリア領域内での要塞建設計画の検討に入り、現在も建設されている新カマ川以東(横断)防衛線が役に立たなくなっているという認識を持った。四月十一日、その建設を止めることについての提案を含むルミヤンツェフの報告書が大臣カビネットに届き、五月にその中止が決定された。(31)

オレンブルク遠征にあたって、ロシアには強力で間断ない要塞線がなく、これから必要になる新要塞線の広大な長さは新カマ川以東(横断)防衛線の長さを数倍上回るので、バシキーリアの境界要塞線についての考えは変化せざるを得なかったのである。すなわち郡民兵といった武装した農耕住民から成る前哨=要塞の鎖の建設であった。キリーロフはこれを「生きている防衛線」(живая линия)と名づけた。おそらくこの「生きている防衛線」の建設と要塞近郊の土地収用が一七三六年のバシキール人蜂起の新たな発生の触媒となったのであろう。(32)

ヤイークとサマーラへキリーロフが夏の行軍を行うのに伴って、要塞建設が広がっていった。八月十三日、彼の大臣カビネット宛報告によると、バシキーリアの領域に沿って、その大部分が国境線となっているアラル海まで四十五の要塞が、またオレンブルクからアラル海までの空間に九つの要塞が建設されねばならないとした。[33] 一七三六年の終わりまでに、バシキーリア領域の内外に二十一の要塞が建設される計画であった。確かに一七三六年十月二十七日の大臣カビネットへの報告にはその数字を示した「一覧」が付録として添えられている。これはルィチコーフによって最初に刊行され、[34] ブカノヴァにより詳細に分析されている。[35]

キリーロフは次のような要塞を建設することを企図した。アレクセーエフスクからサクマルスクまでの四〇〇ヴェルスタに十一の要塞。サクマルスクからオレンブルクまでの二四〇ヴェルスタに六つの要塞。それらの要塞は新カマ川以東（横断）防衛線をカヴァーし援護するものでなければならなかった[36]（図7を参照）。

バシキール人との戦闘が続いている時期、キリーロフはサクマルスクからクラスノボルスクまでの街道――それをキリーロフはモスクワ街道と呼んでいた――に一連の要塞を建設した。ブズルクスカヤ、トツカヤ、ソロチンスカヤの各要塞である。[37] またヤイーク川沿いにも要塞を建設した。それはカザーフからの攻撃を防禦するためにも必要であった。この目的に沿ってクルィロヴァ前哨およびチェルノレーチェンスカヤ要塞が建設された。[38] 一七三六年にはヴェルフネ＝オーゼルナヤ要塞が建設されるのである。ここにキリーロフは当初は五〇名のヤイーク・カザークを守備隊として置き、のちには竜騎兵一箇連隊、歩兵半箇連隊、および五〇名のカザークを派遣した。徐々にこの要塞は堀や堡塁を作って強固なものとなっていった。[39]

サクマルスクを二五〇名のカザークと共に出発し、キリーロフはサマーラへ戻った。道すがらキリーロフは将来の拠点のために好ましい場所を調査し、カザークの小隊をいくつかの地点に配置した。キリーロフはピョートル・バフメーチエフとクラスノサマールスカヤで会談し、バフメーチエフによって建設されたいくつかの要塞の一つを、オレンブルクから別の都市や地方へ、また地方からオレンブルクへと向かうキャラヴァン隊を取り扱うための税関および市場を持つ都市へ変えようと決めた。キリーロフはクラスノサマールスカヤをオレンブルクの状況が安定するまでの間、商業拠点となるように企画したのである。キリーロフは、役人や書記たちが、翌年の春までサマーラから移り住むことができるように直ちに作業を開始させた(40)。

なお四月に、軍事参議会はバシキール人蜂起の平定のために二〇〇〇名のヤイーク・カザークの使用を命じる決定を下していた。その際、彼らには俸給が与えられることになっていたのである(41)。

蜂起「根絶」を目指すキリーロフの八月四日付報告

キリーロフは、サマーラに着いたのちの一七三六年八月四日、政府の官房に状況を報告している。

私はバシキール人悪党を根絶やしにするためあらゆる努力を払ってきております。また多くの主だったペテン師どもはいろいろな場所ですでに命を落とし、他の者たちは逃げることによって自らの生命を救ってきております。六月と七月の間に、悪党の習わしによって厚かましい行動が彼らによってなされ、過ちを犯した人々を見出す場所では、おそらくいまもそれが行われているのですが、彼らはこの蜂起が実際に最後となるであろう地点にやってきました。すでにシベリア道のすべての人々とノガイ道の多くの人々は完全に服従しています。もし彼らがその悪党行為を続けるならば、残りの人々は飢え、冬の寒さによって死を迎えるでありましょう。すなわち彼らの馬や家畜は多くの場所で死に、いまや家畜の疫病死は止むことがないのであります。まさに以上のことを、われわれが町の建設を始める前になさねばならないことであります。というのも、現在だけではなく、恒久的な利益がそのことに依っているのですから。このことゆえに陛下の勝ち誇った軍隊の栄光が南のアジア〔полуденная Азия すなわち中央アジア〕全体にゆきわたるのです。バシキーリア内の町々の他に、彼らの居住地の向こう側には、ヴォルガから始まってシベリアまで、またオレンブルクからアラル海まで、四十五の町が建てられるでありましょう。カイサク〔＝カザーフ」の三つのオルダはいまやロシアに臣従しており、自らの忠誠を示してバシキール人悪党に対する勤務を望んでいることを私に知らせてきました。陛下の至高なる利益は、こうした人々が常に不和の状態にあるということに依拠するでありましょうから、彼ら〔カザーフ人〕のために遠いシベリア道とノガイ道にいるバシキール人に対して、以前彼らが被った侮辱に対する報復を許すべきであります。(42)

ルミヤンツェフのウクライナ戦線への移動

八月二十九日、ルミヤンツェフは六月十七日の布告に従って、引退した陸軍大将アレクセーイ・シャホフスコーイ公（А. И. Шаховской 一六九〇頃—一七三七）の代わりとして小ロシアの問題に当らせるため召喚するという七月十三日付連絡を受け取った。彼をクリミアでの戦闘のため展開しているミーニヒ軍へ移動させるという突然の知らせであった。これは戦略家のルミヤンツェフを必要とするほど、対オスマン帝国との戦いにおいてロシアが窮地に陥っていることを示していたのだろうが、ルミヤンツェフに良い感情を抱いていなかったキリーロフの策謀ではなかったろうかと考えるのは深読みだろうか。ルミヤンツェフがバシキーリアにきて以来、対バシキール人政策を巡ってキリーロフと対立していたが、のちにはキリーロフの政策に従って強硬策へと転じた。しかしその行動を見ると、最後まで融和策を貫くことを良しとしていたのである。

とはいえバシキール人蜂起鎮圧について、ルミヤンツェフのあげる数字は何を物語っているのであろうか。彼は一万名以上のバシキール人が「根絶された」（искорененно）と考えている。一七三六年九月五日から翌年二月二十一日までのミハイール・セルゲーヴィチ・フルシチョーフ（М. С. Хрущев）の時代にも、殺害および処刑されたり（五九一名）、流刑にされたりして、その数は三一八八名にのぼっている。(43) ルィチコーフはさまざまな資料を基に一七三六—三七年には総計で八五〇一名のバシキール人が弾圧されたとしているが、その数字は低く見積もられていると彼自身認めているのである。[44] 五年に及ぶ叛乱期間中、殺害されたり流刑されたりしたバシキール人の三分の一が一七三六年に集中しているほど、最も猖獗を極めた時期であった。[45] バシキール人の抵抗の頑強さもあったであろうが、それを引き起こしたオレンブルク遠征隊ひいてはロシア政府の政策の苛烈さこそが問題であった。

ルミヤンツェフの出発は遅れ、旅団長にして近衛連隊少佐M・C・フルシチョーフがバシキール問題委員会の新しい委員長に着任して軍事問題を管轄するのはやっと九月五日のことであった。[46]

戦いを楽観視するキリーロフの九月二十六日付報告

ルミヤンツェフ転出後の一七三六年九月二十六日、キリーロフは別の報告を官房に送った。そこではいつもの楽観主義(あるいは問題を矮小化する考え)をもってキリーロフは次のように報告している。要塞線の建設は満足に進んでいる。もし彼がウファーからの妨害に悩まされることがないなら、キリーロフはその要塞線建設を翌年の夏までに終わらせるであろう。そして将来においては補給を少なくすることも可能であろう。なぜならカザークが配置された要塞線ではその土地に生育するものを食料としていくことができるからである。つまり「土地は黒土であり、森や牧場があり、また魚や猟獣が十分にある」[47]から、というのである。

キリーロフは、バシキール人と戦うために、近隣あるいは遠隔の地方から武力を広範囲に集めることは必要ないと考えた。僅かに一〇〇名の竜騎兵と数百名のカザークを率いて、キリーロフ自身いかなる反撃を被ることなく、バシキーリアの中心部へと行軍していった。彼によれば、被った災難は指揮官たちの不注意による結果であるとされ、ツァリーツィン防衛線とアストラハン防衛線に必要な軍隊を対バシキール人蜂起のために利用することは賢明ではないとしたのである。バシキーリアにおける状況はヴォロゴツキー中隊七〇〇名、ヤイーク・カザーク二〇〇〇名、および新たにキリスト教に改宗したカルムィク人によって掌握されていた。最後の者たちはカザーク勤務に登録され、ロシアのカザークと同様に防衛線の向こう側の領域を占領する事を許されていたのである。[48]

実際、一七三六年秋までに蜂起は沈静化へと向かっていった。多くの人々が投降しはじめた。同年末までに投降者の数は一万五〇八九名（そのなかにはウラル以東のシベリア道で蜂起を指導したユスプ・アルィコーフが含まれる）にのぼり、叛乱者たちから五六二七頭の馬が徴集された。バシキーリアは骨抜きにされた。三〇〇以上の村が破壊され、とくにカザン道の破壊が激しかった。そのことは、一七三六—三七年の冬に飢餓が訪れ、多くのバシキール人はウファーで自分の子供を売りに出さねばならないほどであった。[49]

3　ウラル以東の状況

タティーシチェフの活動

ウラル以東では、タティーシチェフ指揮のもとにオレンブルク遠征隊の別動隊が活動していた。一七三六年三月から五月までのテチェンスク村からバシキール人に向けて攻撃を仕かけた詳しい様子が、彼の手によって「竜騎兵連隊のシベリア日記」として残されている。[50] タティーシチェフはウラル以東のシベリア地方で大きな役割を果たしていた。キリーロフの意見によると、タティーシチェフによってウラル以東の土地に将来の要塞を建設するための計画が練られていた。オレンブルクへ向かう西シベリアからの食料供給荷車の隊列が再三再四バシキール人から攻撃を蒙ったので、連絡補給路の安全を保つためにも将来において要塞を建設することが必要であった。

以上の目的から、テチェンスク村からヴェルホヤイーツカヤ要塞方面へ向けて一連の要塞建設をすることが決められた。一七三六年末までに、東方には四つの要塞、すなわちチェバリクーリスカヤ、ミアッスカヤ、チェリャービンスカヤ、および「カルムィツキー・ブロド（カルムィクの浅瀬）」という名称の各要塞である。そして近い将来にイトクリスカヤ（エトクリスカヤ）およびクズィルタシュスカヤの各要塞の建設が計画された。しかしその後、後者の二つの要塞建設は中止された[51]。

ウラル以東の要塞網を拡大するという決定が、ルミヤンツェフとキリーロフの参加を得た一七三六年三月五日に開催された協議で採択されていたのである。いずれにせよこの計画の共同立案者にタティーシチェフも加わっていた点は指摘されなければならない。とくにキリーロフはタティーシチェフの豊かな行政経験を考慮して、彼に要塞建設を監督させることにし、シベリアにいるすべての測地学者はタティーシチェフの指揮下に入ることになった。加えて、彼のもとに元老院から二名の測地学者、海軍省付属学校および砲兵学校から六名の測地学を勉強している生徒が差し向けられた[52]。ウラル鉱山工場を監督する職務のなかに、バシキーリアとシベリアの領域における鉱山地域の地理学的記述、新たな企業家の招聘、そして鉱山の開発が加わったのである[53]。タティーシチェフは工場主たちとバシキール人との土地問題に関する裁判の解決に多くの注意を払い、鉱山工場の規則の立案と関税率の作成に加わった。一七三四年以降、タティーシチェフはオレンブルク遠征隊に武器、装備および食料を供給する上で極めて活動的に参加することになった。

チェバリクーリスカヤ要塞とイトクリスカヤ（エトクリスカヤ）要塞

一七三六年四月十七日付アンナ女帝宛報告のなかで、製図資料が準備され、新しい要塞建設予定地に印がつけられた、とタティーシチェフは述べている。これらの情報を基に、チェバリクーリ付近からタティーシチェフはアルセニエフ大佐に新たな命令を発した[54]。同年五月十三日付報告で、タティーシチェフはより詳細な情報を提出している。「チェバリクーリ付近に木造の要塞が建設されました。謹んでその図面をこの報告書に添付して送付いたします。アルセニエフ大佐はこの土地には宝石が豊富にあると書いていますが、多いのは農民であります。代わりの轡〔すなわち要塞〕がウェースト〔地方〕の逆賊どもに対する轡となるため、私はその要塞を轡と呼びたいと考えていますが、女帝陛下の命令なしにはあえて何もなしえないのであります」[55]。

戦略的な点から、チェバリクーリスカヤ要塞は明らかに重要な意味を持っていた。テフケリョーフの考えによると、この要塞は「当該の要塞が至高なる女帝陛下の利益に供することができるよう、常に多くの利益をもたらすべく、あたかもバシキール人の背中と首に対して」建設されることになった[56]。この要塞は四つの柵でできた堡塁、角堡、そして防御柵から成り立っていた。要塞内には教会、兵器倉庫、四か月分の備蓄のある食料倉庫、および兵舎があった。要塞守備隊はオフツィン大尉指揮下の総勢二四二名であった。次第に要塞は濠や土塁で強化されていった[57]。

チェバリクーリスカヤ要塞建設を完成させた上で、これについてタティーシチェフに報告したのち、アルセニエフ大佐は他の要塞建設の指揮をとった。一七三六年六月、イトクリスカヤ(エトクリスカヤ)要塞の建設である。この要塞の名称は近くにある湖にちなんで名づけられたものである。教会を持つこの要塞は、のちには矢倉および角堡すなわち防御柵の形をした補助的堡塁を有する木製の柵で強化された。ここには三〇九名のカザーク守備隊が配備されていた[58]。

同時に、タティーシチェフはパヴルツキー少佐の部隊の活動を指揮した。彼には「カルムィツキー・ブロドに要塞を建設し、さらにミアッスに行き、そこで要塞を建設するように」命じたのである[59]。この命令を受けて、一七三六年十月、パヴルツキー少佐はカルムィツキー・ブロド村近郊に同名の要塞を建設した。この要塞は濠の内側に沿って巡らされた土が盛られた四つの稜堡でできていた。このあと、パヴルツキー部隊はミアッスカヤ要塞建設に加わった。建設の組織はテフケリョーフに任せられていた。要塞は木製の壁と矢倉でできており、その周りは角堡と防御柵で囲まれていた。守備隊の総数は一四三名であった[60]。

一七三六年六月中旬、タティーシチェフは五〇名から成る騎兵および竜騎兵の部隊と共に、エカチェリンブルクからバガリャクスカヤ村(слобода)へと進んだ[61]。ここで彼は兵士と農民部隊を訓練し、また鉄砲や弓の扱い方を教えたのである。六月二十六日、同時にクィズィルタシュ湖の近郊に、タティーシチェフによって土壁の要塞とテチュ川にかかる橋が建設された[62]。

テフケリョーフの協力

夏以降、テフケリョーフも要塞建設に参加した。八月十二日付の手紙のなかで、キリーロフはタティーシチェフに次のように知らせている。「以下のことをご報告いたします。閣下、われわれはテフケリョーフ大佐をチェバリクーリまでの城砦建設へと振り向けました。またオレンブルクのために必要な他の多くのことを……有効に行うよう命じました。彼ら〔テフケリョーフたち〕はバシキール人の全村落の背後にいます。来年の春までに、そこでテフケリョーフは、食料輸送隊を伴うヤイーク川の上流までのステップへの行軍を準備しなければなりません[63]」。

八月後半、タティーシチェフは、ロシアに忠誠を誓うバシキール人を伴って東部の状況を打開すべくテフケリョーフを向かわせることになった。この遠征の本来の目的は食料調達である。しかし同時に要塞建設の進捗状況を見聞することでもあった。のちに、テフケリョーフは次のように報告している。「チェバリクーリに食料が十分にあったとしても、一つの要塞を建設するためには少なくとも六〇〇チェトヴェルチの食料が必要となります。したがってミアッスカヤ要塞とチェバリクーリの間の二つの要塞には十分ではないのであります[64]」。

九月二日、チェリャーバ要塞が同名の川の河口に築かれた。これはバシキール語の селяк に由来しており、「桶」という意味である。要塞の場所には平地が選ばれ、ミアッス川の川辺にあり、一方をチェリャーバ川、他方をイグメンカ川に囲まれていた。要塞建設はアルセニエフ大佐とパヴルツキー少佐によって指揮された。要塞は一辺が六〇サージェンの正方形の形状をした丸太造りの壁で強化されていた。逆茂木や防御策で補強されているところもあった。要塞内部には矢倉と教会を兼ねた木造の館があった[65]。

タティーシチェフはエカチェリンブルクからクラスノウフィムスクまで街道に要塞を建設する必要を感じた。ここに、一七三六年中にいくつもの要塞が建設された。その要塞の壁には物見矢倉が取りつけられており、守備隊には大砲もあった(66)。

かくしてオレンブルク創基後、キリーロフの関心は地方における要塞建設に向けられたのである。一七三七年初頭の報告によると、十八の都市と要塞が建設されたという(67)。

シベリアの状況

すでに一七三六年の夏と秋、シベリアではテフケリョーフおよび彼の部下のマルタコフ大佐が活動していた。十月十九日、当時戦っているシベリア方面を指揮していたタティーシチェフの報告は次のように伝えている。五〇〇〇名以上のバシキール人が降伏し忠誠を誓った。多くの指導者たちは捕まった。彼らによると、もしシベリアの蜂起の指導者であるベッペン・トルプベルディンとイセングーロフが自ら降伏しなければ、両人を必ず捕まえるとのことだった。

バシキール人族長たちは、バシキール人を攻撃してくる中オルダのカザーフ人に対して報復することができるように、ロシアのカザークとして登録するように求めてきた。これらの族長たちは、中オルダ全体がロシアに服属していないのみならず、このオルダの数グループがロシア人の居住地を攻撃していると不満を述べた。二三〇名の忠実な臣民を代表していると主張する一人のバシキール人が、ロシア人に馬と武器を提供すると申し出てきた。しかしこの行為は敵対的なバシキール人の反感を買うことになった。彼らはそのような行為を裏切りとみなし、ロシアに友好的なバシキール人の村を攻撃し燃やしたのである。タティーシチェフ自身、攻撃したバシキール人に対する罰金として多くの馬と約一万ルーブリを集めたと述べている(68)。

シベリアにおける状況はルミヤンツェフが直接指揮している地域のそれと酷似していた。十一月と十二月、四〇〇〇名のバシキール人がメンゼリーンスクに和睦締結のためやってきた。幾人かは処刑され、一五〇名が人質となった。ロシアと友好的なバシキール人は以前に彼らを攻撃した報復として敵対的だったバシキール人の村を攻撃しはじめた。多くの者が殺害されたり、処刑のためにロシア人に引き渡されたりした。女や子供は彼らを捕まえた人々の希望に従って配分された。約五〇〇〇名の男がバルト海に駐屯する連隊ないしは同じくバルト海に臨む流刑地ロゲルヴィクへ徒刑囚として送られた(69)。

他の諸道や北のクングール地方の状況は遠征隊にとって芳しいものではなかった。バシキール人はミシャーリ人の村や、ロシア側についた他の非ロシア人の村を攻撃し焼き払った。二つのストローガノフ家の所領も燃やされた。キリーロフに敵対するバシキール人は一五〇〇名のロシア分遣隊を攻撃し破砕したのである。

九月、アンナ女帝はルミヤンツェフを叱責して次のように書いている。彼および彼の「この地域を守るために編制された一万五《マ》〇〇〇《マ》人の軍団は必要な注意を払って行動せず、破壊されたのです(70)」、と。女帝は、なぜルミヤンツェフがそれほど多くの時間を費やすのかと質した。しかしルミヤンツェフはこの叱責の手紙を受け取ることなく、すでにミーニヒの軍隊に合流すべくウクライナへと出発していた。

一七三六年冬の会議

一七三六年十一月、タティーシチェフはバシキーリアのシベリア地域における行動計画について、部下であるA・И・テフケリョーフ、И・C・アルセニエフ、およびアンドレイ・フョードロヴィチ・フルシチョーフ(А. Ф. Хрущов バシキール問題委員会委員長ミハイル・セミョーノヴィチ・フルシチョーフとは別人で、のちのヴォルィーンスキーの「腹心の友」となる)と話し合った。主要な課題は敵対する指導者をいかに恭順させるかであり、決定されたのはその指導者たちに降伏させるべく最も近い行政拠点に出頭するよう命令を送ることであった。そのためにアマナート(人質)を使わずに、彼らを解放するかどうかということであった。いま一つ重大な問題はバシキール人を襲っている飢饉についてであった。タティーシチェフはバシキール人の抵抗を弱める策としてアマナートの解放を主張し、さらには飢餓がバシキール人支配を不能に陥れる事を危惧し、バシキール人が穀物を購入することを許可しようとしたのである。「彼ら〔バシキール人〕が極度の窮乏から略奪行為に再び走ることがないように。なぜなら、彼らは、昨年の春、多くの者が飢えのためにあらゆるものを盗んだと尋問の際に述べていたからである。またいま彼らはお互いの家畜を恒常的に盗んでいると言われている」(71)からである。

他方、テフケリョーフはバシキール人の間に蔓延する飢餓がロシア側にとって有利であると考えた。バシキール人に穀物購入を認めることは、バシキール人の立場を単に強めることにしかならないと考えたのである。そこでテフケリョーフは次のような提案をした。降伏するバシキール人だけに穀物購入を認め、その際、一家族三プードまでとして、「一冬家族を養うのに十分でない」量とするというものであった(72)。

4　新たな課題

司令部の移転、軍事作戦、投降への誘因、および飢餓対策

すでに述べたように、宮廷ではバシキール問題委員会の委員長としてフルシチョーフを派遣することに決定したが、彼に対する十月二十七日付伝達では次のような内容が述べられていた。以前決定されていたミーニヒの軍から成る正規軍二箇連隊がバシキーリアへ派遣されないこと。さらには、現在、シベリア県知事ブトゥーリン〔かつてのウファー郡行政長官〕が要請した二〇〇〇名の兵士のうち一〇〇〇名以上も派遣はできないという内容であった(73)。

同様の内容はキリーロフにも手紙で伝えられた。しかしその手紙のなかでサンクト・ペテルブルクの政府は、バシキーリアを鎮めるためにさらに兵力を投入する必要はないというキリーロフの考えに同意しないとも述べているのである。

政府は、バシキーリアの状況は深刻であり、蜂起はすぐさま鎮圧されなければならないと考えていた。こうした理由から、軍隊の増派はないものの、キリーロフがフルシチョーフと直ちに会って実際の軍事的解決を図るように命じられたのである。[74]

九月、キリーロフはクラスノボルスカヤ要塞を発ってシンビルスクへ向かった。オレンブルク遠征隊司令部をサマーラへ移す調整を行うためであった。キリーロフは同地からすぐにフルシチョーフに会うべくメンゼリーンスクへ赴いている。十一月と十二月、二人は司令部移転計画に対する許可を求めるためにペテルブルクへ報告書を送った。[75] キリーロフとフルシチョーフはロシア軍を五つの軍団に分けることをも報告書で提案した。これは残存している敵勢を包囲し殲滅するためであった。再び四月が軍事作戦を始めるのに最適の季節であるとして選ばれた。タティーシチェフは比較的少数の軍事力を持って成功を収めていたが、彼はシベリア方面の責任を負わされてもいたのである。

一七三七年一月十日、政府によって計画は受理された。キリーロフの報告、ならびに冬の間は比較的同地方が平穏であったことが政府に軍事力の規模を削減することができると確信させた。それゆえ二箇連隊がバシキーリアではなく、対オスマン戦役のためにウクライナへ振り向けられることになった。とはいえタティーシチェフは軍事勤務と新要塞＝都市建設のため、シベリアから一〇〇〇名の兵士、カザン県から一〇〇〇名の勤務タタール人、および一〇〇〇名のヤイーク・カザークの出動を求めたのである。

一七三七年初旬のバシキーリアの状況

一七三七年初旬も蜂起が続いた。一月二十六日、キリーロフは女帝に報告している。ノガイ道とシベリア道の最も僻遠の地方を除いて、「バシキール人は彼らがその服属の最初期から従順であったわけではなく、彼らがいまそうしているように、その悪事をなすことを決して畏れてはこなかったのであります」。カザン道とオサ道のバシキール人は完全に服属し、シベリア道とノガイ道のバシキール人に「何らかの理由で味方をしていない」と指摘し、キリーロフは次のように述べた。シベリア道とノガイ道のバシキール人は懲罰という名目で馬の供出を主張している。しかしこのことで彼らは動じることはなかった。「すでにバシキール人による蜂起もなく、現在、何ら危険はなくなったのです。というのもバシキール人は再び蜂起したりせず、あるいは自らの勝手な振る舞いによるそうした厚かましい行動をとることを止めているからであります。しかし陛下、専制権力に従い、盗賊行為を根絶やしにしながら(искореня воровство)……彼らを軍隊に入れなければなりません」、と。また次のようにも指摘した。バシキール人は実際には約四万人いるということ、「そのうち、今回の蜂起では数千名が殺害され、精根尽き果てたこと(побито и развезено)、カザン道とオサ道は完全に恭順していること、ただ他の地域は飢えと寒さで苦しんでいること」、以上をつけ加えたのである。そこでキリーロフが達した結論では、バシキール人は「かくの如き悪行をもはや始めることはできず、些細な盗賊行為や詐欺行為は失敗しました(76)」、とまで断言するのである。

のちに、シベリア道のバシキール人はアンナ女帝に宛てて請願書を提出している。それによると、一七三五年にキリーロフがオレンブルクを建設した際、ノガイ道のバシキール人は自分たちの同意なく蜂起した。われわれシベリア道のバシキール人は女帝陛下に忠誠を尽くしてきた。ウファーにもエカチェリンブルクにも「良き人々を」(лучших людей)アマナートとして差し出していた。しかしノガイ道のバシキール人たちが蜂起したせいで、われわれシベリア道のバシキール人は先の蜂起の罰を受け、各戸から良馬を総計一八〇〇頭供出することが命じられた。しかしそれに従うと、われわれは一層荒廃してしまうので、むしろ軍事勤務を命じてもらえれば喜んでその任務に就く。いずれにせよわれわれを前記のような罰から解放し、荒廃から救ってくださるようにお願いしたい。これがシベリア道のバシキール人の請願であった(77)。

以上の請願をどのように考えるべきなのだろうか。実際にノガイ道とシベリア道のバシキール人の間で遠征隊に対する考えの違いがあったと見るべきなのか、あるいは単に負担を逃れるための言い訳と考えるべきなのか、検討の余地は残されている。ただ確かに、バシキール人は困難な状況に追い込まれていた。その悲惨な状況について、ボルドゥケーヴィチ(Бордукевич)大佐はキリーロフに次のように報告している。イク川沿いに住んでいるバシキール人は「飢えのため死にかけています。残りの人々は……犬や猫を食べています。自暴自棄になって……死体を遺棄せざるを得ない状態になっています」。政府は死体を埋めるために特別部隊を派遣したほどである。キリーロフはボルドゥケーヴィチや他の報告から、彼があまりに厳しい政策をとっていることを理解していた。キリーロフのアンナ女帝への最後の報告(それは彼の死の十六日前のものであった)のなかで、懲罰としての馬の徴発は「当分の間延期する」ことを伝えた。同時に、彼は、タブィンスクやイク川沿いにある銅溶解工場建設のための労働力としてバシキール人を徴用すること、その労働のためパン代の支払いを工場主たちに命じていた。(78) 蜂起は完全に終わったとみて、政府部内にはバシキール問題委員会の廃止を考える者もいた。(79) しかしこの厳しい状況にもかかわらず、バシキール人が完全に服従することはなく、冬中、彼らは次の戦いの準備をしていたのである。

バシキール人との話し合い

一七三七年二月、キリミャークはノガイ道の最も優れたバシキール人指導者であったが、捕えられてウファーに送られた。さらに同地からメンゼリーンスクにいるM・C・フルシチョーフのもとに移送された。主要なバシキール人指導者のうち僅かにクシャプ・サルダングーロフ、セイト＝バイ・アルカリン、サルタン・ムラト、ドゥシェーエフのみがウラル山脈の西部地域で活躍していた。シベリア地域では指導者のほとんどが降伏した。ただ例外はベッペン・トルプベルディンとアンダル・カラバーエフである。タティーシチェフは降伏を促す使節をベッペンに送った。しかし使節が到着するや否や、「彼らはユスプ(ユスプ・アルィコーフ)を解放していないのだから、私は許しを求めに行くことも、さらには服属を誓いに行くこともしない。しかしもし彼らがユスプを解放するなら、私は行く」[80]、と反論している。

二月十一日、アイ川近郊にいたタティーシチェフは別の使節をベッペンに送ることになった。使節には次の内容が命じられていた。「もし彼〔ベッペン〕がこないなら、族長たちには十分な報酬を与えることを約束した上で、族長たちに彼をどんなことをしてでも秘密裏に捕まえ、彼をここに連れてくるように」[81]せよ、というものであった。とはいえその後どうなったのか、史料は伝えていない。

二月二十一日、フルシチョーフは少将に昇進し、ウクライナにいるミーニヒの軍隊に赴くことが命じられた。彼はメンゼリーンスクを出発して義務内容の遂行状況を報告するために向かった。アストラハン県副知事レオンティー・ヤコヴレヴィチ・ソイモーノフ（Л. Я. Соймонов 生年不詳—一七四二年以降）少将がフルシチョーフの後任として職務を引き継いだ。しかしソイモーノフがメンゼリーンスクに到着したのはやっと四月二十四日のことであった。その間、フルシチョーフの部下ボルドゥケーヴィチ大佐がバシキール問題委員会の活動を指揮したのである。

キリミャーク・ヌルシェフの拘束と尋問

すでに述べたように、一七三七年二月、キリミャーク・ヌルシェフは遠征隊によって拘束されていた。彼については、その尋問史料を発見して紹介したИ・Г・アクマーノフにより[82]、拘束後の尋問（同年二月十九日と三月二十九日）でその行動や考えが明らかになった。

このノガイ道ユルマトゥィン郷のアブィズでムッラーでもあったバシキール人は、一七〇四—一一年蜂起の参加者でもあり、一七〇六—〇七年には蜂起したバシキール人の使節の一人としてクリミアとトルコに派遣された。拘束時の年齢は五十一—五十七歳であったろう[83]。

尋問から次のようなことがわかっている。バシキール人はオレンブルクを建設するために大軍を率いてキリーロフがウファーに遠征することについて知り、ノガイ道各郷の代表者たちや四道すべての代表者たちがしばしば集まって要塞＝都市建設妨害のための協議を行った[84]。政府軍の動きに合わせて、徐々にすべての場所でバシキール人は立ち上がって遠征隊を攻撃しはじめた[85]。また再三バシキール人は隣人であるカザーフ人と接触して支援を得ようと中オルダに使節を派遣した[86]。しかしそうした工作が不調に終わると、女帝陛下の慈悲にすがって許しを請うことを考え、ノガイ道以外に、シベリア道、オサ道、カザン道にも同調してくれるように人を派遣したが、これもうまくはいかなかった[87]。

以上の動きの背景にあるのは、キリミャーク・ヌルシェフによると、すでに述べたように、バシキール人は土地を相続的に所有しており、土地の侵害についてツァリーズムに、すなわちロシアに対して立ち上がる権利があるという考えであった（本書第二章第2節を参照）[88]。

一七三七年二月、キリミャーク・ヌルシェフは当局との話し合いのためにタブィンスクにやってきた。しかし狡猾にも当局は彼を拘束してウファーに送った。彼は、同年五月にはメンゼリーンスクへ、翌三八年にはアカイ・クシューモフ、ユスプ・アルィコーフたちと共にペテルブルクへ移送された。その後の運命については知られていない[89]。

5　カザーフ問題への対処

一七三〇年代のカザーフ

バシキール人との戦闘のため緊急の必要があったにもかかわらず、キリーロフはカザーフ人との交渉も重要であると認識していた。すでに中・小オルダは名目上ロシアの宗主権を受け入れていた。多方面から包囲され、とくにジュンガルからの包囲に脅威を抱くカザーフ人には二つの選択肢しか残されていなかった。ロシアかジュンガルのどちらかと同盟するという選択であるが、いずれもカザーフ側にとっては都合のよいものではなかった[90]。大・中・小のオルダのハンたちの間で、また各オルダの指導者たちの間で繰り広げられた権力闘争によって弱体化したカザーフ人たちは、そうした選択を余儀なくされたのである。そのなかでとりわけ機敏に動いたのは小オルダであった。

一七三〇年代、小オルダのアブルハイル・ハンはロシアへと舵を切った。彼にとって、おそらくロシア人はジュンガルよりも遠く離れており、自立や独立への脅威はより少ないと思えたからであろう。同時にアブルハイルは小オルダ内で、また他の諸オルダとの関係において自身の立場を強化するためにロシアから十分な支援を受けることができると期待していた。

アブルハイルの二番目の息子スルタン・エラリ、およびオレンブルクへの遠征に同行した幾人かの他のカザーフ人たちはオレンブルクにアマナートとして留まった。一七三五年八月、アブルハイルがバシキール人と戦うべく急行する前に、キリーロフはアブルハイルのもとにアンナ女帝からの贈り物を持たせたカザーフ人を派遣した。それからおよそ一年後の一七三六年六月十四日、中オルダのタルハンであるバトゥル・ジャニベクを使者とする使節がチェモドゥーロフと緊急の問題を討議すべくオレンブルクへ到着した。彼らカザーフ人はロシア側に返礼の使節を送るように求めてもいたのである。

ジョン・ケイステルの活動

チェモドゥーロフは返礼の任務をジョン・ケイステル（John Castle）に任せた。この人物はオレンブルク遠征隊の画家としてキリーロフに同行していた当時の山師的なイギリス人の一人であった。彼は遠征隊の遭遇するさまざまな場面のみならず、自然や静物を描くことが任務であり、現在残っているオレンブルクの遠景は彼の手になるものである[91]（図9を参照）。その前年、オレンブルクでケイステルは確かにアブルハイル・ハンと会っていたが、カザーフ人たちとの具体的な関係はあまり知られていない。ケイステルは四万人のカザーフ人がオスマン帝国に唆されてバシキール人の動きに加わろうと計画していることが明らかであるとして、直ちに機制を制するためにアブルハイルのもとへ使者を送るようチェモドゥーロフに求めたのである。

この驚くべき知らせもチェモドゥーロフを悩ませはしなかったようである。実際、彼は使節を送ろうとはしなかった。以下の説明は推測の域を出ないものである。第一に、チェモドゥーロフは新しい要塞＝都市建設に忙殺されていた。そのため彼の乏しい武力では誰をも使節のために振り向けることができなかったのである。第二に、彼の部隊はすでにバシキール人の攻撃の脅威に晒されており、それが彼に自分の部隊を分割することを思い留まらせたのである。

ただし一七三六―三九年のロシア＝トルコ戦争は、オスマン帝国側の脅威やアジテーションについて述べるケイステルの説の妥当性・可能性を示すものであった。とはいえロシアの史料には、一七三五―三六年にオスマン側からそのような動きを示す事実を見出すことはできない。可能性があるのは、ケイステル自身がカザーフへの使節を組織したいという動機を持っていたということだけである。

いずれにせよスルタン・エラリによって支持されて、ケイステルはチェモドゥーロフからアブルハイルへの使節を率いる許可を得ることになった。一七三六年六月十四日、ケイステルは、ドイツ人学生ディートリヒ・ルフトゥス(Dietrich Luftus)、テフケリョーフのタタール人副官一名、およびカザーフ人使節二名を伴ってステップへと旅立った。二日後の六月十六日、バトゥル・ジャニベクの使節は中オルダの指導者たちに報告すべく一団を出発させた。ケイステルはアブルハイルの陣営に六月十九日から七月五日まで滞在した。この間、彼はカザーフ人に大きな印象を与えつつロシア側の主張を伝えたのである。

ケイステルは二つのオルダから二〇人の代表者たちに伴われて帰途についた。その第一日目に、彼は次のような噂を耳にした。カザーフに合流すべく二〇〇〇人のバシキール人グループがキリミャークによって派遣されたというのである。オリ川源流で彼は、小隊をオレンブルクへ出発させる一方、残りのグループと共にキリーロフに会うべくウファーへ向かった。バシキール人の領域に一団が接近すると幾度か小競合いが生じた。七月十七日、サクマルスクでカザークのアタマンはこのケイステルの隊を守ることを拒否した。理由はバシキール人の攻撃を受ける危険性とキリーロフから守るようにという命令を受けていないからというものであった。二日後、ケイステルの一団は、イク川河口の要塞に到着した。同地でケイステルはキリーロフと連絡を取った。キリーロフは彼をウファーへ伴うように幾人かのバシキール人を遣わした。ケイステルはタタール人の服装をして馬に跨り、一〇六ヴェルスタの道のりを一日で走破した。ウファーに着いたのは八月五日である。

ケイステルによれば、キリーロフは使節とその成果に満足した。キリーロフの外交の結果か、あるいは何か他の理由かは不明であるが、カザーフ人はバシキーリア内で彼らの行動を阻止すべく戦闘することはなかったのである。(92)

（1）РГАДА. Ф. 248. Оп. 3. Кн. 135. Л. 860–864об.; ПСЗ. Т. IX. No. 6890. С. 741–745. この布告の冒頭部分および内容の若干はすでに著者によって訳出されている（前掲拙著『ロシア帝国民族統合史の研究』、二八七―二九〇頁）。

（2）十八世紀末の流刑地ロゲルヴィクおよびシベリアでの囚人労働力の利用については次を参照されたい。拙稿「バルティースキー・ポルトの囚人サラヴァト・ユラーエフとその周辺――帝政ロシアにおける地域史研究の試み」『駿台史学』第一三二号、二〇〇七年、とくに三七―四〇頁。

（3）*Асфандияров А.З.* Башкирская семья в конце XVIII-первой пловине XIX века // История СССР. 1984. No. 4. С. 159. および前掲拙著『ロシア帝国民族統合史の研究』、三〇九―三一〇頁。

（4）РГАДА. Ф. 248. Оп. 3. Кн. 135. Л. 143.

（5）РГАДА. Ф. 248. Оп. 3. Кн. 134. Л. 315–324, 788–789.

（6）РГАДА. Ф. 248. Оп. 3. Кн. 134. Л. 326–326об. またシベリア郡とペンザ郡で逃亡している農民たちの一覧表は次に記されている。Там же. Л. 327.

（7）РГАДА. Ф. 248. Оп. 54. Кн. 1131. Л. 575–576; *Добросмыслов А.И.* Башкирский бунт. С. 64–73.

（8）РГАДА. Ф. 248. Оп. 54. Кн. 1131. Л. 606–607об; *Добросмыслов А.И.* Башкирский бунт. С. 73–75.

(9) *Петрухинцев Н.Н.* Внутренняя политика Анны Иоанновны. С. 496.
(10) *Соловьев С.М.* Указ. соч. Кн. X. Т. 20. С. 580–581; *Добросмыслов А.И.* Башкирский бунт. С. 80.
(11) Материалы. Т. 2. С. 199–200.
(12) *Рычков П.И.* История Оренбургская. С. 23.
(13) Там же.
(14) РГАДА. Ф. 248. Оп. 54. Кн. 1131. Л. 734–735; *Рычков П.И.* История Оренбургская. С. 23.
(15) РГАДА. Ф. 248. Оп. 54. Кн. 1131. Л. 658–659об.; *Петрухинцев Н.Н.* Внутренняя политика Анны Иоанновны. С. 498.
(16) *Рычков П.И.* История Оренбургская. С. 23.
(17) ПСЗ. Т. IX. No. 6972. С. 835.
(18) *Добросмыслов А.И.* Баширский бунт. С. 82.
(19) РГАДА. Ф. 248. Оп. 54. Кн. 1131. Л. 727; *Петрухинцев Н.Н.* Внутренняя политика Анны Иоанновны. С. 498.
(20) РГАДА. Ф. 248. Оп. 54. Кн. 1131. Л. 727–731; *Петрухинцев Н.Н.* Внутренняя политика Анны Иоанновны. С. 498.
(21) РГАДА. Ф. 248. Оп. 54. Кн. 1131. Л. 728, 734–735; *Петрухинцев Н.Н.* Внутренняя политика Анны Иоанновны. С. 498.
(22) *Соловьев С.М.* Указ. соч. Кн. X. Т. 20. С. 581–582.
(23) *Рычков П.И.* История Оренбургская. С. 25.
(24) ПСЗ. Т. IX. No. 7016. С. 888.
(25) Материалы. Т. 2. С. 253–255, 255–259.
(26) РГАДА. Ф. 248. Оп. 5. Кн. 313. Л. 193; *Добросмылов А.И.* Баширский бунт. С. 84–85.
(27) Там же.
(28) Материалы. Т. 2. С. 260–261; ПСЗ. Т. IX. No. 6972. С. 835; No. 7027. С. 897–898.
(29) Материалы. Т. 2. С. 266.
(30) *Петрухинцев Н.Н.* Внутренняя политика Анны Иоанновны. С. 500.
(31) *Смирнов Ю.Н.* Указ. соч. С. 32–33.
(32) *Петрухинцев Н.Н.* Внутренняя политика Анны Иоанновны. С. 502.
(33) *Аполлова Н.Г.* Указ. соч. С. 104–105; *Смирнов Ю.Н.* Указ. соч. С. 137; *Петрухинцев Н.Н.* Внутренняя политика Анны Ио-

анновны. С. 502.

(34) *Рычков П.И.* История Оренбургская. С. 26–27.

(35) *Буканова Р.Г.* Указ. соч. С. 125–128.

(36) *Аполлова Н.Г.* Указ. соч. С. 104.

(37) *Новлянская Н.Г.* Иван Кириллович Кирилов (географ XVIII века). С. 225–226; История Башкирского народа. Т. 3. С. 179.

(38) *Рычков П.И.* История Оренбургская. С. 34–35.

(39) История Башкирского народа. Т. 3. С. 179.

(40) Там же. С. 181, 185–186.

(41) РГАДА. Ф. 248. Оп. 3. Кн.135. Л. 369–369об.

(42) *Добросмыслов А.Н.* Башкирский бунт. С. 90–91.

(43) *Петрухинцев Н.Н.* Внутренняя политика Анны Иоанновны. С. 506.

(44) *Рычков П.И.* История Оренбургская. С. 56.

(45) *Петрухинцев Н.Н.* Внутренняя политика Анны Иоанновны. С. 506.

(46) Там же.

(47) Материалы. Т. 2. С. 268–272.

(48) Там же.

(49) *Рычков П.И.* История Оренбургская. С. 26–27; *Петрухинцев Н.Н.* Внутренняя политика Анны Иоанновны. С. 507.

(50) РГАДА. Ф. 248. Оп. 3. Кн. 135. Л. 605–613.

(51) История Башкирского народа. Т. 3. С. 179.

(52) *Буканова Р.Г.* Указ. соч. С. 129.

(53) Там же.

(54) РГАДА. Ф. 248. Оп. 17. Кн. 1133. Л. 272; История Башкирского народа. Т. 3. С. 180.

(55) *Буканова Р.Г.* Указ. соч. С. 132.

(56) Там же.

(57) *Рычков П.И.* Топография Оренбургской губернии. С. 366.

(58) Там же. С. 367–368.
(59) *Буканова Р.Г.* Указ. соч. С. 132.
(60) *Рычков П.И.* Топография Оренбургской губернии. С. 364.
(61) История Башкирского народа. Т. 3. С. 180.
(62) Там же.
(63) *Буканова Р.Г.* Указ. соч. С. 134.
(64) История Башкирского народа. Т. 3. С. 180.
(65) Там же. С. 180–181.
(66) Там же. С. 181.
(67) *Буканова Р.Г.* Указ. соч. С. 137 ; История Башкирского народа. Т. 3. С. 181.
(68) Материалы. Т. 2. С. 278.
(69) *Рычков П.И.* История Оренбургская. С. 28.
(70) Материалы. Т. 2. С. 263.
(71) РГАДА. Ф. 248. Оп. 3. Кн . 134. Л. 139 ; *Устюгов Н.В.* Указ. соч. С. 22.
(72) Там же. С. 22–24.
(73) ПСЗ. Т. IX. No. 6972, С. 835, 889 ; Материалы. Т. 2. С. 272–275.
(74) *Добросмыслов А.Н.* Башкирский бунт. С. 95 ; Материалы. Т. 2. С. 272–274.
(75) *Рычков П.И.* История Оренбургская. С. 27.
(76) РГАДА. Ф. 248. Оп. 17. Кн. 1164. Л. 72–72об. ; *Устюгов Н.В.* Указ. соч. С. 20.
(77) РГАДА. Ф. 248. Оп. 3. Кн. 139. Л. 237–238.
(78) РГАДА. Ф. 248. Оп. 17. Кн. 1164. Л. 357–357об. ; *Устюгов Н.В.* Указ. соч. С. 21.
(79) *Соловьев С.М.* Указ. соч. Кн. X. Т. 20. С. 584.
(80) РГАДА. Ф. 248. Оп. 17. Кн. 1164. Л. 128 ; *Устюгов Н.В.* Указ. соч. С. 25.
(81) РГАДА. Ф. 248. Оп. 3. Кн. 139. Л. 126 ; *Устюгов Н.В.* Указ. соч. С. 25.
(82) *Акманов И.Г.* Допрос вождя восстания 1735–1736 гг. Кильмяка Нурушева / Уникальные источники по истории Башкорто-

стана. Уфа, 2001. С. 95–106.

(83) РГАДА. Ф. 248. Оп. 17. Кн. 1183. Л. 191об.–192; *Акманов. И.Г.* Допрос вождя восстания 1735–1736 гг. С. 96.

(84) РГАДА. Ф. 248. Оп. 17. Кн. 1183. Л. 183–183об.

(85) Там же. Л. 183об.–186об.

(86) Там же. Л. 189–189об.

(87) Там же. Л. 189об.–190.

(88) *Акманов И.Г.* Допрос вождя восстания 1735–1736 гг. С. 97.

(89) Там же.

(90) *Вяткин М. П.* Очерки по истории Казахской ССР. М., 1941. Предисловие.

(91) ケイステルの行動については以下を参照。*Матвиевский П.Е.* Дневник Джона Кэстеля как источник по истории и этнографии казахов // История СССР. 1958. No. 4. С. 133–145; *Шакинко И.М.* В.Н. Татищев. М., 1987. С. 85.

(92) John Castle, Journal von der Anno 1736 aus Orenburg zu dem Abul-Geier Chan der Kirgis-Kaysack Tartarishen Horda ... dargestellt durch John Castle. *Materialien zu der Russischen Geschichite seit dem Tode Kaisers Peters des Grossen,* Zweiter Teil, 1730–41. Riga, 1784, S. 3 (Donnely, A.S. *op. cit.*, pp. 87–89 より転引用).

第八章　キリーロフ「草案」実現の行方

1　オレンブルク商業圏の形成

中央アジアとの交易

新しい都市オレンブルクに依拠しながら、キリーロフは中央アジアとの交易をロシアにとって有利な方へと変更しようとした。すでに紹介したキリーロフの「草案」のなかで彼は次のように記していた。「国内商業について述べると、それはオリ川沿いの新しい都市およびアラル海の波止場でまもなく拡大するでありましょう。なぜならタシケント、トルケスタンそしてハンジャントからロシアの商品を購入するためにブハラに行く商人キャラヴァンは、上記の新しいもろもろの場所に注目するようになります。なぜならそれらはブハラに行くよりもはるかにここに行く方が適しているからなのです」。そうした交易の拡大のために、キリーロフは商人のために関税のかからない交易を考えていた。彼の意見によると、こうした魅力的な状況は他の場所から交易に従事する人々を新しい都市に引きつけることになりうるというのである。(1) 実際、アジアの商人がロシアの商品を購入するために、ブハラへ行くよりも、新都市に行く方がより都合がよいと考えられた。オリ川河口の都市は交易を行う際に特別な特権を与えることによって当然多数の商人の関心を引いたのである。(2) 実際の交易の賑わいについては、キリーロフの死後ではあるが、一七三九—四〇年におけるタシケントのキャラヴァンのための国家の商品や購入された商品、およびハンへの贈り物がどれだけシベリア官署から通過したのかを記した一覧表が示している通りである。(3)

一七三四年、タシケントの商人(купцов-сартов)はオリ川河口近郊に都市を建設する可能性について情報を得て、タシケントの長にそのことを伝えた。そこで、アブルハイル・ハンの影響力を利用して、幾人かの商人をその仲間たちと共にウファーへ派遣した。アブルハイル・ハンは彼らを自由に自分の領土を経由して行かせただけではなく、カザーフ人のうちから案内人を派遣さえしたのである。(4)

翌三五年初頭、タシケントの商人たちはウファーに到着し、キリーロフに将来の都市に交易のための定期市を設けたいという希望を伝えた。その際、彼らは毎年交易キャラヴァン隊としてやってくることを約束し、荷を積んだロシア商人を中央アジアの一大交易拠点であるタシケントに招待した。キリーロフはこの提案を受け入れたが、ウファー近郊で大きな取引が行われなくなることを危惧して、大商人たちに商品を持ってカザンへ行くことを勧めた。キリーロフは彼らに推薦状を与えている。その手紙のなかで、カザン県知事には「あらゆる優しさを示し、税の免除」をするように依頼した。商人たちはキリーロフの勧めを受け入れ、カザンでの交易で大いに利益を得ることになった。帰途、建設が進んでいたオレンブルクを見てタシケントに戻ったのである。(5)

一七三六年二月十一日の布告(第十九条)に基づき、同月、キリーロフにはオレンブルクでのキャラヴァン交易の発展を図るべく命令が下った。この布告をもとに新たに大臣カビネットからキリーロフへ訓令が発せられた。これにより、オレンブルクにアジア商人のキャラヴァンを望ましい客として受け入れること、およびアジアからやってくる商人には「村落近郊」の土地を割り当てることが命じられたのである(第一項目)。(6)

またキリーロフは、ロシアの商品を積んだキャラヴァンをヒヴァ、ブハラおよびタシケントへいかなる障害もなく派遣するようにとの命令を受けた。アジア商人のキャラヴァンを手本として、ロシアのキャラヴァンをキャラヴァン＝バシ（隊長）が先導することになった。そしてキャラヴァン＝バシに対してロシアのキャラヴァンが手に入れる利益の四分の一を与えると約束した上で、「一つのキャラヴァンにつき約二〇〇〇品目もの当地の人に都合のよい商品を引き渡すべきである」、と命じられた（第二・四項目）(7)。

さらに地方の地誌を研究するために、「キャラヴァンの記録係として」測地学者が各キャラヴァンにつき一名か二名派遣された。彼らには地方および整備される以前の道を、地方住民の間に疑念を起こさせないよう、「極秘に」（весьма тайно）記述することが命じられたのである（第二項目）(8)。

中央アジアへの道

布告が発せられる一年前の一七三五年二月二十五日、インド人商人マルヴァリア（マラヴィア・バラエフ）がアストラハンから到着したこと、その際、彼が語ったインドとロシアを繋ぐ交易の四つの道、および具体的なインドとロシアの交易品に関する話が残っている(9)。インド会社の商人たちをロシアに引きつけるために、キリーロフはマルヴァリアをブハラからのキャラヴァンと一緒に派遣するように命じられた。キリーロフはこの商人に商品を購入するためとして一〇〇〇ルーブリの貸し付けを行った。これ以外に、マルヴァリアはオレンブルクでの特許権証書の写しを受け取ることになったのである(10)。

一七三六年、ヒヴァ、ブハラおよびタシケントに商品を送ることを考えて、キリーロフはキャラヴァンの旅程コースを検討してそれを確定した。すべてのキャラヴァンがまず初めに最短行路――オリ川上流からアラル海北岸へ、その後それぞれの行程を進む――を移動することを望んだ。

ヒヴァとブハラへ送るキャラヴァン隊はアラル海西岸を通り、またタシケントへ向かうキャラヴァン隊は東岸を通らなければならなかった。その際、キリーロフはアラル海沿岸に「アジア交易の鍵」(ключ азиатской коммерции)となるであろう波止場建設の重要性を力説している。キャラヴァン隊の編制および測地学者たちの活動に関連する費用を補償するために、キリーロフは多様な商品を送ることを考えていた。たとえば、ラシャ、植物性染料、毛皮の細工品や衣服、赤い皮革製品、小物などである。キリーロフはキャラヴァン隊に「絹製品よりも金や宝石と交換するように命じ」たのである。(11)

キリーロフの提案は元老院で検討され基本的に受け入れられたが、いくつかの修正が施された。たとえば次のような点である。「アラル海までキャラヴァン隊を伴った穀物供給者たちの派遣、ならびに新たに臣従することになったカラカルパク人が住んでいるシル・ダリア河口にある彼らの村落に関して、当面はオレンブルクが中心となって行うものとし、その後、自ら精査して、そこで次のことをなすべきである。すなわち各キャラヴァン隊に対して二〇〇〇ルーブリ相当の商品を通過させることである(12)」。

とはいえキリーロフはその存命中に計画の多くを実現することはできなかった。とくにカザーフおよび中央アジアとの交易の拡大についてはそうであった。しかし、キリーロフ急死ののち、一連の対外経済政策は後継の遠征隊指導者たちによって実現されていったのである。

2　学術研究から啓蒙活動まで

バシキーリアの地図作製

学術面での成果も大いにあがった。ウファーに到着後、専門家たちは一七二三年に作製されたウファー郡の略図や地図の点検に従事した。その結果、地図にはさまざまな誤りがあることが判明した。明らかになった問題点を改めて検討し、測地学者たちはバシキーリアの地形の測量を行わなければならなかった。一七三五年二月二十四日、キリーロフは元老院に測地学に熟達したイギリス人大尉ジョン・エルトン(John Elton)を自分のもとに派遣するように要請している。「正確な天文観測を行う必要が大いに生じました。それというのも、以前ここでは測地学者を通じて描写と天文観測がなされましたが、経度のみならず、北緯についても多くの誤りがあることがわかったからです。それについて地図が作製されるべきであります」(13)。実際、エルトンはキリーロフの満足のいくような成果をあげた(14)。一七三七年、彼はスィズランからツァリーツィンまでヴォルガ川の地図を作製し、ヤイーク川の描写を行うことになったのである(15)。ちなみにこの人物は、ケイステルと同様に山師的な人物であり、一七三二年末、ロンドン駐在ロシア大使に着任したばかりの教養人カンテミール(А. Д. Кантемир 一七〇九―四四)に会って、アルハンゲリスクから日本、中国、インド、アメリカなどへの航海、さらには捕鯨漁を行うことも提案した人物である。彼は数学、天文学、測地学等の知識を持っていた(16)。

キリーロフは大規模な地誌的研究も組織した。測地学者А・Ф・クレシニン(А. Ф. Клешнин)はヴォルガ川からアルハンゲリスクまで「川を航行し、測量すること」を命じられている。クレシニンはこの課題を成し遂げ、一七三八年九月九日までに「地図上の二つの道に従って行くアルハンゲリスク市の地図」(План города Архангельского по двум путям ланд-карты)を作製した(17)。当時、別の測地学者たちはヴォルガ川の測量を行っていた。「カザンからサマーラまで、〔そして〕ヤイークまで、そこからヤイーク川に沿ってサクマラ〔=サクマルスク〕およびウファーまで」、である(18)。

キリーロフに同行していた測地学者たちは、彼がオリ川へ進むのに際して必要な調査を行った。キリーロフは政府への報告のなかで幾度も測地学者たちの仕事について次のように述べている。すなわちこうした困難な状況下で、一七三五年八月六日、ヤイーク川に沿ったオリ川河口の反対側にキリーロフの全部隊が達した。ここはウファーから距離にして五〇〇ヴェルスタのところで、天文観測によると、北緯五十一度十一分の所にあるという(19)。また次のことも指摘しなければならない。測地学者のС・オールリコフ(С. Орликов)とИ・シェホンスキー(И. Шехонский)はオレンブルクからシベリアの村々へ向かうA・И・テフケリョーフ大佐の行軍に参加し、ヴェルホヤイーツカヤ波止場からテチェンスク村までの距離を測量した。[20] オレンブルクやヴェルホヤイーツカヤ波止場からブハラ方面へ向かう真っ直ぐな道があるかないかを知るためであった。

すべての資料は一七三五年末に科学アカデミーに送られ、こうした努力の成果は最初のバシキーリア地図となって結実した。その後もより正確なロシア地図の完成に向けた努力は続けられ、科学アカデミー総裁コルフ伯(И. А. Корф 一六九七—一七六六、クールラント時代にアンナ・イヴァノヴナの侍従補、アンナの即位に際してロシアに同行、一七三四—四〇年科学アカデミー総裁)はキリーロフの手元にある地域の地図をすべて送るようにと書簡を送り、キリーロフも調査を続行する必要性を訴えながらそれに応えようとしているのである。[21]

『ロシア地図』作製への道のり

そのため測地学者たちは他の地域の地図作製に関する仕事に取りかかった。遠征参加者のうち大きな貯水池の地理学的記述に参加した者もいた。たとえば一七三六年、測地学者イヴァン・シシコフ(И. Шишков)とセミョーン・ベリコフ(С. Беликов)はニジェゴロド郡、チェボクサーリ郡、およびカザン郡を流れるヴォルガ川の地図を提出した。この年の六月、「記述と測量のために」、測地学者のオールリコフとシェホンスキーは「カザンから川に沿って下流のサマーラまで」派遣された。[22] 当時、測地学者のピョートル・チチャゴーフ(П. Чичагов)はヤイーク川とサマーラ川の間に分水線を引いていた。彼の指導のもとに学生であったスタルコーフ(С. Старков)によって手がけられた地図が完成したのである。[23]

一七三六年九月、チェバリクーリ湖へ向かうテフケリョーフ部隊に随行していた測地学者のミハイール・ペーストリコフ(М. Пестриков)は、「部隊を引き連れたテフケリョーフ大佐殿の計画によりクラスノヤルスカヤ要塞から新たに建設されているチェバリクーリスカヤ要塞までの地図」(Ландкарта от Красноярской крепости проекту господина полковника Тевкелева с командою по новостроющуюся крепость Чебаркульскую）と題された地図を作製した。同年十二月、メンゼリーンスクでペーストリコフは、同僚の測地学者たちと資料をまとめたのち、バシキーリアを流れる川や湖の地図を作製した。この資料は「ウファー郡あるいは全バシキーリアの居住地、ヴォルガ川からサマーラまで一二〇〇ヴェルスタにおよぶ設置された現実の要塞線周辺、および以前の国境防衛線周辺その他を示した地図」（Plancart Уфимской провинции или всему башкирскому жилью и около положенной живой линии от Волги до Самары на 1200 верст, также прежней земляной линии и прочему）と表題がついている。[24]

　こうした一つ一つの地域の地図作製こそが、J・クラクラフトが言うロシアの「視覚による征服」の過程であり、一七四五年に完成する『ロシア地図』の基礎となった。

鉱物資源の調査、銅溶解工場開設と生産開始、塩の採掘

　地図作製の仕事と並んで、有用鉱物資源の調査・探査が行われた。一七三五年八月十六日付のキリーロフの大臣カビネット宛報告はオレンブルク近郊で採掘された貴重な鉱石や宝石について知らせている。[25]またルィチコーフの証言によると、キリーロフは「しかるべき方法で、バシキール人に鉱石・鉱物のある鉱坑の発掘やその指示を」行ったのである。キリーロフはエカチェリンブルクから鉱山担当将校一名と数人の鉱山技師を動員した。彼らはオリ川への行軍に参加することが義務づけられていた。

　その後、自らの行軍の成果を報告しながら、キリーロフにより、オレンブルク近郊で「多くの希少な石、とくに銅鉱石が発見され、まず初めに、縦坑が三つ掘られた」。大量の銅鉱石はサクマルスク近郊で発見されたが、そこでは縦坑が一つ掘られていた。

　タブィンスク近郊の銅鉱に豊かな鉱床があることを知り、キリーロフはここに年間一―三万プードを生産する官営工

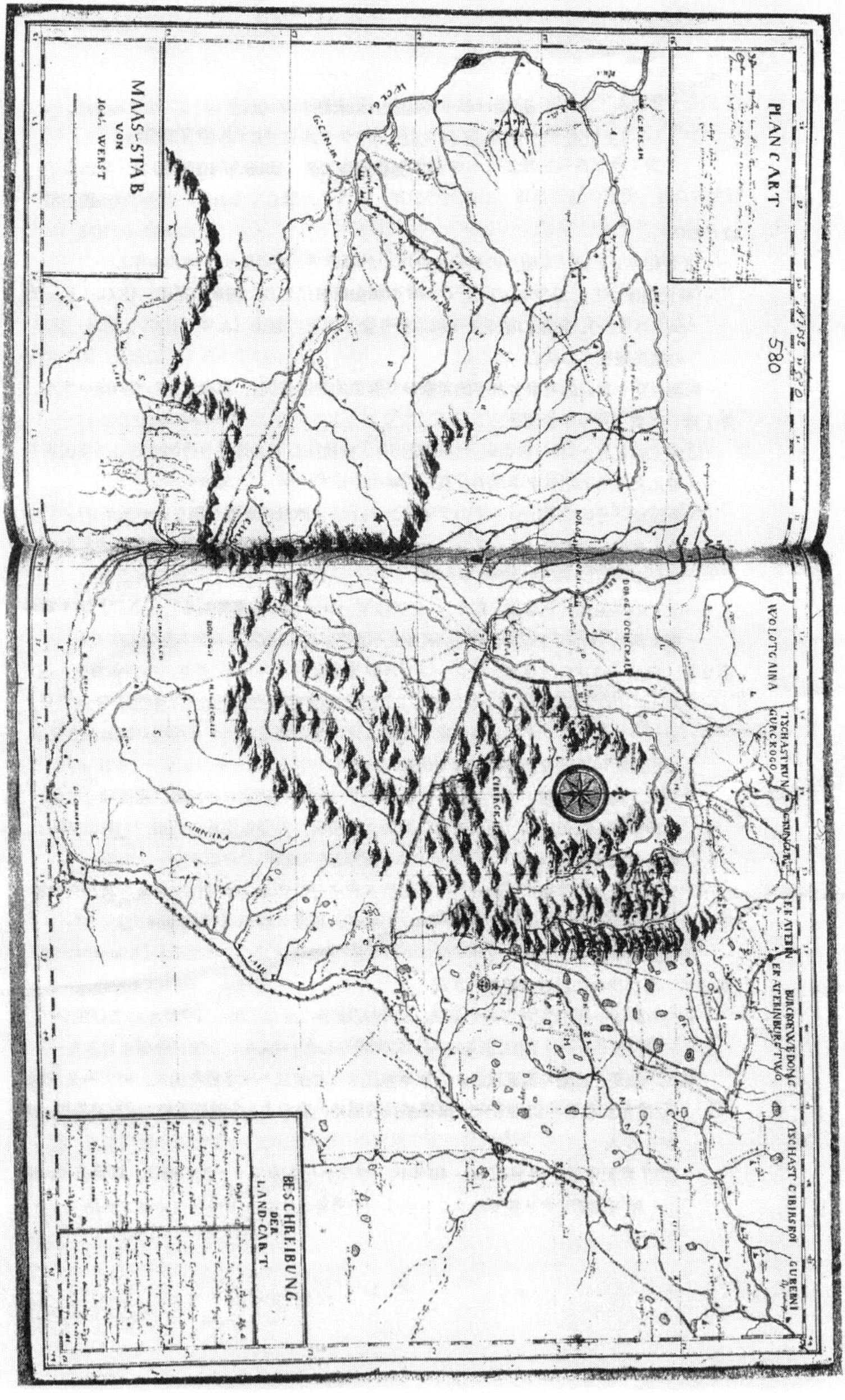

図10　1736年のウファー郡
〔出典〕 РГАДА. Ф. 192. Оп. 1. Д. 5.

場を建設することを決めた(26)。シベリア・カザン官営鉱山工場中央監督局局長のタティーシチェフは、行届いた国家管理という面からこのような大量生産をする工場建設に反対したが、キリーロフはタティーシチェフの意見を無視し、一七三七年一月、元老院にヴォスクレセンスキー銅溶解工場での生産開始を報告した(27)。翌年までには、最初の銅の溶解に成功すると予想された。同時にイク川の沿岸に三つの鉱坑の建設が始まったのである(28)。

キリーロフはイレツクの塩の採掘にはより一層の注意を払った。彼は、この塩をウファーに供給することで地方住民の興味を向けさせたのである。ルィチコーフの研究に依拠したM・M・ズリカルナーエフによると、数千プードの塩が「ベーラヤ川を船でカマやヴォルガ、さらにはるか遠くへ」運ばれたという(29)。

さらに遠征隊は高価で希少価値のある宝石の探査を行った。一七三六年初め、キリーロフはアンナ女帝に、「ここの山々に大変豊富にある発見された種々の宝石、白い大理石(парфира)、碧玉(ジャスパー)、メノウ、大理石、その他」を献呈している。キリーロフは政府の関心をこうした宝石のさらなる探査と発見の必要性に向けさせたのである。これ以外にキリーロフは、「碧玉およびその他の宝石の探査と採掘のために」、オレンブルク遠征隊に二名の腕利きの宝石切り出し工の派遣を願い出ており、それが受け入れられた(30)。まさにここに、キリーロフが「草案」で述べた構想の一端が実現したのである。

植物相の調査・研究

同地方の植物相の調査・研究にも注意が向けられていた。すでに一七三四年十二月十六日、キリーロフはコルフ伯に最初の植物学の成果を報告している。「時には、さまざまな草や根を採集する私の方法は、私と一緒にそれらを採取する植物学者や薬剤師が、道中それらを見つけ、あえて閣下に目録をもってお知らせするのであります。もしそれが気に入ったようでしたら、その時には科学アカデミーの皆様方にそれをお見せいたします。とはいえどのような天然の宝石や金属、および鉱物が見つかったのか、それについてはこれから報告いたします。次の春には、最上の場所に居てお役に立つであろうことをいっそう強く確信している次第です」(31)。翌年四月二十日、キリーロフは新種の植物をこのコルフに報告し、次のようにつけ加えている。「天然資源に関して言うと、六〇〇種のさまざまな品種が集められました。ウラル山脈、ヤイーク川とベーラヤ川の両岸辺、およびはるかアラル海を丹念に調査するよう神が御助力くださる際には、私は至高なる科学アカデミーにすぐにでも千種類を送ることを望まないことがあるでしょうか(32)」。それほどまでに同地方では天然資源が豊富だというのである。

植物調査は植物学者ゲインツェリマン(И. Г. Гейнцельман ミーニヒの秘書官であり、のちにキリーロフによって参事官としてオレンブルク遠征隊に加えられた)によって組織され、かつ成功裏に進められた。「医療園の植物学者トラウゴト・ゲルベルト」による評価が示しているように、ゲインツェリマンは教養の高い人物であった。植物学以外に、「古い時代と新しい時代の歴史、政治学、地理学、紋章学、系譜学、法律学など」を熟知していた。科学アカデミーの古文書館にはアマン教授によって整理されたゲインツェリマンの四〇一種にのぼる植物カタログが保管されているという(33)。

地理学と歴史学の研究

ゲインツェリマンはこれ以外にバシキーリアと中央アジア諸国の地理学と歴史学を研究していた。こうしたことについては彼によって集められた資料が雄弁に物語っている。それらはゲルハルト・ミューラーの紙挟みに保管されている(34)。そのなかに含まれているものに、『使節たちの話によるタシケントとトゥルケスタンに関する情報』(Известие о Ташкенте и Туркестане по сказаниям посланников)、『使節たちの述べるブハラに関する情報』(Известие о Бухарии по изъяснениям посланников)、『アラル海についてヴァシーリー・バタツィーの新しい地図の伝えるブハラ地方に関する情報』(Известие о Бухарии для изъяснения новых карт Василия Багация об Аральском озере)がある。またゲインツェリマンはキリーロフの研究をドイツ語に翻訳している。すなわち『カムチャトカとオレンブルクの遠征に関する一七三三年の手記』(Записки 1733 г. о Камчатской и Оренбургской экспедициях)、『キルギス＝カイサクおよびカラカルパクの諸オルダに関する解説』(Изъяснение о киргиз-кайсацких и каракалпакских ордах)[35]、そしてバシキーリアおよび新たに建設された都市オレンブルクの状況に関する一七三六年二月一日付の大臣カビネット宛報告である。以上については、ゲインツェリマンと彼の兄弟による二冊の地理学書、およびキリーロフと共編の『ロシアの古い時代と照合する古代の歴史とアラブの年代記からのタタール・ハンたちの主要な系譜』(Генеральная генеалогия татарских ханов из древней истории и арабской хроники, доколе оные с древними временами России сличность имеют)について残っていた情報が証拠となるのである[36]。

オレンブルク遠征時代のキリーロフ自身もまた歴史と地理学の研究に傾注していた。ウファー郡官房およびバシキール人長老たちからの情報を基礎に、キリーロフはいわゆる『バシキール人の郷ごとおよび氏族ごとによる区分』(Разделение башкирского народа по волостям и родам)を編集した。この研究は一七六二年にルィチコーフによって『オレンブルク地誌』(Топография Оренбургская)のなかで利用され刊行されることになるものである。キリーロフの裁量によって、インド商人や中央アジアの商人たちによる彼らの国々についての話が書き留められていた。それ以外に、バシキーリア領域内の古代文化の遺跡についての情報も集められていた。

部下たちの活動：ルィチコーフとケイステル

キリーロフは本質的には研究者であったが、彼はその能力や自らの部下たちの技能を精巧に仕上げるための協力も惜しまなかった。たとえばピョートル・ルィチコーフの例を挙げることができる。彼は遠征隊の活動当初はその会計官として仕事をこなし、その後、秘書官となった。ルィチコーフの活動の成果は、素晴らしい歴史経済的研究および地理学的研究となって刊行された。その成果の一端がいまでも一次史料として利用されている『オレンブルク地誌』と『オレンブルク史』である。こうした研究は自然、動物、植物、民族学、歴史、地方経済についてのさまざまな情報を含むものである。

またいま一人の遠征隊参加者である画家のケイステルは、前章で述べたように、キリーロフによって励まされて二度もカザーフの小オルダのアブルハイル・ハンのもとへ旅行を敢行した。彼はバシキーリアとカザーフ・ステップでの滞在中に日記を書き、そのなかで道中印象的な歴史的な建物や墓地、野生馬の群れ、越えなければならなかった川、山、森、ステップなどを書き記している。ケイステルはカザーフのハンおよびその妻との謁見、彼のために催された壮大な正餐、ハンの狩猟、さまざまな人物、慣習、生活習慣、衣装、信仰などについても詳しく書いている。これ以外にも、彼はオレンブルクやヤイーツキー・ゴロドーク、ヤイーク・カザークやサクマル・カザーク、および彼らの産業について情報を提供している。ケイステルはシンビルスク、その後サマーラへ戻り、一七三七年八月十三日まで日記を書き続けた。(37)

一七四一年、ケイステルはその日記にカザーフ・ステップ、その動植物相、天然資源についての短い地理学的な情報、ステップ住民であるカザーフ人、その住居・職業・習慣・家族関係など、さらにはアブルハイル・ハンおよびオルダにおけるその地位などを短くつけ加えた。ケイステルの日記そのものには、彼のオルダ滞在中や旅行のエピソードを記した絵が添えられている。これ以外に、彼はサマーラとオレンブルクの風景画、アブルハイル・ハンとその息子エラリの肖像画を描いている。ケイステルはその日記を幼き皇帝であるイヴァン六世(イオアーン・アントーノヴィチ　在位一七四〇―四一)に献呈した。しかしまもなく、クーデタによりこの皇帝は退位させられ、シュリッセリブルク要塞へと送られた。おそらくこのことのためか、ケイステルの日記が四三年を経てやっと陽の目を見たのであろう。この日記には次のような題名が付されていた。『自発的かつもっぱらロシア国家の利益のため、危険であるが最高度の必要性によって着手され、幸運にも成し遂げられた一七三六年のオレンブルクからキルギス゠カイサクのタタール・オルダのハンであるアブルハイルへの旅の日記。前オレンブルク遠征隊画家イギリス人ジョン・ケイステルによって叙述された』。[38]

啓蒙活動

キリーロフは啓蒙活動についても一定の注意を払っていた。一七三四年、ウファーにキリーロフのイニシアティヴで二番目の算術学校と文科系学校が開校した。前者の学校では、算術、とりわけ幾何と代数に主な配慮がなされた。そして後者の文科系学校では、読み書きに注意が向けられたのである。一七三九年までにこうした学校で三十七名の生徒が学んだ。一七三六年、キリーロフの要望により、教育活動に科学アカデミーから画学生ピョートル・パギン(Петр Пагин)が参加した。彼はオレンブルク在住の子供たちに、「絵画やデッサン」を教えることになったのである。[39]

その後、キリーロフは、ラテン語学校を開き、子供たちにラテン語教育を施すために、アカデミーから学生ヤーコフ・ヴィノグラードフ(Яков Виноградов)をオレンブルク委員会へ派遣するようにという要請をした。しかしキリーロフの死によって、彼の考えた教育によって子供たちを薬剤師見習生にしたのち、カザンの神学校の教師にするという計画はあきらめざるをえなかった。ちなみにヴィノグラードフはオレンブルク遠征隊からその任務を解かれ、神学の勉強を終えるためにペテルブルクへ派遣されることになった。[40]

さらに重要なことは、このの ち、非ロシア住民のため地方に官立学校を開く必要性を抱いていたキリーロフの思想が広まったということである。一七三五年、オレンブルクに「アラブ」学校および「カルムィク」学校が開校した。これらの学校では、非ロシア人の有力者や指導者の子弟のなかからロシア帝国の官僚養成の準備をする予定であった。一七四〇年の記述として、スタヴローポリ要塞で、すでにキリスト教に改宗したカルムィク人の子弟たちにロシア語の読み書きを教え、食事も提供していたことが報告されている。それ以外に、神学校の校長を派遣するなど前記の子弟たちに対するキリスト教の伝道という使命も課されていた。[41] すなわち地方住民をキリスト教化する行程の第一歩という意味づけである。しかしキリーロフはこれも実現することができなかった。

その他の出来事

オレンブルク遠征隊が活動を開始する以前から、この地方ならではの興味深い出来事が起こっていた。元老院機密局第一局に残されている史料には、自らをツァーリあるいは神と名乗るバシキール人が現れたことが記されている。一七三四年五月十六日付カザン県から元老院に宛てた報告は次のように述べている。カザン県からの報告によると、メンゼリーンスク近郊から県官房へウファー郡カザン道のシュラヌ村のバシキール人アルマカイ・ビッテエフ（Алмакай Биттеев あるいはビクテエフ）が、一七三三年十二月八日、メンゼリーンスクの役所にやってきて、自分は神でツァーリであると名乗り、「カザン道の四分の一を切り取る」と言った。しかし逮捕後の第一回目の審問ではそのような発言をしたことを否認したが、二度目の際には自供し、カザン郡を破壊したと自慢さえしたのである。とはいえビッテエフ自身がそう述べたのは酔っぱらって理性を失ってのことであるとして、罪を軽くしてもらうことを考えていた(42)。

また一七三九年には、ウファー郡オサ道のオソフ＝バシ村のヴォチャーク人（ウドムルト人）グリューシャ・タガナエヴァが酒に酔った自分の夫アレクセイ・タガナエフを殺害したとして捕らえられた。四一年七月にウファー郡官房の要請で女帝陛下の下した決定は、グリューシャに正教キリスト教の洗礼を施し、彼女の希望するロシア人のもとへ奉公に出すという寛大なものであった(43)。これらはいずれもオレンブルク遠征隊の動きとは別の地方社会の一端であるが、まさしく当時のロシアの地方社会を特徴づける事件であった。その点については次章で詳しく述べることになろう。

3　キリーロフの後継者たち

キリーロフ最期の日々

キリーロフは壊血病に罹り、一七三六年十二月終わりにはメンゼリーンスクを離れ、サマーラへ向かった。そこに翌三七年一月初めに到着した。さらに移動して、一月一杯、彼のすべての命令はシンビルスクから発せられることになった。初春、彼は司令部をクラスノサマールスカヤへ移すことを計画した。そこに構想していた新たなオレンブルクができるまで滞在するつもりであった。キリーロフは同地で諸問題への対処および防衛線の構築について進捗状況を調査すべく、オレンブルクを訪れたいと望んでいた。冬の間中、キリーロフはこの都市に不足しているものが十分に補充されるよう確認調査を行うことを計画した。この目的のためにカザークや商人たちと契約を結んだ。キリーロフは、移住者として、多くの自由民、巡歴の人々、そして人頭税に登録されていない他の人々を記録し、彼らに食料の貸し付けを行い、さらには彼らを幾多の要塞に派遣したのである(44)。

キリーロフは「草案」の実現を目指しながら、広範囲にわたる計画に基づいて働き続けた。しかし一七三七年四月十四日、キリーロフはそれを完成させることができないまま死去した。死因は「肺病」である。サマーラの奇跡成就者聖ニコライ教会に葬られた。

キリーロフがオレンブルク遠征隊長官として働いた三年間、自ら「師」と仰いだピョートル大帝と同様に、壮大なスケールで夢を見ていたといえるのかもしれない。ピョートルは中央アジアの鍵としてカザーフ人の征服を決定した。しかしキリーロフはカザーフ人を支配することは容易ではないことを理解していた。なぜならバシキール人がその道に立ち塞がっていたからである。バシキール問題委員会の設立と共に、キリーロフの遠征は、その本来の目的の遂行からより直接的なバシキール問題の対処へと方針を転換していった。キリーロフはできる限り迅速にバシキール人を服属させるための武力行使を主張した。というのも彼の主要かつ最終的な関心はその地方の鉱物資源の発掘と開発であり、中央アジアとの交易の可能性を探り、それを樹立することにあったからである。とはいえ何よりも平和が経済的発展にとって必要であった。バシキーリア内に要塞、そしてサマーラとヤイーク川沿いに防衛線を一気呵成に建設しながら、キリーロフはバシキーリアのロシア帝国への併合過程の最終段階の基礎を築いたのである。(45)

キリーロフを間近に見ていたП・И・ルィチコーフによると、遠征隊長官は「さまざまな人間的な欠点や短所があり……自らいろいろと非難を招くことになるものの、しかし知りうる限り、彼は国益について勤勉にも配慮を尽くし、その生涯の最後に至るまで努力につぐ努力に精を出していたということは確かな真実である(46)」、と高く評価しているのである。

タティーシチェフ、オレンブルクの移転、その活動

一七三七年にオレンブルク遠征隊長官キリーロフが死去したあと、同年五月十日の布告によって、その後任として歴史家で政治家、および最高枢密院参議官という要職にあったB・H・タティーシチェフが、この年オレンブルク委員会と改称していた委員会委員長に就いた。彼には三等文官の官等が与えられ、前任者が持っていたバシキーリアにおけるすべての権限が委ねられた。翌年八月、彼はオレンブルクを視察したのち、この都市を現在のサラクタシュ地区クラスノゴール村(現在も赤土に覆われたその名前の通り「赤い丘」である!)に移さなければならないとの結論に達した。オリ川河口の地は他の都市から遠く離れ、春のオリ川とヤイーク川の氾濫時ともなると洪水により冠水する。その上、同地には充分な道もなく、また近くには森さえもなかったからである。政府はタティーシチェフの上申書を受け容れた。(47)

バシキーリアにおける軍事的政治的な状況は極めて複雑であった。タティーシチェフが始めなければならなかったの

は叛乱によって完全に覆われた地域を支配することであった。統治に当たり、タティーシチェフもキリーロフに倣って過酷な手段をとり、膨大な数の常備軍および非常備軍の編制に専念したのである。一七三七年三月までに、同地方には九九〇〇名の常備軍と七七〇〇名の非常備軍がいた。それは四つの隊に分けられ、バシキーリアの主要な場所に配置されていた。非常備軍のなかにはヤイーク・カザーク、ウファー・カザーク、ビルスク・カザーク、タブィンスク・カザーク、オレンブルク・カザーク、サマーラ・カザーク、シベリア・カザーク、ノヴォプリボール・カザーク、ウファー地方のキリスト教に改宗・非改宗のカルムィク人、タタール人、およびミシャーリ人、そして勤務ムルザなどがいた。必要な場合には、地方のミシャーリ人、オサ道とシベリア道のヤサーク民、シベリアの自由農民、カザン県の勤務ムルザおよび勤務タタール人から成る総勢四五〇〇名の予備役を導入することができた。この勢力は一七三七年夏に定められた対バシキール人叛乱鎮圧のための軍事行動に準備されたものであった。

タティーシチェフは蜂起の鎮圧とバシキーリアの支配に関する複雑な問題を解決しなければならなかった。利用しうるあらゆる手段を駆使して叛乱を起こしたバシキール人を鎮めようとした。非合法に拘束した蜂起の指導者たちを解放するように指示し、一七三七年夏に予定していた大きな軍事行動を止め、官吏たちの多くの職権濫用を暴いた。このおかげで、少しの間ではあったが同地方には静寂が訪れ、タティーシチェフにとっても要塞の設備充実や中央アジアとの交易の組織化に時間をかけることができるようになった。

オレンブルク委員会委員長に就任している間、タティーシチェフは以前自らの「提案」で述べたことの多くを実現することができた。たとえば彼のイニシアティヴのもと、一七三七年七月十四日、メンゼリーンスク市で初めて総会(генеральный совет)が開催された。そこには当時バシキーリアにいたすべての官吏たちが参加した。この全体会議ではバシキール人叛乱の鎮圧のみならず、同地方におけるこれからの行政の在り方など、あらゆる問題が検討された。この会議の重要な決定は「バシキール人をいくつも司法制度や行政の下に」分割することであった。それ自体この地方における一連の行政上の変革を求めることになった。

北東のバシキール人を一つの行政システムのもとに置くために、この総会でバシキーリアのウラル以東地域にイセト郡（Исетская провинция）を新たに設置することとし、ペルミ郡（Пермская провинция）の行政的中心をソリカムスクからクングールへと移した。まもなくタティーシチェフの考えに従って発せられた一七三七年八月十三日付命令によって、バシキール人の住むウラル以東の地域（башкирское Зауралье）はシベリア県から分けられてイセト郡を形成した。これは現在のロシア連邦チェリャービンスク州の基本的領域を形成している。

さらにオサ道のバシキール人支配のためにいくつかの手段がとられた。たとえば次のことが決定された。「カザンから遠方にあるものの、極めて便利な場所にある」付属都市オサ市では、そこを担当する行政長官を任命し、「サラプルまでの宮廷領の農民を登録し、ウファー郡ガイニンスカヤ郷を彼の管轄下に置き」、クラスノウフィムスク要塞を「オサと同じように、ウファー郡官房の付属都市として建設し、近くにある諸郷と村を編入すること」である。(48)

以上のことに加えて、非常に興味深いのは、政府はキリーロフの残した仕事を継続することをタティーシチェフに求めていたことである。とくに『ロシア地図』の早い完成を求める命令を彼に送っていた。キリーロフが作製していた各地域の地図の修正と補正、やり残した地域地図の完成、そのための測地学者の派遣、測地のための労働力の提供と彼らへの賃金支払い、などの具体的な内容をもっていた。(49) ここにロシア帝国が地図作製を国家事業という認識を持ってその完成を急いでいたことがわかる。

タティーシチェフのバシキール人についての研究と政策

タティーシチェフの活動の別の側面についても指摘しておかねばならない。それはバシキール人の歴史と民族に関する研究上の貢献である。すでに述べたように、タティーシチェフはバシキーリア時代に充実しつつもその最良の時を過ごしたわけではなかった。しかしそれにもかかわらず、そのことは彼がバシキーリアの基幹的住民の歴史や習慣に対する生き生きとした興味を抱くうえで何ら障害とはならなかったのである。タティーシチェフは中・南ウラルに居住していた時期のバシキール人起源に関する古い手書きの文書を丹念に研究した。それは彼によって発見されたもので、おそらくそれらはバシキーリアからペテルブルクへ到着した直後の一七三九年、科学アカデミーに提出された『ロシア史』の最初の版を書く際に利用したと思われる。というのも、現在に至るまで、どのような史料をタティーシチェフが利用してその本を書いたのか結局のところ確定していないからである。

タティーシチェフに対して深い尊敬の念をもっていたバシキール人との直接的な接触は、彼の視野を広げ、古代のロシア＝ポロヴェツ関係におけるロシア史の起源の問題に対して理解を深めさせ、同時にロシア史学において初めてバシキール人についての歴史的＝人類学的記述を行わせたのである。たとえば彼はバシキール人の発生について科学的に説明しようとした最初の人物であり、またバシキール人に関する誤った理解に対して反駁しようと努めたのである。

> バシキール人がオスチャーク人から出たというのは甚だしい誤りである。彼らが赤い色の髪の毛をしているとかという点について検討する機会があったが、その指摘は間違いであるということがわかった。なぜならば、彼らをキルギス＝カイサク人やカザーク《ママ》のオルダと分けるのは、その方言の些細な違いを除いて指摘するのは不可能である。彼らはその種族性をかなりよく保っている。なぜならば、当初、彼らのある者たちはキプチャク族やタブィンスク族として、またある者たちは別の種族として定住したからである。タムガやヤサークをキルギス人と共に種族ごとに持っていたり、納めたりしている。ただ違いは、大ノガイ・オルダと別れて、ハンたちと共にカザン近郊のボルガール人の村に住み、その言葉によって自らの言葉の基礎と成したという点である。最初のカザン占領ののち、ある者たちは幾人かのムルザと共にズナメンスキエ・ステップへ、またある者たちはシベリアへ離れていき、オスチ

ャーク人の間に広がりながら居住した。カザン人たちがロシア人に反対するのをあまり助けなかっただけではなく、何箇所かを襲撃して荒廃させもしたのである。そのために、カザン人たちは彼らを大泥棒あるいはバシクルト(башкурт)と呼び、その呼び名が彼らの間に残ったのである。彼ら自身この呼び名を、彼らの長たるムルザに由来するとしてバシクルトすなわち狼の頭から派生したとしている。ツァーリ・イオアン・ヴァシーリエヴィチ〔イヴァン四世〕の統治下、最終的にカザンが占領された時、彼らはシベリアに遠く離れていた。シビル・ハンもノガイ・ハンも共に彼らに呼びかけたが、彼らはムルザから大弾圧を受けるとみて、ツァーリ・イオアン・ヴァシーリエヴィチに、彼らをその支配に受け入れたのち、彼らにステップの平穏な生活を与え、彼らのもとからムルザを駆逐したり、あるいは根絶するように懇願し、それがなされたのである。彼らは敵意によって赤い異教徒、あるいは彼ら自身がそう呼んでいたように、オスチャークと呼ばれたのである。(50)

一七三七—三八年、タティーシチェフがオレンブルク委員会委員長の職にあって活躍していた時期は、その政治的社会経済的結果によって強い印象を与えた時代である。彼による行政的領域的な制度改革や要塞の設置、以上のことがヴォルガ・ウラル地方のその後の社会経済的発展にはかり知れないほどの大きな影響を及ぼしたのである。

バシキール人支配について十八世紀最初の三〇年間のさまざまな計画の一般的な内容は、次のように要約できる。それはあれこれの段階においてバシキーリアおよびバシキール人についてのツァーリ政府当局の代表者たちの認識の水準を示していた。すなわち、ヴォルィーンスキーやユフネフように、バシキール人についての知識を持たなければ、バシキール人への対応は攻撃的となる。国家にとって安全の確保という目的で提案されるさまざまな手段は基本的には基幹的住民の物理的な根絶へとまとめあげられていった。それに対して、啓蒙的な官僚たち——そのなかにはタティーシチェフ、П・Д・アクサーコフが含まれる——は、帝国の政策にとり利益となり、かつまたバシキール人社会の社会政治的構造の特殊性をも考慮に入れたより賢明で、ピョートルの目指した「機能的な基準に対応」させて地方行政を編成する提案をした。[51] しかし、現実の対バシキール人行政では、強圧的な手段を示さざるをえなかったのである。

ネプリューエフとオレンブルクの再移転

新しい要塞はヤイーク川に沿って西方一八〇ヴェルスタ下流に建てられた。一七四一年八月、この地点が新しいオレンブルクとなり、かつての要塞はオリ要塞(オルスク)となった。[52] しかし新要塞は再度移転することとなる。一七四二年十月十五日、オレンブルク委員会の長にキリーロフ同様に「ピョートルの巣の雛鳥たち」の一人であった二等文官のイヴァン・イヴァーノヴィチ・ネプリューエフ(И. И. Неплюев　一六九三―一七七三)が任命された。[53] その年の十二月二十八日、彼は元老院に対して、ヤイーク川とサクマラ川に最も近い場所であるビョールダ要塞近郊に新たなオレンブルク要塞を建設することについて報告している。[54] 新しい女帝エリザヴェータ・ペトローヴナはこの報告を聞き入れ承認した。[55] 翌年四月十九日、ネプリューエフによってオレンブルクは現在の位置に建設されたのである。[56]

ネプリューエフは、一七四四年にこの都市を首府として形成されるオレンブルク県の初代の県知事となった。オレンブルクはアストラハンと並んでアジア諸地域とロシアを結ぶ交易の重要拠点となっただけでなく、カザーフ・ステップへの政治軍事的な橋頭堡ともなったのである。[57]

(1) НИОР РГБ. Ф. 222. Карт. XI. Л. 168об.–169; Материалы. Т. 1. С. 44–45.
(2) История Башкирского народа. Т. 3. С. 182.
(3) РГАДА. Ф. 248. Оп. 3. Кн. 138. Л. 379–386.
(4) *Витевский В.Н.* Указ. соч. Вып. 3. С. 673.
(5) Там же. С. 647.

(6) РГАДА. Ф. 248. Оп. 3. Кн. 135. Л. 114; *Аполлова Н.Г.* Указ. соч. С. 108.
(7) РГАДА. Ф. 248. Оп. 3. Кн. 135. Л. 114.
(8) РГАДА. Ф. 248. Оп. 3. Кн. 135. Л. 114–114 об.; *Аполлова Н.Г.* Указ. соч. С. 108.
(9) Материалы. Т. 2. С. 47–49.
(10) РГАДА. Ф. 248. Оп. 3. Кн. 135. Л. 114; См. ПСЗ. Т. IX. No. 6889. С. 740; *Аполлова Н.Г.* Указ. соч. С. 109.
(11) Там же.
(12) РГАДА. Ф. 248. Оп. 3. Кн. 135. Л. 114об.; *Аполлова Н.Г.* Указ. соч. С. 109–110.
(13) *Новлянская Н.Г.* Иван Кириллович Кирилов (географ XVIII века). С. 120.
(14) *Свенске К.* Указ. соч. С. 116.
(15) *Новлянская Н.Г.* Иван Кириллович Кирилов (географ XVIII века). С. 120.
(16) *Шакинко И.* Василий Татищев. Свердловск, 1986. С. 201–202.
(17) Там же. С. 121.
(18) *Иофа Л.Е.* Указ. соч. С. 35.
(19) *Рычков П.И.* История Оренбургская. С. 32.
(20) История Башкирского народа. Т. 3. С. 183.
(21) *Свенске К.* Указ. соч. С. 130–132, 135, 139.
(22) *Новлянская Н.Г.* Иван Кириллович Кирилов (географ XVIII века). С. 122.
(23) Там же.
(24) Там же. С. 122–123.
(25) Материалы по истории Башкирской АССР. Т. III. No. 551. С. 497–498.
(26) *Рычков П.И.* История Оренбургская. С. 25.
(27) ПСЗ. Т. IX. No. 6890. С. 745.
(28) История Башкирского народа. Т. 3. С. 184.
(29) Там же.
(30) *Новлянская Н.Г.* Иван Кириллович Кирилов (географ XVIII века). С. 124.

(31) *Свенске К.* Указ. соч. С. 111; *Иофа Л.Е.* Указ. соч. С. 341.
(32) *Свенске К.* Указ. соч. С. 113; *Иофа Л.Е.* Указ. соч. С. 341.
(33) *Новлянская Н.Г.* Иван Кириллович Кирилов (географ XVIII века). С. 124.
(34) ノヴリャンスカヤによると(Там же)、その史料は、著者未見であるが、次の通りである。РГАДА. Ф. Миллера. No. 199. Портф. No. 512.
(35) Материалы. Т. 1. С. 34–49.
(36) *Новлянская Н.Г.* Иван Кириллович Кирилов (географ XVIII века). С. 124–125.
(37) Там же. С. 126.
(38) Там же. С. 126–127.
(39) РГАДА. Ф. 248. Оп. 3. Кн. 138. Л. 70–81.
(40) РГАДА. Ф. 248. Оп. 3. Кн. 138. Л. 94–111.
(41) Там же. Л. 604–605об.
(42) РГАДА. Ф. 248. Оп. 113. Д. 59. Л. 1–1об.
(43) РГАДА. Ф. 248. Оп. 3. Кн. 138. Д. 31. Л. 656–658.
(44) ПСЗ. Т. IX. No. 6887, С. 738–739; No. 7016, С. 888; No. 7024, С. 894–895.
(45) バシキーリアの併合過程については、前掲拙著『ロシア帝国民族統合史の研究』を参照されたい。
(46) РГАДА. Ф. 248. Оп. 5. Кн. 312. Л. 186–187; *Смирнов Ю.Н.* Указ. соч. С. 58.
(47) ПСЗ. Т. XI. No. 8630.
(48) 本文のタティーシチェフについての叙述はズリカルナーエフの研究に依った。История Башкирского народа. Т. 3. С. 168.
(49) РГАДА. Ф. 248. Оп. 3. Кн. 143. Л. 342, 349–349об. 360об.–361.
(50) История Башкирского народа. Т. 3. С. 168–169.
(51) Там же. С. 169.
(52) *Рычков П.И.* История Оренбургская. С. 40, 41; ПСЗ. Т. X. No. 7876.
(53) ネプリューエフについては次の日記を参照されたい。*Неплюев И.И.* Жизнь Ивановича Неплюева. (reprint ed.) Cam-

bridge: Oriental Research Partners, 1974.

54. РГАДА. Ф. 248. Оп. 3. Кн. 136. Л. 226–229.

55. ПСЗ. Т. XI. No. 8630.

56. *Рычков П.И.* История Оренбургская. С. 57; *Он же.* Топография Оренбургской губернии. С. 1–5, 242; *Витевский В.Н.* Указ. соч. Вып. 1. С. 186 и далее.

57. 前掲拙著『ロシア帝国民族統合史の研究』、二〇二頁以下。オレンブルクが中央アジアとの交易の重要拠点となっていく様子については次を参照されたい。塩谷昌史『ロシア綿業発展の契機――ロシア更紗とアジア商人』知泉書館、二〇一四年、一四二―一五〇頁。

第九章　近世ロシア民衆の「発見」：シンビルスクの「呪術師」ヤーロフの事件

1　ヤーロフ事件の概要

事件の発端あるいは妻の「密告」

一時司令部を置き、キリーロフがその生の最期の日々を過ごしたシンビルスクで、その死の前年に奇妙な事件が結審していた。いわゆる「ヤーロフ事件」である。ヤーロフ事件の起訴前の取調べはアンナ女帝即位後一年半ほど経った一七三一年八月五日にシンビルスクで開始され、一七三六年三月十八日に結審した。キリーロフがこの事件を知っていたかどうかはともかくとしても、まさしくロシア人のアイデンティティ形成に関わる指標となる事件であった。ペテルブルクの元老院と宗務院はお互いに審理の経過を静観していた。まず事件の概要を述べることにしよう。

一七三一年八月五日、シンビルスクの市役所[1]に自らを同地のポサード民ヤーコフ・ヤーロフの妻ワルワーラ・ペトローヴナと名乗る婦人が現れた。市役所での尋問で、彼女は役人を前にして彼らがにわかには信じることができないような自分の夫に関することを語り始めた。しかしワルワーラが自分の証言を話しはじめると、役人たちは彼女の言うことに興味を抱き、彼女がヤーロフについて知っていることをすべて、あるいはヤーロフについて聞いたことを残らず話すように命じた(2)。

ワルワーラの話によると、一七三二年二月四日、彼女はヤーロフのもとに嫁いだ。結婚当初、彼女はヤーロフの様子について気づくことはなかったが、時が経てば経つほど、夫は謎めいて奇妙な行動をとるようになった。毎日、暗くなり始めるや、ヤーロフはもう自分の「屋根裏部屋に」(на подволокне)閉じこもっている。不審に思った彼女はこっそりと夫のいる屋根裏部屋まで行き、壁に耳をあて、ヤーロフが「異端の書(еретические книги)によって呪術(魔法)を行っている様子を注意して見ていた」。このことはワルワーラの心に極めて強い印象を与えた。そのために彼女はまず初めには聖神女昇天教会の自分の霊的(духовный)神父(すなわち懺悔聴聞司祭)ニキータ・アンドレーエフに相談し、その後、同じく神父のニキーフォル・エピファーノフに相談した。つまり「彼女の夫が異端の書物を所有していることを話した。両人とも彼女がそこにとどまっているのはふさわしくなく、彼女の夫ヤーロフを捜査するためにシンビルスク市役所に行く(＝訴え出る)ことが適当であると」諭したのである(3)。

ワルワーラの「密告」(извет)内容の真偽を確かめつつ、市役所における彼女の証言はこうして終わっている。その証言のなかに真理の一端が潜んでいることを市役所の役人たちは確信した。

逮捕

他日、捜査のために、また妻の報告の真偽を確かめるために、地区の長老(земский староста)であるセミョーン・ヤスィリンとその補佐役たちが派遣された。指定された場所に着くと、差し向けられた人々は、ヤーロフが秘密の行《ぎょう》を行っている真最中に彼を取り押さえた。以下はその顚末である。

派遣された人々は彼の家の上階にある屋根裏部屋へ向かい、ヤーロフが何をしているのかを、そしてほの暗い灯りのもとで皆の前に興味深い不思議な光景が広がっているのを目にした。すなわち彼らは「淫蕩へと導く偽りの呪文の書が網籠のなかの穀物の粉に埋もれている状態を、また少ないが古いさまざまな根、占いの手帳(тетрадки гадательные)、彼ヤーロフ自身の書付(письма)、あらゆる種類の乾燥させた草、手もみの草、そして手でもまれていない草、手順書(букварь)およびその他の書付を見出した」[4]。ヤーロフ本人の周りには「人骨」(кости человеческие)が並べられていた[5]。

ヤーロフがどこに何を隠すのかを十分見届けて記憶にとどめ、彼が「呪術」を行い始めたまさにその時、派遣された人々は屋根裏部屋へ押し入ったのである。ヤーロフを縛り、見つけ出すことができたものすべて、そして呪術行為にとって意味があると皆が認めたものすべてを押収した。物的証拠を積め込んだ大きな籠と共に、ヤーロフは市役所の役人たちの前に連行されてきた。ここですべての取り調べに際して、役人たちはヤーロフに「異端」(еретичество)であると自白させようとした。そのために彼を拷問し、「笞で打ちすえ」(бьют батогом)、彼が話すことすべてが「尋問」(допрос)で直に書き留められることになった。

証　言

ヤーロフは次のように証言した。「その異端の書を彼は九年前から所有している」。「まさにこの不可思議な書に従って、彼は常々あらゆる行為〔呪術〕を行った」。この書を研究して、彼は「すべての創造主である真実なる神」(Всетворец Истинный Бог)を否認し、決してキリストを認めようとはしなかった。この教えにより、彼は「悪魔とサタンを君主とし、他の異端者であるディオニーシイとヴァルラアミイ〔＝ヴァルラアム〕を師とし、自らを彼らの奴隷とみなし、言葉でもそのように呼んだ。彼は悪魔の意思に従うと誓った。彼はその書に書かれていることをすべて話した」[6]。このディオニーシイとヴァルラアムについてはのちに述べる。

さらにヤーロフ自身は次のように続けた。彼は「そのような異端の書を」たまたま見つけた。「その書の助けにより、どのようなものであれ彼が望むものに対して放蕩へ向かう己の力を示すことを学んだ」。しかし彼の母親と妻は彼のそのような魔法についてまったく知らなかった。ただ彼は一度ならず自分の懺悔聴聞神父であるニキータ・アンドレーエフに「神を否認する」という「過ちを認めざるを」得なかった[7]。とはいえ呪術師（魔法使い）についての布告発布以後、ヤーロフは「自分の家で呪術を行うことを」まったく止め、「草と根についてだけ学び」始めたのである、と[8]。

こうした自白ののち、ヤーロフに対して妻との対審が行われた。その際、ワルワーラは以前の通り、自分の意見を変えずに次のように述べた。彼女は「自分の夫が異端であると気付いていた」、と[9]。

調査

シンビルスク市役所は以上の点だけで結論に達するべきではないと考えた。むしろヤーロフ自身と彼の妻の双方の証言を考慮に入れて審理すべきであるとしたのである。

カザンにある上級聖務官署（Архиерейский Духовный Приказ）ではニキータ・アンドレーエフ神父に対する尋問が行われた。そこで神父はヤーロフの右の証言を完全に否定した上で次のように補足した。「以前にも、またその後も」、ヤーロフは神父のところに「懺悔のためにやってきたことはなく、自ら異端という点で彼にその過ちを認めたこともなく、また聖餐にあずかったことさえなかった」。このことはいま一人のニキーフォル・エリファーノフ神父も認めているのである[10]。

当局は手段を尽くしてヤーロフの呪術行為と少なくとも直接的に関係する人物について情報を得ようとした。上級聖職者国庫官署（Архиерейский Казенный Приказ）では次のことが判明した。一七三〇年、彼はシンビルスクで多くの「病める者たち」を治療したが、それは自分の個人的な欲求からだけではなく、シンビルスクのポサード民自身の懇願によるものでもあった。ピョートル・カラームィシェフおよびその弟のガヴリール、イヴァン・イズジェベルスキー、彼の息子の嫁であるマリア・イヴァーノヴァ、グリゴーリー・デレヴャーギン、その他である。これ以外にも、ヤーロフが

「無分別から」「治療した」(врачевал)人々がいた。尋問にあたって、先に述べた証人たちは異口同音に次のように証言した。ヤーロフは彼らのさまざまな病気を治した。このことは彼らだけに知られているのではなく、「彼らよりも地位の高い」他の人々も知っている事実である、と述べたのである。[11]

また、ヤーロフの研究、異端の書および呪術(魔法)については、前記シンビルスクのポサード民たちは聊かもヤーロフについて疑念を抱いてはいなかった。反対に、彼らにとってヤーロフは「信心深く」(богобоязненный)、かつ善良な人であった。治療に際してヤーロフは洗礼式における祈禱書に印刷されている悪魔と悪霊への崇拝を禁ずる三つの祈りを唱えた。これらの証言がヤーロフに伝えられると、突如、彼はそのようなプロートニコフと呼ばれる「秘密の呪術治療師」を知っていると言い出した。「己の呪術が何であるのか、彼は実際のところ知らない」というのである。他の「有害な異端者」(зловредный еретик)、すなわちプロートニコフに関するヤーロフの与えたヒントのおかげで、役人たちはプロートニコフを調べる手段や方法を得た。しかしシンビルスクの住人のうち誰もこのプロートニコフを知る者はいなかった。シンビルスク市役所がヤーロフの審理を終え、すべての記録文書がまずは〔カザン県〕地方行政長官官房(канцелярия Воеводского Правления)に、その後、下位機関であるシンビルスク郡官房(канцелярия Симбирской Провинция)に引き継がれた。ここでわれわれは次のことを知ることになった。自らの証言を異口同音に繰り返す証人たちすべてが再尋問され、彼らは「ヤーロフが神を冒瀆し異端の行いをすることを目にすることなく、治療師として彼に懇願して、彼の診察を受け、彼が調合したまさにその草を飲み、かくしてそうした草のおかげで彼らはいつも痛みなどを和らげていたのである」。ヤーロフに対しては、とくに治療師「プロートニコフ」に関していくつか質問され、これについて彼がすべてを説明するよう笞で打ちすえられた。ヤーロフは「長いこと自説(治療師プロートニコフを知っているということ)を曲げなかったが」、最後には拷問に耐え切れず自らの証言を覆した。ヤーロフは「プロートニコフに無実の罪を着せ」ようとしたが、「プロートニコフには罪はない」と述べたのである。[12]つまり、実在しない人物に罪を着せようとしたのである。

捜査の終了、判決、そして処刑

ここに至り「異端者」ヤーロフについての全捜査が終了した。彼を告訴するためのすべての証拠がシンビルスク郡官房からカザン県地方行政長官官房に最終審理のために提出された。そこでは不可解なものやこの事件がもつさまざまな問題点に注意が払われることなく、彼のすべての行いはヤーロフの罪すなわち明確に異端者の見解によるものとされたのである。そしてカザン県官房は『ウロジェーニエ(一六四九年会議法典)』第一章第一条、および一七三一年五月二十日付アンナ女帝の勅令に従い[13]、「魔法使い(волшебник)ヤーロフは彼の行った他人に恐怖を与えた嘘と背信の行為に対して、火刑による死を持って処刑される」ことを決定した。逮捕から三年半後の一七三六年三月十八日、ヤーロフの処刑が公開で行われた。「何となれば、当該のヤーロフは尋問において、すべての創造主である神を否認し、自らが異端であることを明らかにし、そのことを懺悔聴聞司祭に懺悔し、かくして聖餐を受けたからである」。しかし「彼ヤーロフは処刑の終了まで邪悪のなかにいたことは明らかである。そのために彼ヤーロフに対して極刑が執行された[14]」。このことすべてについて、カザン県地方行政長官官房は元老院に急ぎ報告したのである。

2 近世ロシアにおける呪術

ア 民間習俗研究としての「呪術師」研究

現代の民間習俗と西欧における研究

われわれは現代ロシア人の習慣に驚かされることがある。たとえば友人を迎え入れる時、敷居をまたいで握手することはよくないとされる。別離に際しては、椅子に腰かけ沈黙のうちにしばし時を過ごす。話し相手が不吉なことを言ったり行ったりすると、「悪魔よ、去れ！」と言いながら、肩越しに大地に三度唾を吐く行為を見かけることもある。こうした現代人の習慣はソ連時代（そしておそらくは帝政時代）にも見られたが、研究の困難さから歴史研究の対象とはされにくい問題であった。しかし上記のような習慣を具《つぶさ》に見て行くと、そこにロシアの国家・教会・社会が織りなす複雑で密接な関係が内包されていることに気がつく。

他方で、民衆固有の世界を解き明かそうとする努力は、欧米における歴史学ならびに隣接諸科学の課題の一つとなり、実際大きな成果をあげている。ヨーロッパの中近世史に関するK・ギンツブルグの『ベナンダンティ』や『チーズとうじ虫』はその代表である。[15] E・ル・ロワ・ラデュリの『モンタイユー』と『南仏ロマンの謝肉祭』[16]、およびY-M・ベルセの『祭りと叛乱』[17]は地域の民俗誌と住民共同体の行動について明らかにした。N・Z・デーヴィス[18]とE・P・トムスン[19]はシャリヴァリという側面に注目した。またM・バフチーンの『フランソワ・ラブレーの作品と中世・ルネッサンスの民衆文化』[20]は民衆固有の文化を描く傑作である。翻って日本においても阿部謹也の『ハーメルンの笛吹き男』は伝説と現実（歴史）を繋ごうとする試みにおいて読者を魅了した。[21] 以上は生き生きとした習俗慣習のなかに生きる民衆の生の姿をわれわれに示す手本である。

また「呪術」・「魔法」という民衆の社会心理を含む習俗慣習に関する問題も前述の研究者たちによって注目されてきた。とくに近世ヨーロッパは「魔女狩りの狂気」（the witch craze）として知られる現象に覆われた。それが十八世紀初頭に終焉するまで、この大衆ヒステリー現象はかなりの数の犠牲者を生んだが、その多くは女性であった。時には彼女たちはほとんど根拠が乏しいまま隣人に対する有害な悪事（maleficia）を企てる者として、あるいは教会に対する異端者として捕まえられ、拷問され、裁判にかけられ、そして処刑された。イギリスの歴史家R・ブリッグスは、「近世のヨーロッパを理解するためには魔法を理解しなければならない」[22]、とまで述べた。その一方で、H・R・トレヴァー＝ローパーは次のように指摘している。「一〇五四年の宗教上の大分裂（Schism）によって、カトリックのポーランド、すなわちカトリックの支配をはっきりと示す例外を除き、ヨーロッパのスラヴ諸国は、キリスト教の歴史の上で最も評判の悪いエピソードの一つに加わることを免れた」(23)。またN・コーンも、こうした「魔女狩りという現象はもっぱら西ヨーロッパに限った現象であり、東ヨーロッパの正教キリスト教世界には影響を及ぼさなかった」、と言う(24)。

近世ロシアにおける民間習俗の特徴

果たしてロシアは近世ヨーロッパで猖獗を極めた「魔女狩り」と本当に無縁であったのだろうか。これに対し、帝政末期の研究者H・Я・ノヴォムベルグスキーは必ずしもそう考えてはいない。一九〇六年に刊行された十七世紀モスクワ国家の魔法使い・呪術師に関する裁判記録集の前書きで、彼は次のように述べている。「ここで提供する歴史史料の全体的な意味を考慮して、われわれはロシアにおける魔法使いの裁判が西ヨーロッパの場合と同じ程度の残酷さを持って行われたということ、またモスクワ国家当局が、カトリックやプロテスタントの諸国でそうであったように、こうした裁判に熱心に協力したのである」(25)。事実、彼が古文書館で蒐集した魔法使い・呪術師に関する裁判資料はそのことをよく示している(26)。

とはいえ十五世紀末―十七世紀末のヨーロッパにおける「魔女狩り」という集団ヒステリー現象はロシアでは見られず、また裁判に付された男女比もロシアとヨーロッパ諸国では異なっていた。すなわちロシアの正教キリスト教神学では、悪魔に関する観念が西ヨーロッパほど詳細ではなく、また裁判における自白も、魔女の夜宴《サバト》や悪魔との性的関係というモチーフもほとんど見られないという(27)。さらには裁判にかけられた男女の比率も、ヨーロッパでは魔女裁判の被告の約八〇％が女性だったのに対して(28)、十七世紀にモスクワの裁判所に呪術に関連したとして告発された九十九名のうち女性は約四〇％(四〇名)でしかなかった(なお、そのうち二十一名が釈放され、一〇名が火刑、五名が流刑、三名が拷問中に死亡、一名が逃亡、一名が教会裁判に付され、残りの五十八名の判決は不明である)(29)。

А・С・ラヴローフは十八世紀前半のロシアの魔法使い・呪術師（волшебник, колдун）の典型的な特徴を次のように言う。「何よりも黒髪、黒目、浅黒い皮膚」をしており、そうした典型は親から子へと受け継がれていく。治療師（знахарь）と異なり、呪術師（колдун）はしばしば土地の者にとっては「よそ者」（чужой）であった。兵士であったり、都市民にとっては農村の住民であったり、農民にとっては非農耕民である馬医者（коновал）、粉挽人（мельник）、牧童（пастух）、などであった。結局のところ、十八世紀ロシアの呪術師は女性よりもかなり男性が多かった。[30] なお、十八世紀では「魔法使い」と「呪術師」とはほぼ同じ内容であると考えられるため、西ヨーロッパでの「魔女狩り」のイメージを避けるため、本書では主に「呪術師」を使用する。

象徴的に呪術師を描いた絵画としてモスクワのトレチャコフ美術館所蔵の「農民の婚礼にやってきた呪術師」（Приход колдуна на свадьбу）（В・М・マクシーモフ作）という作品がある（次頁）。一八七五年に完成したこのロシア移動展派の絵は農民の風俗を真正面から取り扱ったものとして同時代の風俗画のなかでも抜きん出ており、またセンセーションを巻き起こしたと言われる。実際の絵を見ると、キャンヴァスの右手に描かれている呪術師はいまやってきたと言わんばかりに頭に雪をかぶっている。当時、婚礼の宴席には呪術師を呼ぶ習慣があったが、主人公たちがその習慣に従わなかったためにその復讐を恐れてか、宴の真最中にいた新婚の若夫婦は立ち上がってこの呪術師を茫然と見つめている。坂内徳明によると、民俗学者のЭ・В・ポメラーンツェヴァがこの絵画を取り上げ、[31]「題材となった呪術師の存在は単に偶然に選ばれたものではなかったという」。[32] マクシーモフ自身、十九世紀末にヴャチスラーフ・ニコラーエヴィチ・テーニシェフ公（В.Н. Тенишев 一八四四―一九〇三）が組織して中央・北部ロシアの民衆習俗調査に多くの成果を残した「民俗学事務局」の通信員であり、彼が一八七〇年代に採集し、のちに事務局に送付した資料のなかに、先の絵の典拠と思われる記述が見られるという。[33] 坂内は婚礼の場に姿を現す当時の呪術師の「リアリティ」について論じているのである。

ロシアには、正教の他に、精霊信仰、死霊信仰、大地や聖樹・聖石などに対する自然崇拝、正教から離れた異端的な

図11 「農民の婚礼にやってきた呪術師」（B. M. マクシーモフ作）

宗派、古儀式派、呪術や迷信が存在してきた。さらには少数民族の土着的宗教やシャーマニズムがあった。[34] 重要なのは、そうした正教以外の宗教的観念が正教キリスト教受容のあとでさえ現代に至るまでロシア人民衆の現実生活のなかで「リアリティ」をもって機能しているということである。

イ　ロシアの民間習俗に関する研究

ロシアの民間習俗（「呪術師」問題）に関する研究動向

十九世紀、ロマン主義の影響下でロシア民衆の口頭伝承——そして民衆そのもの——が知識人階層によって「発見」され、一八四〇年代には民俗学・口頭伝承学が学問として確立した。[35] 呪術もまた、ロシアの貴重な民族文化、失われつつある古き文化の残滓として記録・保存されるようになった。しかし帝政時代の豊かな研究成果は革命後十分に生かされることはなかったのである。

呪術に関する最初のまとまった民俗誌資料は、呪文、呪術的儀礼、占いなどが多数収められたИ・П・サハロフの手になるものである。その後、Л・Н・マイコフ、М・ザヴィリン、С・В・マクシーモフ、Н・Я・ノヴォムベルグスキー、Н・Н・ヴィノグラードフらも上記の問題に関して基礎となる資・史料集や研究書を著した。とくにすでに述べたノヴォムベルグスキーは十七・十八世に魔術・呪術を行ったとして告発された者に対する裁判文書の刊行に大いに力があり、それは当時の社会との関係を考える上で重要である。またロシア各地から寄せられた膨大な資料をもとに、民間における病気の呪術的・宗教的原因論や治療法を集成したГ・ポポフの研究も有益である。[36]

ソ連時代に入ると、Н・А・ニキーチンやЛ・В・チェレプニーンらの研究はあるものの、研究は宗教問題に対するタブーからか帝政時代の成果は十分には生かされなかった。Н・Н・ポクロフスキーらによって古儀式派との関連で民衆の習俗慣習が集中的に研究されるようになったのはソ連時代後期になってからである。ソ連崩壊後から二十一世紀にかけて、呪術のみならず、言葉による瀆神や異端の問題を古文書史料に基づいて民衆の宗教観・世界観を明らかにしようとするA・C・ラヴローフやE・Б・スミリャンスカヤらの新しい研究が現れた(37)。

他方、ロシア以外でもモスクワ国家の魔法使い・呪術師に関心を抱く研究者のなかにR・ズグータ、V・A・キーヴェルソン、W・F・ライアン、白石治朗がいる(38)。最近では、藤原潤子もカレリア地方での聞き取りによって現代ロシアにおける呪術の「リアリティ」を問題にしている(39)。

しかし十八世紀に関する研究はいまだ途についたばかりである。そのため次のような問題点がある。第一に、十八世紀の啓蒙思想との関係が十分に説明されていない。これは本書の中心的テーマと密接に関連する問題である。すでに述べたように、科学アカデミーによる学術遠征はヨーロッパ啓蒙思想の影響を受けて中国への道をシベリアに求めたことが発端の一つであるが、その中心メンバーがドイツ人やフランス人などの外国人であり、その調査内容もロシアにおける植物相や動物相、地方住民(とくに先住民)の風俗習慣を明らかにすることであった。すなわちロシアにおける非ロシア的(あるいは非ヨーロッパ的)なるものの「発見」、言い換えるとロシアの「帝国性」に主眼があり、必ずしもロシア人の風俗習慣に関心が向いていたとは言えなかった。

第二の問題点は、十八世紀ロシアの国家・教会・社会という制度的な枠組みのなかで論じている研究が少ないということである。従来の研究は悪魔学《デモノロジー》、アンチ・キリスト、および呪術内容に関心が集中していた。そこで本章では、「魔術」・「呪術」をめぐる問題を通して、以上のこととロシアの国家・教会・社会がどのような関係を取り結んでいたのかを探ることにする。それによって、ロシア人のアイデンティティ形成の一端を理解できるであろう。

史料について

われわれのテーマ全体に関する史料は多いにもかかわらず、刊行された史料は僅かでしかない。刊行されたもののうち、そのほとんどを占める裁判審理での尋問調書はすでにあげたノヴォムベルグスキー、ラヴローフ、スミリャンスカヤらによって調査研究された。しかし十八世紀ロシアの地方社会の全体史的理解を目指す著者の立場からすれば、前記史料のうちの特徴的なものに焦点を当てて検討する方が、歴史的に人間の社会活動地域が形成されてきたいわば「歴史的生活空間」の解明にも寄与できると考えられる。(40) それゆえここでは、史料的限界があるものの、事件と裁判の経過が史料的に明瞭で時期区分として画期をなすであろう「ヤーロフ事件」を取り上げて考察するのである。

さて、この「ヤーロフ事件」に関する史料は二種類ある。第一の史料はモスクワのロシア古法文書館に保管されている元老院文書中の一七四〇年十月二十二日付「カザン県官房から元老院宛。非常後備軍命令の報告」と題された表裏合わせて六葉から成る文書である。(41) また第二の史料はペテルブルクのロシア歴史文書館(Российский государственный исторический архив―РГИАと略記)に保管されている文書群である。(42) こちらは宗務院によって取りまとめられたものが主であるが、元老院関係の史料も含まれている。

ほぼ同じ内容を有する第一と第二の史料を合わせて検討することにより、事件・裁判の経緯、当時の民衆の習俗慣習、および当局の動向やその背景となる考え方を明らかにすることができよう。なお史料が元老院と宗務院の双方に存在していることは、聖俗の両当局者が共にこの同じ事件に注目していたことを窺わせて興味深い。

第一の史料の最初の紹介は、事件が発生して約一五〇年たった十九世紀末、『ルースキー・アルヒーフ』誌(一八八六年三号)に掲載された「シンビルスクの魔法使いヤーロフ」と題するД・サポージニコフによる記事である。(43) これは本文自体五頁ほどの短いものである。サポージニコフの「紹介」の内容には原史料そのものにはない潤色が見られる。その異同については、著者が行った古法文書館での手稿史料の閲覧・検討により確認された。なお紹介記事を書いたサポージニコフはそのイニシャルから『ロシアの分離派における焼身自殺(十七世紀後半から十八世紀末まで)』の著者であろう。(44) そうだとすれば先の潤色も「分離派」的要素をこの事件に見ようとする結果だったのかもしれない。その後、ソ連時代およびロシアになってから、第二の史料を基にしてO・Д・ゴレルキナとO・Д・ジュラヴェリは、悪魔と契約を結んだ人間の一人としてヤーロフ事件を取り扱った。(45) また前述のA・C・ラヴローフとE・Б・スミリャンスカヤもそれぞれの著書で、この事件を含めた十八世紀の呪術師に関する膨大な裁判記録を調査している。(46) しかし第一と第二の史料双方に批判を加えながら検討した研究は管見の限りでは存在しない。また著者が述べた先の研究史上の第二の問題点に迫る研究もない。それゆえ本章では両者の史料を補完的に利用しながら事件、裁判の推移、および元老院と宗務院を中心とする中央・地方の官庁間でのやり取りに注目する。

ウ　近世社会における呪術の「リアリティ」

ロシアにおける社会と呪術の関係

十九世紀の言語学者B・И・ダーリは、その有名な辞典で「悪魔」(бес)の項目を立て、ロシアにおける悪魔とは何かを分類分けをしながら列挙している。(47) また魔法・呪術・妖術を意味するロシア語も実に多様である。ведовство(物知り)、колдовство(呪術をかけること)、чародейство(魅惑すること)、чернокнижество(黒い本——すなわち呪文が書かれた本)、заговор(呪文を唱えること)、шептун(〈呪文の〉囁き)、等々である。これほどまでに近似する意味内容を有する多くのロシア語が存在するということは、魔法・呪術・妖術が日常的にロシア社会に浸透していたことの証左である。

ロシア・フォークロアのプロトタイプ的魔法使い(呪術師)バーバ・ヤガーに代表されるように、ロシアの魔法使い(呪術師)は一般的に彼らの力を良きこと悪しきこと両方のために使うことができるとされた。魔法・呪術は民間の間で広く実践され、二十世紀初頭まで、否、二十一世紀の今日までも「リアリティ」をもって存続し続けているという。なお前述のようなさまざまな語によって知られている魔法使い・呪術師も主に男性にはколдунが、女性にはведьмаが使われた。(48)

近世の呪術については歴史家ジャネット・ハートレイも注目し、その著『ロシア帝国社会史』のなかであえて「魔術」(magic)という項目をたてているほどである。(49)通常、異教的な祝祭は農村の問題であったが、都市に住む社会の上層にも影響を及ぼしていた。たとえば当時の慣例に倣ってツァーリ、アレクセイ・ミハイロヴィチ(在位一六四五―七六)は夏至のイヴァン・クパーラの日に呪術用の草を集めることを臣下に命じた。(50)また一六七〇年、ツァーリの息子が死の床にある時、アレクセイは高位の役人を遣わして「根、草、石、そして呪術から病人を守るために使う書かれた呪文」を得るため最近老齢で死んだ女呪術師の家を探させ、また彼女の娘に「彼女(呪術師)はその技を誰か他の人に教えたかどうか」尋ねさせた。(51)さらに一六七五年、フェニカと呼ばれる呪術師を匿っているという嫌疑をかけられたФ・Ф・クラーキン公は逮捕され、フェニカは尋問され拷問のうちに死んだ。(52)

ピョートル一世時代に社会の上層で始まった西欧化ないし近代化以降、上層階級における呪術の役割はもはや従来ほど大きな意味をもたなくなったように見える。とはいえピョートル一世は自分の夢を記録し、その行動の多くがロシアの貴族エリートを惹きつけ、(53)神秘主義と呪術の境界を曖昧にさせるフリーメーソンとの関係を持っていた点は指摘する必要があるのかもしれない。

他方で、呪術行為と民衆の抱く迷信に社会は影響を受けていたと見なくてはならない。一七三一年、ノヴゴロドの郡長は出産や鉄砲についての呪文や祈りを知っており、夢判断や予言の書、さまざまな草、根、そして彩色が施された石を所有していた廉で訴えられた。一七五四年、スーズダリの主教ポルフィーリーの報告によると、呪術はどの家でも見られるほど盛んで、とくに結婚式や分娩の時には重要だという。(54)

以上のような状況は十九世紀に至るまで存在し、外国人の記録にもそれが散見される。科学アカデミー総裁を務めたエカチェリーナ・ロマーノヴナ・ダーシコヴァ侯爵夫人(E. P. Дашкова 一七四三―一八一〇、科学アカデミー総裁一七八三―九六年)の招待でロシアを訪れたアイルランド人マーサ・ウィルモト(Martha Wilmot)は、一八〇七年二月十三日の日記に次のように記している。「より下層階級の人々は、妖精、呪術師などの力と影響力を確信している。より高位の階級の男女はカードで**吉兆占い**(*la bonne avanture*――強調原文、著者)を楽しみ、その占い結果の善し悪しで幸せになったり惨めになったりするのである」[55]、と。

ロシアにおける呪術の特異性

呪術行為の多くは西欧でも記述されている。その点において、ロシアが必ずしも例外的だったと考えることはできない。ただロシアが西欧と異なっているのは、宗教の面で相対的な「自由」があったという点である。この「自由」を保持しながら、農村社会は教会や政府から効果的な制約を受けることなく、呪術が実践されたのである。

ロシアの呪術師は伝統的に男性であるが、女性(しばしば助産婦である)もまた呪術や運勢占いを行っていた。呪術や占いを行う上で最も密接な場所は、教会、墓場、納屋、敷居(入口)、氷原にあいた穴やホップ畑、風呂小屋、そして道と道の交差する十字路であった。また呪術が行われる時刻は真夜中である。かくして真夜中の風呂小屋が呪術にとって最適の場所と環境を提供することになる[56]。ほとんどのロシアの農家は風呂小屋を持っており、そこに関する多くの迷信がある。一般的に風呂小屋の精バンニクがすべての精のなかで最も悪意のある精であると思われていたが、通常そこで出産がなされ、また花嫁の婚礼前に儀式の歌が歌われ、湯あみも行われたのである[57]。

エ　呪術の対象

子どもと呪術

呪術は生と死、愛と幸福、そして全階層の人々に等しく関わる出来事と関係していた。幼児と子供の死亡率の高い割合は、とくに階層差に関わりなく社会のすべての人々を誕生とその後の最初の数年間を取り巻く呪術や異教的実践へと駆り立てた。特別な草を煎じて飲むこと、歌を歌うこと、花嫁が結婚式の時にさまざまな服や飾りをつけること、および呪文を唱えることは、農民たちによって子供が誕生する時にも行われた。産婆たちは新生児に呪文をかけさえした。当時、悪魔が子供たちを餌食にしていると考えられたからである。悪魔は子供たちをさらい、捕まえ、あるいはおどけて夜に子供を起こし、泣かす、と思われていた。また子供に鏡を見せ、子供を大人の目の高さより上に持ち上げたり、身体を洗っている間に子供に話しかけたり、最初の誕生日がくる前にその爪や髪を切ったりするのは、その子が不幸となる原因とみなされたのである。[58]

十九世紀前半にイギリス・外国聖書協会の仕事でロシアを訪れたロバート・ピンカートン(R. Pinkerton)は次のように述べている。見知らぬ人の前で子供たちにそのクリスチャンネームで呼びかけてはならなかった。なぜなら、そうすることによって子供に悪い呪文がかけられることを人々は恐れたからである。また「そのような不吉な出会いがあれば、同時にあらゆる邪視や悪魔の影響を退ける祈りを繰り返しながら、大地に何度も唾を吐くのである[59]」。

流産、死産および幼児の死は農民だけが経験したのではなかった。あらゆる階層の人がそうであった。十八世紀の有名な博物学者アンドレーイ・ボロートフ(A. T. Болотов　一七三八―一八三三)の妹は地方貴族の婦人であったが、幾人も幼児期にある子供を失っていた。それ以来、彼女は新しく生まれた息子の存命を願って特別なイコンのように大切にその子を扱い、彼女が会った初めての人の名前にちなんでその子を名づけた。もちろんそのような迷信は十八世紀のロシアに特有というわけでもなかったのである。[60]

さまざまな呪術

通常、配偶者か愛人の愛情を勝ち得るため、あるいはそれを取り戻すために、薬を一服盛ったり、呪文をかけたりした。一七七〇年、農民某が寡婦の愛を獲得しようと魔法の呪文を使ったとして訴えられた。彼はある言葉を書いてそれを寡婦が飲むワインの瓶に吹き込んだのである。また、一八一二年、ダリヤ・カルガーノヴァ（シベリアのヴェルフネ＝オムスク郷出身）は「魔法の薬」（волшебное снадобье）を調合し、「家族が彼女を苦しめず、彼女を愛するように」、夫を含めた「家族全員の食べ物に」それを混ぜようとした。[61]

また呪文は虚弱体質の改善や病気治療のため、あるいはあらゆる地位や職業にある人が生を全うし、かつ繁栄を願うためにも使われたのである。

農村生活と結びついた呪文と呪術の儀式は、農村共同体における他の物事との間で豊作、狩猟の成功、喪失した家畜の回復、良好な天気などを保障し、自然災害を撃退することと共通していた。十九世紀末になってもウクライナでは、飢饉の時、その原因の疑いをかけられた女性たちに対して手足を縛って水中に沈める神盟裁判（ordeal by water）が行われた。[62]

商人たちも仕事における成功を願う呪文を持っていた。さらに、兵士たちは傷を癒し、銃の不発を防ぐための特別の呪文を知っていた。

害をなす呪術――「呪い」

有害な呪術（人を害する目的で呪文をかけたり、一服盛ったりすること）はライヴァルの愛を打ち砕き、敵を傷つけ、あるいは殺害さえするために使われた。一七四〇年、某陸軍大佐の召使いであったイリヤ・チョヴピロは、三〇年間にわたる「悪魔たちの公」に仕える契約を血で書いたとして訴えられた。[63] 一七五三年、スーズダリ近郊の領地のある農民グループは自分たちの主人を殺害するためにひとかけらの蝋燭に呪文をかけ、床に刺さったナイフの上をとんぼ返りしたのち、殺害しようとする者のベッド、靴、そして敷居の上に蝋燭をこすりつけた。一八一五年には、農民ミハイル・チュハレフが彼の従弟に「しゃっくり」をするように呪文をかけたとして有罪に処せられた。彼は革を編んで作った鞭で三十五打、および公衆の前での懺悔が命じられたのである[64]。

ロシアに限らず世界中どこでも見られるように、人に似せた人形を作ってそれに呪いをかけることは同様に行われたし、呪いは下層の人々の間に限ったものでもなかった。のちに述べるように、十七世紀末、宮廷内に住むすべての人々に向けられた呪文の恐怖は彼らに共通のものであり、ツァーリの家族全員は呪文をかけないとして草や根を持たないことを誓わねばならなかった。ツァーリ・アレクセイの前で行進していた将来の花嫁たちの一人が気を失って倒れた時、呪いにその原因があると囁かれた。一八〇七年四月八日、前述のマーサ・ウィルモトは魔法に頼る貴族たちについて次のように述べている。「新たな話もまた、マダムS(シチェルベニン)の母、義理の姉、そして私の殺害を魔法使いと一緒になって企ててきたマダムSについて暴露しています。強力な魔法が私たちにかけられ、私たちを不和に陥らせ、あるいは私たちの殺害を企てていたというのです[65]」。

十八世紀の有名な事件として、スミリャンスカヤが紹介する宮廷侍従ピョートル・サルティコーフ事件がある。一七五八年、元老院機密局での証言によると、ピョートル・イヴァノヴィチ・サルティコーフ(П. И. Салтыков 一七二四頃―九六以降)は冬宮に呪術用の毒草を撒き散らし、エリザヴェータ女帝の寵愛を得ようとした。一七九六年まで続くこの事件の審問に関する報告書類はおよそ一〇〇〇枚にものぼると言われる。迷信家であったサルティコーフは家族生活の不幸、とくに一七五一年の結婚後の不幸から、呪術師・魔法使い(волшебники)探しを懸命に行うようになっていた。一七五四年以降、自分の妻を殺害するために呪術師を探し始めた。その噂を聞いて幾人かの呪術師である農民が彼のもとを訪れた。以上のことは機密局の知るところとなり、調査が始まった。一七五八年には、サルティコーフおよびその家臣とほとんどすべての治療師および呪術師の対面(対審)が機密局で行われた。審理の結果、サルティコーフの助力者たちは体刑を受けたのち、兵営送り、「呪術師たち」(колдуны)は遠隔地への流刑、「女性呪術師」(ведьма)は女子修道院への永久労働送りとされた。サルティコーフ本人への決定は、エリザヴェータ女帝の介入により、体刑は免れたものの厳しいものであった。すなわち「死ぬまで監視下に置かれ、ソロヴェツキー修道院へ送られることとなり、その修道院から出てどこへも行くことはならなかった」。しかし一七六一年、彼は白海に面するこのソロヴェツキー修道院から自分の領地に帰ることを許された。ただし、厳しい監視の下、そこから一歩も出ることは許されないという条件付きであった。それにもかかわらずサルティコーフの呪術・魔法への信念は揺るがず、今度はエカチェリーナ二世の寵愛を得るべく「異端」(еретичество)の力を借りようとした。そのために関係者は今回も機密局の取り調べを受けることになり、一七九六年までサルティコーフ本人は自宅監禁となった。女帝の死後、パーヴェル一世は「以前の侍従サルティコーフを監禁から解放し、老齢で病気であることから、息子すなわち三等文官で侍従である〔ヴァシーリー・ペトローヴィチ〕サルティコーフの庇護下に置くこと」に署名した(66)。

スミリャンスカヤによると、この事件に対するエカチェリーナ女帝政府の決定はエリザヴェータ女帝時代のそれとは異なっているが、それでもこの決定は「迷信」や呪術に対する政府の対応が一七六〇年代になってもまだ明確ではなかったことを示しているという。この点の検討は次節で行うが、啓蒙思想の精神に基づく判決においては、呪術は「効果のない」(недейственное)、「無分別な」(безпутное)、「実現不可能なペテン行為」(несбыточное обманство)とされ、「「庶民」を誘惑するもの」(соблаз «простых людей»)で、「ばかばかしいおしゃべり」(нелепные басни)とみなされた。しかしエカチェリーナ二世は前任者と同じく、「呪術」行為を「罪の許し」を求めるべき「背信」行為であるとしたのである(67)。

予言・占い・運勢判断

呪術は予言をする上で大きい力を発揮した。とくに女性にとって将来の配偶者を決めるため(いつもというわけではない!)、赤子の性別を占うために、将来の幸福や繁栄、そして何よりも農民にとって死活問題となる天候を占うために使われた。

未来の占いはカード、夢、豆、溶けた蝋燭の形状の解釈、器に入れた水の表面にできる輪の解釈、煙や炎の形の解釈、鏡のなかにイメージを現出させること、特別な音やふと聞いた言葉、奇数と偶数の計算、偶然の出会い、燃え殻あるいは雪の上に残された何かの徴、雌鶏によって啄ばまれた穀物のように動物と関連する神託・宣託、等によって行われた。将来の配偶者に関連する占いは、とくに、クリスマスの季節、夏至の頃、セミーク〈パスハ〈復活祭〉後、聖三位一体の祝日前の第七木曜日、聖霊降臨の頃。未婚女性の祝日。結婚占いを行い、治療および呪術のためのハーブを集める習慣がある〉の時期に行われ、多くの農村共同体で夫を選ぶことに限られていた。[68] それゆえ以上のような手段でもって、自分の将来の配偶者のイメージや名前について呪術を使って占うことは都市のような流動的な社会よりも制約があった。

十八世紀以後の史料は新たに生まれる子供たちの性別を予言することに懐疑的である。すなわち、「妊娠した女性がパンを熊に与え、もし熊が怒って唸るならば、彼女は女の子を産む。しかしもし熊が静かなら、男の子を生む」とされたが、実際には飼いならされた熊は民衆の慰みとして使われ、また結婚式に必要なものとされたのである。[69]

民間占いは農民に限った事ではなかったが、以上の行為は農民にとっては天候や経済の変動という重大事態、そして肉体的な生存のためとして感知されうるものの、他の階層にとっては社会的娯楽にすぎなかった。たとえば十九世紀半ば、クリスマスの季節のお祭時の占いは商人や貴族の大多数にとって害のない楽しみとなり、外出することの少ない老齢の農村女性にとっては外の世界との繋がりを維持するために大切なものとみなされた。

運勢判断と占いはすべての階層に共通であった。とはいえコーヒーの豆とその出涸らしによる占いはコーヒーを消費する階層である貴族や富裕な商人などに限られていた。ちなみにギリシアのコルフ島出身でアレクサンドル一世の外務大臣となるヨアンニス・カポディーストリアス〈一七七六―一八三一、ロシア外相一八一五―二二年、ギリシア臨時政府大統領一八二八―三一年〉はカードとコーヒー・カップで占う九十五歳のフィン人女性を訪ねている。[70]

一九一八年以降になって禁止される運勢判断および夢占いの本は一七六〇年代から入手可能となった。これは農民の間でのオーラルな文化が読み書きのできる都市住民や貴族、とりわけ貴婦人にとって接近しうるようになったことを意味している。十八世紀末、あるイギリス人は、自国も同様であるという指摘をしながら、西ヨーロッパの観察者には例を見ないほど率直に述べている。「ゴローフキン伯爵の家で、大晦日、彼らはよく行われる迷信の一つで運勢占いのための最初の札出し（カード遊びの一種）をしていた。同じ目的のために蝋燭も使った。この夜、彼らはわれわれの間で聖マルコの日（四月二十五日がこの福音伝道者の祝日）の前夜によく見られる他の迷信的な行いをいくつもしたのである」(71)。

3　呪術に対する国家と教会による規制

ア　十七世紀までの法規定：呪術行為に対する世俗権力の介入の始まり

中世ロシアの規定

中世ロシアの年代記は、ルーシの初期における呪術師の病的興奮に関するエピソードを伝えている。またキリスト教受容以後、教会は異教との闘いを開始し、呪術を行った者に対する聖俗双方からの動きが活発化するものの一様ではなかった。たとえばキリスト教を受容したキーエフ大公ウラジーミル一世（在位九八〇―一〇一五）は呪術を行った者を裁く権限を教会に与えたが(72)、十一世紀の府主教イオアン二世（府主教位一〇八〇―八八）は呪術を行った者に対する柔軟な姿勢を見せている。しかし民衆の間では私刑（リンチ）が行われ、嫌疑をかけられた人を焼き殺したり、神盟裁判の意味から手足を縛って水に投げ込んだりした(73)。

十六世紀初頭には完成されたとされる『家庭訓』（Домострой）では、正教キリスト教徒としての禁忌行為のなかに次のようなことが明記されている。「悪魔の歌を歌ったり、太鼓を叩いたり、ラッパを吹いたり、悪魔を喜ばす有りと凡ゆる放埓をなしても少しも畏れない者、魔術、妖術、占星、数字占、十二宮占[74]、カラスの〔鳴き〕声[75]占等を為したりする者、魔法の骨、薬草、根などで人を死なせたり、魔術をかけたりする者、悪魔の言葉や幻映《ママ》、妖術で信仰を破らせたり、嘘をつかせたり、友人を中傷させようとする者がいたら」(第二十三章)、そうした者は地獄へ落ちるなどとして警告を発している(第二十四章)[76]。

とはいえ一四九七年(イヴァン三世時代)と一五五〇年(イヴァン四世時代)の『スジェーブニク(法典)』は呪術師および異教信仰についての罰則を含む明確な規定はない。おそらくこの問題がすでに教会法によって規定されていたからであろうし、国家はこの問題に積極的には関わらなかったためでもあろう。しかし、ライアンによると、モスクワ国家における法――とくに一四九七年と一五五〇年の『スジェーブニク(法典)』、および一六四九年の『ウロジェーニエ(一六四九年会議法典)』――はビザンツ起源のカノン法(教会規則法)、行政手続き規則、さらにはツァーリ、貴族、その他の民衆との関係について述べた政治経済的な表明、以上の混合物であったという[77]。とはいえこれは聖俗双方の法が混然とした状態で存在していたとの前提に立っての指摘である。

近世ロシアの規定

イヴァン四世は当時横行していた呪術の問題に直面して具体的な方策をとったモスクワ国家最初の君主である。彼は一五五一年の『ストグラフ(百章)』会議で国内の長引く異教信仰に懸念を表明する。『ストグラフ』のなかでは、「占い師」、「妖術使い」、「魔術師」、「日時を占うもの」などが指摘され、「そのようなあらゆる背信的な誘惑は聖なる教父によって禁じられてきたところである」とし、「今後ともキリストを愛する陛下の帝国に入ってくる異端は、完全に踏みにじらなければならない」という(第四十一章第十七問)。これ以外にも、『ストグラフ』では、「悪魔に魅せられた醜悪な行いをするよう唆す者」に対する注意等が記されている(同第二十一問)。また「異端の書物を手にして読んだり、あるいは他の者を惑わしたり教えたりして、それが発覚した者は、敬虔なるツァーリから大いなる怒りをこうむり、主教からは聖なる規則にもとづき永久に破門されるべきである」という(同第二十二問)[78]。かくして教会裁判が扱う事案に「魔術、魔法、妖術、呪術、まじない治療」が含まれることとなった(同六十三章)[79]。結局のところ、すべての呪術行為は悪魔に仕えることであり、神はこれを禁じていると断定したのである(同九十三章)[80]。

北ロシアの自由農民(черносошные)に対する裁判のための一五八九年法は、魔法使い(ведунья ある版によると ведьма)について言及している。しかしそれはさまざまなカテゴリーの住民の「名誉に対する侮辱」(бесчестие)を補償する程度を明記するという文脈――彼らは売春婦(блядь)と同じくリストの最後に位置づけられた――においてであった[81]。

ボリス・ゴドゥノフ(在位一五九八―一六〇五)は全ての臣下に、ツァーリやその家族に対して食べ物・飲み物・衣服その他を通じて呪いをかけないこと、呪術師を使って悪事を働かないこと、足跡や風を使って呪いをかけないこと、さらには以上のような行為がなされたと知った場合は直ちにツァーリに報告することを誓わせた[82]。

十七世紀を通じて前述の傾向は継承された。呪術は聖俗双方の当局から注視され、聖界からは告解(懺悔)と説教のなかでしばしばそれらを問題にしていた。アレクセイ・ミハイロヴィチによる一連の布告は異教崇拝、占い、草木による治癒を含む呪術に関連するすべての実践を法の埒外に置き、呪術を行う者を厳しく罰することを命じている(前節で指摘したアレクセイ本人の行動とは異なるが、それを「矛盾」と考えてはならないであろう)。一六四八年の法令は、呪術師を鞭で打つこと、呪術を繰り返し行った者に対して死刑を定めている[83]。

ロシア最初の全国法典『ウロジェーニエ(一六四九年会議法典)』では、神を冒瀆する者および教会の秩序を乱す者について次のように規定している。「いかなる信仰であれ正教徒にあらざる者が、あるいはロシア人が、主なる神とわれらが救世主イエス・キリストを、あるいはイエスを生みし、いと浄きわれらが女宰たる聖母にして永遠の乙女マリアを、あるいは聖なる十字架を、あるいは神にかなう聖人たちを冒瀆した場合。それについて、あらゆる方法で厳重に取り調べること。そして、取り調べた上でそれが確かに立証された場合には、その瀆神者の罪を明らかにした上で、火刑によって処刑すること」と規定している。

一六五三年、新たな法令では罰則として火刑が規定された[84]。次のフョードル三世(アレクセイヴィチ、在位一六七六―八二)治世晩年の一六八二年にも厳罰の規定が繰り返されている[85]。

イ　十八世紀の法規定：世俗権力の呪術行為に対する本格的闘争とその後の動揺

ピョートル時代

十八世紀の法規定は呪術問題が世俗権力の管轄下に移行するものの複雑な様相を呈している。ピョートル一世は国家と社会の近代化を目指したが、その一環として常備軍が形成された軍隊についても近代化が図られた。「陸軍操典」(Воинский устав)(一七一五年四月二十六日印刷、一七一六年三月三十日承認)と「海軍操典」(Морской устав)(一七二〇年)は呪術、キリスト教への不信心、神に対する冒瀆、などの問題について明確に述べている。

「陸軍操典」では、軍人には呪術(чернокнижество)が禁止され、それを行った者は死を持って罰せられるとある。しかし死刑を適応するためには、法律で「彼が自らの呪術によって誰かに害をなし、あるいは実際に悪魔と契約を結んでいることが」明らかであることが求められている。また「もし軍人のなかに偶像崇拝者(идолопоклонник)、呪術師(чернокнижец)、武器に呪文をかける者(ружья заговаритель)、縁起を担ぐ者(суеверный)、瀆神の魔法使い(богохулительный чародей)がいれば、その者は……列間笞刑(шпицрутен)に追いやられ、あるいは火刑に処されるべし(весьма сожжен имеет быть)」(「陸軍操典」第一章第一条[86])、とある。しかも上記のような規定はロシアだけに限ったことではなかったのである[87]。

「海軍操典」では、「誰であれ、神を冒瀆し、またその名を軽視し、神への奉仕を誹り、神の言葉と聖なる機密に悪口雑言を吐く者は、これらのことを酔ってなしたか素面でなしたかに関わりなく、甚だしく露見した場合、舌を灼熱に熱した鉄でもって焼き、そのあとで首をはねる」(『海軍操典』第四巻第一章第二条)、と規定している。また、「誰であれ、いと浄き聖母、諸聖人、聖なる教会の言い伝えと法規に悪口雑言を吐く者は、その人物がどのような身分であり、またどのような悪罵をなしたかを見極めた上で、悪罵の度合いに応じて、体刑による懲罰、あるいは死刑に処す」(『海軍操典』第四巻第一章第三条)。さらに、「もし悪罵する者の言葉が何ら瀆神の内容を持っておらず、ただその無分別からそれがなされたのであれば、それが一度目ならば、犯した者に対して、将校の場合には犯行の重要さに応じて俸給の控除をもって処罰する。兵卒の場合には猫皮で厳しく打たれる。もし再び繰り返すようなことがあれば、懲罰は幾度も行われる。その者は公開の場で教会の告解(懺悔)をしなければならない。もし三度繰り返す場合には銃殺される」(『海軍操典』第四巻第一章第五条)[88]、と規定されている。文面からでは呪術について言及していないように見えるが、「神への冒瀆」のなかには呪術行為が含まれていると考えられる。

続く教会改革のための「聖務規定」(Духовный Регламент)(一七二一年)では、宗教に対する冒瀆の罪ではなく、騙されやすい者に対する詐欺として魔法や呪術が非難された[89]。翌一七二二年の布告により、「瀆神」(богохульные)、「異端」(еретические)、「分離派」(раскольные)、「魔法」(волшебные)という犯罪は、宗務院の宗教裁判所が所管する「宗教問題」(дела духовные)として明瞭に区別された。しかしそれらの問題は、プレオブラジェンスキー官署、機密局、捜査官署といったいわば世俗権力の調査機関も担当した[90]。

前記の「犯罪」が法律に記載されるようになった背景には、疑いなく十八世紀の呪術に関する裁判件数が十七世紀のそれをはるかに凌駕していたという事実があげられる[91]。

ラヴローフの研究によると、一七二一年、呪術師に関する宗務院が扱う審理は六件であり、一七二二—二五年には年間二—五件の間を推移していた。こうした裁判件数にもかかわらず、実際の判決は極刑を求めることはなかった。この背景には、現実の状況を認めるウクライナの法的伝統と結びつき、かつ専門知識を持ったウクライナ出身の聖職者の影響があった。彼らはウクライナにおける呪術師裁判にも慣れており、それらを世俗の裁判として審理し、そうしたことをロシアの土壌に移すことを厭わなかったのである。(92)

ピョートル一世からアンナ女帝・エリザヴェータ女帝の時代へ

ピョートル一世の魔法や呪術に対する厳しい規定はその後も継承されたが、若干の変更も見られた。アンナ女帝時代の一七三一年五月二十五日、呪術を行った者に対しては火刑による極刑で臨むものの、元老院は呪術師をペテン師として判決を下すことを命じている。布告は次のようにうたっている。

以下のことが女帝陛下の知れるところとなった。ロシアにおいて、ある人々は悪事に対する神の怒りと永劫の苦しみを忘れ、あたかも自分はいくつもの呪術(волшебства)を知っているかのように見せ、庶民(простые люди)にあらゆる手段を尽くすと約束している。それがために庶民は自らの家に彼らを招き入れ、自らの悪巧みへの助力を彼らに懇願している。そのような偽りの呪術師たち(мнимые волшебники)は彼らにそれを行うことを約束もし、それがために彼らは少なからざる利益を得ているのである。しかし、そうした彼らの悪意をなす手段へと魅了するものは徒に自らに損害をもたらすのである。より正しく言えば、神の怒りを招くのである。世俗の法に従って処罰され、言い換えれば罪に応じて処刑されるのである。それゆえ、女帝陛下の布告に従い、元老院は以下のように命令を下した。前記の点に関して、全ロシア帝国において、元老院から印刷された布告が発布されるべきこと。それは、今後、何人もいかなる偽りの呪術師をも公然とまたこっそりと家に招き入れることなく、〔偽りの呪術師が〕やってくることもなく、道々彼らと呪術について話し合うこともなく、またいかなる悪意をなす彼らの教説を習うことがないようにするためである。もし、今後、誰かが、神の怒りに慄《おのの》かず、女帝陛下のこの布告を恐れず、何かしら呪術の手段のために呪術師を自分のもとに呼び入れ、あるいは〔偽りの呪術師が〕彼らの家に行き、あるいは道々彼らと呪術について話をし、彼らの教説に従い、あるいはそのような呪術師が自身で害をなし、あるいは誰かのために呪術を行ったことが明らかとなったならば、その場合には、当該のペテン師ども（обманщики）は死をもって処罰される。すなわち火刑に処せられるものとする。偽りの悪意のために彼らに要求する人々には厳しい罰則すなわち鞭打ち、あるいは罪の重さに応じて死刑が科される。もし当該のペテン師がそのような不信心（богомерские дела）を自分自身のために行い、他の誰からの密告もなくして自分の罪を自ら明らかにする場合、その罪はいかなる拷問をも行うことなく赦免されるものとする。(93)

右記の布告をどのように解釈すべきかについてさまざまな意見があるが、A・C・ラヴローフによると大きく分けて二つの相反する見解があるという。第一には、この布告が処罰の厳格さを求めているとする見方である。たとえばH・ポクロフスキーは、もっぱらこの布告に「呪術はペテン師によって庶民を騙す詐欺であるという啓蒙主義的理念」を見る。(94) E・Б・スミリャンスカヤも同様に、法典における合理主義思想の影響の現れであるとする。彼女によると、それ以前にフランスで発布された布告と異なり、これが「魔女」（ведьма）や民衆の呪術信仰に対する政府や教会の迫害の廃止を意味するのではなく、反対に迫害が広範囲に促進されたという。(95) 第二は、処罰の軽減を求めているという考え方である。この立場からラヴローフは、革命前の研究者A・レヴェンスチムの見解に依拠しつつ、布告は「陸軍操典」の条項の諸条件（悪魔との契約および害を与えることを証明すること）について沈黙しているとする。この布告によると、「民衆を根や囁きによって治療する、農村それぞれの治療師（знахарь）は、火刑に処せられたかもしれない」のである。しかし同時に、この布告は宗務院の求める教会での告解に代わり、鞭打ちの導入（これは体力のない人にとっては事実上の死を意味する）がそのことを雄弁に物語っているという。(96) とはいえより重要なのは、この布告の発行部数が多く、主教管区に広く普及したことである。かくして告発する側とされる側双方に上記の布告は影響を与え、呪術は禁止されているという意識を植えつけることになった[97]。

さらにラヴローフの研究を利用すると、一七三一―四〇年において、呪術師として訴追された四〇件のうち十五件に一七三一年の布告の引用が見られるという（それらを含めて十六件だけが法的裏づけのため法律を引用している）。この時期は呪術師を集中的に告発した時期であった。その背景にはビローノフシチナという否定的に捉えられている政治状況があった可能性は否定できないが、それでもって一七三九・四〇年にその件数が極端に減少する（一件）理由をすべて説明することはできない。教会改革を遂行する上でピョートル一世が信頼し、宗務院副院長を務めたキーエフ出身のフェオファーン・プロコポーヴィチ（Феофан Прокопович　一六八一―一七三六）の死が、呪術師告発に対する宗務院の立場を変化させた可能性も大きい。なおロシアにおける最後の呪術師の処刑は、一七三六年、カザン県官房の決定によってなされたシンビルスクのポサード民ヤーコフ・ヤーロフに対するものであった。実は、宗務院は適宜この事件について情報を得ることなく、やっと一七四〇年になってヤーロフの生命を奪うことはないと提案したが、時すでに遅かったのである[98]。この点については第4節第二項で検討する。

エリザヴェータ女帝時代もアンナ女帝の一七三一年布告に従って呪術師を裁き続けた。すなわちエリザヴェータ女帝は、「魔法使い（чародеи）が根、草、その他によって〔他の者を〕害する」場合にのみこの刑罰に対する死刑を認めつつも、単なる「（呪文の）囁き」（шептание）に対しては鞭あるいは笞（плети или батоги）による刑罰を命じるのみである[99]。アンナ女帝からエリザヴェータ女帝に至る一七三一―六一年の三〇年間は呪術問題に関する裁判件数が最大となった時代でもあった。実際、十八世紀に行われた二四〇件の裁判審理のうちほぼ一五〇件がこの時代に集中していたのである[100]。

エカチェリーナ女帝の時代

エカチェリーナ二世時代に変化が見られた。一七六二年十月八日の元老院布告は「悪霊にとり憑かれた女たち」(кликуши)を自称する者に対する懲罰について述べている。[101] さらに女帝は新法典編纂委員会に宛てた「訓令」のなかで、異教に対して宗教寛容で臨むように勧めてはいるものの、「呪術(魔法)および異端に関する事案の審理については非常に慎重にしなくてはならない」と指摘する。[102] 一七七〇年三月十四日の元老院布告は、啓蒙思想の影響もあって、呪術を重罪としての極刑からペテン行為にふさわしいより軽い刑罰の対象とした。[103] これに関連して、一七七二年十月二十六日付宗務院布告は、主教管区の主教および聖職者に対して呪術師(「ペテン師」)に関する事件の「調査」を禁止した。以後、「ペテン師」の問題を「宗教的」問題としては審理せず、世俗当局の管轄下に置くとしている。これ以外に、異なる信仰に対する世俗の監督は一七七四年十二月十九日付「百人長とその同僚たちに与える指令」のなかでも、アンナ女帝の一七三一年布告の文言を繰り返しながら確認されている。[104]

一七七五年十一月七日、エカチェリーナ二世は地方行政改革令(「全ロシア帝国の県行政に関する基本法令」)を発布し、そのなかでいわゆる良心裁判所(совестные суды 法文によらず正義に基づく裁判およびその裁判所)の創設を求めた(第二十六章「良心裁判所について」)。この裁判所は民衆の迷信(呪術を含む)、未成年者の犯罪、および精神病的犯罪等を所管した。[105] しかし実際には、地方の裁判所などでは呪術行為を行った者に対しては死刑でもって臨み、さらには私刑も行われていた。[106] 民衆の迷信に関わる事件のなかで、最も頻繁に良心裁判所に懸けられた事案は「悪霊にとり憑かれた女」に関わるものであった。教会でのミサの最中、彼らは自らに取り憑いた者の名を叫びながらヒステリックにわめき散らした。[107] 時にこうした「悪霊にとり憑かれた女」に対する告発は多くの無罪の人たちをも巻き込むことになった。たとえば時代は遡るが、一六七〇年、約七〇名の「悪霊にとり憑かれた女」が見境もなく告発されてシューヤの町を事実上恐怖に陥れた。その結果、地方当局はツァーリに援助を求める事態にまで至ったのである。[108]

「教区規定」(Устав Благочиния)あるいは「警察規定」(Устав Полицейский)が発せられた一七八二年までに、呪術と迷信に関する問題を含む事案は宗教裁判の活動領域から除外されて刑事事件(уголовные)とみなされ、世俗の最高審の決定に委ねられた。[109]

ウ　十八世紀の宗務院記録にみる諸事件

十八世紀の前半だけで宗務院は六〇以上の「魔法と迷信」(волшебство и суеверие)に関する事件を扱い、下級聖職者裁判所および世俗の犯罪裁判所が処理した事案は数百にのぼるという。[110] 一七一六年の主教宣誓に際して、すべての主教は魔法や迷信が彼らの管区で行われていないことを誓わねばならなかった(のちに、前出の一七七二年十月二十六日付宗務院布告により廃止)。それは一七二一年のピョートルの「聖務規定」のなかでも述べられ、一七三七年のアンナ女帝の布告によって強化されたが、もしそれを怠るなら裁判にかけるとの脅しをうけて、すべての主教と大修道院長は管区内での魔法と迷信、偽の奇跡、「悪霊にとり憑かれた女」などに関するいかなる事件についても宗務院に年二回の報告を行う義務を負ったのである。[111]

すでに述べた敬虔ではあるがナイーブなスーズダリの主教ポルフィーリーは、報告書のなかで、とくに誕生と結婚に対する呪い、および有害な「黒」魔術(«черная» вредносная магия)が広まる傾向に直面し、彼自身の身内においてさえそれに立ち向かうことができないと絶望して述べている(本章第2節ウも参照)。しかしほとんどの主教たちは賢明にもどこにでもみられるそうした民間の習慣に目をつむり、管区内ではすべてがうまくいっているので問題なしとする報告を書き送っていたのである。[112]

十八世紀の宗務院の管轄する教会裁判からいくつか特徴的な事件を拾ってみよう。ピョートル治世晩年の一七二三年、ヴィボルグ連隊の退役兵士イヴァン・クラスコフ(Иван Красков)が「怪しい」冊子や手紙、木製の占い用サイコロ、草および根を所有しているのが判明した。尋問で、彼はペテルブルクのヴァシーリー島でそれらを見つけ、またサイコロは兵士でもある彼の甥から譲り受けたと述べた。彼はそれを二年にわたり彼自身の家族の必要のため、健康および死期を占うために使ってきたが、その技を馬医者である従弟から学び、誰か他の人のため使ったこともなく、また未来を占ったこともなかった。薬草も同様に彼自身のためにのみ使った。彼は、「陸軍操典」で禁じられている武器に魔法の呪いをかけたこと、悪魔と語り合ったこと、偶像を崇拝したこと、神を冒瀆したこと、呪術・魔術を行ったこと、以上のことについては否定した。連隊の軍医は、草と根は純粋に医学的に価値のあるもので害をなす呪術・魔術を行うには何ら効果のないものであることを証明した。それにもかかわらず、イヴァンには列間笞刑六回と公開での告解(懺悔)の判決が下されたのである。(113)

一七二三年、二〇歳になるヴァシーリー(Василий)と名乗る「偽の瘋癲行者(ユロージヴィー)」が、殺人や強姦を犯し、古儀式派風に二本指で十字を切ったこと、異端(文字どおりには異端信仰であるが、おそらくは魔法を行ったこと)、指揮下にヘロデと呼ぶ悪魔を長とする悪魔たちをもっていること、水車を動かなくさせたこと(悪魔たちが水車用の導水路に住んでいると考えられたから、機械がうまく動かないのは魔法使いのせいにされた)、またギリシア、トルコ、スウェーデンから財宝を持ってくるために悪魔を使ったこと、以上の廉で告訴された。宗務院は、彼を「魔法使いであると認定し、また悪魔たちを持っているとして」法務参議会に照会した。(114)

アンナ女帝時代の一七三一年、チェルニーゴフ主教座聖堂の輔祭ステファン・コジミンが悪魔を呼び出す方法を含む呪術・魔法の書物を所有している廉で告発された。それによると、十字架を取って、それを右足の踵で踏み潰し、ベルトをはずし、キリスト、聖母マリア、十二使徒教会、十二使徒、教会の十二の大祝日、そして自らの両親を否認しなければならないとされているのである。チェレミス、クリミア、ザクセン(!)から呼び出された悪魔たち、およびその他の外国から呼び出された悪魔たちは、ヴェリガー、ハズ、ヘロデ、アスピド、バシリスク、エナレイ、セミョーン、インディクおよびハレイという名前である。呪文の一つは「ヴァルラアム、ヴァルゲルそしてガリレイよ、神エヌの召使いの病気を治したまえ。アーメン、アーメン、アーメン」であった。[115]

一七四〇年、すでに述べたイリヤ・チョヴピロは、三〇年間にわたり「悪魔たちの公」に仕える契約を血で書いたとして訴えられ、しかるべき書式（モスクワ国家の請願書で使用された法的書式が呪いでは普通に利用された）で書かれた契約書が証拠として提出された。[116]

エカチェリーナ二世の一七七〇年、アルタイ地方の国有地農民アルテミー・サカロフは古儀式派教徒であるとの疑いで捕えられ、「君主の一大事」（слово и дело）の手続きのもと告発された。教会裁判所における尋問ののち、政治的犯罪に関する調査のためにシベリアの地方官房に送られた。そこで告発には何も根拠がないことが分かったにもかかわらず、教会裁判所へ戻されることになった。というのも、調査によって、彼が訴えられた罪状のリストのなかで一連の宗教的犯罪が注目されたからである。それらは、強盗、殺人、放火、教会や異端の墓からの略奪、悪魔との取引、悪魔（彼は悪魔を父と呼んだ）と古代スラヴのペルーン（スラヴの雷神であるが、当時の宮廷ではユダヤ的な異教神とみなされた）、ヴィホール、そしてコリャダーの三神に懇願することで魔法の呪文をかけたことを含んでいた。彼はまた夢を占い、その占いのために豆と詩編を使ったとされたのである。[117]

以上は、呪術の問題を聖界当局がどのように捉えていたかを示す事例である。最後の例がよく示しているように、古儀式派教徒として逮捕された場合もあるし、あるいは異端の嫌疑をかけられた場合もあり、呪術問題は決して単純に割り切れる問題ではなかった。とはいえ宗教裁判所の管轄はやはり主に宗教問題であったことが分かる。

4　ヤーロフ事件をめぐる国家・教会・社会

ア　当局の動向

さて、現存する史料から、当局はどのようにヤーロフの事件を認識していたのだろうか。まずは史料の束を紐解いてみることから始めよう。

文書作成の経緯

元老院文書は「(文書番号四五一四番――以下同じ)一七四〇年十一月二十二日、機密局に従って提出することが書き留められた。カザン県官房から元老院宛。非常後備軍命令の報告」[118]である。他方、宗務院に集められている史料は、まず一七四〇年七月十六日に書き留められた「(二七六九番)一七四〇年七月十六日に読み上げられた元老院から宗務院宛文書」[119]があり、そのあとに「(三〇番)一七三四年十一月九日の日付のあるカザン県から元老院宛報告書」[120]が続く。これは事件の経緯ならびに裁判尋問過程でのヤーロフの陳述が第一の史料よりも詳しく述べられている。日付のない「(文書番号なし)瀆神者ヤーコフ・ヤーロフについて。カザン県から元老院宛報告抜粋」[121]は量刑について元老院へ照会する内容が主である。一七四〇年七月三十一日に署名された「(一五九番)一七四〇年七月三十日に書き留められた宗務院の議事録」[122]、「(二三五一番)全ロシアの専制君主にして皇帝陛下の勅令、宗務院からカザンとスヴィヤシスクの府主教宛」[123]、「(二三五二番)カザン県官房宛布告」[124]、一七四〇年九月二十三日に提出された「(三八六七番)一七四〇年八月二十七日と日付のある宗務院宛報告」[125]、一七四〇年十月二十三日に提出された「(四三四四番)カザン県官房から宗務院宛。非常後備軍命令の報告」[126]、一七四〇年十一月二十五日に提出された「(四八三九番)一七四〇年十月十四日の日付がある宗務院宛報告」[127]、と続く。

文書番号は元老院と宗務院の二方面から付されており、その番号により作成された順序が分かる。元老院文書（四五一四番）は宗務院に集められていた文書のうち文書番号（元老院文書番号であろう）四三四四番と四八三九番の間にくるものであろうし、内容的には四五一四番と四三四四番は重なる。ただし、四三四四番はカザン県官房から宗務院宛であるのに対して、四五一四番はカザン県官房から元老院宛である。また四五一四番に出てくる「六二〇九番と付された七月十七日付の写し」とは何か不明のままである。すなわちすべての関係文書が現存しているわけではないと考えられる（あるいは別の文書群に紛れ込んでいるとも考えられる）。

以上の点を考慮し、かつ当時の裁判・尋問の執行の様子を勘案すると、文書は地方から中央官庁へと上げられるという手順を踏んでいたことが分かる。すなわちシンビルスク郡官房からカザン県官房、そしてカザン県官房から元老院という地方から中央へという流れである。聖界においてもそうである。

裁判・審理の経緯

前述の史料を記述順に並べてみると次のようになろう。①「（三〇番）一七三四年十一月九日の日付のあるカザン県から元老院宛報告書」、②「（文書番号なし）瀆神者ヤーコフ・ヤーロフについて。カザン県から元老院宛報告抜粋（日付なし）」、③「（一五九番）一七四〇年七月三十日に書き留められた宗務院の議事録」、④「（二三五一番）全ロシアの専制君主にして皇帝陛下の布告、宗務院からカザンとスヴィヤシスクの府主教宛」、⑤「（二三五二番）カザン県官房宛布告」、⑥「（二七六九番）一七四〇年七月十六日に読み上げられた元老院から宗務院宛文書」、⑦「（三八六七番）一七四〇年八月二十七日と日付のある宗務院宛報告」、⑧「（四三四四番）カザン県官房から宗務院宛。非常後備軍命令の報告」、⑨「（四五一四番――以下同じ）一七四〇年十一月二十二日、機密局に従い、提出することが書き留められた。カザン県官房から元老院宛。非常後備軍命令の報告」、⑩「（四八三九番）一七四〇年十月十四日の日付がある宗務院宛報告」、以上である。

すでに述べたように、現存しない史料がある可能性もあるので、以上が当該テーマに関する全史料というわけではないかもしれない。それにもかかわらず、史料内容の重複から、詳細な事件・裁判内容を知ることができる。その概要はすでに述べたとおりである。ただし留意すべきは、近世ロシアにおけるすべての裁判がそうであったように、拷問による自白を証拠の第一条件としていることである。十七世紀には拷問は三度行われたが、十八世紀ではどうかは不明である。また記録は書記官の手によるため、ヤーロフの発言は三人称となっている。さらには告発する側とされる側の対審が行われている。以上が留意すべき点である。

裁判の経緯については聖俗双方が注目していた。具体的かつ主な審理はカザン県官房で行われたが、そこでの報告はペテルブルクにある元老院へも宗務院へも送付されている。しかもそれぞれの下部機関にも検討させている。元老院であれば機密局へ、宗務院であればカザンとスヴィヤシスクの府主教（座）である。これらのことは、当該事件の審理に当たり、いまだ聖俗混在状態であり、世俗権力のみが決定するというわけではなかったことを示している。しかし、その判決に当たり、教会法ではなく、世俗の法が持ち出されていることは近代国家が形成されようとしていた十八世紀ロシアを考える上で重要である。

しかし、現存する史料の日付から見て、聖俗両界における情報獲得に差があったことが窺われる。元老院文書は一七三四年十一月九日付のものが最初であるが、最初の宗務院文書類は一七四〇年七月のもので、すでにヤーロフは処刑されて四年余りが過ぎていた。このことは前記のことと関係があるのであろうか。とはいえ宗務院が一七四〇年まで事件についてまったく知らなかったとは考えがたい。というのも、「（三〇番）一七三四年十一月九日の日付のあるカザン県から元老院宛報告書」が宗務院文書のなかに入っており、また実際に聖職者二名が世俗の裁判で審理を受けていたからである。以上の点を含めて、別の角度からいま一度事件について考えてみよう。

イ　ヤーロフ事件をめぐる諸問題

シンビルスク市

ヤーロフが生きたシンビルスクはどのような町であったのだろうか。一六四八年、新しい「シンビルスク境界線」(Синбирская черта)強化のために派遣された貴族ボグダーン・マトヴェーエヴィチ・ヒトロヴォー(Б. М. Хитрово　一六一五―八〇)は、ヴォルガ川の高い沿岸部にいたモルドヴァ人に対抗してシンビルスクを建設した。都市の綴りについては、その開基から十八世紀末まで、Синбирск は Симбирск と書き慣わされていた。ちなみにП・И・ルィチコーフの記述では都市の名前はすべて後者で綴られている。その名称は現在のシンビルスク市よりもヴォルガ川を十三ヴェルスタ下った地点にボルガールの都市シンビルスクを建てたブルガルの公シンビルに由来するとも、あるいはチュヴァーシ語ないしはスカンジナヴィア語に由来するとも言わる。ヒトロヴォーと共に、シンビルスクにはアルザマスの大貴族(бояре)、ニジェゴロドの大貴族、他の地域の貴族や小貴族(дети боярские)、タタールのムルザ、および他の勤務人がやってきた。都市建設のためにモスクワ国家の他の地域から担税民(тяглые люди)が集められた。一六五二年、都市はすでに完成した。都市の主要部分は、丸太の壁で囲まれ、いくつもの塔を有し、堀がめぐらされ、規則正しい四角形をしていた。またここは「クレムリ」、「要塞」、および「丸太の都市」と呼ばれ、シンビルスク山の頂上にあって、縦横それぞれ二〇〇サージェンであった。その周りには壁があり、堀と土塁によって囲まれているポサードがあり、さらにスロボダ(貢税の義務を負わない、いわば自由農民の村)が存在していた。

一六七〇年、シンビルスクはステンカ・ラージン軍の包囲に耐えた。二年後にはエサウールのフェリカ・シェルジャーク率いるカザーク叛乱軍を撃退した。カザーク叛乱鎮圧後、シンビルスクは周辺地域の植民事業においてとくに重要な位置を占めるようになった。シンビルスクへの「長きにわたる定住のために」(за долгое сиденье)、勤務人には多くの無主地が与えられた。まもなくそこは他の場所からやってきた農民や自由意思の移住者たちの居住地となった。また一七七三年と七五年には叛乱の指導者プガチョーフ本人が同地の牢獄に繋がれている。

都市そのものも大いに発展した。一六七九年、シンビルスクには六〇五戸、一六七九人の住民がいた。それには勤務人、「丸太の都市」の住民、修道院は含まれていない。一六七〇―八〇年代、ポサード民五〇四戸で一三三四人、勤務人戸数はないが三九六人、他のカテゴリーの住民が一一四戸で二八二人いた。一七二二年の登録簿によると、ポサード民は二〇九七人であった。[128] 一七五五年の第二回納税人口調査によると、沿ヴォルガ地方の都市人口は五八〇六人で、この地方における全人口の一・九四%にあたっていた。[129] 以上のことから、一七三〇年代、シンビルスクの人口はおよそ五〇〇〇人であったと推定される。

都市人口の増大は、十八世紀前半における農民の大量流入が関係している。抑圧を逃れて、大量に農民が都市に入ってきたのである。一七二九年の布告により、われわれは次のことを知る。「ニージニー・ノヴゴロド〔ニージニー・ノヴゴロド〕のポサードの地には、パスポートを所持し、あるいはまた所持せずにやってきた多くの御料地農民、高位聖職者領農民、修道院領農民、および領主農民が住んでいる」。彼らは自らの支配者の手を逃れて自分の意思でやってきたのである。逃亡農民の多くは辺境の諸都市に住み着いた。アストラハンでは、彼らは漁業に携わった。シンビルスクでは、「商人のもとで労働者」として暮らした。この時期、多くの逃亡民はさまざまな都市の工場で働いていたのである。[130] モスクワとペテルブルクにはそのような人が多くいたが、より多くの逃亡農民はウクライナに定着したのである。[131] ヴォルガ中流域最大の都市は穀物交易で大きな役割を果たしたシンビルスクとカザンであった。[132] なおシンビルスクの商人イヴァン・トヴョルドゥィシェフ（И. Б. Твёрдышев 一七一〇頃―八三）は、一七三六年にヴォスクレセンスキー銅溶解工場の基礎を置くなど（第八章第2節参照）、バシキーリアに多くの工場を建設している。[133]

一七八〇年、総督官庁によると、シンビルスクの人口は約一万人であった。十九世紀に入ると、一八三八年には一万七三七九人、一八五六年には二万六五二一人、一八七六年には二万八〇四一人である。そして一八九七年(第一回国勢調査)には四万三二九八人が住んでいた。その内訳は、男性二万一八五九人、女性二万一四三九人である。一八九七年当時の身分について言えば、貴族は八・八%、聖職者〇・八%、商人と名誉市民三・二%、町人五七・五%、農民一一・〇%、軍人一七・七%、他の身分および外国人一・〇%である。宗教に関して、正教徒は九六・九%、イスラーム教徒は約三%である。

人口の増加に伴って商業が増大したが、他方では、都市の軍事的な意義が失われていった。十八世紀初頭までに、八つの門を持つ木造の要塞は廃墟と化してしまった。行政上、シンビルスクは、一七〇八年にカザン県に、一七一七年にはアストラハン県に、一七二八年には再びカザン県に編入された。一七八〇年、そこから独立してシンビルスク総督管区の中心都市となり、一七九六年には県都市となった。十九世紀には、穀物、魚、家畜、材木を扱う商業の中心となった。一七九〇年代には最初の公共劇場が開設され、一八四〇年代には図書館が建てられた。一八三二年、シンビルスクに独立した大主教職が置かれた[134]。

以上から、シンビルスクは近世に形成・発展した典型的な都市ということになる。しかし、これからだけではなぜこの都市に当該の事件が発生したのか答えを導き出すことは困難である。その点から考えると、この事件はシンビルスクに特有のものではなかったのかもしれない。

ヤーコフ・ヤーロフとは誰か?

さてヤーロフの事件はいかなる意味を持つのか、それをいくつかの論点に整理した上で検討してみよう。そもそもヤーコフ・ヤーロフはどのような人物なのか。いつどこで生まれ、何を生業としていたのか。事件の背景は何か、等々である。しかしわれわれが手にする現存する史料はそれについて何も語ってはくれない。そもそもポサード民のような一般庶民（町民）に関する史料など通常は存在しない。以下、そうした史料的な限界を確認した上で論じることにする。

史料のなかでは、魔法使い・呪術師（волшебник, волшебство）、瀆神者（богохульник）、背教者（богоотступник）、あるいは異端者（еретик, еретичество）、などの用語が混在している(135)。

ヤーロフの妻ワルワーラは夫を異端者および背教者として「密告」した。彼女の言葉によると、ヤーロフが「屋根裏部屋へ入るのを見た。そこには聖者の顔が壁に掛けられてあるいくつもの聖なる似姿（イコン）がある。水をコップに注いでから、土を紙の上に乗せた。両手に蝋燭をとってから、その水の上、土の上、蝋燭の上に対して、自らの異端の書に従って異端を行った。また西に向かってうつ伏せになって左手でお祈りした。横たわって寝て、その後、起き上がり、水で顔を洗わず、聖なる似姿（イコン）に対して拝まず、十字も切らなかった(136)」、というのである。

またヤーロフは、妻に対して、「聖なる似姿（イコン）に対して拝むこと、水で顔を洗うこと、十字を切ること、以上のことを禁じた。そして妻に、もし妊娠して子供が産まれたら、赤子に洗礼を施すため、その父であるサタンに差し出すようにと語った(137)」。こうしたことからО・Д・ゴレルキナとО・Д・ジュラヴェリは悪魔と契約を結んだ人間の一人としてヤーロフを研究対象としたのである。

以上が、妻による「密告」に始まる事件の発端である。しかし上記以外の点については不明のままである。

予言者あるいは占い師か？

ヤーロフは「占いの詩編」（史料では Гадательный Пусалтырь《ママ》 とある）によって人骨を並べている。「占いの書に関しては、詩編の聖詩に従ってのみ、どの道を行くべきか、点のついた骨を放り投げた。どのように骨が落ちるのか、その書で見極めたのである(138)」。これはヤーロフの妻による証言である。

十八世紀前半、テキストや占い表を頼りに占うことはとくにアルカイックで中世的な特徴を有した行いであった。新しくヨーロッパから翻訳されて入ってきた占いに関する著作はやっと十八世紀後半になってロシア社会に広まった。しかし十八世紀前半においては、詩編、ダヴィド王の予言、[139] ラフリ、[140] アリストテレスの門に従って占われ、[141] 日の吉兆についての説話、預言者にして賢者ヴァルラアムの予言、[142] さまざまな由来の一種の『外典』（Трепетник）やほかの古代のテキストが多く読まれたのである。十四世紀以来、予言に関する文献は偽の書や神を否認する書についてロシアの目録一覧に入れられ、十七世紀、その目録には予言に関する二〇作品以上の書籍が含まれていた。十八世紀、作品は保存され、筆写され続けたのである。[143]

ヤーロフはあるいはそれらを読み、その影響を受けていたのかもしれない。しかし占いについて、前記の妻の証言以外、彼が何を占ったのか、それは誰のためなのか、その目的は何なのか、その後の活動はどうだったのかなど依然不明のままである。

「異端者ディオニーシイとヴァルラアム」の弟子？

それではヤーロフの証言に出てくるディオニーシイとヴァルラアムとはいったい誰なのだろうか。またヤーロフが自らの信仰を述べるにあたり依拠したとされる「不可思議な書」とは何か。この点について、史料の最初の紹介者であるД・サポージニコフは以下のように推論する。[144]

ロシア古儀式派の歴史のなかに異端者（еретик）ディオニーシイとヴァルラアムの名前を見出すことはできない。しかしヤーロフの証言のなかには「何かしら」謎めいたものがあると同時に、十四世紀のギリシア、その後のイタリアにおいて、彼の証言と信仰のなかにある若干の誤解にはもちろん注意しなければならないのだが、たまたま彼が手に入れることになった書に書かれている教義との類似性が認められるという。

ここでヴァルラアムについて説明しておこう。この人物はいわば時代の子であった。彼は「教養が高く、明敏にして雄弁、カトリックのしきたりのなかで育った」人物である。ビザンツ帝国の聖救世主修道院（монастырь Святого Спасителя）の典院として、彼は皇帝によって「聖ディオニーシイの教えを解説することを」託された。その後、時を経て、われわれはヴァルラアムがすでにコンスタンティノープルで活動する異端者となっていることを知るのである。彼の教義はまさにディオニーシイによって与えられたドグマに端緒がある。ヴァルラアムはその道をまっすぐに進み、「光明」（свет）すなわち正教の信仰によると聖霊降臨と聖霊の顕現はわれわれ人間の思惟よりも低い、との結論に達するのである。彼はこれを「太陽の光」（луч солнца）になぞらえている。こうした理解の原因は、彼がサロニケ修道院の「静寂主義者たち（Исихасты）のところに」立ち寄り、そこの修道士たちが彼に「まるで最も深遠なる宗教的な雰囲気にいる間に、彼らが神の光明を見る栄誉に浴する」、と語ったことに由来する。ヴァルアラムの教義のなかでは次のように簡潔に述べられている。「タヴォル山に現れ出た光は神の光明、大天使たちの光明でなかっただけではなく、本質的にはわれわれの思惟よりも低いものである。われわれの思惟はうわべの感覚の支配下にあるのではない。神の光明を肉体の目で、すなわち不完全かつ神の恵みによって清められていない人間の目で、空間に現れて大気に色をつける何かしら形而下的なものとして見ることができたとしても、われわれの思惟を目にすることはできない[145]」。このような理解に対して、ヴァルラアムおよび彼と意見を同じくする人々の甚だ反宗教的な教義をありとあらゆる方法で退け、それを悪魔との交流であるとしてその教義を避けるようにというコンスタンティノープル総主教の正教信者への呼びかけがなされたのである[146]。

ヴァルラアムの教えについて、われわれはヤーロフとの関連で、以上のように推測することができる。しかしそうだとしても、またたとえ名前だけだったとしてもどのようにしてヤーロフはヴァルラアムの教えを知ることができたのだろうか。またその教えを知り得たのはヤーロフだけだったのだろうか。それらもまた依然謎に包まれている。

またディオニーシイとは誰なのかという疑問も残る。右で述べたヴァルラアムの師かも知れない。確かにヤーロフの出現以前に異端を疑われたディオニーシイなる人物がロシアには存在している。一七〇二年、ズヴェニゴロドのサッヴィノ＝ストロジェフスキー修道院の長老ディオニーシイ・グレクは、モスクワのボロタで、彼によって書かれた魔法の「異端の書付」と共に火刑になった。(147) この人物であるという可能性も残るが、確証はない。こうした推論はヤーロフが「異端」であるという前提に立っての推論である。

「治療師」か？

しかし以上の推測とは別の見解もある。ヤーロフは草や人体について熟知している治療師にすぎないというのである。すなわち彼は治療を望んでやってくる病人に援助の手を差し延べただけであると。拷問によって得られた自白はそのことを裏づけているかのようである。彼は所有していた「書に基づいて」すべてを語ったが、彼の尋問を行った人々には、この書はヤーロフがそれに従って「魔法を使う・呪術を行う」(колдовать)ことができる「異端」の書のように思えたのである。

とはいえ尋問調書では治療師(лекарь)という言葉が使われ、ヤーロフが治療師としてシンビルスク住民の信頼を勝ち得ていた様子がよくわかるのである。

彼ヤーロフはシンビルスクで、シンビルスクのポサード民たちの懇願に応じて、すなわちピョートル・カラームィシェフ、彼の弟ガヴリーロ《ママ》、イヴァン・イズジェベルスキー、彼の息子の嫁であるマリア・イヴァーノヴァ、グリゴーリー・デレヴァーギン、家でどのように呼ばれていたのか記憶にないその息子の嫁、以上の人々の懇願に応じて治療を行ったのである。彼らカラームィシェフ、イズジェベルスキー、およびデレヴァーギンたちの求めに応じたものである。彼らはそのこと〔ヤーロフは治療することができるということ〕について知っていたのである。彼ヤーロフは異端の書によってでもなく、また魔法（呪術）によってでもなく治療した。ただ彼は祈りを捧げただけである。その祈りは洗礼の際の祈禱書に印刷されている祈りであるが、悪魔ゆえ（от бесов, нечистых духов）に禁止されているのである。すなわち三つの祈りである。何となれば、彼ら病める者たちはその点において理性を持たなかったからである。そしてシンビルスクでの審理において、その治療は送付された魔法（呪術）に関する布告が〔シンビルスクに〕到着するまでなされたと証言した。神を否認するその異端について、彼らカラームィシェフとその他の誰も彼〔が異端であること〕について知らなかった。

史料はさらに次のように続けるのである。

シンビルスクのポサード民であるガヴリーロ・カラームシェフ、イヴァン・イズジェベルスキーの息子の嫁であるマリア・イヴァーノヴァ、およびグリゴーリー・デレヴャーギンの息子の嫁であるマトリョーナ・イヴァーノヴァは次のように証言した。彼らの家に彼ヤーロフが彼らの懇願により彼らのもとにたびたびやってきた。彼らはヤーロフによって触れられた草の入った水を飲み、彼を治療師として尊敬した。(148)

以上のことから、ヤーロフの「治療師」として重要な役割を果たす側面が見えてくる。しかも、その噂を聞きつけてか市内の多くのポサード民が懇願して彼を迎え入れたのである。誰も彼を「異端」とは考えていなかったことがわかるのである。

国家と教会の対応

カザン県官房から元老院へ宛てた報告では、ヤーロフに対する処罰をいわば当時の法律に基づいて合法的に行おうとしていた。すなわち『ウロジェーニエ（一六四九年会議法典）』第一章第一条を根本法規とし、「陸軍操典」と「海軍操典」、その後の一七三一年五月二十五日付の呪術師に関する布告、直接的には一七三六年三月十八日付のアンナ女帝の命令に基づき処罰（火刑による処刑）が行われた。[149]そしてこの事件がロシアにおける呪術師の最後の処刑となったのである。

ここで注意しなければならないのは元老院と宗務院との関係である。実際に事件の調査・尋問・判決・処刑を主導したのは元老院であった。宗務院文書に現れた事件についての最初の史料は一七四〇年七月の文書が最初である。しかもそれは元老院からの事件の概要を伝える報告が宗務院に送られ、そこで事件について宗務院の議事録に書き留められたものである。そこでは、もしヤーロフが本当に改悛しているのであれば生命を奪うことはないと提案されていたのである。それはどういうことなのか。すでに述べたように、宗務院は調査・尋問の過程で適宜情報を得ていなかったということであろうか。しかしすでに処刑は行われていた。史料によると、宗務院にはカザン県官房がこの事件を所管し、女帝の布告（命令）を持っているという認識があった。[150]

以上の点をどのように考えるべきであろうか。聖界ではなく俗界が専ら呪術問題を裁くことになったということであろうか。確かにピョートル一世以降の法律は呪術に対する世俗の積極的な関与を示している。ピョートルの法律は「陸軍操典」や「海軍操典」などの軍人服務規定が中心であるが、明確に呪術行為を禁じていた。アンナ女帝時代の一七三一年五月二十五日付布告によると、呪術を行った者に対しては火刑による極刑で臨むものの、元老院は呪術師をペテン師として判決を下すことを命じた。確かにこの時期、宗務院を頂点とする聖界が呪術行為に対して積極的に関与しようとする姿勢を見ることはできない。結局のところ当局は、ヤーロフを「治療師」としてではなく、「呪術師」・「異端者」

として、さらには国家に対して「反逆を企てる者」として処罰したように見える。この点にこそ聖界ではなく世俗当局が主導権を握った理由があったのかもしれないし、あるいはここに一七三〇年代（アンナ女帝時代）のロシア国家のあり方を見ることができるのかもしれない。

すでに述べたように、アンナ女帝とエリザヴェータ女帝の一七三一―六一年の三〇年間は呪術問題に関する裁判件数が最大となった時期である。ロシア政府はその対策に急いでおり、そのためにも厳然たる態度をとらざるを得なかった。エリザヴェータ女帝もアンナ女帝の一七三一年布告に倣って呪術師を裁いたが、その法律はすでに見たように、「魔法使いが根、草、その他によって（他の者を）害する」場合にのみこの刑罰に対する死刑を認めつつも、単なる「（呪文の）囁き」に対しては鞭あるいは笞による刑罰を命じるものであった。すなわちより軽い刑罰の執行を求めていたのである。他方、すでに宗務院は純粋に宗教問題にのみ関わり、呪術問題には直接関わらない姿勢をとっていた。先のヤーロフに対する軽微な処罰を求める提案には以上の状況が関係していたのではないだろうか。

5 「異種混淆性」としての近世ロシア

多くの歴史家が考え、またスミリャンスカヤもそうであるように、十八世紀は伝統的世界観と「理性に対する信仰」（разумная вера）が激しくぶつかり合うコンフリクトな時代であった。[151] そのような状況下では、国家は呪術行為を単に民間に伝わる旧習とみなしてそれを放置しておいたわけではなかった。むしろ国家秩序を揺るがす大事であり見すごすことができないと考えていた。こうした問題に近世ロシアは総力をあげて取り組んで行ったことを諸法令は示している。すでに述べたように、とくに十八世紀中葉の三〇年間は呪術問題に関する裁判件数が最大となったこともあり、政府はなお一層の危機意識を募らせていた。しかし同問題に関する地方の状況の報告を求める宗務院に対して、全国のほとんどの主教たちは民間の習慣を見て見ぬふりをし、管区内ではすべてがうまくいっていると報告をしていたのは注目しなければならない。これこそが現実的対応であり、かつ前記裁判件数の数字さえ疑わせるものであった。

ヤーロフの事件は以上の状況のもとで発生した。端的に言うならば、呪術の問題に対して近世ロシア政府がその監視を強めていたまさにそうした時に事件が起こったのである。しかしヤーロフについてはっきりと分かっていることは、彼が「治療師」としての行為を行い、シンビルスクのポサード民はその彼にすがっている姿である。彼が「呪術師」であり「異端者」であるということは、妻の「密告」および尋問から浮上し、またそれと疑わしき書物が見つかってはいるものの明確な断定を下すことはできない。しかし結果として、彼を「治療師」としてではなく、「呪術師」や「異端者」として裁判審理がなされ、判決が下された。いわば当局主導のもとで全般的な「社会的紀律化」過程の進行が眼に見える形となって現れたのである。その意味では、まさに「名もない庶民」の起こした忘れ去られるはずの事件であったが、この事件は近世ロシア民衆の習俗に対する国家による締めつけ強化の過程の一つとして位置づけられるべき典型的な出来事でもあった。

「異端」としてヤーロフ事件は当局による厳罰の対象となった。最初の紹介記事の著者サポージニコフが有名な『ロシアの分離派における焼身自殺(十七世紀後半から十八世紀末まで)』の著者であるとすれば、彼には古儀式派研究の一環としてこの史料を紹介する、すなわち古儀式派的特徴の一端を見出そうとする意図があったのかもしれない。つまりこの問題は単に政府が言う「異端」として片づけられない側面があるのかもしれないということなのである。史料の限界もあり、この点について著者はいまだ答えが見出せないままである。

いま一つ重要な点は、ヤーロフ事件は確かに「社会的紀律化」を推し進めようとする近世ロシアにとって大きな障害とみなされ厳罰に処せられたが、絵画「農民の婚礼にやってきた呪術師」(B・M・マクシーモフ作)が示すように、実際の民間習俗はその後も生き続け、さらには現代に至るまで続いているという事実である。それが意味しているのは、ロシア社会のいわゆる「異種混淆性（ハイブリディティ）」という性格なのかもしれない。とすれば、十八世紀を伝統的世界観と「理性に対する信仰」が激しくぶつかり合うコンフリクトな時代と捉える見方は修正されなければならないであろう。

（1）当時の「市役所」は市政の執行と共に裁判を司っていた。
（2）РГАДА. Ф. 248. Ед. хр. 792. Д. 30. Л. 1223; Российский государственный исторический архив（Далее: РГИА）. Ф. 796. Оп. 21. Д. 328. Л. 2.
（3）РГАДА. Ф. 248. Ед. хр. 792. Д. 30. Л. 1223об.
（4）РГАДА. Ф. 248. Ед. хр. 792. Д. 30. Л. 1223об.; См. РГИА. Ф. 796. Оп. 21. Д. 328. Л. 2.
（5）Там же. Л. 6.
（6）РГАДА. Ф. 248. Ед. хр. 792. Д. 30. Л. 1223об.–1224; РГИА. Ф. 796. Оп. 21. Д. 328. Л. 2об, 6об, 12, 14об.
（7）РГАДА. Ф. 248. Ед. хр. 792. Д. 30. Л. 1224; РГИА. Ф. 796. Оп. 21. Д. 328. Л.14об.
（8）一七三一年五月二十五日付アンナ女帝の勅令を指すものと思われる。
（9）РГИА. Ф. 796. Оп. 21. Д. 328. Л. 3.
（10）РГАДА. Ф. 248. Ед. хр. 792. Д. 30. Л. 1224–1224об.; РГИА. Ф. 796. Оп. 21. Д. 328. Л. 3–3об.
（11）РГАДА. Ф. 248. Ед. хр. 792. Д. 30. Л. 1224об.–1225; РГИА. Ф. 796. Оп. 21. Д. 328. Л. 12–12об., 14об.
（12）РГАДА. Ф. 248. Ед. хр. 792. Д. 30. Л. 1225; РГИА. Ф. 796. Оп. 21. Д. 328. Л. 14об.–15.
（13）一七三一年五月二十五日付布告のことである。ここでも日付の異同がみられる。
（14）РГАДА. Ф. 248. Ед. хр. 792. Д. 30. Л. 1225–1225об.
（15）K・ギンズブルグ（竹山博英訳）『ベナンダンティ：十六―十七世紀における悪魔崇拝と農耕儀礼』せりか書房、一九八六年（増補版の原著は一九七二年に刊行）。同（杉山光信訳）『チーズとうじ虫：十六世紀の一粉挽屋の世界像』みすず書房、一九八四年（二〇一二年に改訳再版。原著は一九七六年に刊行）。
（16）E・ル・ロワ・ラデュリ（井上幸治ほか訳）『モンタイユー：ピレネーの村　一二九四―一三二四年』刀水書房、一九九〇・一九九一年（原著は一九七五年に刊行）。同（蔵持不三也訳）『南仏ロマンの謝肉祭：叛乱の想像力』新評論、二〇〇二年（原著は一九七九年に刊行）。

（17）Y-M・ベルセ（井上幸治監訳）『祭りと叛乱：十六―十八世紀の民衆意識』新評論、一九八〇年（原著は一九七六年に刊行）。

（18）N・Z・デーヴィス（成瀬駒男・宮下志朗・高橋由美子訳）『愚者の王国　異端の都市』平凡社、一九八七年（原著は一九六五年に刊行）。同（成瀬駒男訳）『帰ってきたマルタン・ゲール：十六世紀フランスのにせ亭主事件』平凡社ライブラリー、一九九三年（原著は一九八二年に刊行）。

（19）E・P・トムスン（福井憲彦訳）「ラフ・ミュージック――イギリスのシャリヴァリ」『魔女とシャリヴァリ』新評論、一九八二年。

（20）M・バフチーン（川端香男里訳）『フランソワ・ラブレーの作品と中世・ルネッサンスの民衆文化』せりか書房、一九八五年（原著は一九六五年に刊行、杉里直人訳は二〇〇七年に刊行）。

（21）阿部謹也『ハーメルンの笛吹き男――伝説とその世界』平凡社、一九七四年。

（22）Briggs, R. *Witchcraft and Neighbours. Social and Cultural Context of European Witchcraft.* Oxford: Blackwell Publishing, 2002, 2nd ed., p. 356.

（23）Trevor-Roper, H.R. "The Witch-Craze of the Sixteenth and Seventeenth Centuries," In *Region, the Reformation and Social Change.* London: Macmillan, 1967, p. 185.

（24）Cohn, Norman. *Europe's Inner Demons: An Enquiry inspired be the Great Witch-Hunt.* New York: Basic Books, Inc., Publishers, 1975, p. 253（山本通訳『魔女狩りの社会史：ヨーロッパの内なる悪霊』岩波書店、一九八三年、三五〇頁、ただし、本文の引用では訳書とは異なる表現に変えたところがある）.

（25）*Новомвергский Н.Я.* Колдовство в Руси XVII-го столетия. (Материалы по истории медицины в России. Т. 3. Ч. 1.). СПб., 1906 (реп. изд. М., 2004). xxxii. また、*Арциховская Е.* О колдовстве, порче и кликушестве. СПб., 1905. С. 10. も同様の見解である。

（26）*Новомвергский Н.Я.* Материалы по истории медицины в России. 4 тт. СПб., 1905–1907; *Он же.* Врачебное строение в до-петровской Руси. Томск, 1907; *Он же.* Слово и дело государевы (Материалы). Т. II. Томск, 1909 (реп. изд. М., 2004).

（27）*Смилянская Е. Б.* Волшебники, Богохульник, Еретики: народная религиозность и «духовные преступления» в России XVIII в. М., 2003. С. 87–88. なお、魔女、女性、神話の相互関係を考える次の著書も参照されたい。ジョアンナ・ハッブ

ズ（坂内徳明訳）『マザー・ロシア——ロシア文化と女性神話』青土社、二〇〇〇年（原著は一九八八年に刊行）、とくに第二章が重要である。

（28）ジェフリ・スカール、ジョン・カロウ（小泉徹訳）『魔女狩り』岩波書店、二〇〇四年（原著は二〇〇一年に刊行）、八七—八八頁。

（29）Zguta, Russell. "Witchcraft Trials in Seventeenth Century Russia." *American Historical Review*, 82-5（1977）, p. 1196. なお、А・С・ラヴローフによると、ズグータはノヴォムベルグスキーの有名な刊行された呪術師（魔法使い）裁判に基づく数字を挙げているにすぎず、「それゆえルフやシューヤの数十人についての〈悪魔憑き女の？〉裁判を含んでいない。最も残念なのは十七世紀最後の三〇年代の呪術師裁判が入っていないことである。すなわちその数字は十八世紀最初の三〇年間と何よりも論理的に比較しえたであろう」。つまり呪術師の起訴件数という意味において、ラヴローフによって導かれた一七〇〇—四〇年代の数字は十七世紀末の数字が甚だ闇に包まれていることを示しているのだという（*Лавров А.С.* Колдовство и религия в России: 1700–1740 гг. М., 2000. С. 353）。なお本書では魔法使い・呪術師の男女比について論ずることはしないが、ロシアでは男性の方が多い点に関して、アイスランドおよびバルト海沿岸地方（フィンランドとエストニア）がロシアと同じ傾向を示しているという（Ryan, W. F. "The Witchcraft Hysteria in Early Modern Europe: Was Russia an Exception?" *The Slavonic and East European Review* 76-1〈1998〉, p. 73）。

（30）*Лавров А.С.* Указ. соч. С. 89–132. スミリャンスカヤは呪術師のなかに猟師も加えている（*Смилянская Е.Б.* Указ. соч. С. 79）。なお、十八世紀の喜歌劇『粉挽人——呪術師、ペテン師そして媒酌人』（А・О・アブレシーモフ作、一七七九年初演）はモスクワとサンクト・ペテルブルクで上演されると直ちに人気を博したという。粉挽人＝「呪術師」（そしてペテン師）という当時の人々にとっての観念をそこに見ることができる（*Аблесимов А.О.* Мельник-колдун, обманщик и сват / Русская драматургия XVIII века. М., 1986. С. 245–273, 505–509）。またイヴァン雷帝時代のオプリーチニナを扱ったА・К・トルストイの『白銀公爵』に出てくる魔法使い（妖術使い）は粉挽き人（水車小屋番）であったことを想起すべきかもしれない（А・К・トルストイ、中村融訳『白銀公爵』〈上〉岩波書店〈岩波文庫〉、一九五一年）。

（31）*Померанцева Э.В.* Художник и колдун // Советская этнография. 1973. No. 2; *Она же.* Фольклорные материалы «Этнографического бюро» В. Н. Тенишева // Советская этнография. 1971. No. 6.

（32）坂内徳明「大ロシア北部の婚礼と呪術師」『なろうど』（ロシア・フォークロア談話会会報）二、一九八〇年。

（33）同上、一—二頁。

(34) 白石治朗『ロシアの神々と民間信仰――ロシア宗教社会史序説』彩流社、一九九七年。

(35) 坂内「ロシアにおける民俗学の誕生」、四二六頁。

(36) *Виноградов Н.Н.* Заговоры, обереги, спасительные молитвы и порч. СПб., 1909. Т. 1–2; *Елеонская Е.Б.* Заговор и колдовство на Руси в XVII и XVIII столетиях // Русский архив. 1912. 4. С. 611–624（のちに *Елеонская Е.Н.* Сказка, заговор и колдовство в России. Сб. Трудов. М., 1994 に再録）; *Ефименко П.* Суд над ведьми // Киевская старина. 7（ноября 1883）. С. 374–401; *Забылин М.* Русский народ. Его обычаи, предания, обряды и суеверия. М., 2003（1-е изд. 1880）; *Майков Л.Н.* Великорусские заклинания. СПб., 1869（М., 1997 に再版）; *Максимов С.В.* Нечистая, неведомая и крестная сила. СПб., 1903; *Познанский Н.* Заговоры. Опыт исследования происхождения и развития заговорных формул. СПб., 1917（М., 1995 に再版）; *Попов Г.* Русская народно-бытовая медицина. По материалам этнографического бюро князя В.Н. Тенишева. СПб., 1903; *Сахаров И.П.* Сказания русского народа, собранные И.П. Сахаровым. СПб., 1885（М., 1989 に再版）.

(37) *Ильинская В.Н.* Заговоры и историческая действительность // Русский фольклор. XVI. 1976. С. 200–207; *Лавров А.С.* Указ. соч.; *Никитина Н.А.* К вопросу о русских колдунах // Сборник музея антропологии и этнографии. Т.VII. 1928. С. 299–325; *Покровский Н.Н.* Тетрадь заговоров 1734 года / А.Т. Москаленко（ред.）Научный атеизм, религия и современность. Новосибирск, 1987; *Сидоров А.С.* Знахарство, колдовство и порча у народа коми. Л., 1928（1997 年に再版）; *Смилянская Е.Б.* Указ. соч.; *Турилов А.В., Чернецов А.А.* О письменных источниках изучения восточнославянских народных верований и обрядов // Советская этнография. 1986. No. 1; *Христофорова О.* Колдуны и жертвы. Антропология колдовства в современной России. М., 2010; *Черепинин Л.В.* Из истории древне-русского колдовства XVII в. // Этнография. 1929. No. 2. С. 86–109. P・G・ボガトゥイリョーフ（千野栄一・松田州二訳）『呪術・儀礼・俗信　ロシア・カルパチア地方のフォークロア』岩波書店、一九八八年（なお原著は一九二九年に刊行）。

(38) Ivanits, Linda. *Russian Folk Belief.* Armonk: M.E. Sharpe, 1989; Kivelson, Valerie A. “Through the Prism of Witchcraft, Gender and Social Change in Seventeenth-Century Muscovy.” In Barbara Evans Clements et al. eds. *Russia’s Women, Accommodation, Resistance, Transformation.* Berkley: University of California Press, 1991; idem, *Desperate Magic. The Moral Economy of Withcraft in Seventeenth-Century Russia.* Ithaca & London: Cornel Universty Press, 2013; Levin, E. “Supplicatory Prayers as a Source for Popular Religious Culture in Muscovite Russia.” In Samuel H. Baron and Nancy Shields Kollmann. eds. *Religion and Culture in Early Modern Russia and Ukraine.* Dekalb, Illinois: Northern Illinois

University Press, 1997, pp. 96–114; Ramer, Samuel. "Traditional Healers and Peasant Culture in Russia, 1861–1917."In Esther Kingston-Mann and Timothy Mixter. eds. *Peasant Economy, Culture and Politics of European Russia, 1800–1917*. Princeton: Princeton University Press, 1991; Ryan, W. F. *op. cit.*; idem, *The Bathhouse at Midnight: A Historical Survey of Magic and Divination in Russia*. University Park. PA: the Pennsylvania State University Press, 1999; Zguta, Russell. "The Ordeal by Water (Swimming of Witches) in the East Slavic World." *Slavic Review* 36 (1977), pp. 220–230; idem, "Witchcraft Trials." pp. 1187–1207; idem, "Was There a Witch Craze in Muscovite Russia?" *Southern Folklore Quarterly* 41(1977), pp. 119–128; idem, "Witchcraft and Medicine in Pre-Petrine Russia." *Russian Review* 37 (1978), pp. 438–448. 白石前掲書、とくに「十七世紀ロシアの魔女裁判」(九九―一一九頁)。

(39) 藤原潤子『呪われたナターシャ——現代ロシアにおける呪術の民俗誌』人文書院、二〇一一年。昔からロシアに伝わる妖精・妖怪・魔物を現代人の暮らしや心に生きるリアリティを持つものとして物語化したものに、プーシキンやゴーゴリの小説等を除くと次のような作品がある。ソモフ(田辺佐保子訳)『ソモフの妖怪物語』群像社、二〇一一年(O・M・ソモフは十九世紀前半の作家)、テッフィ(田辺佐保子訳)『魔女物語』群像社、二〇〇八年(H・A・テッフィの手になる原著は九三六年にベルリンで刊行)。また、齋藤君子「スラヴの民間信仰　帯・水汲み」『なろうど』七一、二〇一五年も参照。

(40) 著者の「歴史的生活空間」という用語については以下を参照されたい。前掲拙稿「ロシア帝国における植民問題の研究」、一二五頁。

(41) РГАДА. Ф. 248. Ед. хр. 792. Д. 30. Л. 1223–1225об.

(42) РГИА. Ф. 796. Оп. 21. Д. 328. 1740 г., Л. 1–15.

(43) *Сапожников Д.* Симбирский волшебник Яров // Русский архив. 1886. No. 3. С. 382–386.

(44) *Сапожников Д.И.* Самосожжение в русском расколе (со второй половины XVII века до конца XVIII.). Исторический очерк по архивным документам. М., 1891(Gregg International Publishers limited, 1971 より再版).

(45) *Горелкина О.Д.* Русские повести конца XVII-начала XVIII в. О договоре человека с дьяволом в связи с мифологическими представлениями позднего русского средневековья / Н.Н. Покровский (ответ. ред.) Источники по истории русского общественного сознания периода феодализма. Новосибирск, 1986. С. 47; *Журавель О.Д.* Сюжет о договоре человека с дьяволом в древнерусской литературе. Новосибирск, 1996. С. 104–105 и др. またライアンもこの史料を紹介している(Ryan, W. F. *The*

Bathhouse at Midnigth, p. 422)。

(46) *Лавров А.С.* Указ соч. С. 350, 365; *Смилянская Е.Б.* Указ. соч. С. 71, 129, 136, 198.

(47) *Даль В.И.* Толковый словарь живого великорусскаго языка. Т. 1. СПб.; М. (реп. Токио), 1977. С. 386–387.

(48) Zguta, Russell. "Witchcraft Trials in Seventeenth Century Russia."; Kivelson, Valerie A. "Witchcraft in Russia." In *The Modern Encyclopedia of Russian and Soviet History,* vol. 55. Academic International Press, 1993, pp. 1–4. 藤原前掲書。

(49) Hartley, Janet M. *op. cit.,* pp. 245–256. ハートレイはその夫W・F・ライアンから呪術に関する多くの知見を得ていたと思われる。

(50) Longworth, Philip. *Alexis: Tsar of All the Russias.* London: Secker & Warburg, 1984, p. 135.

(51) *ibid.,* p. 198.

(52) *ibid.,* p. 221.

(53) Hartley, Janet M. *op. cit.,* p. 246.

(54) *Смилянская Е.Б.* Доношения 1754 г. в Синод суздальского епископа Порфилия «Якобы во граде Суздале колдовство и волшебство умножилось» / Н.Н. Покровский (ответственный редактор) Христианство и церковь в России феодального периода (Материалы). Новосибирск, 1989. С. 255; *Она же.* Указ. соч. С. 66–67, 355; Ryan W.F. 'The Witchcraft Hysteria.' p. 70; idem, *The Bathhouse at Midnight,* p. 422, no.19; Hartley, Janet M. *op. cit.,* p. 246.

(55) *The Russian Journals of Martha and Catherine Wilmot 1803–1808.* ed. by the Marchioness of Londonderry and H.M. Hyde. London: Macmillan and co., Limited, 1934, p. 286; Hartley, Janet M. *op. cit.,* p. 246.

(56) W・F・ライアンの本の表題『真夜中の風呂小屋』が象徴的にそのことを示している。

(57) Hartley, Janet M. *op. cit.,* pp. 246–247.

(58) *ibid.,* p. 247.

(59) Pinkerton, R.D.D., *Russia: or the Miscellaneous Observations on the Past and Present State of that Country and its Inhabitants.* London: Seeley and Sons, 1833, p. 155; Ryan, W. F. *The Bathhouse at Midnight,* p. 34; Hartley, Janet M. *op. cit.,* p. 247.

(60) *ibid.,* p. 247.

(61) *Миненко Н. А.* Русская крестьянская семья в Западной Сибири (XVIII-первой половины XIX в.). Новосибирск, 1979. С.

130.

（62） Zguta, Russell. "The Ordeal by Water," p. 229.

（63） Описание документов и дел, хранящихся в архиве Святейшего правительствующего синода. СПб., 1910. Т. XIV. (1734). стлб. 529（Ryan, W. F. *The Bathhouse at Midnight*, p. 422. no. 15 より転引用）.

（64） *ibid.*, p. 186.

（65） *The Russian Journals*, p. 290; Ryan, W. F. *The Bathhouse at Midnight*, p. 186; Hartley, Janet M. *op. cit.*, p. 248.

（66） *Смилянская Е.Б.* Указ. соч. С. 48–63; *Она же.* Скандал в благородном семействе Салтыковых: пагубные страсти и «суеверия» в середине XVIII в. // Россия в XVIII столетии. Вып.1. М., 2002. С. 74–96.

（67） *Она же.* Указ. соч. С. 63–64.

（68） Ryan, W. F. *The Bathhouse at Midnight*, pp. 49, 98.

（69） 熊をめぐる習慣については次を参照されたい。A・F・ネクルィローヴァ（坂内徳明訳）『ロシアの縁日――ペトルーシカがやってきた』平凡社、一九八六年（原著は一九八四年に刊行）、とくに「熊のコメディー」（四九―八一頁）。そのなかで、熊つかいは民衆の熊の魔力に対する信仰を利用しただけではなく、熊つかい自身が妖術師、魔法使い、「物を知る」人として知られ、さらには病人を「治療した」とある（五五頁）。

（70） Ryan, W. F. *The Bathhouse at Midnight*, pp. 113, 329. なお、カポディーストリアスについては以下を参照のこと。阿部重雄『ギリシア独立とカポディーストリアス』刀水書房、二〇〇一年。

（71） Hartley, Janet M. *op. cit.*, p. 249.

（72） *Голубинский Е.* История русской церкви. Т. 1. первый период. М., 2002（1-е изд. 1901 г.）. С. 623–624 и примеч. 2; *Гальковский Н.Т.* Борьба христианства с остатками язычества в древней Руси. М., 2000（1-е изд. 1916 г.）. С. 229.

（73） Там же. С. 229–231.

（74） 地球から見て太陽が天球上を動く道、黄道の南北にある八度ないし九度ずつの帯状部分を春分点から出発して十二等分したものを十二宮という。十二宮は白羊宮、金牛宮、双子宮、巨蟹宮、獅子宮、処女宮、天秤宮、天蠍宮、人馬宮、磨羯宮、宝瓶宮、双魚宮である。古代の占星者はこの十二宮内にある星が人間の運命に大きな影響を与えると考え、十二宮の星の位置であらゆる吉兆を決めることができるとした（佐藤靖彦訳『ロシアの家庭訓（ドモストロイ）』新読書社、一九八四年、一六二頁、註八〇）。

(75) 佐藤によれば、カラスの鳴き声で吉兆を判断するための占いの書があったという(同上、註八一)。また中村喜和「中世の占卜書「ラフリ」について」『一橋論叢』一一〇(四)、一九九三年、六八二頁も参照されたい。
(76) 佐藤前掲訳書、五四頁。字句に修正を施した箇所がある。
(77) Ryan W.F. "The Witchcraft Hysteria." p. 75.
(78) 中村喜和「「百章」試訳(二)」『一橋大学研究年報告　人文科学研究』三〇、一九九三年、六〇、六二、六四頁(なお、テキストの底本は以下である。*Горский А.Д.* Стоглав, в кн.: Российское законодательство X–XX вв. Т. 2. Законодательство периода образования и укрепления Русского централизованного государства. М., 1985)。
(79) 同「「百章」試訳(三)」『一橋大学研究報告　人文科学研究』三一、一九九四年、二〇頁。
(80) 同上、八二頁。
(81) *Греков Б.Д.* (под общей ред.) Судебники XV–XVI веков. М.; Л., 1952. С. 9, 354, 384.
(82) *Афанасьев А.Н.* Поэтические воззрения славян на природу. Т. 3. The Hague: Mouton, 1970 (1-е изд. М., 1869), С. 620–621; *Соловьев С.М.* История России с древнейших времен. М.: Мысль, 1989. Кн. IV. Т. 8. С. 342–343; *Гальковский Н.Т.* Указ. соч. С. 219–220.
(83) Longworth, Philip. *op. cit.*, p. 54.
(84) コトシーヒンの犯罪官署の項目(第七章第三四項)には、「神の冒瀆、教会財産の窃盗、男色、魔術、黒魔術、さらに使徒や預言者や教父たちの教えに反して新たな邪悪な解説を行って不正な聖書解釈を行う者に対しては焚刑が適応される」とある(コトシーヒン前掲書、二〇二頁。また Kotošixin, Grigorij. *O Rossii v carstvovanie Alekseja Mixajloviča, Text and Commentary.* Oxford: At the Clarendon Press, 1980, pp. 129–130 も参照)。白石前掲書、四七頁。『ウロジェーニエ(一六四九年会議法典)』については次を参照されたい。Соборное Уложение 1649 года; Текст; Коментарии / подгот. текста Л. И. Ивановой. Коментарии Г. В. Абрамовича, А. Г. Маникова, Б. Н. Миронова, В. М. Панеяха. Руководитиель авторского коллектива. А. Г. Маников. Л., 1987. С. 19. 中沢敦夫・吉田俊則訳「『一六四九年会議法典』翻訳と注釈(一)」『富山大学人文学部紀要』四三号、二〇〇五年、一二九頁。
(85) *Афанасьев А.Н.* Указ. соч. С. 612; *Гальковский Н.Т.* Указ. соч. С. 245–246.
(86) ПСЗ. Т. V. No. 3006. С. 320–321 (глава.1, статья.1); *Владимирский-Буданов М.Ф.* Обзор истории русского права. СПб., 1909 (6-е изд.). С. 365.

(87) ライアンによると、ピョートルの「陸軍操典」中の呪術・魔術に関する諸規則は、スウェーデンのグスタフ・アドルフが導入した軍事法典(一六八三年版)からの借用であるという(Ryan, W.F. "The Witchcraft Hysteria." p. 66)。また同時期のプロイセンの「軍人服務規程(一七一三年七月十二日)」にもロシアの場合と同様の規定が見える。「武器を使った魔術、不死身の術、あるいはその他の禁じられている妖術や魔術を使って聖なる神の名を汚したり、神の威厳や神性、功徳や秘蹟、もしくは聖書をおとしめ、侮辱し冒瀆した兵士はどのような者であれ、神の法とこの世の法にのっとって処罰されるものとする」(鈴木直志訳、歴史学研究会編前掲書『世界史史料⑥』、四三―四四頁)。

(88) ПСЗ. Т. VIII. No. 5458. С. 49-50.「海軍操典」は当時のイギリス、フランス、スウェーデンおよびオランダの海軍法典を研究して編纂されたものだった(Peterson, Claes. *op. cit.*, p. 406)。

(89) Ryan, W.F. "The Witchcraft Hysteria." p. 65.

(90) ПСЗ. Т. VI. No. 3963. С. 650. 十八世紀における中央と地方の捜査・裁判体制については、拙稿「近世ロシア民衆の意識――十八世紀の民衆は何を求めたのか」『明治大学人文科学研究所紀要』第五八冊、二〇〇六年、二九六―二九七頁を参照されたい。

(91) Там же.

(92) *Лавров А.С.* Указ. соч. С. 358. なお、処罰が必ずしも厳しいものにならなかった同じような例を、初期啓蒙主義者たち、とりわけクリスチアン・トマジウス(一六五五―一七二八)の影響を受けたプロイセンのフリードリヒ・ヴィルヘルム一世による一七一四年十二月十三日勅令が示している(Там же)。

(93) ПСЗ. Т. VIII. No. 5761. С. 465-466. なおラヴローフを含めた多くの研究書はこの布告を一七三一年五月二十日付としているが、『ロシア帝国法大全』の原文では「五月二十五日」とある。

(94) *Покровский Н.Н.* Тетрадь заговоров 1734 года. С. 246.

(95) *Смилянская Е.Б.* Указ. соч. С. 189.

(96) *Лавров А.С.* Указ. соч. С. 363-364. なお、ラヴローフが依拠するレヴェンスチムの研究は以下の通り。*Левенстим А.* Суеверия и уголовное право. Исследования по истории русского права и культуры // Вестник права. 1906. Кн. 1. С. 330.

(97) *Лавров А.С.* Указ. соч. С. 364.

(98) Там же. С. 365. ライアンは、宗務院(宗教裁判所)がこの事件を知ったのは一七四〇年であり、すでにこの時行政的手違いによりヤーロフは処刑されていた、としている(Ryan, W.F. "The Witchcraft Hysteria." p. 72)。

(99) *Владимирский-Буданов М.Ф.* Указ. соч. С. 365; *Смилянская Е.Б.* Указ. соч. С. 189.
(100) Там же.
(101) ПСЗ. Т. XVI. No. 11698. С. 103.
(102) ПСЗ. Т. XVIII. No. 12949. Ст. 497. С. 275–276, Наказ, гл. XX, Г.; *Владимирский-Буданов М.Ф.* Указ. соч. С. 365.
(103) ПСЗ. Т. XIX. No. 13427. С. 23–25; Т. XXI. No. 15379. С. 480, 485.
(104) ПСЗ. Т. XIX. No. 14231. С. 1068.
(105) 「良心裁判所は、全ての他の裁判が法に基づいて行われると同じように裁判を行う。しかし良心裁判所は私的・個人的な安全の防護装置として打ち立てられている。次の点があらゆる場合において、良心裁判所の規則にならなければならない。一．いつも博愛であること。二．人間として尊敬を払うこと。三．人に対する迫害や圧迫を排除すること。……良心裁判所に送致されるのは次の事件である。愚かさ、ペテンおよび無知ゆえにそうなったのであるが、理性を失った人あるいは未成年者による犯罪、呪術問題、そうした……諸事件である」(ПСЗ. Т. XX. No. 14392. С. 278–279; *Кизеветтер А.* Совестные суды при Екатерине II // Голос минувшего. 1923. No. 1. С. 135–159)。
(106) *Смилянская Е.Б.* Указ. соч. С. 198–199.
(107) *Кизеветтер А.* Указ. стат. С. 142–145.
(108) *Левенстим.* Указ. стат. С. 329; *Борисов В.А.* Описание города Шуи и его окрестностей. М., 1851. С. 339–340; Zguta, R. "Witchcraft Trials." p. 1201.
(109) *Смилянская Е.Б.* Указ. соч. С. 193–194.
(110) Там же. С. 255; Ryan, W.F. "The Witchcraft Hysteria." p. 70.
(111) ПСЗ. Т. X. No. 7450. С. 361–364.
(112) たとえば、一七五一年、四主教管区のみが迷信について報告し、残りの二〇の主教管区は、彼らのところでは「すべての人が申し分なく神を褒め称えている(слава Богу все добре)」という。一七五二―五三年、「魔法」については二件のみヤロスラーヴリ主教が報告し、二七の報告書では「すべてうまくいっている」と記されている(*Смилянская Е.Б.* Указ. стат. С. 256. прим. 9)。
(113) Описание документов и дел, хранящихся в архиве Святейшего правительствующего синода. СПб., 1878. Т. III. (1723). No. 18. столб. 11–13; Ryan, W.F. "The Witchcraft Hysteria." p. 71.

(114) Описание документов и дел. Т. III.（1723）. No. 149. столб. 175–179; Ryan, W.F. “The Witchcraft Hysteria.” p. 71.

(115) Описание документов и дел, хранящихся в архиве Святейшего правительствующего синода. СПб., 1901. Т. Х.（1730）. столб. 693–94, 1306–08; Ryan, W.F. “The Witchcraft Hysteria.” p. 71.

(116) Описание документов и дел, хранящихся в архиве Святейшего правительствующего синода. СПб., 1910. Т. XIV.（1734）. столб. 529（Ryan, W.F. “The Witchcraft Hysteria.” p. 71; Ryan, W. F. *The Bathhouse at Midnight*, p. 422. no. 15 より転引用）.

(117) *Покровский Н.Н.* Исповедь алтайского крестьянина / Памятники культуры: Новые открытия. Письменность, искуство, археология. Ежегодник 1978. Л., 1979. С. 49–57; Ryan W.F. “The Witchcraft Hysteria.” p. 71.

(118) РГАДА. Ф. 248. Ед. хр. 792. Д. 30. Л. 1123–1125.

(119) РГИА. Ф. 796. Оп. 21. Д. 328. Л. 1.

(120) Там же. Л. 2–5об.

(121) Там же. Л. 6–7.

(122) Там же. Л. 8–9об.

(123) Там же. Л. 9.

(124) Там же. Л. 9–9об.

(125) Там же. Л. 10.

(126) Там же. Л. 11–13об.

(127) Там же. Л. 14–15.

(128) *Водарский Я.Е.* Исследование по истории Русского города. М., 2006. С. 330.

(129) *Кабузан В. М.* Изменения в размещении населения России в XVIII-первой половине XIX в. М., 1971. С. 71.

(130) ПСЗ. Т. VIII. No. 5417. С. 202; No. 5953. С. 626–627; Т. IX. No. 6858. С. 707–712; Т. IX. No. 6924. С. 788–789.

(131) Очерки истории СССР. Период феодализма. Россия во второй четверти XVIII в. С. 206.

(132) Там же. С. 154.

(133) 前掲拙著『ロシア帝国民族統合史の研究』、二九五、二九七―三〇四頁。

(134) *Брокгауз Ф.А. и Ефрон И.А.*（под отв. ред.）Энциклопедический словарь. СПб., 1900. Т. 58. С. 905–906; Россия. Полное географическое описание нашего отечества. Среднее и Нижнее Поволжье и Заволжье / Семенов-Тян-Шанский В.П.（ред.）

Т. 6. СПб., 1901. С. 387–396.

(135) РГАДА. Ф. 248. Ед. хр. 792. Д. 30. Л. 1225; РГИА. Ф. 796. Оп. 21. Д. 328. Л. 2, 3об., 4–5об.

(136) Там же. Л. 3.

(137) Там же.

(138) Там же. Л. 2. なお詩編に従って占うロシアの習慣については次を参照されたい。*Сперанский М.Н.* I Гадания по Псалтири // Из истории отреченных книг. СПб., 1899 (Памятники древней письменности и искусства. Т. 129).

(139) 夢占いの一種(cf. Ryan, W. F. *The Bathhouse at Midnight*. p. 151)。

(140) 十二宮に基づく占星術の書。詳しくは前掲中村論文「中世ロシアの占卜書「ラフリ」について」を参照されたい。

(141) 中村喜和によると、ビザンツから伝わった『秘中の秘』(Secreta sectrorum)の翻訳、一種の占いの書であり、古代の哲学者に仮託されていたという(同上、六八二頁、および中村「『百章』試訳(二)」、七一頁、註一三)。

(142) 佐藤靖彦によると、この名で聖者として記念日のある人物は四人いるという(佐藤前掲訳書、一六八頁、註一三八)。

(143) *Смилянская Е.Б.* Указ. соч. С. 71.

(144) *Сапожников Д.* Указ. стат. С. 383-384.

(145) Real-Encyclopedie für protestantische Theologie und Kirche; in Verbindung mit vielen protestantishen Theologen und Gelehrten / herausgegeben von Herzog. Stuttgart und Hamburg, Bd. 6, 1856, S. 52-53. サポージニコフによると、そこで述べられているヴァルラアムの教義は、ギリシアの神学にしっかりと根づいていた神秘主義の異常なまでの夢想であったという(*Сапожников Д.* Указ. стат. С. 383-384)。

(146) *Недетовский Г.* Варлаамитская ересь // Труды Киевской Духовной Академии. 1872. Февраль. С. 316-357.

(147) *Смилянская Е.Б.* Указ. соч. С. 197.

(148) РГАДА. Ф. 248. Ед. хр. 792. Д. 30. Л. 1224об.–1225; См. РГИА. Ф. 796. Оп. 21. Д. 328. Л. 3об.–4, 6об.

(149) РГАДА. Ф. 248. Ед. хр. 792. Д. 30. Л. 1225; РГИА. Ф. 796. Оп. 21. Д. 328. Л. 6об.-7, 15.

(150) Там же. Л. 8.

(151) *Смилянская Е.Б.* Указ. соч. С. 189.

結論

十八世紀ロシアは、科学アカデミーによる探検（学術遠征）を通して、ロシアの帝国的特徴である多民族性や広大な領域、およびその内実について詳しく知ることになった。探検は、ロシア帝国がいかなる国家であるのか、とりわけロシア人自身がいかに啓蒙思想の影響を受けた「ヨーロッパ人」であるのか、以上を確認する上で大きな役割を果たしたのである。

十七世紀末、シベリアは中国への道に関心を抱く西ヨーロッパの学者や探検家にとって興味の的となった。オランダやドイツの学者たちはその地域についての記述の刊行を開始し、ピョートル一世時代のロシアもそうした努力を払い始めた。アトラーソフ、アンツィーフェロフ、コズィレフスキー、ベーリングたちの探検はそうした流れに位置づけられる。またその成果はミューラーやグメーリンの著作となって結実した。クラシェニーンニコフとシュテラーはカムチャトカに関する百科事典的な性格を有する描写を書き残した。エカチェリーナ二世時代の最も重要な貢献はパラースによってなされ、同じくゲオールギの研究もロシア帝国がほかのどこよりも変化に富んでいることを確認させた点で見逃すことはできないものであった。これらは物質的な蒐集だけでなく、地域の将来にわたる人類学的、歴史学的、植物学的、そして動物学的な諸研究の基礎を提供した。

しかしより重要なことは、探検の学術的なテキストがロシアの帝国的性格の力強いシンボルとしてロシア人のアイデンティティ形成の第一の指標となったということである。そして精巧な図解や地図が添付され、あるいはすぐさまヨーロッパの各国語に翻訳されたそれらのテキストは、逆説的にもロシアにおける探検がロシア人の後援するヨーロッパの探検であることを示した。事実、探検を指導したのはロシア人ではなく他のヨーロッパ人であった。なおこの探検の過程で、ロシアが日本への航路発見をも視野に入れていたことは特筆に値する。

ロシア人のアイデンティティ形成に関する第二の指標は地図の作製である。ロシアの「視覚による征服」を始めながら、ピョートル一世は、西ヨーロッパの君主たちに倣って、国家をばらばらの領域として規定するために地図を作製した。この目的を遂行するためにツァーリは地図製作局を創設した。フランス人天文学者デ・リールの共同研究者キリーロフによる『全ロシア帝国地図』と科学アカデミーの『ロシア地図』は正確さという点では同時代のヨーロッパの地図に及ばないものの、それらはロシアの地理的な広がり、国境の存在、およびそれらの特徴を示す最初の国家的な試みであった。当時のロシアが新しい空間認識を生み出す「探検と調査の世紀」ないしは「旅の世紀」のなかにいたとすれば、以上のことは当然であった。

こうした雰囲気のなかで、十八世紀の第一・四半期、ロシアは地方支配に明確な方向性を打ち出した。十六世紀中葉までにロシア国家の一部となったとはいえ、完全にはその行政機構に組み込まれたとは言いがたい南ウラル地方にも新たな地方行政システムが適応された。ピョートル一世による地方行政改革を推進するための行政組織が樹立され、そこで働く官僚たちによる新たなロシア帝国にふさわしい地方社会の創設が始まったのである。その際の指針となったのが一七二〇年二月二十八日の一般条例である。すなわち地方行政は地理的基準や歴史的基準ではなく、機能的な基準に対応させて編成運営が目指された。そしてその地方行政の根幹を担うこととなったのが地方行政長官たちであった。

ウファー郡はそうしたピョートルの意図と努力の結果としてできあがった重要な行政単位の一つであり、それを統括したのがウファー郡行政長官であった。その任務は、新たな行政上の仕事だけではなく、伝統的な社会の慣習をも重視しなければならないほど複雑で多岐にわたっていた。実際の南ウラルでは、その基幹的住民であるバシキール人がロシアの植民に反対して蜂起を繰り返していたのである。

しかし同地方ではピョートルの地方行政改革だけが進展していったのではなかった。詳しく見ると、新しい地方行政改革という覆いを被りながら、十七世紀的な地方搾取という行政システムが強化されていたのである。

こうした動きを押しとどめ、より明確な方針に基づいて地方支配を進めようとする考えが中央アジアへの調査・進出を図る過程で生まれた。それがタティーシチェフ、ヴォルィーンスキーらの「提案」である。それぞれに明確な地方支配のプランが示されていたが、もちろんその内容には提案した人物の経験や考え方、そして何よりも当時の中央政界の状況が大きく反映していた。

たとえばタティーシチェフは、一方ではウラル地方の官営鉱山工場を監督する立場から、また同地方とその住民を熟知していたことも手伝って、丁寧な地方支配が必要であるとした。他方ではその時代の啓蒙思想を背景とした住民の教化・教育を求めながらも、地方住民が蜂起する機会となる伝統的な集会を禁止し、上層を取り込んで下層との格差を作り出しながら社会の分断を図るなど行政官としての一面を覗かせる提案をした。こうしたタティーシチェフの考えの根底には、自然法的合理主義があり、その思想を基に重商主義政策に根ざす国家運営を目指そうとする使命感が強く作用していた。とくに注目すべきは、タティーシチェフが工業の進展を、地域の綜合開発の視点から捉えた点である。すなわち現代風に言えばインフラ整備という視点を持っており、そのためにも国家主導の工場経営を重視したのである。

政府部内でより高い地位にあり、また外交経験も豊富なヴォルィーンスキーは、近世ロシア帝国による地方支配を厳格に行いつつ、そのためにもはっきりとした目標を打ち出す政策をとることが肝要であると考えていた。それは住民蜂起に対する断固たる対応が図られるべきだとしたことが示すように、地方住民にとっては極めて厳しいものであった。

以上の系譜を引き継ぎながらも、重商主義的な考えに基づいて「草案」を書き上げ、中央政界との強いパイプに支えられながら、それを実現させたのがキリーロフである。彼の提案がその後のロシアによる中央アジア進出の見取り図の一つを描くことになった。

そうしたいずれも啓蒙時代の所産であるいくつもの提案を背景にして近世ロシア帝国は帝国南東地域に新たな要塞線（「新カマ以東〈横断〉防衛線」）を築くことになった。この要塞線は帝国の中央アジア、さらにはインドや中国との交易をも視野に入れた橋頭堡となるという点で重要であるばかりではなく、新たな防衛システムの構築という意味でも注目すべきものであった。その背景にあるのは要塞線についての新たな考え方とその構築である。一七三〇年代中葉、古いタイプの場所ばかりとる切れ目のない要塞システムは不要となった。機動的かつ機能的な軍隊である郡民兵と最新式の要塞建設を組み合わせることにより、はるかに少ない費用で境界地帯の安全を確保することができるようになったのである。それは外敵と接触する地帯に防衛施設を備えた防衛線を建設する際には基本的で重要なこととなった。これはオレンブルク遠征の過程でより明確なものとなった。

以上を前提として、アンナ女帝に認可された一七三〇年代中葉のキリーロフのオレンブルク遠征は、学術遠征という側面を持ちつつも、はるかに政治軍事的な意味合いを強く打ちだす一大国家プロジェクトであった。それは、キリーロフ自身地理学者であると同時に元老院秘書官長という中央政府官僚としての立場から、いわば国益を十分に考慮しながら中央アジアとの交易や資源開発のために東方遠征の必要をアンナ女帝に訴え、成就したものであった。

南ウラル地方のさまざまな問題点を浮き彫りにしながら、自ら軍隊組織をも具えた遠征隊を率いることとなった。遠征隊による要塞建設および要塞線の確保は武力をもって強引に推し進められたため、バシキール人をはじめとする地方住民の反発を招き、大きな叛乱にまで発展した。そのような蜂起に対してキリーロフが厳しい態度で臨んだのは自らの政治的成功を確かなものにするためにも、遠征が成功しなければならないという考えから出たものであった。そのことは、彼の楽天的な性格も手伝ってか中央政府への報告に見られるように、蜂起を過小評価する姿勢にもつながった。しかもその際には自らの庇護者であるビローンに支援を要請した。この点、ヴォルィーンスキーの庇護を受け、のちに政争に巻き込まれて不遇をかこつタティーシチェフとは対照的であり、その意味ではロシアの十八世紀がいまだパトロネジの関係が強く機能した時代であったことを示していた。

蜂起に対する残虐な鎮圧はその後の同地方の性格、つまりバシキーリアがロシア帝国へ自ら「併合」されつつも、それに対して反発をしつづけるというアンビヴァレントな性格を併せ持つことを決定づけた。この時建設された要塞都市オレンブルクは、キリーロフの死後二度にわたって移転はするものの、十八―十九世紀中葉には中央アジア進出の要となり、またヨーロッパ・ロシアと中央アジアとの交易を行う際の重要な結節点の役割を果たすことになるのである。

とはいえ事態は一向に沈静化せず、問題は悪化し複雑化の一途を辿っていった。この遠征の前にも蜂起は発生していたが、とりわけこの遠征以後、ロシアによる植民に反対するという旗印はより鮮明となり、それはますますバシキーリアに広がっていった。十八世紀全体を通して、近世ロシア帝国は、十六世紀以来「獲得した」土地を完全に支配することがいかに困難であるか、またそのためにはどのような行政上の工夫が必要であるかということを学んでいくことになる。

ちなみにキリーロフの提出した「草案」にインドや中国のみならず日本との交易を行うべきとの一文が見えるが、それは当時のロシアの諸外国に関する認識を知る上でも興味深い点である。これは偶然ではなく、重商主義経済を背景とした「啓蒙の世紀」における探検という動きのなかでこそ理解されるべきものであった。

キリーロフのオレンブルク遠征に対する評価については措くとしても、そのオレンブルク遠征が南東方面進出を狙うロシアの国家的プロジェクトとして行われたという事実は見逃せないのである。これは地方に大きな痕跡を残したが、同時にロシア帝国にとっても自らがいかなる国家であるのかを認識させる上で重要な出来事であった。何よりも近世ロシア帝国は地方支配を行うにあたり、植民政策の遂行という大前提はあるものの、時代ごと地域ごとによってより具体的で別個の特有な政策を展開することになったのである。

なおキリーロフはその死を迎えるまで、地理学者としての側面を保ち続けた。オレンブルク遠征中にもさまざま調査・研究を行い、その成果の一つは地図の作製となって現れた。またキリーロフの地方開発を考えると、タティーシチェフの提案した工業の進展を地域の綜合開発、さらにはインフラ整備とみなす点もそこにはある程度反映していたと見ることができる。

また同時期のロシア国内では呪術など民間習俗に対する取り締まりが最終局面を迎えていたことにも目を向けなければならない。その最たる例として、キリーロフのオレンブルク遠征とほぼ同じ時期、一七三二年、シンビルスクのポサード民ヤーコフ・ヤーロフが「異端者」として逮捕され、四年後には焚刑に処せられた事件があげられる。これはそれまで続いた「呪術師」に対するロシアの取り締まりの主要な権限が聖界から俗界に移り、政府も民間に伝わる習俗を厳しく罰することで規制しようとしていたが、この時を最後に極刑に処すことはなくなるのである。以降、いわば啓蒙主義的考え方に則って、「呪術師」に対して極刑は適応されなくなったが、それは同時に社会に対する紀律化がより進んでいったと考えてよいであろう。これは、探検の学術的テキストや地図作製と並ぶ、ロシア人のアイデンティティ形成に関する第三の指標といえる。

以上のことは、同時代の探検が外に向けられるか、内に向けられるかの違いによるものであった。外に向けられた探検の一つとしてのオレンブルク遠征の活動があり、内に向けられた一つとして民間習俗に対する取り締まりの強化があった。それらが「啓蒙の世紀」におけるロシアの「発見」であるが、いずれもピョートル一世の指導下に新たに生まれたロシア帝国が自らをどのような国家・社会であるかを認識する上で行われた極めて特徴的な出来事であった。こうしてロシア国家は地方をより深く認識・理解し、そこに住む人々に対して監視を強化し、彼らに対する支配を確実なものにしようとした。つまり近世ロシア帝国はその内実化を確固たるものにしていったのである。

このように考えると、十八世紀ロシアは新しい空間認識を生み出す「探検と調査の世紀」ないしは「旅の世紀」とばかりは言えないことに気がつく。確かに探検や調査、あるいは旅行を通してロシアについての新たな空間認識を得てそれを深めることにはなったが、しかしより重要なことは、この新たな認識の獲得行動を通して、近世ロシア帝国はそれまでとはまったく異なった新しい国家や社会を建設するという明確な意図のもとに、そのための道へ踏み出していった、ということである。それは折しも全般的な「社会的紀律化」という過程と同時に遂行されたのである。すなわち近世ロシア帝国の「発見」(あるいは「再発見」)とそれを土台とした新たな出発そのものといえる出来事であった。

いま一つ留意すべきは、ロシア人のアイデンティティが果たしてどのように形成されていくのかという問題である。この時代に行われた探検によって近世ロシア帝国が獲得した知はアジア地域からのものであり、いかにアジア(人)を統治すべきか(あるいは付き合っていくべきか)ということを学んでいくように見える。それはまた視点を変えると、国内外の「異端」的な要素をいかに排除していくのかという過程に見える。しかしのちの現実を考えると、排除ではなく、むしろさまざまな異なった要素を含み込むいわば「異種混淆性(ハイブリディティ)」が実体化されていく過程であったといえよう。これこそが、現代に至るまで、ロシア人のアイデンティティ形成を支える特徴ではあるまいか。

その後のオレンブルク遠征はどのような運命を辿るのであろうか。一七三七年、キリーロフの死後、オレンブルク遠征はオレンブルク委員会と名前を変え、司令部をメンゼリーンスクからサマーラに移した。この委員会の長にはタティーシチェフが任命された。その後ウルーソフ、ネプリューエフ(オレンブルク県初代の知事となる)に引き継がれた。彼らは国境問題、カザーフおよび中央アジアの諸ハン国との交易や外交関係、ヤイーク川やサマーラ川の沿岸およびバシキールの地に要塞を建設することに従事することになる。すべてこれらの問題はオレンブルク委員会官房を通して行われ、委員会は元老院、軍事参議会そして外務参議会の管轄下に置かれることになった。またオレンブルクそのものも大きな発展を遂げ、キリーロフが目指したような中央アジアへの窓口となったのである。(1)

なお探検に関して言うならば、十九世紀以降、帝室ロシア地理学協会の主催する学術調査に引き継がれ、多くの著名な探検でその成果を残していった。また古文書蒐集に焦点をあてた調査も行われるようになった。[2] さらにソ連時代を経て現代に至っては、動植物の保護など、環境問題の調査に重点を置きながらそれが行われている。その意味では、探検は現代的な意味を付与しながら脈々と受け継がれているといえる。また日本との関係においても、この探検の果たした意味は大きいと言わざるをえないのである。

「呪術」については、現在のロシアにおいても多くの人々の関心を引きつけている。書店には必ずと言ってよいほど占いや呪術のコーナーがある。宗教や呪いに頼る現代ロシア人の心性をよく表しているのである。以上のように、探検は現在も続けて行われいるリアリティのあるものなのである。

(1) 前掲拙著『ロシア帝国民族統合史の研究』、二一三頁以下を参照されたい。
(2) その最良の例が十九世紀初頭にП・М・ストローエフに率いられた古文書調査収集の旅である。この古文書調査旅行の重要性については以下に詳しく紹介されている。田中陽兒「П・М・ストローエフの史料探査行――ロシア近代史学成立の一前提」『世界史学とロシア史研究』山川出版社、二〇一四年、所収(なお論文としての初出は一九八六年)。

あとがき

ペテルブルク科学アカデミー歴史研究所の古文書閲覧室に通じる廊下には、十八世紀以来の科学アカデミーが中心となって行った探検の経路図が掲げられている。第一回ソ連政府奨学金留学生だった一九八九─九〇年当時、著者はプガチョーフ叛乱に関する古文書史料を読むことに執着し、この図の持つ意味について十分留意せずに閲覧室に入って行った。ロシアの歴史研究における探検の持つ意味が甚だ重要であることに気づいたのは後年である。

本書は十八世紀三〇年代のロシアの国家と社会の関係を論じたものであるが、中心的な主題として当時の探検を取り上げている。この時代のロシアについて日本ではあまり知られていない。ピョートル一世が一七二五年に死去し、エカチェリーナ二世が一七六二年に即位する間の、ソ連史学やロシア史学では否定的にとらえられてきた「宮廷革命」あるいは「貴族反動」として認識されている時代の一つアンナ女帝治世下の出来事である。

とはいえ特徴的なことに、この時代のロシアは、ピョートル時代にもまして外へ向かう動きと、内に向かう動きとをほぼ同時に活発化させた。前者は学術遠征であり、後者は民間習俗に対する禁止令を含む国内規制の動きである。両者を一つの「探検」として、それを通してロシアについての自己認識が深まり、それがいわば近世ロシアを発見し創造するための一連の動きとして考えることができるのではないかと思うに至って構想したのが本書である。そのための思索と史料調査の「探検」が始まったのである。

しかし両者を平面に並べて十把一絡げ的に考えようとしたものではない。前者は著者が従来から考えているバシキール人の歴史をロシア史全体との関係で考えるとどのような位置づけが可能なのかという問題設定の延長線上にある。十八世紀におけるバシキール史およびロシア史を交差させ、かつ両者の重要な転換点の一つと考えられるオレンブルク遠征を考えようとしたものである。それをロシア史上の、否、世界史上の「啓蒙の世紀」という大きな枠組みのなかで考えながら、とりわけキリーロフのオレンブルク遠征を考えているうちに、同じ「探検」も外に向かうだけではなく、ロシア社会内部への探検もあったのではないだろうかという想いを抱くようになった。

以上を構想していた時期に、フィンランドのヘルシンキ大学付属スラヴ図書館に開架されている雑誌『ルースキー・アルヒーフ』を眺めているうちに一つの史料紹介論文が目に留まった。それがオレンブルク遠征とほぼ同じ時期に起きた「ヤーロフ事件」に関するサポージニコフの論文である。そこに紹介されている事件の特異性もさることながら、この記事を書いた紹介者の調査過程を丹念に追うことによって「探検」という問題の本質が掴めるかも知れないと思うようになり、彼の研究の後追いをしたのが本書の第九章である。その際、著者が「ヨーロッパ絶対主義の構造に関する諸概念」を読んで以来、関心を寄せているG・エストライヒの「社会的紀律化」概念との関わり合いについても考えている。本書では分量的には僅かに一章のみであるが、そこに描かれた内容は民衆社会の状況の一端を十分に映していると確信している。この分野の研究も著者が従来から行っているプガチョーフ叛乱研究およびそれに連なる社会史研究の一環である。本書執筆の学術的背景は以上である。

なお本書を書くにあたり、多方面からの支援を受けた。日本学術振興会からは科学研究費を、明治大学からは毎年のようにロシアの古文書調査のため出張する経済的ならびに古文書閲覧手続きに関するさまざまな支援を受けた。北海道大学スラブ・ユーラシア研究センターからは二〇一一・一二年度の二年にわたり「十八世紀啓蒙主義と学術遠征」というテーマのもと客員教授としてセンターで研究を行う機会を与えられた。その間、同大学所蔵の図書を利用しながら「ヤーロフ事件」についてまとめる機会を得たのみならず、本書の構想の一部を報告する機会を与えられ、センターのスタッフとの意見交換によって学術的刺激も受けた。さらに「第九回日本十八世紀ロシア研究会大会」(二〇一一年九月三日、於明治大学)で「ヤーロフ事件」の概要を報告する機会を得た(その内容は『日本十八世紀ロシア研究会年報』九、二〇一三年に収録。金沢美知子編『18世紀ロシア文学の諸相――ロシアと西欧　伝統と革新』水声社、二〇一六年に再録)。また明治大学文学部史学地理学科西洋史学専攻の同僚教員との対話、そして何よりも学生や院生たちからは拙い授業や雑談を通して大いなる刺激を受けたことの意味は大きいと考えている。加えて、ウファー、オレンブルク、モスクワそしてペテルブルクの古文書館での調査、および研究者や学生との交流の成果も本書に反映されている。心から感謝している。

旧著の一部と重複している第五章を除いて、本書の多くは書き下ろしである。ただし本書執筆の上で基礎となったいくつかの論文がある。それらについては本書の註に記したが、基本構想となる論文および第一・九章を構成している論文は以下の通りである。

本書の基本構想となる論文と報告。Предложения об управлении в Башкирии в эпоху «Просвещения» и Оренбургская экспедиция И.К. Кирилова / Культура народов Башкортостана в контексте евразийской цивилизации: история, современность, перспективы. Уфа: РИЦ БашГУ, 2015. С. 327–335; Роль Оренбургской экспедиции И.К. Кирилова в основании Оренбурга / Город Оренбург: Прошлое, настоящее, будущее. Оренбург: Издательский центр ОГАУ, 2015. С. 21–31; Invention of Russia in the Age of Enlightenment: Academic Explorations and I.K. Kirilov's Colonial Policy. The 9th World Congress of ICCEES (International Council for and East European Studies), Makuhari, August 7, 2015.

第一章の原型となる論文。「啓蒙の世紀におけるロシアの『発見』」中近世ロシア研究会編『中近世ロシア研究論文集』二〇一四年三月、一〇二―一一七頁。

第九章の原型となる論文。「近世ロシアの民間習俗をめぐる国家・教会・社会――シンビルスクの「呪術師(魔法使い)」ヤーロフの事件とその背景」『駿台史学』第一四七号、二〇一三年二月、一二七―一六七頁(これは『日本十八世紀ロシア研究会年報』九、二〇一三年に加筆したものである)。

二〇一六年三月、モスクワの古法文書館（РГАДА）で本研究に関する最終的な調査を行った。その際、かねてより連絡していた本書序論でも紹介した大著を著しているН・Н・ペトルヒンツェフ氏に会うことができた。わざわざリーペツク市から来てくれて、研究について意見交換をすることができた。とりわけ、キリーロフ、タティーシチェフ、ルミャンツェフの行政官・研究者・軍人としての力量について氏の考えを窺うことができたのは幸いである。

本書図４（五二・五三頁）の『ロシア地図』は明治大学図書館に所蔵されている。その写真を掲載するにあたり、同図書館の許可を得た。感謝する次第である。

本書の叙述や考えに間違いがあればすべて著者の責任である。読者の御叱責を仰ぎたい。

いつも研究を暖かく応援してくれている家族に感謝を込めて本書を捧げる。

本書の刊行にあたっては、明治大学人文科学研究所の出版助成を受けた。

二〇一六年十月

田無の寓居にて

豊川浩一

豊川 浩一 とよかわ こういち
1956年，北海道札幌市生まれ。
北海道大学文学部卒業，早稲田大学大学院文学研究科博士後期課程単位取得退学。
早稲田大学文学部助手，静岡県立大学国際関係学部助教授，明治大学文学部助教授を経て，現在，教授。博士(文学)。
専攻 ロシア近世・近代史
主要著書：Оренбург и оренбургское казачество во время восстания Пугачева 1773-1774 гг. М.: Археографический центр, 1996.(『1773-1774年のプガチョーフ叛乱期におけるオレンブルクとオレンブルク・カザーク』モスクワ：古文献編纂学センター，1996年)，『ロシア帝国民族統合史の研究——植民政策とバシキール人』北海道大学出版会，2006年。
訳書：R. E. F. スミス, D. クリスチャン(鈴木健夫，斎藤君子，田辺三千広との共訳)『パンと塩——ロシア食生活の社会経済史』平凡社，1999年。

明治大学人文科学研究所叢書
十八世紀《せいき》ロシアの「探検《たんけん》」と変容《へんよう》する空間認識《くうかんにんしき》
——キリーロフのオレンブルク遠征《えんせい》とヤーロフ事件《じけん》

2016年12月10日 1版1刷 印刷
2016年12月20日 1版1刷 発行

著 者 豊川浩一《とよかわこういち》
発行者 野澤伸平
発行所 株式会社 山川出版社
〒101-0047 東京都千代田区内神田1-13-13
電話 03(3293)8131(営業) 8134(編集)
https://www.yamakawa.co.jp/
振替 00120-9-43993
印刷所 株式会社 プロスト
製本所 牧製本印刷株式会社
装 幀 菊地信義

Printed in Japan ISBN978-4-634-67244-4

索　　引

人名索引

●ア行

●カ行

●サ行

●タ行

●ナ行

●ハ行

●マ行

●ヤ行

●ラ行・ワ行

事項・地名索引

●ア行

●サ行

●タ行

●ナ行・ハ行

●マ行

●ヤ行

●ラ行

参考文献一覧

未刊行史料

РГАДА（Российский государственный архив древних актов в Москве）

Ф. 214. Оп. 5. Д.756

Ф. 248. Оп. 3. Кн. 90, 132, 133, 134, 135, 136, 137, 138, 139, 140, 141, 142, 143.

Ф. 248. Оп. 4. Кн. 164, 169.

Ф. 248. Оп. 5. Д. 312, 313.

Ф. 248. Оп. 13. 698, 713.

Ф. 248. Оп. 54. Кн. 1133, 1164, 1169, 1183, 1188.

Ф. 248. Оп. 57. Кн. 1311.

Ф. 248. Оп. 113. Д. 59.

Ф. 248. Ед. хр. 792. Д. 30.

Ф. 248. Кн. 456.（目録番号の記載なし）

Ф. 248. Кн. 1131.（目録番号の記載なし）

РГВИА（Российский государственный военно-исторический архив в Москве）

Ф. 349. Оп. 45. Д. 2289.（Карта Закамской линии. 1738 г.）.

РГИА（Российский государственный исторический архив в С-Петербкрге）

Ф. 796. Оп. 21. Д. 328.

ГАРФ（Государственный архив Российской Федерации в Москве）

Ф. 728. Оп. 1. Ч. 1. Д. 44а.

НИОР РГБ（Научно-исследовательский отдел рукописей Российской государственной библиотеки в Москве）

Ф. 222. Карт. X. Д. 1.

Ф. 222. Карт. XI.

Ф. 346. Карт. V. Ед. хр. 1-3; Карт. VI. Ед. хр. 3.

НА УНЦ РАН（Научный архив Уфимского научного центра Российской академии наук в Уфе）

Ф. 3. Оп. 2. Д. 17.

Ф. 3. Оп. 12. Д. 39.

Ф. 23. Оп. 1. Д. 1, 2, 4, 17.

Ф. 23. Оп. 2. Д. 7.

Ф. 51. Оп. 1. Д. 92.

Ф. 51. Оп. 1. Д. 96.

ГАОО（Государственный архив Оренбургской области в Оренбурге）

Ф. 1. Оп. 1. Д. 6.

刊行史料

法令

ПСЗ: Полное собрание законов Российской империи. Первое собрание. СПб., 1830. Т. IV. No.No. 2218, 2330, 2331; Т. V. No.No. 2879, 2994, 3006, 3293, 3294, 3380; Т. VI. No.No. 3534, 3963, 4027; Т. VII. No.No. 4649, 4671, 4733, 5017, 5056; Т. VIII. No.No. 5316, 5318, 5417, 5458, 5510, 5585, 5704, 5719, 5761, 5808. 5871; Т. IX. No.No. 6567, 6571, 6576, 6581, 6584, 6633, 6676, 6745, 6787, 6858, 6887, 6889, 6890, 6924, 6956, 6972, 7016, 7024, 7027, 7046; Т. X. No.No. 7328, 7450, 7876; Т. XI. No. 8630; Т. XII. No. 8865; Т. XVI. No. 11698; Т. XVIII. No. 12949; Т. XIX. No.No. 13427, 14231; Т. XXI. No. 15379; Т. XX. No. 14392.

史料集およびその他

Акманов И.Г. Челобитная башкир Уфимской провинции на имя императрицы России Анны Ивановны о своих нуждах от 1733 г. // Ватандаш. 2005. No. 6.

Атлас Российской состоящей из девятнатцати специальных карт представляющих всероссийскую империю с пограничными землями, сочиненной по правилом географическим и новейшим обсервациям, с приложенною притом генеральною картою великия сея империи, старанием и трудами императорской академии наук. СПб., 1745.

Бумаги императора Петра I / Собр. акад. Бычковым. СПб., 1873.

Бумаги Кабинета министров императрицы Анны Иоанновны. 1731-1740 гг. Собраны и изданы под редакцию А.Н. Филлипова, Т. 1(1731-1733 гг.), Т. 2(1733 гг.), Т. 3 (1734 г.), Т. 4(1735 г.) // Сборник императорского русского исторического общества(далее: СРИО). Т. 104. Юрьев, 1898; Т. 106. Юрьев, 1899; Т. 108. Юрьев, 1901; Т. 111. Юрьев, 1901.

«Горная власть» и башкиры в XVIII веке. Сб. док. Уфа: Гилем, 2005.

Горский А.Д. Стоглав, в кн.: Российское законодательство X-XX вв. Т. 2. Законодательство периода образования и укрепления Русского централизованного государства. М., 1985.

Законодательные акты Петра I / Подг. Н.А. Воскресенский. М.; Л., 1945.

Grigorij Kotosixin, *O Rossii v carstvovanie Alekseja Mixajlovica, Text and Commentary* (Oxford: At the Clarendon Press, 1980).

Материалы для истории Академии наук. Т. 2. СПб., 1886.

Материалы по истории России. Сборник указов и других документов, касающихся управления и устройства Оренбургского края. 1734 год. По архивным документам тургайского областного правления / Добросмылов А.Н.(сост.) Т. 1. Оренбург, 1900.

Материалы по истории России. Сборник указов и других документов, касающихся управления и устройства Оренбургского края. 1735 и 1736 годы. По архивным документам тургайского областного правления / Добросмылов А.Н.(сост.) Т. 2. Оренбург, 1900.

Материалы по истории Башкирской АССР. Ч. 1. М.; Л., 1936; Т. III. М.; Л., 1949; Т. IV. Ч. 1, 2. М., 1956; Т. V. М., 1960.

Материалы по истории Башкортостана. Оренбургская экспедиция и башкирские восстания 30-х годов XVIII в. / Автор-составитель Н.Ф. Демидова. Т. VI. Уфа, 2002.

Материалы экспедиции Ж.-Н. Делиля в Березов в 1740 г.: Дневник Т. Кенигфельса и переписка Ж.-Н. Делиля. СПб., 2008.

Описание документов и дел, хранящихся в архиве Святейшего правительствующего синода. СПб., 1878. Т. III.(1723); 1901. Т. X.(1730).

Памятники русского законодательстова XVIII столетия. Вып. 1. / Сост. В.М. Грибовский. СПб., 1907.

Реформа Петра I. Сб. док. / Сост. В.И. Лебедев. М., 1937.

Русская беседа. 1860. No. 2. Кн. 20. Наука. С. 197-205.

Соборное Уложение 1649 года; Текст; Коментарии / подгот. текста Л. И. Ивановой. Коментарии Г. В. Абрамовича, А. Г. Маникова, Б. Н. Миронова, В. М. Панеяха. Руководитиель авторского коллектива. А. Г. Маников. Л., 1987.

Свенске К. Материалы для истории составления Атласа Российской империи Академии наук в 1745 г. СПб., 1866. Приложения.

Флетчер Дж.(перевод с английского М.А. Оболенского) О государстве русском, или ораз правления(обыкновенно называемого царем московским). С описанием нравов и обычаев жителей этой страны. М., 2014. 4-ое изд.

Щеглов И.М. Хронологический перечень важнейших данных из истории Сибири. М., 1993(Изд. 1-е. Иркутск, 1883).

学位論文およびその梗概

Амантаев И.Ф. Башкирское восстание 1739-1740 гг. Автреф. дис...канд. ист. нау. Уфа: РИО БашГУ, 2012.

Байназаров И.Г. Тевкелев и его роль в осуществлении юго-восточной политики России в 30-50-гг. XVIII века. Автреф. дис...канд. ист. нау. Уфа: РИО БашГУ, 2005.

Биккулов И.Н. Карасакар-загадочная личность в истории Башкортостана // Актуальнве проблемы отечественной политической и социально-экономической истории. Уфа, 2010.

Зулькарнаев М.М. Образование и деятельность Оренбургской экспедиции при И.К. Кирилове(1734-1737 гг.). Автреф. дис...канд. ист. нау. Уфа: РИО БашГУ, 2005.

Шиляев Э.Ю. Основание крепостей в Башкортостане при первых начальниках Орен-

бургской экспедиции 1734–1741 гг. Автреф. дис...канд. ист. нау. Уфа, 1995.
Knight, Nathaniel. "Constructing the Science of Nationality: Ethnography in Mid-Nineteenth Century Russia," Ph. D. Dissertation, Columbia University, 1995.

事　典

Брокгауз и Ефрон. Энциклопедический словарь. СПб., 1892. Т. 6; 1900. Т. 58.
Даль В.И. Толковый словарь живого великорусскаго языка. Т. 1. СПб.; М.(реп. Токио), 1977.
Real-Encyclopedie für protestantische Theologie und Kirche; in Verbindung mit vielen protestantishen Theologen und Gelehrten / Herausgegeben von Herzog. Stuttgart und Hamburg, Bd. 6, 1856.

ロシア語文献

Аблесимов А.О. Мельник-колдун, обманщик и сват / Русская драматургия XVIII века. М., 1986.
Азнабаев Б.А. Интеграция Башкирии в административную структуру Российского государства(вторая половина XVI-первая треть XVIII вв.). Уфа: РИО БашГУ, 2005.
Акманов И.Г. Организация Оренбургской экспедиции и начало восстания 1735–1740 гг. / Очерки истории дореволюционной России. Уфа, 1975. Вып. 2.
Он же. Башкирские восстания XVI-первой четврети XVIII века. Уфа, 1978.
Он же. Социально-экономическое развитие Башкирии во второй половине XVI-первой половине XVIII века. Уфа, 1981.
Он же. Башкирия в составе Российского государства в XVII-первой половине XVIII в. Свердловск, 1991.
Он же. Допрос вождя восстания 1735–1736 гг. Кильмяка Нурушева / Уникальные источники по истории Башкортостана. Уфа, 2001.
Александровская О.А. Становление географической науки в России в XVIII веке. М.: Наука, 1989.
Андреев А.И. Экспедиция В. Беринга(приложеие: Записка И.К. Кирилова о камчатских экспедициях 1733 г.) // Известия Всесоюзного географического общества. Т. 75. Вып. 2. 1943.
Анисимов Е.В. Россия без Петра: 1725–40. СПб.: Лениздат, 1994.
Аполлова Н.Г. Экономические и политические связи Казахстана с Россией в XVIII-нач. XIX в. М., 1960.
Арциховская Е. О колдовстве, порче и кликушестве. СПб., 1905.
Асфандияров А.З. Башкирская семья в конце XVIII-первой пловине XIX века // История СССР. 1984. No. 4.
Он же. Башкирия после вхождения в составе России(вторая половина XVI-первая по-

ловина XIX в.). Уфа: Китап, 2006.

Он же. Башкирские тарханы. Уфа: Китап, 2006.

Афанасьев А.Н. Поэтические воззрения славян на природу. Т. 3. The Hague: Mouton, 1970(1-е изд. М., 1869).

Беляев И.Д. Лекция по истории русского законодательства. М., 1879.

Буканова Р.Г. Города-крепости юго-востока России в XVIII веке: История становления городов на территории Башкирии. Уфа: Китап, 1997.

Бессарабова Н.В. Путешествие Екатерины Великой по России. От Ярославля до Крыма. М.: Из-во Эхмо, 2014.

Бикбуратов С. Башкирские восстания и татары // Вестник научного общества татароведения. Казань, 1930. No.No. 9–10.

Биккулов И.Н. П.Д. Аксаков. Воевода и вице-губернатор Уфимской провинции: Монография. Уфа, 2009.

Борисов В.А. Описание города Шуи и его окрестностей. М., 1851.

Буканова Р.Г. Города-крепости юго-востока России в XVIII веке: История становления городов на территории Башкирии. Уфа: Китап, 1997.

Буканова Р.Г. , Фешкин В.Н. Башкиры в трудах русских ученых и исследователей. Уфа, 2007.

Валеев Д.Ж. Нравственная культура башкирского народа: прошлое и настоящее. Уфа: Китап, 2010.

Век Просвещения: Les Siècle des Lumières. Т. I–IV. М., 2006–2012; Всемирная история. Мир в XVIII в. / Под ред. С.Я. Карп. Т. 4. М., 2013.

Вернадский Г. Русское масонство в царствование Екатерины II. М., 2014.

Виноградов Н.Н. Заговоры, оберети, спасительные молитвы и порч. СПб., 1909. Т. 1–2.

Витевский В.Н. И.И. Неплюев и Оренбургский край в прежнем его составе до 1758 г. Вып. 1. Казаны, 1889; Вып. 3. 1891; Вып. 5. 1897.

Владимирский-Буданов М.Ф. Обзор истории русского права. СПб., 1909(6-е изд.).

Водарский Я.Е. Исследование по истории Русского города. М., 2006.

Вяткин М. П. Очерки по истории Казахской ССР. М., 1941.

Гальковский Н.Т. Борьба христианства с остатками язычества в древней Руси. М., 2000 (1-е изд. 1916 г.).

Гелье В.И. Лейбниц и его век. Отношения Лейбница к России и Петру Великому. СПб.: Наука, 2008.

Георги. И.Г. Описание всех обитаюших в Российском государстве народов. Их жителейских обрядов, обыкновенный, одежд, жилищ, упражнений, забав, вероисповедании и других достопамятностей. В четырех частях. СПб., 1799.

Голубинский Е. История русской церкви. Т. 1. первый период. М., 2002(1-е изд. 1901 г.).

Горелкина О.Д. Русские повести конца XVII-начала XVIII в. О договоре человека с дьяволом в связи с мифологическими представлениями позднего русского средневековья / Н.Н. Покровский(ответ. ред.). Источники по истории русского общественного сознания периода феодализма. Новосибирск, 1986.

Готье Ю. История областного управления от Петра I до Екатерины II. М., 1913. Т. I.

Градовский А.Д. История местного управления в России. СПб., 1899. Т. 2.

Греков Б.Д.(под общей ред.) Судебники XV–XVI веков. М.; Л., 1952.

Демидова Н.Ф. Социально-экономические отношения в Башкирии в первой четверти XVIII в. / Материалы научной сессии, посвященной 400-летию присоединения Башкирии к русскому государству. Уфа, 1958.

Она же. Управление Башкирией и повинности населения Уфимской провинции в первой трети XVIII века // Исторические записки. Т. 68. М., 1961.

Она же. Бюрократизация государственного аппарата абсолютизма в XVII в. // Абсолютизм в России(XVII–XVIII вв.). М., 1964.

Она же. Башкирские восстания 30-х годов XVIII века / Материалы по истории Башкортостана. Т. VI. Уфа: Китап, 2002.

Ден Д. История Российского флота в царствование Петра Великого / Пер. с англ. яз. Е.Е. Путятина / Вст. статья, научная редакция и уточнение перевода, примечания П.А. Кротова. СПб., 1999.

Добросмыслов А.И. Башкирский бунт в 1735, 1736 и 1737 гг. // Труды Оренбургской ученой архивной комиссии. Вып. VIII. Оренбург, 1900.

Дубман Э.Л. Деятельность Закамской экспедиции в первой половине 1730-х гг. и проблема взаимоотношений с кочевыми народами Заволжья / Башкиры в сосотаве Российской Федерации: история, современность, перспективы. Уфа, 2010.

Елеонская Е.Б. Заговор и колдовство на Руси в XVII и XVIII столетиях // Русский архив. 1912. 4(のちに *Елеонская Е.Н.* Сказка, заговор и колдовство в России. Сб. Трудов. М., 1994 に再録).

Ерошкин Н.П. История государственных учреждений дореволюционной России. М., 1983.

Ефименко П. Суд над ведьми // Киевская старина. 7(ноября 1883).

Журавель О.Д. Сюжет о договоре человека с дьяволом в древнерусской литературе. Новосибирск, 1996.

Забылин М. Русский народ. Его обычаи, предания, обряды и суеверия. М., 2003(1-е изд. 1880).

Иванин М.И. Описание Закамских линий // Вестник Императорского Русского географического общества. 1851. Ч. 1. Отдел. VI.

Иванов А.А. История Российского туризма. М., 2014.

Игнатьев Р.Г. Хроника достопамятных событий Уфимской губернии / Памятная

книжка Уфимской губернии. Уфа, 1873.
Он же. И.К. Кирилов, основатель Оренбургского края // Уфимские ведомости. 1880. No.No. 14-16, 18, 20, 23-25, 27, 28, 32-34.
Он же. В.Н. Татищев, второй начальник Оренбургского края // Там же. 1881. No.No. 4, 6, 7, 26-32, 34-38, 40, 42, 46, 47.
Иллерицкий В. Экспедиция князя Черкасского в Хиву // Исторический журнал. 1940. No.7.
Ильинская В.Н. Загаворы и историческая действительность // Русский фольклор. XVI. 1976.
Индова Е.И., Преоблаженский А.А., Тихонов Ю.А. Народные движения в России XVII-XVIII вв. и абсолютизм / Абсолютизм в России (XVII-XVIII вв.). М., 1964.
Иофа Л.Е. Современники Ломоносова. И.К. Кирилов и В.Н. Татищев. М., 1949.
История Башкортостана с древнейших времен до наших дней. Уфа, 2004. Т. I.
История Башкирского народа. Т. III. Уфа: Гилем, 2011.
История Казахской АССР. С древнейших до наших дней. Алма-Ата, 1979. Т. 3.
История Уфы. Краткий очерк. Уфа, 1981.
Кабузан В.М. Изменения в размещении населения России в XVIII-первой половине XIX в. М., 1971.
Каменсий А. Российская империя в XVIII веке: традиция и модернизация. М., 1999.
Кизеветтер А. Совестные суды при Екатерине II // Голос минувшего. 1923. No. 1.
Кирилов И.К. Цветущее состояние всероссийского государства. М., 1977.
Ключевский В.О. Сочинения. ТТ. III, IV. Курс русской истории. Курс русской истории. Часть. 3, 4. М., 1957, 1958(八重樫喬任訳『ロシア史講話4』恒文社, 1983年).
Козлов С.А. Русский путешественник эпохи Просвещения. СПб.: Историческая иллюстрация. 2003.
Кротов П.А. Гангуская Баталия 1714 года. СПб., 1996.
Он же. Битва под Полтавой. Начало Великой России. СПб., 2014.
Крющенко Н.В., Кротов П.А. Ж.-Н. Делиль о развитии картографии в России (1740) / Меншиковские чтения. Научный альманах. Вып. 3 (10). СПб., 2012.
Кузнецов В.А. Новая Закамская линия и образование ландмилиции // Известия Самарского научного центра Российского академии наук. 2009. Т. 11, No. 2.
Куркин И.В. Эпоха «дворских бурь»: Очерки политическиой истории послепетровской России. 1725-1762. Рязань, 2003.
Он же, Плотников А.Б. 19 января-25 февраля 1730 года: События, люди, документы. М.: Квадрага, 2010.
Он же. История России. XVIII век. М.: ДРОФА, 2010.
Кушева Е.Н. Дворянство // Очерки истории СССР. Период феодализма. Россия в первой четверти XVIII в. М., 1954.

Лавров А.С. Колдовство и религия в России: 1700–1740 гг. М., 2000.
Лебедев Д.М. Очерки по истории географии в России XVIII в.(1725–1800 гг.). М., 1957.
Левенстим А. Суеверия и уголовное право. Исследования по истории русского права и культуры // Вестник права. 1906. Кн. 1.
Лимонов Ю.А. Россия в западноевропейских сочинениях XVIII в. / Россия в XVIII в. Глазами иностранцев. Л., 1989.
Лукин П.В. Народные представления о государственной власти в России XVII века. М.: Наука, 2000.
Любавский М.К. Русская история XVII–XVIII вв. СПб., 2002.
Майков Л.Н. Великорусские заклинания. СПб., 1869(М., 1997 に再版).
Максимов С.В. Нечистая, неведомая и крестная сила. СПб., 1903.
Матвей Кузьмич Любавский: историк и человек. К 145-летию со дня рождения: Материалы региональный научно-практической конференции 15 декабря 2005 года. Уфа: Изд-во БГПУ, 2008.
Матвей Кузьмич Любавский: К 150-летию ученого // Труды исторического факультета Санкт-Петербургского государственного университета. 2013. No. 12. とくに *Кривошеев Ю.В.* Научное наследие М.К. Любавского // Там же. С. 24–31.
Матвиевский П.Е. Дневник Джона Кэстеля как источник по истории и этнографии казахов // История СССР. 1958. No. 4.
Миненко Н.А. Русская крестьянская семья в Западной Сибири(XVIII-первой половины XIX в.). Новосибирск, 1979.
Муртазин М.Л. Башкирия и башкирские войска а гражданскую войну. М., 1927.
Населенные пункты Башкортостана. Ч. 1: Уфимская губерния 1877 г. Уфа: Китап, 2002.
Недетовский Г. Варлаамитская ересь // Труды Киевской Духовной Академии. 1872. Февраль.
Неплюев И.И. Жизнь Ивановича Неплюева.(reprint ed.)Cambridge: Oriental Research Partners, 1974.
Нигматуллин С.Н. О характере башкирского восстания 1735–1740 гг. // Из истории Башкирии. Ч. 2. Уфа, 1963.
Никитин М. Основные моменты колонизации Башкирии // Хозяйство Башкирии. 1928. No.No. 6–7.
Никитина Н.А. К вопросу о русских колдунах // Сборник музея антропологии и этнографии. Т. VII. 1928.
Новлянская Н.Г. И.К. Кирилов и его атлас всероссийской империи. М.; Л., 1958.
Она же. Иван Кириллович Кирилов(географ XVIII века). М.; Л., 1964.
Новомвергский Н.Я. Материалы по истории медицины в России. 4 тт. СПб., 1905–1907.

Он же. Колдовство в Руси XVII-го столетия.(Материалы по истории медицины в России. Т. 3. Ч. 1.). СПб., 1906(реп. изд. М., 2004).

Он же. Врачебное строение в до-петровской Руси. Томск, 1907.

Он же. Слово и дело государевы(Материалы). Т. II. Томск, 1909(реп. изд. М., 2004).

Нольде Б.Э. Усмирение Башкирии // Ватандаш. 2000. No. 2.

Оглоблин Н.Н. Две «скаски» Вл. Атласова об открытии Камчастк // Чтения в Императорском Обществе истории и древностей российских при Московском Университете. 1891. Кн. 3.

Он же. Первый японцев в России // Русская старина. Т. 72. СПб., Окт. 1891.

Образы регионов в общественном сознании и культуре России(XVII–XIX вв.) / отв. ред. В.В. Трепавлов. Тура: Грифи и К., 2011.

Охотнина-Линд Н. «Я и мой Беринг...»(Частные письма Витуса Беринга и его семьи из Охотска в феврале 1740 г.) / Россия в XVIII столетии. Вып. 2 / Отв. ред. Е.Е. Рычаловский. М.: Языки славянских культур, 2004.

Очерки истории СССР. Период феодализма. Россия в первой четверти XVIII в. М., 1954.

Очерки истории СССР. Период Феодализма. Россия во второй четверти XVIII в. М., 1957.

Очерки по истории Башкирской АССР. Т. I. Ч. 1. Уфа, 1956.

Перетяткович Г.И. Поволжье в XVII и начале XVIII века.(Очерки из истории колонизации края). Одесса, 1882.

Петрухинцев Н.Н. Царствование Анны Иоанновны: Формирование внутрипоитического курса и судьбы армии и флота 1730–1735 г. СПб.: «Алетейя», 2001.

Он же. «Русский европеец» на пути в нанку // Родина. 2011. No. 9.

Он же. Внутренняя политика Анны Иоанновны(1730–1740). М.: РОССПЭН, 2014.

Пистоленко В. Из прошлого Оренбургского края. Чкалов, 1939.

Познанкий Н. Заговоры. Опыт исследования происхождения и развития заговорных формул. СПб., 1917(М., 1995 に再版).

Покровский Н.Н. Тетрадь заговоров 1734 года / А.Т. Москаленко(ред.)Научный атеизм, религия и современность. Новосибирск, 1987.

Померанцева Э.В. Фолькулорные материалы «Этнографического бюро» В. Н. Тенишева // Советская этнография. 1971. No. 6.

Она же. Художник и колдун // Советская этнография. 1973. No. 2.

Попов Г. Русская народно-бытовая медицина. По материалам этнографического бюро князя В.Н. Тенишева. СПб., 1903.

Порталь Р. Исследования по истории, историографии и источниковедению регионов России. Уфа, 2005.

Правящие элиты и дворянство России во время и после петровских реформ(1682–

1750) / отв. сост. Н.Н. Петрохинцев, Л. Эррен. М.: РОССПЭН, 2013.
Рахматуллин У.Х. Крестьянское заселение Башкирии в XVII–XVIII вв. / Крестьянство и крестьяское движение в Башкирии в XVII–XVIII вв. Уфа, 1981.
Россия. Полное географическое описание нашего отечества. Среднее и Нижнее Поволжье и Заволжье / Семенов-Тян-Шанский В.П.(ред.). Т. 6. СПб., 1901.
Рычков П.И. История Оренбургская(1730–1750). Оренбург, 1886.
Он же. История Оренбургская по учреждении Оренбургской губернии. Уфа, 2001.
Он же. Топография Оренбургской губернии. Оренбург, 1887.
Рязанов А.Ф. Оренбургский край. Оренбург, 1928.
Сапожников Д.И. Симбирский волшебник Яров // Русский архив. 1886. No. 3.
Он же. Самосожжение в русском расколе(со второй половины XVII века до конца XVIII.). Исторический очерк по архивным документам. М., 1891(Gregg International Publishers limited, 1971 より再版).
Сахаров И.П. Сказания русского народа, собранные И.П. Сахаровым. СПб., 1885(М., 1989 に再版).
Свенске К. Материалы для истории составления Атласа Российской империи Академии наук в 1745 г. СПб., 1866.
Сидоров А.С. Знахарство, колдовство и порча у народа коми. Л., 1928(1997年に再版).
Смилянская Е.Б. Доношения1754 г. в Синод суздальского епископа Порфилия «Якобы во граде Суздале колдовство и волшебство умножилось» / Н.Н. Покровский (ответственный редактор) Христианство и церковь в России феодального периода(Материалы). Новосибирск, 1989.
Она же. Скандал в благородном семействе Салтыковых: пагубные страсти и «суеверия» в середине XVIII в. // Россия в XVIII столетии. Вып. 1. М., 2002.
Она же. Волшебники, Богохульник, Еретики: народная религиозность и «духовные преступления» в России XVIII в. М., 2003.
Смирнов Ю. Оренбургская экспедиция(комиссия) и присоединение заволжья к России в 30–40-е гг. XVIII века. Самара, 1997.
Соловьев С.М. История России с древнейших времен. М.: Мысль, 1989. Кн. IV. Т. 8; 1993. Кн. IX. ТТ. 17, 18; 1993. Кн. X. Т. 20.
Сперанский М.Н. I Гадания по Псалтири // Из истории отреченных книг. СПб., 1899 (Памятники древней письменности и искусства. Т. 129).
Таймасов С.У. Карасакар в Казахстане // Ватандаш. 2006. No. 1.
Он же. Роль Оренбургской экспелиции Башкирии к России(1730-е гг.) // Вопросы истории. 2008. No. 2.
Он же. Башкирско-казахские отношения в XVIII веке. М., 2009.
Татищев В.Н. История российская. ТТ. 7. М.; Л., 1962–68.
Ташкин С.Ф. Инородцы Поволжско-Приуральского края и Сибири по материалам Ека-

терпиниской Законодательной Комиссии. Вып. 1. Оренбург, 1921.

Тоёкава Коити. Оренбург и Оренбургское казачество во время восстания Пугачева 1773–1774 гг. М.: Археографический центр, 1996.

Он же. Предложения об управлении в Башкирии в эпоху «Просвещения» и Оренбургская экспедиция И.К. Кирилова / Культура народов Башкортостана в контексте Евразийской цивилизации: История, современность, перспективы. Уфа: РИЦ БашГУ. 2015.

Он же. Роль Оренбургской экспедиции И.К. Кирилова в Основании Оренбурга / Город Оренбург: Прошлое, настоящее, будущее. Оренбург: Издательский центр ОГАУ, 2015.

Токарев С.А. История русской этнографии. М., 1966.

Трепавлов В.В. Царские путешествия по этническим регионам России // Вопросы истории. 2015. No. 2.

Троицкий С.М. Русский абсолютизм и дворянство XVIII в. М., 1974.

Турилов А.В., Чернецов А.А. О письменных источниках изучения восточнославянских народных веровании и обрядов // Советская этнография. 1986. No. 1.

Сергей Сергейвич Уваров. Избранные труды. М., 2010.

Усманов А.Н. Развитие земледелия в Башкирии в третьей XVIII века // Из истории феодализма и капитализма в Башкирии. Уфа, 1971.

Устюгов Н.В. Башкирское восстание 1737–1739 гг. М.; Л., 1950.

Фироненко В. Башкиры // Вестник Оренбургского учебного округа. 1913. Отд. III. No.No. 2, 5–8; 1914. Отд. III No.No. 2, 3, 8.

Фирсов Н.А. Инородческое население прежнего Казанского царства в Новой России до 1762 г. и колонизация закамских земль. Казань, 1869.

Фирсов Н.Н. Политическое и финансовое значение колонизационной деятельности И.И. Неплюева. Казань, 1893.

Флоринский В. Башкирия и башкиры: путевые заметки // Вестник Европы. 1874. No. 12.

Христофорова О. Колдуны и жертвы. Антропология колдовства в современной России. М., 2010.

Черепинин Л.В. Из истории древне-русского колдовства XVII в. // Этнография. 1929. No. 2.

Чечулин Н.Д. (под ред.) Наказ Императорицы Екатерины II. данный Комиссии о сочинении проект нового уложения. СПб., 1907.

Чистов К.В. Русская народная утопия. СПб., 2003.

Чулошников А.П. Феодальные отношения в Башкирии и башкирские восстания в XVII и первой половинне XVIII в. / Материалы по истории Башкирской АССР. Ч. 1. М., 1936.

Шакинко И. Василий Татищев. Свердловск, 1986.
Он же. В.Н. Татищев. М., 1987.
Юхт А.И. Государственная деятельность В.Н. Татищева в 20-х-начале 30-х годов XVIII в. М., 1985.

欧米語

Alexander J.T. *Bubonic Plague in Early Modern Russia. Public Health and Urban Disaster.* Baltimore and London: The Jons Hopkins University Press, 1980.
Bartlet, R. P. *Human Capital. The Settlement of Foreigners in Russia. 1762–1804.* Cambridge University Press, 1979.
Bassin, Mark. "Inventing Siberia: Visions of the Russian East in the Early Nineteenth Century." *American Historical Review* 6, no. 3(June 1991).
idem, "Russia Between Europe and Asia." *Slavic Review* 50, no. 1(Spring 1991).
Black, J.L. *G.-F. Müller and the Imperial Russian Academy.* Kingston and Montreal: McGill-Queen's University Press, 1986.
Briggs R. *Witchcraft and Neighbours. Social and Cultural Context of European Witchcraft.* Oxford: Blackwell Publishing, 2002, 2nd edition.
Burke, Peter. *What is Cultural History?* Cambridge: Polity Press, 2004(長谷川貴彦訳『文化史とは何か』法政大学出版局，2008年).
idem, *Cultural Hybridity.* Cambridge: Polity Press, 2009(河野真太郎訳『文化のハイブリディティ』法政大学出版局，2012年).
Cherniavsky, M. *Tsar and People. Studies in Russian Myths.* New Haven and London: Yale University Press, 1961.
Cohn, Norman. *Europe's Inner Demons: An Enquiry inspired be the Great Witch-Hunt.* New York: Basic Books, Inc., Publishers, 1975(山本通訳『魔女狩りの社会史：ヨーロッパの内なる悪霊』岩波書店，1983年).
Cracraft, James. *The Petrine Revolution in Russian Imaginary.* Chicago: University of Chicago Press, 1997.
d'Auteroche, Chappe. *Voyage en Sibérie, fait par ordre du roi en 1761.* vol. 1–2. Paris, 1768(抄訳は永見文雄訳『シベリア旅行記』岩波書店，1991年).
Donnelly, A.S. *The Russian Conquest of Bashkiria 1552–1750. A Case Study in Imperialism.* New Haven and London: Yale University Press, 1968(なおロシア語訳は1995年にウファーで刊行).
Donnert, Erich. *Russia in the Age of the Enlightenment,* translated from the German by Alison and Alistair Wightman. Leipzig: Edition Leipzig, 1986.
Dukes, P. "Introduction." In *Catherine the Great's Instruction(Nakaz) to the Legislative Commission, 1767,* edited by P. Dukes with notes, new translation and bibliography. Newtonville, Mass.: Oriental Research Partners, 1977.

Elliott, J.H. "A Europe of Composite Monarchies." *Past & Present* 137(Nov., 1992).

Ely, Christopher. *This Meager Nature: Landscape and National Identity in Imperial Russia.* Dekalb, Illinois; Northern Illinois University Press, 2002.

Gustafsson, H. "A Europe of Conglomerate State: A Perspective on State Formation in Early Modern Europe." *Scandinavian Journal of History,* vol. 23, nos. 3-4, 1998.

Hartley, Janet M. *A Social History of the Russian Empire 1650-1825.* London and New York: Longman, 1999.

Hudson, H.H.Jr. *The Rise of the Demidov Family and the Russian Iron Industry in the Eighteenth Century.* Newtonville, Mass.: Oriental Research Partners, 1986.

Ivanits, Linda. *Russian Folk Belief.* Armonk, New York: M.E. Sharpe, 1989.

Kamenskii, A. B. *The Russian Empire in the Eighteenth Century,* translated and edited by D. Griffiths. New York: M. E. Sharpe, 1997.

Kappeler, Andreas. *The Russian Empire: A Multiethnic History,* translated by Alfred Clayton. Harlow, England: Pearson Education, 2001.

Kivelson, Valerie A. "Through the Prism of Witchcraft, Gender and Social Change in Seventeenth-Century Muscovy." In Barbara Evans Clements et al. eds. *Russia's Women, Accommodation, Resistance, Transformation.* Berkley: University of California Press, 1991.

idem, "Witchcraft in Russia." *The Modern Encyclopedia of Russian and Soviet History,* vol. 55. Academic International Press, 1993.

idem, *Desperate Magic. The Moral Economy of Witchcraft in Seventeenth-Century Russia.* Ithaca & London: Cornel University Press, 2013.

Koenigsberger, H.G. "Monarchies and Parliaments in Early Modern Europe: Dominium Politicum et Regale." *Theory and Society,* vol. 5, No. 2,(Mar.,1978).

Ledonne, J. "Building an Infrastructure of Empire in Russia's Eastern Theater. 1650's-1840's." *Cahiers de Monde russe* 47/3, 2006.

Levin, E. "Supplicatory Prayers as a Source for Popular Religious Culture in Muscovite Russia." In Samuel H. Baron and Nancy Shields Kollmann. eds. *Religion and Culture in Early Modern Russia and Ukraine.* Dekalb, Illinois: Northern Illinois University Press, 1997.

Levitte, M.C. "An Antidote to Nervous Juice; Catherine the Great's Debate with Chappe d'Auteroche over Russian Culture." *Eighteenth-Century Studies,* vol. 32, No.1, Nationalism(Fall, 1998).

Longworth, Philip. *Alexis: Tsar of All the Russias.* London: Secker & Warburg, 1984.

Lotman and Boris A. Uspenskii. *The Semiotics of Russian Culture.* Ann Arbor, 1984.

Madariaga, Isabel de. *Russia in the Age of Catherine the Great.* New Haven & London: Yale University Press, 1981.

Meehan-Waters, Brenda. *Autocracy & Aristocracy: The Russian Service Elite of 1730.*

New Jersey, 1982.

The Memoirs of Count Witte, translated and edited by Sidney Horcave. New York, 1990.

Moon, D. "The Russian Academy of Sciences Expeditions to the Steppes in the Late Eighteenth Century." *Slavonic and East European Review* 88, no. 1/2, April 2010.

Müller, Gerhard F. *Voyages from Asia to America, for Completing the Discoveries of the North West Coast of America.* London, 1761.

Nolde, B. *La Formation de L'Empire Russe.* T. 1. Paris, 1952.

Okenfuss, M. J. "Catherine the Great and Empire." *Jahrbücher für Geschichte Osteuropas,* Bd. 56, 2008, H. 3.

Papastergiadis, Nikos. *The Turbulace of Migration: Globalization, Deterritorialization and Hybridity.* Cambridge: Polity Press, 2000.

Peterson, Claes. *Peter the Great's Administrative and Judicial Reforms: Swedish Antecedents and the Process of Reception.* Stockholm, 1979.

Pinkerton, R. D. D. *Russia: or the Miscellaneous Observations on the Past and Present State of that Country and its Inhabitants.* London: Seeley and Sons, 1833.

Raeff, M. "Seventeenth-Century Europe in Eighteenth-Century Russia?" *Slavic Review* 41(1982).

idem, *The Well-Ordered Police State: Social and Institutional Change through Law in the Germany and Russia, 1600–1800.* New Haven & London: Yale University Press, 1983.

idem, "The Emergence of the Russian European. Russia as a Full Partner of Europe." In Whittaker, C.H. ed. *Russia Engages the World, 1453–1825.* New York: Harvard University Press, 2003.

Ramer, Samuel. "Traditional Healers and Peasant Culture in Russia, 1861–1917." In Esther Kingston-Mann and Timothy Mixter. eds. *Peasant Economy, Culture and Politics of European Russia, 1800–1917.* Princeton: Princeton University Press, 1991.

Ransell, D. *The Politics of Catherinian Russia: The Panin Party.* Yale University Press, 1975.

Robel, Gert. "German Travel Reports on Russia and Their Function in the Eighteenth Century." In Conrad Grau, Sergei Karp, and Jurgen Voss, eds. *Deutsch-Russische Beziehungen im 18. Jahrhundert: Kultur, Wissenschaft und Diplomatie.* Wiesbaden: Harrassowitz Verlag, 1997.

The Russian Journals of Martha and Catherine Wilmot 1803–1808, ed. by the Marchioness of Londonderry and H.M. Hyde. London: Macmillan and co., Limited, 1934.

Ryan, W. F. "The Witchcraft Hysteria in Early Modern Europe: Was Russia an

Exception?" *The Slavonic and East European Review* 76-1(1998).
idem, *The Bathhouse at Midnight: A Historical Survey of Magic and Divination in Russia.* University Park. PA: the Pennsylvania State University Press, 1999.
Ryazanovsky, N.V. *A History of Russia.* Oxford University Press, 1969, 2nd ed.
Rywkin, M. "Russian Central Colonial Administration: From the Prikaz of Kazan to the XIX Century. A Survey." In M. Rywkin ed. *Russian Colonial Expansion to 1917.* London and New York, 1988.
Schimmelpenninch van der Oye, David. *Russian Orientalism.* New Haven & London; Yale University Press, 2010(浜由樹子訳『ロシアのオリエンタリズム』成文社, 2013年).
Sleskine, Yuri. "Naturalists versus Nations: Eighteenth Century Russian Scholars Confront Ethnic Diversity." In Daniel R. Brower and Edward J. Lazzerini eds., *Russia's Orient. Imperial Borderlands and People, 1700-1917.* Bloomington & Indianapolis: Indiana University Press, 1997.
Smith R.E.F. and David Christian. *Bread and Salt. A Social and Economic History of Food and Drink in Russia*. Cambridge: Cambridge University Press, 1984(鈴木健夫・豊川浩一・斎藤君子・田辺三千広訳『パンと塩——ロシア食生活の社会経済史』平凡社, 1999年).
Steinwedel, Ch. "How Bashkiria Became Part of European Russia, 1762-1881." In J. Burbank, Mark von Hagen, and A. Remnev. eds. *Russian Empire: Space, People, Power, 1700-1930.* Bloomington and Indianapolis: Indiana University Press, 2007.
Sunderland, Willard. "Imperial Space: Territorial Thought and Practice in the Eighteenth Century." In J. Burbank, Mark von Hagen, and Anatoryi Remnev. eds. *op. cit.*
Toyokawa, K. "Russia in the Age of Enlightenment and I.K. Kirilov's Colonial Policy." *Japanese Slavic and East European Studies,* vol. 30, 2009.
Trevor-Roper, H.R. "The Witch-Craze of the Sixteenth and Seventeenth Centuries." In *Region, the Reformation and Social Change.* London: Macmillan, 1967.
Vulupius, R. "The Russian Empire's Civilizing Mission in the Eighteenth Century, A Comparative Perspective." In Uyama T. ed., *Asiatic Russia. Imperial Power in Regional and International Contexts.* London & New York: Routledge, 2012.
Whittaker, C.H. *Russian Monarchy: Eighteenth-Century Rulers and Writers in Political Dialogue.* DeKalb, Illinois: Northern Illinois University Press, 2003.
Whittaker, C.H. ed., *Russia Engages the World, 1453-1825.* New York: Harvard University Press, 2003.
Wolff, Larry. *Inventing Eastern Europe. The Map of Civilization on the Mind of the Enlightenment.* Stanford, California: Stanford University Press, 1994.

Wortman, Richard S. *Scenarios of Power. Myth and Ceremony in Russian Monarchy.* Vol.1. Princeton, N.J.: Princeton University Press, 1995.
idem, “Text of Exploration and Russia's European Identity.” In Whittaker, C.H. ed. *op. cit.*
Zguta, Russell. “Witchcraft Trials in Seventeenth Century Russia.” *American Historical Review* 82-5(1977).
idem, “The Ordeal by Water(Swimming of Witches) in the East Slavic World.” *Slavic Review* 36(1977).
idem, “Was There a Witch Craze in Muscovite Russia?” *Southern Folklore Quarterly* 41(1977).
idem, “Witchcraft and Medicine in Pre-Petrine Russia.” *Russian Review* 37(1978).

邦語史料

コトシーヒン(松木栄三編訳)『ピョートル前夜のロシア――亡命外交官コトシーヒンの手記』彩流社，2003年。

ゴンザ原編，村山七郎編『新スラヴ・日本語辞典』ナウカ，1985年。

佐藤靖彦訳『ロシアの家庭訓(ドモストロイ)』新読書社，1984年。

ジェンキンソン(朱牟田夏雄訳注，越智武臣解題注)「モスクワからブハラへの船旅」『大航海時代叢書　第17巻』岩波書店，1983年。

シチェグロフ(吉村柳里訳)『シベリヤ年代記』原書房，1975年(復刻版，1943年初版)。

鈴木直志訳「プロイセンの「軍人服務規程(1713年7月12日)」」歴史学研究会編『世界史史料⑥　ヨーロッパ近代社会の形成から帝国主義へ　18・19世紀』岩波書店，2007年。

中沢敦夫「『アファナーシイ・ニキーチンの三海渡航記』翻訳と注釈」(1・2・3)『人文科学研究』(新潟大学)第103・105・108輯，2000・2001・2002年。

中沢敦夫・吉田俊則訳「『1649年会議法典』翻訳と注釈(1)」『富山大学人文学部紀要』43号，2005年。

中村喜和「「百章」試訳(2・3)」『一橋大学研究年報　人文科学研究』30・31，1993・94年。

平川新監修，寺山恭輔・畠山禎・小野寺歌子編『ロシア史料にみる18−19世紀の日露関係　第3集』北東アジア研究センター叢書，第31号，2008年。

拙訳「ベーリングに宛てたピョートル一世の訓令(1725年2月5日)」歴史学研究会編『世界史史料⑥　ヨーロッパ近代社会の形成から帝国主義へ　18・19世紀』岩波書店，2007年。

邦訳文献

ポール・アザール(野沢協訳)『ヨーロッパ精神の危機』法政大学出版局，1973年(原著は1935年刊行)。

G. エストライヒ(平城照介・坂口修平訳)「ヨーロッパ絶対主義の構造に関する諸概念」，F. ハルトゥング，R. フィアハウス他(成瀬治編訳)『伝統社会と近代国家』岩波書店，1982年，所収。
ゲルハルト・エストライヒ(坂口修平・千葉徳夫・山内進編訳)『近代国家の覚醒——新ストア主義・身分制・ポリツァイ』創文社，1993年。

カント(篠田英雄訳)『啓蒙とは何か』岩波書店(岩波文庫)，2014年。

ピーター・ゲイ(中川久定・鷲見洋一ほか訳)『自由の科学——ヨーロッパ啓蒙思想の社会史』1，ミネルヴァ書房，1982年(この翻訳1・2巻は原著 Gay, Peter. *The Enlightenment: An Interpretation*, 2 vols.〈New York: Vintage, 1966-69〉第2巻の翻訳である)。

ジェフリ・スカール，ジョン・カロウ(小泉徹訳)『魔女狩り』岩波書店，2004年(原著は2001年に刊行)。
S. ズナメンスキー(秋月俊幸訳)『ロシア人の日本発見——北太平洋における航海と地図の歴史』北海道大学図書刊行会，1979年。
ソモフ(田辺佐保子訳)『ソモフの妖怪物語』群像社，2011年。

エレーヌ・カレール゠ダンコース(谷口侑訳)『未完のロシア　十世紀から今日まで』藤原書店，2008年(原著は2000年に刊行)。

テッフィ(田辺佐保子訳)『魔女物語』群像社，2008年(原著は1936年にベルリンで刊行)。
A. K. トルストイ(中村融訳)『白銀公爵』(上) 岩波書店(岩波文庫)，1951年。
A. F. ネクルィローヴァ(坂内徳明訳)『ロシアの縁日——ペトルーシカがやってきた』平凡社，1986年(原著は1984年に刊行)。
ジョアンナ・ハッブズ(坂内徳明訳)『マザー・ロシア——ロシア文化と女性神話』青土社，2000年(原著は1988年に刊行)。

ヨハネス・ブルクハルト(鈴木直志訳)「平和なき近世——ヨーロッパの恒常的戦争状態に関する一試論(上)(下)」『桐蔭法学』第8巻第2号，第13巻第1号，2002年，2006年。
P. G. ボガトゥイリョーフ(千野栄一・松田州二訳)『呪術・儀礼・俗信　ロシア・カルパチア地方のフォークロア』岩波書店，1988年(原著は1929年に刊行)。
ロイ・ポーター(見市雅俊訳)『啓蒙主義』岩波書店，2004年(なお原著は Porter, Roy. *The Enlightenment*〈Hampshaire: Palgrave Macmillan, 2001〉である)。

ゲーリー・マーカー(白倉克文訳)『ロシア出版文化——18世紀の印刷業と知識人』成文社，2014年(原著は Marker, Gary. *Publishing, Printing and the Origins of the Intellectual Life in Russia, 1700-1800.*〈Princeton, 1985〉)。

モンテスキュー(野田・稲本・上原・田中・三辺・横田訳)『法の精神』(中)岩波書店(岩波文庫)，1989年。

マルク・ラエフ(石井規衛訳)『ロシア史を読む』名古屋大学出版会，2001年(フランス語版原著は1982年に刊行)。

ジョン・P・ルドン(松里公孝訳)「18世紀のロシア(1700―1825)」『講座スラブの世界　スラブの歴史』弘文堂，1995年。
Y. M. ロートマン(桑野隆・望月哲男・渡辺雅司訳)『ロシア貴族』筑摩書房，1997年(原著は *Лотман Ю.М.* Беседы о русской культуре: быт и традиции русского дворянства〈XVIII-начало XIX века〉. СПб., 1994)。

邦語文献

秋月俊幸『日本北辺の探検と地図の歴史』北海道大学図書刊行会，1999年。

阿部重雄『タチーシチェフ研究　18世紀ロシア一官僚＝知識人の生涯と業績』刀水書房，1996年。

阿部誠士「アラスカ売却交渉(上)」『生活学園短期大学紀要』第6号，1982年。

伊東秀征「アンソニー・ジェンキンソンの中央アジア探検」『経済学論究』(関西学院大学)44巻2号，1990年。

岩井憲幸「1745年ロシア帝室科学学士院刊『ロシア帝国地図帳』について」『窓』113号，2000年。

同「1745年ロシア帝室科学学士院刊『ロシア帝国地図帳』」(図書館特別資料紹介10)，『明治大学図書館報』68，2000年。

加藤九祚『シベリアに憑かれた人々』岩波書店(岩波新書)，1974年。

加藤史朗「シチェルバートフによる専制批判――「大訓令」に対する「注釈」を中心に」山本俊朗編『スラヴ世界とその周辺――歴史論集』ナウカ，1992年，所収。

同「18世紀ロシアの専制政治をめぐる若干の考察――シンシア・ウィタカー氏の報告に寄せて」『ロシア史研究』66号，2000年。

北原敦ほか編『ヨーロッパ近代史再考』ミネルヴァ書房，1983年。

栗生沢猛夫『『ロシア原初年代記』を読む――キエフ・ルーシとヨーロッパ，あるいは「ロシアとヨーロッパ」についての覚書』成文社，2015年。

近藤和彦「近世ヨーロッパ」『岩波講座　世界歴史16』(主権国家と啓蒙：16―18世紀）岩波書店，1999年，所収。

同『イギリス史10講』岩波書店(岩波新書)，2013年。

高野明『日本とロシア』紀伊國屋書店(紀伊國屋新書)，1971年。

齋藤君子「スラヴの民間信仰　帯・水汲み」『なろうど』(ロシア・フォークロア談話会会報）71. 2015年。

佐口透『ロシアとアジア草原』吉川弘文館，1966年。

同「国際商業の発展」『岩波講座　世界歴史13』岩波書店，1971年。

柴田三千雄『フランス史10講』岩波書店(岩波新書)，2006年。

下里俊行「1830年代のロシア保守思想家達の「ナロードノスチ」概念の再検討」『ロシア史研究』95号，2014年。

塩谷昌史『ロシア綿業発展の契機――ロシア更紗とアジア商人』知泉書館，2014年。

白石治朗『ロシアの神々と民間信仰——ロシア宗教社会史序説』彩流社，1997年。

高田和夫『ロシア帝国論——19世紀ロシアの国家・民族・歴史』平凡社，2012年。

同『帝政ロシアの国家構想——1877—78年露土戦争とカフカース統合』山川出版社，2015年。

高橋一彦「福祉のロシア——帝政末期の「ブラゴトヴォリーチェリノスチ」」『研究年報』(神戸市外国語大学外国語研究所）44号，2007年。

同「ロシア——フィランスロピーの「発見」」『大原社会問題研究所雑誌』66号，2010年。

田中陽兒「П. М. ストローエフの史料探査行——ロシア近代史学成立の一前提」『世界史学とロシア史研究』山川出版社，2014年，所収。

田中陽兒・倉持俊一・和田春樹編『世界歴史大系　ロシア史　第2巻　18—19世紀』山川出版社，1994年。

田中良英「18世紀初頭ロシアにおける「王権」と儀礼——R. S. ワートマンとE. A. ジッツァーの近著を手がかりに」『西洋史論叢』27号，2005年。

同「ロシア帝国における専制とドイツ人エリート」『ロシア史研究』84号，2009年。

同「ピョートル後のロシアにおける地方行政官人事——改革期の国制を担うエリート」池田嘉郎・草野佳矢子編『国制史は躍動する——ヨーロッパとロシアの対話』刀水書房，2015年。

田辺三千広「イグナーチーのコンスタンティノープルへの旅」宮崎揚弘編『ヨーロッパ世界と旅』法政大学出版局，1997年，所収。

兎内勇津流「北海道大学付属図書館およびスラブ研究センター図書室のロシア地図コレクション」『アジ研ワールド・トレンド』138号，2007年。

土肥恒之『ロシア近世農村社会史』創文社，1987年。

同『ピョートル大帝とその時代　サンクト・ペテルブルク誕生』中央公論社(中公新書)，1992年。

同「ロシア帝国とヨーロッパ」『岩波講座　世界歴史16』(主権国家と啓蒙：16—18世紀)岩波書店，1999年，所収。

同『岐路に立つ歴史家たち——20世紀ロシアの歴史学とその周辺』山川出版社，2000年
同『興亡の世界史14　ロシア・ロマノフ王朝の大地』講談社，2007年。

同『ロシア社会史の世界』日本エディタースクール出版部，2010年。

豊川浩一「プガチョーフ叛乱前夜のバシキール人——その社会的変貌」『社会経済史学』第49巻第2号，1983年。

同「ロシアの東方植民と諸民族支配」原暉之・山内昌之編『講座スラブの世界②スラブの民族』弘文堂，1995年。

同「18世紀ロシアの南東政策とオレンブルクの建設——I. K. キリーロフのいわゆる『草案』について」松里公孝編『ロシア・イスラーム世界のいざない』スラブ研究センター研究報告シリーズ74号，2000年。

同「M. K.リュバーフスキー文書とバシキーリア」『窓』133，2005年。

同「ウファーでの『発見』⁉」『ロシア史研究ニューズレター』58号，2005年。

同『ロシア帝国民族統合史の研究——植民政策とバシキール人』北海道大学出版会，2006年。

同「近世ロシア民衆の意識——18世紀の民衆は何を求めたのか」『明治大学人文科学研究所紀要』第58冊，2006年。

同「バルティースキー・ポルトの囚人サラヴァト・ユラーエフとその周辺——帝政ロシアにおける地域史研究の試み」『駿台史学』第132号，2007年。

同「ロシア帝国における植民問題の研究——ウラル地方を中心に」『明治大学人文科学研究所紀要』第67冊，2010年。

同「「植民国家」ロシアの軍隊におけるカザークの位置——18世紀のオレンブルク・カザーク創設を中心に」『歴史学研究』881，2011年。

同「近世ロシアの民間習俗をめぐる国家・教会・社会——シンビルスクの「呪術師(魔法使い)」ヤーロフの事件とその背景」『駿台史学』第147号，2013年。

同「啓蒙の世紀におけるロシアの『発見』」中近世ロシア研究会編『中近世ロシア研究論文集』2014年。

同「日本とロシアの1736年——ソウザとゴンザに関する元老院史料が語るもの」『SLAVISTIKA』XXXI，2016年。

同「ロシア史における民族史研究の意味と問題——バシキール史研究とM. K. リュバーフスキー」『歴史学研究』946号, 2016年。

鳥山成人『ロシアとヨーロッパ——スラヴ主義と汎スラヴ主義』白日書院，1949年。

同『ロシア・東欧の国家と社会』恒文社，1985年。

鳥山祐介「19世紀前半のロシア文学とピクチャレスク概念」『19世紀ロシア文学という現在』北海道大学スラブ研究センター21世紀COE研究報告集，2005年。

同「エカテリーナ期——ナポレオン戦争期のロシア詩の中のロシア」『文化空間としてのヴォルガ』北海道大学スラブ研究センター，2012年
中村喜和「中世の占卜書「ラフリ」について」『一橋論叢』110(4)，1993年。

橋本伸也『エカテリーナの夢　ソフィアの夢——帝政期ロシア女子教育の社会史』ミネルヴァ書房，2004年。

浜由樹子『ユーラシア主義とは何か』成文社，2010年。

坂内徳明「大ロシア北部の婚礼と呪術師」『なろうど』2，1980年。

同「ロシアにおける民俗学の誕生」『一橋論叢』108(3)，1992年。

同「アレクサンドル・ラジーシチェフ『ペテルブルクからモスクワへの旅』の時代」『一橋大学研究年報　人文科学研究』38号，2001年。

同「女帝と道化の時代——ロシア民衆文化におけるイタリア人音楽家のメタモルフォーゼ」『人文・自然研究』(一橋大学大学研究開発センター)第5号，2011年。

福間加容「ロシア的風景の発見——風景画のトポス」宇山智彦編・北海道大学スラブ研究センター監修『講座　スラブ・ユーラシア学　第2巻　地域認識——多

民族空間の構造と表象』講談社，2008年。

藤原潤子『呪われたナターシャ――現代ロシアにおける呪術の民俗誌』人文書院，2011年。

古谷大輔・近藤和彦編『礫岩のようなヨーロッパ』山川出版社，2016年。

堀川徹・大江泰一郎・磯貝健一編『シャリーアとロシア帝国――近代中央ユーラシアの法と社会』臨川書店，2014年
松木栄三「ロシア人の東方聖地「巡礼」――中世の旅行記から」歴史学研究会編『巡礼と民衆信仰』青木書店，1999年，所収。

三上正利「キリーロフの生涯とその著『全ロシア国の繁栄状態』」『窓』30，1979年。

村山七郎『漂流民の言語――ロシアへの漂流民の方言学的貢献』吉川弘文館，1965年。

望月哲男「ロシアの空間イメージによせて」松里公孝編・北海道大学スラブ研究センター監修『講座　スラブ・ユーラシア学　第3巻　ユーラシア――帝国の大陸』講談社，2008年。

森永貴子『イルクーツク商人とキャフタ貿易』北海道大学出版会，2010年。

弓削尚子『啓蒙の世紀と文明観』(世界史リブレット88)山川出版社，2004年。